本书受国家社会科学基金青年项目（项目号：16CXW005）、河南省高等学校哲学社会科学创新人才支持计划（项目号：2022-CXRC-18）资助。

民国时期
报刊新闻述评研究

RESEARCH ON
NEWS REVIEWS ON NEWSPAPERS
AND JOURNALS
FROM 1912 TO 1949

刘英翠 著

社会科学文献出版社
SOCIAL SCIENCES ACADEMIC PRESS (CHINA)

序

刘英翠博士的《民国时期报刊新闻述评研究》一书即将出版，嘱我作序。作为导师，我对英翠是熟悉的，现根据自己对其博士学位论文掌握的情况，对其书稿电子文档的浏览与本人对治学的认识，谈一谈我的想法。

《民国时期报刊新闻述评研究》一书，新颖、厚重而扎实。

第一，研究选题不凡。新闻传播学不同于哲学、文艺理论这样的学科或研究方向，偏向经验性研究。近年来，新闻传播学的学术建设，多倾向于传播学研究规范的根植，其中，新闻学的重要研究走向是与传播学相结合，研究范式深受后者的影响。我进入华中科技大学新闻与信息传播学院之后，教学相长，新闻传播学工作的起点促使自己将重心放在了应用新闻学，尤其是新闻业务领域。应用新闻学的研究容易形成产量高原，但又常限于时，止于术，聚焦于"应该怎么办"，即如何改造世界而不是如何认识世界，并具体化为如何优化新闻业，尤其是新闻业务工作。应用新闻学研究尤其是新闻业务研究与学术研究相结合，走向学术化，常成为从事这一领域教研者所必须直面的高墙。我目睹不少人步入新闻业务教研领域却难以提升学术水平的困窘。缺少学术话语权是尴尬的，有人索性研究其他，并由此陷入教与研的撕裂境地而被迫两面作战。有一位20世纪80年代初即专职于应用新闻学的老师在交流经验时，慷慨地提供自己的学术心得：研究问题属于应用新闻学，但用于研究的理论与方法属于传播学。这样的研究路径是否削弱了新闻学的学科独立性？是否影响应用新闻学及新闻业务研究的进步？这些问题又不能不让人思考。《民国时期报刊新闻述评研究》一书走的是一条新闻业务的研究新路，即新闻业务史研究。英翠的博士学位论文答辩是在2015年年底。当时，英翠的这种专门而系统的新闻业务史研究是罕见的，答辩专家对此评价颇高，甚至建议着手成立中国新闻史学会应用新闻学研究分会。《民国时期报刊新闻述评研究》还有一点值得注意，即作者对于新闻述评这一文体现象的选择。作者将研究揳在新闻业务文类的两大板块之间，即新闻报道与新闻评论之间，同时，叙事与论说相交织，叙述与议论相结合，新闻与宣传相交叉，中西新闻业务活动轨迹异同的明晰与丰富相撞击……选题不仅因此新颖，而且研究空间广阔，给研究增添了弹性与韧性。因此，《民国时期报刊新闻述评研究》的选题意义重大，别开生面，具有一定的开拓性，填补了该领域研究的空白。

第二，研究布局精致、缜密。新闻传播学研究偏向经验性研究，不少研究将重心放在事实判断上，理论分析被缩减为一章或两章并安排在研究的后部，思辨力度偏小。其中的实证研究在这一方面倾向更明显，而历时态研究往往依事实的时间发展轴舒展研究次第。相形之下，《民国时期报刊新闻述评研究》有自己的考量。全书共分六编，除第一编"导论篇"提纲挈领总揽全书，为研究提供基础，其余五编分别为"历史篇""文体篇""理论篇""业务篇"与"余论篇"，依报刊新闻述评的若干领域或问题分门别类专攻。其中，"历史篇"为纵向研究，另外四编为横向研究，呈现以时间研究为经、空间研究为纬的时空并重的研究布局。这样的研究布局文理清晰、逻辑谨严，研究对象的骨架明朗而又浑然一体。另外，这部书稿注意将中国的现代史与1949年之后的当代史相呼应，体现了对当代的关怀，这也是值得重视的。

第三，史料丰富，种类多样。学术研究不同于时评文章写作，不能靠小感受或零碎材料成文，而是首先要详细而系统地占有研究资料，在此基础上逐渐明晰研究思路，谋划研究框架。在研究范式上，新闻业务史不同于传播学。后者多属于共时态研究，研究对象就在当下，研究材料获取相对便捷，研究者获取研究材料具有明显的主观能动性，如采取问卷调查法，问卷设计由研究主体布置、执行，但其设计若失去学科研究方法的规范，所获得的材料往往不可靠；若研究材料失去验证的约束，材料或数据造假容易得到可乘之机。材料不可靠，势必造成研究结论的不可信。新闻业务史则是另外的路径，研究材料往往已经在世，客观限制是明显的。除少数需要田野考察之外，其大多数的研究材料为文献，研究材料一般客观存在，但未必完整，有待研究者发现、辨析、补充。研究材料不易造假，研究者必须立足现存材料，保质保量完成研究任务，这是不容易的。为此，研究者搜集研究材料只能向外，既要勤奋刻苦，又要有运气的光顾。同时，对1912~1949年的研究不同于对宋、元、明的研究，在世的史料较为丰富，学界正在对之进行系统整理。现代史与民国史间的纠葛对研究者也是个不小的考验。英翠博士的学位论文开题之前，我曾忧虑研究对象的时间跨度长，怕她驾驭不了；开题当中，亦有评委表达了类似的担忧。但从结果看我是过虑了。这部书稿主要基于报刊栏目来把握和整理研究材料，对材料进行分门别类，抽丝剥茧，并以简驭繁。研究涉及近40年的报刊600多份，铢积寸累、持之以恒，英翠是下了苦功夫、狠功夫的。记得英翠提交博士学位论文定稿时，她俯身介绍研究材料时，我猛然发现她曾经满头浓密的黑发中居然已经夹杂了缕缕银灰色的发丝，不由得无限感慨。天道酬勤，英翠的博士学位论文盲评优秀，答辩会上评委们高度肯定，让作为导师的我宽慰并不无自豪。

每个人都会老去。导师总是盼望学术薪火相传，后继有人，青出于蓝。我想，这是多数导师的心声，中西概莫能外。英翠三十岁出头，前途正远，事业上会稳步上升，收获更多更好的学术成果。

总之，《民国时期报刊新闻述评研究》是一部具有开拓性的厚重之作，在新闻业务史的研究中是有分量的。2020年，英翠在这部书稿的基础上申报国家社会科学基金青年项目并取得成功。相信她在相关研究领域会拥有更具分量的学术话语权，向社会献出更为卓越的学术研究成果，也期望我国的应用新闻学，尤其是新闻业务研究的学术大花园百花盛开，繁花似锦。

欧阳明

2020 年 12 月 31 日

自　序

笔者自初读博士的 2012 年至今，一直致力于新闻述评的研究，所出成果也无外乎此，因而，对于新闻述评是"熟悉"而又有"特殊感受"的。

言"熟悉"是因为多少个日夜的陪伴以及即将发生的继续陪伴。记得有了解该过程的博士同学曾说，"新闻述评看起来是那么小那么偏的一个领域，却生生地被你做出来了'花'"。确实，尤其是在媒介更新迭代、传播环境日新月异的当下，有诸多新领域萌生，新闻述评更显得桑海一粟，然真的坐下去、埋进去会发现，其虽小牵动的却是整个民国时期中国新闻文体的发展、中国特色新闻文体的建构乃至中国新闻业务的蹒跚起步与摸索前进，故而别有洞天。

言"特殊感受"是因为在研究过程中对新闻述评这一文体的体味。不同于西方解释性报道"夹叙夹议"的"议在说明"与"规避议论"，中国的新闻述评是"夹叙夹议"却"议在议论"并尤为"凸显议论"，故笔者给其冠以"中国式夹叙夹议"的名称。然"中国式夹叙夹议"在民国时期的报刊上有很多，且极常见，如政论性文章，以及民国初年源于《申报》"通信"栏的政论性通讯等。因而，"中国式夹叙夹议"不见得尽是新闻述评，其应是广于新闻述评的另一条研究路径与另一个研究领域。本书的研究对象新闻述评却又不仅仅是这样的一种笔法，其承载的更多是作为"拯救期刊新闻信息不足的良药"，以及"开启民智、对民众进行形势教育乃至党派宣传之良药"的"功能性"。因此，即使在小如三两人创办的期刊上，多半也会有新闻述评专栏；在不以营利为目的的诸如政党报刊或抗战报刊上，新闻述评专栏也十有八九存在；而在《申报》《新闻报》之类的商业大报上，新闻述评专栏却难寻踪迹。创刊于 1893 年的著名商业性大报《新闻报》，直至经济类述评兴起方于 1947 年开设"一周经济述评"栏，而创刊于 1872 年的《申报》至其退出历史舞台之日都没有开设新闻述评专栏——

没有集大成地使用新闻述评文体。当然，"中国式夹叙夹议"的述评笔法倒是极为常见，但考虑到"中国式夹叙夹议"与新闻述评在范畴上"有重合却又不同"，本书的文本对象多为标有"述评"二字的新闻述评文章。

基于对新闻述评的深入研究，笔者在参加工作当年即以此为选题申报了年度国家社科基金青年项目，获得立项后，在既往研究的基础上笔者进行了更为细致的资料收集与进一步的研究，形成了当前的《民国时期报刊新闻述评研究》书稿。作为国家社科基金青年项目的结项成果，本书由"导论篇"、"历史篇"、"文体篇"、"理论篇"、"业务篇"和"余论篇"组成，汇集新闻述评报刊600多份，配有许多第一手图片，是对1912～1949年新闻述评文体的综合性研究。

一　研究目的和意义

作为一种兼具新闻报道与新闻评论双重功能的文体，新闻述评曾经是辉煌的，在当下却是尴尬的。其在学界的尴尬在于其所属领域的孱弱；其在业界的尴尬一方面在于其写作过程过于耗时、耗力和难驾驭，另一方面在于其与速食新闻时代受众的阅读习惯相悖。然当下"秀肌肉"之风盛行、碎片化信息泛滥、新闻质感缺失的新闻市场终会达至饱和；同时，随着受众理智化步伐的加快与媒介素养的不断提升，这一有内容、有思想、有深度、有质感的新闻述评文体或能成为开启新闻理性市场的一把钥匙。为此，笔者以新闻述评的发生期为切入，对该文体进行史学、文体、理论、业务等方面的立体化建构。

二　研究框架与主要内容

第一编"导论篇"着眼的是"新闻述评的来龙去脉"，分别对中国新闻述评与西方解释性报道的异同进行了对比（第一章），又对新闻述评研究的现状、意义等进行了客观的说明（第二章）。

第二～五编"历史篇""文体篇""理论篇""业务篇"，着眼的是"新闻述评的立体建构"，包括新闻述评的历史、文体、理论和业务研究。其中，第二编"历史篇"是夯实本书基础的最重要的篇章，其将1912～1949年的新闻述评分为萌芽期（第三章）、发生期（第四章）和发展期（第五～七章）进行刊物与专栏推介式的描述，共介绍了近一半①设有新闻述评专栏的报刊及其述评专栏，最大限度地归总和展示了该时期的新闻述评样态。第三编"文体篇"的文体研究旨在解决新闻述评的系列文体问题，如文体现象、文体类型等。第四编"理论篇"旨在对新闻述评的概念体系和分类体系予以建构，第五编"业务篇"旨在解决新闻述评的发展和具体应用问题。

第六编"余论篇"谈及了影响新闻述评发生与发展的诸种因子，包括某些人、某些报刊理念（第十四章）及文化、社会、文体、政治等多种环境（第十五章）对新闻述评文体形成乃至变迁的促动。

三　核心问题与观点阐释

《民国时期报刊新闻述评研究》主要分析并解决了下述问题。

1. 解析了"中国的'夹叙夹议'为什么成为新闻述评，西方的'夹叙夹议'为什么成为解释性报道"的问题，建构了中国的新闻述评的特定笔法——夹叙夹议且议在议论，认为述评笔法打破了西方理论界多年来所标榜的报道与评论要泾渭分明的定律。作为述评笔法的基础元素，"夹叙夹议"并不是中国独创，西方亦有，但在第一次世界大战前后，中国的"夹叙夹议"发展成了以新闻述评为代表的"议在议论"的述评笔法，西方的"夹叙夹议"则发展成了以解释性报道为代表的"议在说明"的报道笔法。是而，前者"崇尚议论"，后者却"规避议论"。同时，一战期间述评笔法的成型并非一蹴而就，亦非中国新闻文体发展的偶然，其既可溯源于由先秦而始的诸子散文，亦可剖析至中国新闻文化的演化规律以及中国注重中和之道的文化认知。然而，述评笔法虽在中国是土生土长，却非中国一国可用，在西方，其早就为业界同行所熟知并广泛应用，故以此为基础，并借由中国传统文化"走出去"的东风，我们期待有着百年历史的新闻述评文体可如述评笔法一样走向国际。

2. 解决了"新闻述评是什么"的问题，提出并建构了新闻述评的概念体系，认为新闻述评的概念不应是一成不变的，应是体系化的。作为业务研究的分支，学界的文体研究在"秀肌肉"之风的影响下愈加孱弱，而业界对文体的应用与钻研的热情度也越来越低，由此使得当下的新闻述评文

---

① 笔者在六年时间内共收集了600多份设有新闻述评专栏的报刊。

体被局限于"新闻评论产品",这极大地影响了其文体功能的全面发挥。为拓宽其在业界的应用,本书梳理了百年间新闻述评概念之流变,并将新闻述评建构为包括内涵与外延两方面的体系,进而向业界展示出新闻述评是一种可保持内涵不变而外延无限延伸与拓展的极富兼容性的文体。新闻述评的概念体系可总结为内涵与外延两方面,其中,内涵是稳定而代代相传的,外延则是在不断发展与扩充的,故前述之述评外延于当下而言虽已相对完善,然随着时代变迁、技术进步,以及受众认知的变化,其亦会无限扩充。因此,在新闻述评演进百年之际对其概念予以回顾并进行体系建构的最重要意义就在于敦促业界人士在认识新闻述评文体扩容性的基础上善用之、推广之,进而实现人所共知。

3. 解答了"新闻述评到哪儿去"的问题,解读了新闻述评文体的争鸣现象,认为新闻述评应朝着评论、报道等多种可能性发展。中国新闻述评文体争鸣现象起于改革开放后首批新闻业务类教程的出版,而逐渐销声于2010年代之后,代之的则是"新闻评论说"的独大,由此带来了新闻述评学界研究与业界应用的"偏评论化",这既缩小了新闻述评"报道化"写作模式的应用空间,也弱化了新闻记者作为述评写作主力军的地位,同时背离了新闻文体要为现实语境和社会发展服务的宗旨。故在"泛文体"时代,新闻述评的发展应多一些可能性。若其争鸣止步于"新闻报道说"或"新闻评论说",会阻碍新闻述评文体功能实现的最大化及其在新媒体空间中的应用。新闻述评写作应打破评论化这一舒适区,因为真正适应时代发展的新闻述评既需要有上述评论化的一面,也需要有报道化的一面,恰如学界几位研究者所说,"记者应重视新闻述评的写作"[①]、"让述评性新闻成为国际新闻报道的重头稿"[②],以及"应与时俱进,加快提高、充实自己,以适应时代要求,创作出具有高度、广度和力度的述评新闻"[③]。

4. 回答了"新闻述评怎么用"的问题,认为新闻述评的采写方式需要进行有效的建构。在解决了"新闻述评是什么"的问题后,回答"新闻述评怎么用"即成为当务之急。1912~1949年,新闻述评常以专栏的形态呈

---

① 张文芳:《记者应重视新闻述评的写作》,《新闻与成才》1998年第7期。
② 李湛:《让述评性新闻成为国际新闻报道的重头稿》,《新闻战线》1992年第5期。
③ 周胜林:《述评新闻的高度、力度和广度》,《新闻战线》2004年第6期。

现于报刊，进入新时期，其部分脱离专栏，以深度报道的形式呈现于报刊、电视、网络，同时，又部分沿袭专栏，以评论、专栏文章等形式呈现于各大媒体。针对这些不同，该如何把握新闻述评的采访？如何进行新闻述评的写作？这些都成为困扰新闻工作者的问题。基于此，本书对新闻述评的采写方式进行了条分缕析式的汇总，主要表现有二：一是展示新闻述评生产的采访环节——如何建构"采"与如何建构"访"；二是展示新闻述评生产的写作环节——如何选题与立意、如何把控精髓与基调、如何使用文风与语言，以及如何游刃有余地使用方法。汇总的目的在于对新闻述评的采写进行理论的升华，以期对当下新闻述评的选、采、写等过程有所启发。

5. 梳理了"新闻述评发生与发展史"，认为新闻述评在 1912～1949 年的历史是一部关乎新闻述评萌芽、发生与发展的相对完整的历史。纵观新闻述评历史，其可归纳为三段：一是溯源史，从先秦而始，有笔法和文体两大溯源点；二是发生发展史，从 1912 年而始，有萌芽期、发生期和发展期；三是演进史，从中华人民共和国成立至当下，其经历了多种媒介的演化。此三段历史，以完整的记录回答了新闻述评"从哪儿来"、"是什么"和"往哪儿去"的问题。其中尤以 1912～1949 年的历史为重，原因有二：一是其资料难寻，成型极有难度；二是其在新闻述评历史中具有承上启下的地位与作用。为完成该时期新闻述评的汇总与写作，笔者陆续用了六年时间进行资料收集，并将新闻述评的发生、发展史划分为三个时期：萌芽期（1912～1917 年）、发生期（1918～1925 年）、发展期（1926～1949 年）。其中，发展期（1926～1949年）又可细分为三个阶段：（1）加速发展阶段（1926～1936 年），也称第一发展期，在该阶段内，经过了酝酿、萌芽、发生，新闻述评文体得以成熟，诸多报刊开始井喷式地跟风设置新闻述评专栏；（2）大浪淘沙阶段（1937～1944年），也称第二发展期，在该阶段内，诸多报刊对新闻述评已相对熟知，而随着跟风热潮的减退，大多数报刊开始理智对待并谨慎设置这一专栏，故其在数量上有所减少；（3）精益求精阶段（1945～1949 年），也称第三发展期，新闻述评经历了量由多到少、由平喷到平稳的转变后，诸报刊开始在新闻述评的"质"上下功夫，故出现了大批名专栏和述评专家。

四　应用价值与社会影响

作为功能性文体，新闻述评以纵横捭阖之势先后成为五四时期"对群众进行形势教育的最方便最有效的方式"①，十年内战时期政党宣传自身、攻讦对方的工具，抗日战争时期报刊界抵御外辱、强我民心的斗争手段，以及解放战争时期政党剖析国内外政治形势、军事形势、经济形势的有力臂膀。中华人民共和国成立后，新闻述评几经沉浮，在改革开放后以"记者述评"的姿态活跃于各大报刊，并以电视专栏的形式聚焦民众视角，但曾辉煌于1912～1949年的时政题材却早已是明日黄花。及至《人民日报》海外版微信公众号"侠客岛"的出现，以剖析时政为旗号的新闻述评再次强势回归。

"侠客岛"的成功向业界传递了一个信息：主打时政题材的新闻述评非但可以充当战争年代的工具，也可作为和平年代剖析时局、解疑释惑的方式。然就全局看，新闻述评尤其是时政类新闻述评尚未能引起业界的普遍性关注，但当下的现实却不再容许业界对新闻述评继续淡漠，原因有三：（1）受新媒体时代媒介小众化与信息碎片化的影响，受众得到的信息呈现片面化趋势；（2）受融媒体当下关系型和算法型资讯分发方式的影响，受众得到的信息呈现偏向性；（3）受全媒体环境下新闻生产的全媒化影响，传媒业呈现技术取宠热潮，导致新闻产品缺乏质量，流于形式。

由此，作为集全局、深度、观点于一身的解说性文章体裁——新闻述评无疑成了当下媒体时代的一剂良药。正如日本学者新井直之在20世纪的预言："今后的报纸，解说的重要性将日益增加。如果说，报业史的第一阶段是'政论报纸'的时代，第二阶段是'报道报纸'的时代，那么，今后即将到来的第三阶段就可能是'解说报纸'的时代"②。此总结性预言同样适用于新媒体时代，"新闻解说"的实现自然成为挽救当下信息片面化、偏向性以及形式化的有效途径。因而，新闻述评是时候得到学界和业界重视了，愿本书所建构的新闻述评立体形象能让人们了解、青睐并惯用这种文体。

刘英翠

2021 年 9 月 6 日

---

① 〔日〕和田洋一等：《新闻学概论》，中国新闻出版社，1985，第 70 页。
② 方汉奇：《中国新闻事业通史（卷二）》，中国人民大学出版社，1996，第 106 页。

目　录

第一编 导论篇

本编概要

新闻述评是一种可"追溯"① 至先秦诸子说理散文的"夹叙夹议"笔法，也是一种"成型"于民初《独立周报》"纪事"栏而"成熟"② 于《新青年》"国内/外大事记"栏的文章体裁。作为集全局、深度、观点于一身的解说性文章体裁——新闻述评无疑成了新媒体时代的一剂良药。当此之时，我们不妨来正视并梳理这一文体，做到认知上的系统化，来了解其是什么（第一章）和怎么样（第二章）。

第一个问题：新闻述评是什么？

新闻述评是什么？是一种在写法上与西方解释性报道有相似之处，且常互为参照、进行对比，并在实践上与其有所混淆的文体。中西新闻文体的发展进度虽有不同，但"夹叙夹议"的中国新闻述评与西方解释性报道在出现时间上均锁定了一战前后。然而不同的是，新闻述评从一开始就"崇尚议论"，解释性报道却"规避议论"；同是"夹叙夹议"，中西竟发展成了前者杂糅、后者归属新闻报道的两种文体形态。如此可归因于中西方文学文体的演化与新闻文体的发展，故可进行如下研究。

1. 新闻述评与解释性报道笔法、功能、文体的对比研究。这一研究的目的在于区分清楚新闻述评与解释性报道的同和不同。

2. 新闻述评出现在中国而解释性报道出现在西方的原因研究。这一研

---

① 徐道铃：《中国古代新闻体裁史》，中国戏剧出版社，2009，第43页。

② 宋素红：《〈新青年〉新闻报道和新闻评论探析——兼论〈新青年〉在新闻述评体裁史上的地位》，《新闻与传播研究》2005年第4期。

究的目的有二：一是进一步澄清新闻述评与解释性报道的不同；二是阐明一个道理，即新闻文体是随环境、时代等外在因素变化而变化的。

第二个问题：新闻述评怎么样？

新闻述评怎么样？在学界和业界是受冷落还是受关注？尤其是 1912~1949 年的新闻述评，其属于新闻述评历史的研究范畴，其研究现状怎样，研究意义在哪里？本研究的旨趣在哪里，研究价值是什么？这些都需要在研究之前梳理清楚，以便研究更有针对性。故可进行如下研究。

1. 新闻述评当下学术环境的研究。这一研究的目的在于总结和回顾新闻述评研究在当下的境况，定位其所处的状态，以便寻找继续研究和深入研究的空间。

2. 1912~1949 年报刊新闻述评这一选题的研究介绍。这一研究的目的在于介绍该时期新闻述评研究的学术环境、业界环境，阐述其研究价值与意义。

第一章　报刊新闻述评的发生参照

中国的新闻述评是一类新闻文体的总称，宏观而言是介于新闻报道与新闻评论之间的"杂交文体"，而西方的解释性报道是隶属于新闻报道文体的一种新闻报道方式，故从此层面看，二者似乎不具备对比的条件。然而从笔法与功能的角度看，同是"夹叙夹议"笔法，西方演化成了"夹叙夹议但规避议论"的解释性报道，中国则演化成了"夹叙夹议且以议论见长"的新闻述评。另外，同是担负功能，"夹叙夹议但规避议论"的解释性报道担负的只是新闻报道功能，"夹叙夹议且以议论见长"的新闻述评却担负了新闻报道和新闻评论的双重功能。

由此，原不具备对比条件的两种文体有了被放在同一层面进行研究的可能，但对比绝不是目的，目的在于剖析两种轨迹何以形成，而对于本章而言，目的即在于将新闻述评的发生归为一种土生土长的历史演化。

第一节　发生状态与发生参照

新闻述评与解释性报道虽在学界偶有混同，但其实是两个概念：前者土生土长于中国，且在笔法、功能、文体等各方面均未能得到西方理论界的认可；后者则源于西方，在改革开放后传入中国，成为中国深度报道文体中的一分子。之所以将西方解释性报道作为新闻述评研究的参照对象，原因有二：一是两种文体在出现时间上大致相当，均在一战前后；二是其均以"夹叙夹议"为演化起点，却赋予了"夹叙夹议"不同的内涵。

一　笔法的同和不同

较之其他写作笔法，"夹叙夹议"的优点在于灵活多变，可以先叙后议、先议后叙，也可以边叙边议并可具体地记叙事件、充分地抒发感情、直接地揭示意义，因而在使用时的侧重也各不相同。新闻述评与解释性报道虽均以"夹叙夹议"笔法为特色，但有如下不同。

新闻述评的"夹叙夹议"擅长"议在议论"，指在表达方式的选取上以记叙和议论为主，在表达上侧重发表观点、提供看法，以及融入丰沛的情感，是擅长议论并以议论为特色的。纵观1912~1949年新闻述评的发生状态，虽出现了挂名新闻述评专栏却只述不评的案例，如《国闻周报》的"国内/外一周间大事述评"栏，在其存在的10年间一直只述不评；也有挂名新闻述评专栏却"议指说明"的例子，如1923年《东方杂志》的"时事述评"栏，擅长在国外资料翻译、整理的基础上以解释性报道的笔法进行夹叙夹议，但总体而言，"夹叙夹议"且"议在议论"才是新闻述评的常态。因此，在当时特殊的时代背景下，新闻述评大多被赋予了慷慨激昂的情感，也因能夹叙夹议地宣传思想、宣泄情绪而被赋予了工具性特征，作为文人手中的武器来实现救亡图存和富国强民。

解释性报道的"夹叙夹议"擅长"议在说明"，指在表达方式的选取上以记叙和说明为主，在表达上不发或少发议论，尽可能地把观点、见解和看法隐匿于无形，其擅长解析却以规避议论为特色。正如美国《纽约时报》原星期日版主编莱斯特·马克尔所说，"解释是以充分的背景为依据的客观的加工过程，其中有一部分是评价，而发议论是一种受论点和感情影响的主观加工过程，解释是新闻的基本组成部分，而发表议论则几乎应该严格地限于社论文章"。同时，美国《底特律新闻》前社论作家杰克·海敦也说："解释性报道有一个经常存在的危险：发议论即超越客观性的界限而陷入主观主义。"并称"凡是用解释性报道来推行编辑部的路线的报纸，都是糟糕的报纸，大多数读者都看透了这种花招"，认为"解释性报道不能作为发议论的借口"①。

二 功能的不尽相同

童庆炳在《文体与文体的创造》一书中将文体的功能分为三种：表意功能、表象功能和表现功能，并称"文体的表意和表象功能，是被词、词组、词组群所直接呈现的意义所限定，而表现功能的意义是不被或不完全

---

① 〔美〕杰克·海敦：《怎样当好新闻记者》，伍任译，新华出版社，1980，第212~213页。

被词、词组、词组群所限定的"①。也正因为有表现功能的存在，文体才能够体现出不同的含义，如新闻述评兼容了新闻报道与新闻评论的双重功能，而解释性报道只被赋予了新闻报道的功能。

对于新闻述评而言，因"夹叙夹议"且"议在议论"的特色笔法的存在，其在功能上就较解释性报道全面，不仅有新闻报道的功能，也有新闻评论的功能。因此，较之新闻报道文体，新闻述评不仅可以概述事实，还可以将事实发生的道理与意义用议论的方式讲清楚，此为评论功能；较之新闻评论文体，新闻述评不但不止步于对新闻事实的简略提及，而且对事实的概况还有系统性的叙述，此为报道功能。

对于解释性报道而言，因"夹叙夹议"且"议在说明"的特色笔法的存在，其功能局限于新闻报道。与一般新闻报道一致，解释性报道也具备"Who、When、Where、What、How"五个新闻要素，然而与一般新闻报道所不同的是，解释性报道非但有一个要素"Why"，且"Who、When、Where、What、Why、How"六要素并非居于同一平面，而是分为"个别表象认识、集合表象认识和本质认识"② 三个层次。其中，"Who、When、Where、What"是个别表象认识，旨在告诉受众发生了什么；"How"是集合表象认识，旨在告诉受众新闻事实是如何发生的，其产生于个别表象认识建构完成的基础上；"Why"是本质认识，旨在告知受众新闻事实发生的原因，属于深度挖掘的部分。

不同于一般新闻报道在写作时可重点突出五要素中的一个或两个，解释性报道必须做到三个层次俱全，正如美国《纽约时报》的詹姆斯·莱斯顿所说，"今天写新闻必须考虑发生暴力、暴动和战争的原因，而不仅仅报道街头的殴斗"。因而，解释性报道也被称为有深度的报道，它是要回答为什么会发生这一新闻。新闻述评却不同，其在新闻报道时并不局限于加了"Why"的新闻六要素，其核心也不在于解释新闻事实的"Why"。换句话说，新闻述评的新闻报道功能虽不能达到如解释性报道等的深度报道的层次，但在新闻事实的意义彰显、趋势预测以及价值评判上均是包括深度报道在内的新闻报道所不能企及的。

---

① 童庆炳：《文体与文体的创造》，云南人民出版社，1994，第256页。
② 樊凡等：《中西新闻比较论》，武汉出版社，1994，第229页。

三 文体的各不相同

分类的争鸣是文体学研究的一大特点，新闻文体亦不例外，不同著作不同辞典都会采用不同的分类，有新闻报道和新闻评论两分法，有新闻报道、新闻评论和新闻述评三分法，还有九分法、二十二分法等多种分法，但除新闻述评文体存在争议之外，解释性报道的文体归属一直很明确。无论是中国关于新闻文体的诸种分法，还是西方惯常用的"消息、特稿、评论"三分法，解释性报道始终未能与评论产生关系，正如刘明华的《西方新闻采访与写作》中所说，"解释性报道不是评论，它始终是新闻，是报道"①。

在我国常用的新闻文体范畴中，新闻报道是一"类"新闻文体的总称，而诸如消息、通讯和深度报道等均是新闻报道下属的一"种"新闻文体，正如货车是"类"而货运汽车和货运列车是"种"。同时，在"种"之下又可细分为多种，如深度报道，可以分为独立文体报道和组合文体报道，而独立文体报道又分为调查性报道、解释性报道和预测性报道等，故从文体角度看，解释性报道是深度报道的一种，同时又属于新闻报道。

较之解释性报道的界限清楚，新闻述评则是一个颇有争议的文体，有将其作为一"种"新闻文体而归于新闻报道，也有将其作为一"种"新闻文体而归于新闻评论，还有将其作为一"类"新闻文体直接并列于新闻报道和新闻评论。

1. 若将其归属为新闻报道，理论上行不通。新闻理论中明确规定新闻报道必须客观，然而新闻述评虽能有客观的写作态度，但因议论性的存在，其不可能具备客观报道的方式②，因此，新闻述评注定要溢出新闻报道的范畴，与解释性报道不属同类。

2. 若将其归属为新闻评论，操作上行不通。新闻评论中虽没规定不能进行大量的叙述，但就新闻评论的常规来看，其"叙"要简洁明了，不需要对新闻事实进行大篇幅的记述。因此，新闻述评同样溢出了新闻评论所

---

① 刘明华：《西方新闻采访与写作》，中国人民大学出版社，1993，第 83 页。
② 新闻的客观性有两重含义，它可以指一种报道方式，即客观报道，也可以指一种报道态度，即报道事实、分析问题、评论是非时能够做到客观、公正与全面。

囊括的范畴，而即便在新媒体的当下，新闻述评呈现评论化倾向，也只能更说明其与解释性报道在文体上各不相同。

3. 若将其归属为杂交文体，则既可解释其"夹叙夹议且议在议论"的特殊笔法，也可解释其兼容报道与评论两种功能的属性。因此，新闻述评若属于新闻报道与新闻评论融合的杂交品种，其与解释性报道在文体上更是不同。

第二节　参照溯源与原因解析

西方解释性报道与中国新闻述评在"夹叙夹议上的不同"是本章将其纳入对比的动因，但真正需要进行研究的是"为什么"，即西方为什么会出现"夹叙夹议且议在说明"而中国为什么会出现"夹叙夹议且议在议论"，或言西方出现的为什么是解释性报道，而中国出现的为什么是新闻述评。

一　西方报道方式的变革

解释性报道是新闻报道的一种方式，在其产生之前，西方的报道方式经历了一系列的变革，可大致分为以下几个阶段。

1. 以转载为主的第一阶段

该时期正值近代报纸诞生之初，新闻报道尚处于不成熟的阶段，内容多为转载，且大多是翻译的外国新闻。同时，这些新闻报道也呈现如下几个特征。一是报道版面极为杂乱。各类新闻杂然排列，既无标题也不分栏目，显得极其缺乏逻辑，故有人将其称为杂报。二是内容缺乏时效性。因交通不便，各国之间航程耗时较长，时新的国外新闻传递到国内已成陈旧新闻，国内新闻在当时却极少。三是内容的真实性待考。作为一个实践先行的行业，近代报纸在诞生之初，新闻理论尚未成型，内容的真实性有待提高。四是部分内容的故事性色彩浓厚。这与当时读者读报的猎奇、消遣心理有一定的关系，故报纸的新闻报道大多沦为传闻和故事。

2. 以记录为主的第二阶段

该时期适值近代报刊史的发展阶段，西方官报、政党和政论报纸居于主要地位，虽也有非官方和非党派的报纸显露出活跃气象，但从整体而言，报纸经济上不能自立，政治上受到政府相对严格的管控，致使该时期的新闻呈现两方面的趋势：一是政党政论报纸缺少新闻意识，极不重视新闻报道；二是官报为迎合政府也为避免出错从而使新闻报道呈现出沉闷的朴素记录的一面。正如李瞻在《世界新闻史》中所说的，在新闻报道上，至19世纪后半叶"仍是利用速记，逐字报道，所以名人演说，都是全文刊登"①。

3. 以趣味为主的第三阶段

随着世界上第一张便士报《太阳报》的创刊，西方新闻报道进入了一个以趣味性为主的阶段，这一方面在于对政治不感兴趣而需要轻新闻来缓解压力的庶民阶层加入读者队伍，另一方面则源于善感的"妇女读报之多，不亚于其君主"②，给了趣味性新闻以极大的生存空间。同时，在新闻报道方面还有三个值得纪念的进步：一是在进入"速报时代"后新闻采写的时效观念开始增强，以至于报道内容相对于之前两个阶段在时效性上较为突出；二是新闻写作中消息的倒金字塔结构开始形成，结束了以往"如辞书般冗长"③的新闻报道方式；三是新闻报道的另一方式"专访"开始出现于美国，并很快"即为英法两国由美国仿效以去"④。

4. 以煽情为主的第四阶段

随着约瑟夫·普利策对《纽约世界报》的购买，煽情成为该时期新闻报道的主流，并呈现耸人听闻、歪曲事实、武断评论事实、制造新闻等特征，正如埃默里父子在《美国新闻史》中说，"黄色新闻从最坏的情况来说，是一种没有灵魂的新式新闻。黄色新闻记者在标榜关心'人民'的同时，却用了骇人听闻的、华而不实的、刺激人心和满不在乎的那种新闻塞满了普通人赖以获得消息的新闻渠道"⑤。但煽情新闻也非一无是处，有西方新闻学者如是说："当时的报人希望编出一种有趣的、为大众接受的报纸，那种热情和技巧，对于今天缺乏生气的报纸来说，是值得参考的。"⑥

5. 以客观为主的第五阶段

"经过杂报、官报、政论机关报、报道第一主义、煽情等各个阶段之

---

① 李瞻：《世界新闻史》，三民书局，1993，第137页。
② 〔美〕弗兰克·路德穆特：《美国新闻事业史》，世界书局，1979，第272页。
③ 〔日〕本田一二：《美国科学新闻发展史》，《综合新闻研究》1973年第40号。
④ 〔美〕弗兰克·路德穆特：《美国新闻事业史》，罗篁、张逢沛译，世界书局，1975，第349页。
⑤ 〔美〕埃德温·埃默里、迈克尔·埃默里：《美国新闻史》，苏金琥等译，新华出版社，1982，第323页。
⑥ 〔日〕武市英雄：《日美新闻史语》，福武书店，1984，第142页。

后，从《纽约时报》起，终于进入了奠定今日新闻报道基础的客观报道时代。"① 在该时期，新闻报道多注重记录性，掌握分寸，不事夸张；提倡事实与议论分开，在新闻中不直接发表意见；能迅速翔实地报道重大事件。然而从严格意义上讲，客观只是一种形式，客观报道这一称谓的形成也只是业界对煽情报道的一种否定，而作为社会的一员，记者总有自己的政治倾向，所以真正超越阶级利益、不偏不倚地去报道是不可能的。此外，客观报道还存在着诸如无法反映错综复杂的事实、束缚记者的思考等局限性，而这些均为业界对客观报道的思考埋下了伏笔。

6. 以深度为主的第六阶段

20 世纪尤其是一战前后，国际形势的迫切性与西方读者学历水平的提高，使读者需求也发生了一定的变化，读者不但想知道新闻"是什么"，还想知道"为什么"。以此为背景，西方解释性报道兴起，作为美国新闻界首倡的报道式样，其在 20 世纪 30 年代被提到了应有的高度。另外，解释性报道虽建立在对客观报道反思的基础上，却沿袭了客观报道的应有之义，即要遵循在客观基础上的解释。正如《纽约时报》原星期日版主编莱斯特·马克尔所说，"解释是以充分的背景为依据的客观的加工过程"。解释性报道由此得以在美国形成，并迅速风靡整个西方新闻界，直至 20 世纪 60 年代调查性报道兴起。

二 西方规避议论的缘由

从西方报道方式演化的视角看，解释性报道产生的原因要归结于西方新闻业界对客观报道的反思与读者对深度报道的需要，而从文化传统与文体溯源的视角看，解释性报道规避议论的原因则可归结为四个方面。

1. 西方传统文化中叙事文化根深蒂固与源远流长

叙事文化是西方传统文化中的主流，最早可追溯至古希腊、古罗马时期的叙事文学，就连西方最古老的文学形式——"神话"也被定义为"叙事的艺术"，而随后的史诗、散文传奇故事，以及中世纪的骑士传奇、市民故事等均是围绕叙事展开。具体可分析如下：（1）古希腊神话里已经出现了时间化的思维和事件叙述的叙事文体雏形，这属于自然状态的叙事；（2）史诗是人

① 〔日〕武市英雄：《日美新闻史话》，福武书店，1984，第 147 页。

类有文字记载的原始叙事长诗，是"依照叙事规则组织起来的神话，有刻意制作的痕迹，神话叙事进入诗，是叙事发展的必然"①；（3）散文传奇故事是古希腊、古罗马时期除了神话与史诗之外的另一种文学形式，英国学者吉尔伯特·莫雷指出了其特征："在叙事上更接近事实，而故事里的事实更合乎人情"；（4）骑士传奇承袭了罗马传奇故事的叙事传统，并在题材上有了进一步的延伸，已从古代题材转为现实题材；（5）市民故事的叙事与骑士传奇的最大区别即在于写实性的增强与讽喻性的添加，这使得市民文学成为后世欧洲社会人情小说的开端。

2. 西方新闻以叙事擅长并一直秉持着"事件中心"这一写作原则

在叙事文化所包裹的西方古代文学中，无论是希腊神话传说的以时间为轴心展开故事，还是史诗中所加入的空间构造元素，"以事件为中心"都是其所尊崇的写作原则，而这一原则也应用于西方的新闻叙事。从16世纪西方近代新闻业诞生起，西方新闻叙事就极为注重在表现新闻事实的同时，捕捉事件的戏剧性细节以及充分注意细节的可视性与可感性，以至于在从新闻诞生到美国南北战争爆发的300多年中，新闻文体虽无一定之规，然新闻写作中却处处蕴含着"以事件为中心"的影子，如英国报纸中流行的叙事散文笔法、德国报章文体中所借鉴的宫廷文学写法，以及美国报纸上的短篇小说表现手法等。

3. 新闻文体从文学母体中剥离

与中国新闻文体一样，西方新闻文体亦来源于文学母体，其"基本文体结构也都主要是从史传文体、文学中孕育的"②，因此，在自萌芽到形成的阶段内，西方新闻文体是与文学母体所共存乃至被后者包裹的。较之中国古代文学，西方的古代文学虽注重叙事及以叙事为主流，但"夹叙夹议"也是存在的，并在17世纪末出现于新闻文章的写作中，如1690年问世的《国内外公共事件报》（*Public Occurrences Both Foreign and Domestic*）等。然较之叙事性，"夹叙夹议"在新闻文章中只是偶有出现，且持续时间不长。美国南北战争时期，西方新闻写作中开始产生新闻导语，并直接促使消息写作倒金字塔结构的产生，而西方新闻文体也由此开始逐步脱离散文、小

---

① 蒋原伦：《西方神话与叙事艺术》，《外国文学评论》2004年第2期。
② 樊凡等：《中西新闻比较论》，武汉出版社，1994，第200页。

说等文学范畴，并形成了以消息、特稿、评论为基本文体结构的格局。

4. 特稿写作对叙事文化与"事件中心"原则的承继

西方新闻文体产生于文学母体并羽化后，逐渐形成相对固定的规律，并大致呈现出两种发展趋势：一是报道与评论渐趋分明，记叙和议论融合于新闻报道的可能性减小；二是将除了报道事实的新闻和报道意见的社论与专栏外的所有新闻作品都归入特稿。由此，西方的叙事传统和事件中心原则在特稿中得到了传承与发扬，并呈现出如下三方面的特征：（1）"在西方新闻术语中，往往将'故事'（story）用作'新闻'（news）的代名词"①，这也是西方特稿写作对叙事传统承继的较为有力的证明；（2）西方新闻界极为主张记者在进行特稿写作时要像说故事一样②，这与我国记者在新闻写作时"强调新闻事实的教育性、伦理性"具有极大的不同；（3）在包括解释性报道在内的西方特稿写作中，记者会"尽量把自己的观点、意见深深地隐藏在新闻事实的背后，让读者自己去领悟，去评价"，这也与我国新闻文体写作"要尽量宣泄自己的感情、发议论、作评价，生怕读者不理解"③的写法具有极大的不同。

---

① 单波：《西方消息写作的特点》，《新闻大学》1996 年第 1 期。
② 洪天国：《现代新闻写作技巧》，中国新闻出版社，1986，第 165 页。
③ 熊志超：《"摆进去"与"跳出来"——中西新闻文体比较一得》，《新闻前哨》1999 年第 2 期。

第二章　报刊新闻述评的研究概况

新闻述评是中国所特有的一种新闻文体，因文体研究的变动性、文本收集的流动性，以及牵涉层面的繁多性等，学界的新闻述评研究始终处于平淡的状态，但这并不表示这一研究不重要，也不表示新闻述评的应用不广泛。相反，作为一种历经百年演化的文体，新闻述评既能对新近发生的重大新闻事件进行综述，适应民国通信不发达、新闻流通慢、信息整合难等现实境况，又能对新闻事实进行直抒胸臆式的浓厚情感表达，亦助力了民国政治力量的宣传。因而，新闻述评文体在1912～1949年发展得极为精彩，但就当下学界而言，这一研究极显薄弱。为此，本章综述当下新闻述评的研究概况，同时也据此提出了可进一步研究的学术空间，并介绍了本书的研究思路与框架以及价值与意义。

第一节　学界概况与学术空间

新闻述评研究是新闻业务研究的分支，略显屡弱，而新闻业务研究又是新闻学三驾马车"新闻史、新闻理论、新闻业务"研究中最显弱势的部分，故新闻述评研究在学界始终处于弱势，纵然是改革开放后勃然兴起的文体归属争鸣，与其他新闻学热门研究相较也逊色不少。然而正因为这一研究的弱势现状，又因新媒体当下"秀肌肉"之风的盛行，业界急需这种系统化、不依赖工具、既显观点又显深度的文体来改文风，新闻述评研究的学术空间由此广阔。

一　新闻述评研究的学界概况

较之其他新闻类别，新闻述评有着较强的完整性、前瞻判断性与思想导向性等优势。改革开放后，新闻述评重新得到了受众的关注与认可，而其学界研究也形成了四个方面的集中，分别是文体归属研究、理论建构研究、述评应用研究和述评历史研究，其中因 20 世纪 90 年代新闻述评在电视领域的兴盛，这一集中之势又向述评应用研究偏斜，其理论成果最为丰富。

（一）文体归属研究概况

受到新闻客观性的影响，在西方国家，新闻往往是单纯纪事，而意见也仅在评论版出现，但在中国，新闻业的特殊性催生了这样一个将单纯纪事与意见表达融为一体的新闻体裁，即新闻述评。新闻述评的体裁归属学术界至今尚无定论，甚至出现了在同一所大学出版社出版的新闻写作教材与新闻评论教材中不一致的现象，即前者将新闻述评归为消息的一种，后者则将新闻述评归为新闻评论①。

关于新闻述评的界定，学术界有三种声音最为响亮。一是新闻报道说。其认为"新闻述评是一种有述有评，述评相间的新闻报道式样"②。二是新闻评论说。其认为"新闻述评是一篇评论，所有的事实，无论它是第一手的还是转载的，是完整的还是零碎的，都要服从于评论的观点，都要有助于把事说清楚"③。三是杂糅文体说。其认为新闻述评是一种特殊的报道形式，是一种介于纯新闻和新闻评论、调查报告之间的文体。

在这三种声音中，亦存在一些交叉的声音，如胡文龙认为新闻述评是边缘体裁又是评论体裁，其在论文《新闻述评的特点和优势》中指出，"新闻述评是由新闻与评论这两种基本体裁相互糅合而产生的一种特殊的新闻评论文体"④，而在与秦珪、涂光晋合著的《新闻评论教程》中又将其称为"新闻领域中的一种边缘体裁，以融新闻与评论于一体为基本特点"⑤；丁法章认为新闻述评是新闻评论同时也是深度报道，其在《新闻评论教程》中认为"新闻述评虽引述事实，报道事实，带有某种新闻的色彩，但分析事实，评价事实，阐明观点，却是它的最终目的，也就是说它带有更多的评论色彩，因此人们通常把它归入评论的范畴"，而同时又认为新闻述评是新

---

① 周胜林：《述评新闻与新闻述评》，《新闻传播》2003 年第 7 期。
② 刘明华：《新闻写作教程》，中国人民大学出版社，2002，第 303 页。
③ 马少华：《新闻评论教程》，高等教育出版社，2007，第 228 页。
④ 胡文龙：《新闻述评的特点和优势》，《新闻与写作》1992 年第 7 期。
⑤ 胡文龙，秦珪，涂光晋：《新闻评论教程》，中国人民大学出版社，1998，第 307 页。

闻事实和论点有机糅合的载体，是深度报道的一种形式①。

（二）理论建构研究概况

业界对新闻述评的理论研究主要集中于 20 世纪 80~90 年代。改革开放后，新闻述评已作为一种重要的新闻文体出现在各大媒体，"《人民日报》在 1978~1985 年就刊登述评性新闻近两千篇"②。然而在理论界却迟迟未有动作。至 1984 年，复旦大学新闻系撰写了一批新闻学论文，并以系列讲座的形式对外公开，其中，由新闻系采访写作教研室撰写的《述评新闻》拉开了学界对新闻述评关注与研究的帷幕。该篇论文作为新闻述评研究的早期成果，详述了新闻述评的定义、范畴、分类、写作的注意事项，并在评估新闻述评发展现状的同时给予新闻记者指导。该论文认为"新闻记者是现实生活的调查员、观察员，也是现实生活的评论员。每个记者都要努力学会把新闻和评论结合起来反映事物、说明事物的本领，熟练地运用这种文体"③。

在该理论文章的奠基与号召下，不但业界开始重新认识和关注新闻述评，而且学界也开启了对新闻述评进行理论研究的大门。这一时期关注新闻述评的主要有艾丰、秦中河等，其纷纷以论文的形式对新闻述评进行释疑解惑，但较之《述评新闻》一文，无论是在关涉面还是关注力度上都显薄弱。1986 年，林荣强以自己的硕士论文为基础撰写了一部论著《述评性新闻》，该书系统地对"什么是述评性新闻""述评性新闻的产生与发展""述评性新闻的特点与优势""述评性新闻的作用与地位""述评性新闻的写作""述评性新闻的采访""述评性新闻对记者素质的要求"等进行了说明。该书的实践性与应用性较强，将学界对新闻述评的研究推向了高潮，而该书也成为迄今少有的一部专以新闻述评为研究对象的理论著作。

较之 20 世纪 80 年代，90 年代的新闻述评研究仍将注意力放于理论之上，并形成了一批高质量的学术论文。在 90 年代初，胡文龙在《新闻与写作》杂志上发表了一系列关于新闻述评的文章，如《新闻述评的特点和优

---

① 丁法章：《新闻评论教程》（第四版），复旦大学出版社，2008，第 286~287 页。
② 林荣强：《述评性新闻》，人民日报出版社，1986，第 1 页。
③ 复旦大学新闻系采访写作教研室：《述评新闻》，《新闻大学》1984 年第 2 期。

势》《新闻述评的析因示义》《新闻述评的解惑示趋》《新闻述评怎样论辩明理》等，对新闻述评进行了较为全面的分析，对新闻评论与新闻报道进行了比较，并划定了新闻述评的写作特征，即"夹叙夹议"①。他认为新闻述评在保持夹叙夹议写作的同时，"要有明确的立论目的性"②，"要懂得论辩艺术"③。他还指出了记者在撰写新闻述评方面存在着一些不足，如"篇幅过长"④ 等。

20 世纪 90 年代中后期，学界对新闻述评研究的方式开始转向对比研究，即对比新闻述评与其他新闻类别的异同，具体如王建立的《消息中能否有议论》、程天敏的《深度报道方式与新闻述评、政论通讯》、张兴旺的《新闻述评与宏观报道》等。在这些论文中，有的论述了新闻述评与其他类别新闻文体的相同之处，论述了新闻述评相较于其他类别的独特之处。也有一些人提出了新的观点，如王建立认为，"如果消息不用事实说话，通篇夹杂着议论和政策条文等，那就不是消息而是新闻述评了"⑤。他间接地否定了以往新闻研究中关于"新闻述评是消息的一种"的说法。再如张兴旺认为，"通过新闻述评，能把大量的微观典型升华为宏观或中观报道""新闻述评是实现宏观报道的一种比较直接、直观的好形式"⑥。

进入 21 世纪之后，学界虽也有对新闻述评进行研究的理论文章，但面对广播与电视的崛起，学界较多地将研究目光转向了应用研究。

（三）述评历史研究概况

新闻述评史的研究特点有三：一谓"少"，即数量较少；二谓"缺"，即缺乏整体性研究；三谓"偏"，即偏重于时事述评研究。

1. 学界对新闻述评的整体研究

学界对新闻述评史的研究成果总体而言数量较少，整体性研究更少。以笔者所掌握的材料，有三部著作对新闻述评进行了系统性判别与分析，

① 胡文龙：《新闻述评的特点和优势》，《新闻与写作》1992 年第 7 期。
② 胡文龙：《新闻述评的析因示义》，《新闻与写作》1992 年第 8 期。
③ 胡文龙：《新闻述评怎样论辩明理》，《新闻与写作》1992 年第 10 期。
④ 胡文龙：《新闻述评的特点和优势》，《新闻与写作》1992 年第 7 期。
⑤ 王建立：《消息中能否有议论》，《新闻爱好者》1998 年第 S1 期。
⑥ 张兴旺：《新闻述评与宏观报道》，《新闻前哨》1995 年第 4 期。

分别是《中国报纸文体发展概要》（李良荣，1985）、《述评性新闻》（林荣强，1986）和《中国新闻事业通史》（卷二）（方汉奇，1996）。虽然也有其他论著或论文涉及对新闻述评的整体性论述，但在内容上并没有超越以上三部著作。

三部著作中最先论及新闻述评的是《中国报纸文体发展概要》，该书涉及新闻述评的内容虽不多，却对其进行了多方面的认定。一是述及新闻述评产生的直接原因，即"有些报纸，在消息的'博、速'上无力与别的报纸竞争，不得已求其次，追求新闻的全面，加强对新闻的分析"①，但这些原因"找不到原始资料，无法印证"②。二是述及《每周评论》的新闻述评，认为其是出于宣传的需要，且"边综述边分析"③。三是述及新闻述评的发展轨迹，即"三十年代，几乎所有大报都有此一栏，并经久不衰，四十年代，共产党所办的报纸上，新闻述评同样发达"④。四是述及新闻述评在中华人民共和国成立前的三种写法："第一种，在评述新闻事件中既分析事件的本质，又带有鲜明的倾向，或贬或褒，观点明确，如《每周评论》；第二种，在综合过程中客观地分析事件的起因，产生的影响，展望未来的趋势，揭示该事件的内在联系，极少明确表示自己好恶，如《国闻周报》《晨报》等；第三种，仅仅综述事实和别报所发表的各种意见，不加评论、分析，挂着新闻述评的牌子，实际上是述而不评，如《中央日报》《申报》"⑤。

作为三部著作中唯一的系统性著作，《述评性新闻》一书对新闻述评进行了理论分析、应用指导以及历史沿革的研究。首先，述及记者述评的沿革历史，即"政论文章——作为评论的述评——作为新闻的记者述评"⑥，认为从1912年到1949年的这段时期内，国内所出现的记者述评，包括《每周评论》《向导》周刊等的述评"评论成分重，报道新闻少，重在发表意见，是评论文章的一种"，而抗日战争和解放战争时期《新华日报》《解放

---

① 李良荣：《中国报纸文体发展概要》，福州人民出版社，1985，第68页。
② 李良荣：《中国报纸文体发展概要》，福州人民出版社，1985，第68页。
③ 李良荣：《中国报纸文体发展概要》，福州人民出版社，1985，第69页。
④ 李良荣：《中国报纸文体发展概要》，福州人民出版社，1985，第70页。
⑤ 李良荣：《中国报纸文体发展概要》，福州人民出版社，1985，第70页。
⑥ 林荣强：《述评性新闻》，人民日报出版社，1986，第55页。

日报》上出现的新闻述评，"'述'的成分增多了，但仍没有从社评、专栏文章中脱胎出来"①。其次，述及述评性通讯的发展轨迹，即"政论文章——政论通讯——工作通讯——述评性通讯"②，认为黄远生、邹韬奋、范长江等人的大量新闻都属于接近现在述评性通讯的政论通讯，且认为在20世纪40年代，《解放日报》上出现的一类"夹叙夹议，以述为主，偏重于分析工作中的问题"的新闻"实际上就是述评性通讯"。再次，述及述评性新闻的发展轨迹，即"是由政论、政论通讯、述评、有评论色彩的消息"等发展、演变而成的一类新闻体裁，但认为这类体裁只是到了20世纪80年代"才发展壮大为足以同纯新闻、新闻评论相提并论的一种报道方式"③。

《中国新闻事业通史》（卷二）对新闻述评的论述寥寥，但提及述评的出现时间为"民初"，并评析了该体裁的时代境遇，即"在当时没有得到新闻界的广泛注意"④。此后，一篇发表于《新闻与传播研究》的论文论析了《新青年》在新闻述评体裁史上的地位，即"起到了承上启下的作用，并最终使该体裁成熟"⑤。同时提出，"新闻述评这一体裁最早应该出现在章士钊的《独立周报》上"⑥。

2. 学界对新闻述评的局部研究

较之整体性研究，学界对新闻述评历史的局部研究则显得丰富许多，且倾向于如下几个侧面，并以时事述评的研究为最重。

一是述评性消息。在述评性消息的新闻实践方面，学界较为关注毛泽东的述评性消息写作，如《试论毛泽东的消息和消息写作理论》（程民，沈慧）、《简论背景材料的运用》（张巍）等，这些文章主要集中于解放战争时期。

二是述评性通讯。学界对述评性通讯的早期形态——政论通讯的关注相对多些，且都绕不过四位关键人物，即恩格斯、黄远生、爱伦堡及穆青。

---

① 林荣强：《述评性新闻》，人民日报出版社，1986，第54页。
② 林荣强：《述评性新闻》，人民日报出版社，1986，第56页。
③ 林荣强：《述评性新闻》，人民日报出版社，1986，第57页。
④ 方汉奇：《中国新闻事业通史》（卷二），中国人民大学出版社，1996，第118页。
⑤ 宋素红：《〈新青年〉新闻报道和新闻评论探析——兼论〈新青年〉在新闻述评体裁史上的地位》，《新闻与传播研究》2005年第12期。
⑥ 宋素红：《〈新青年〉新闻报道和新闻评论探析——兼论〈新青年〉在新闻述评体裁史上的地位》，《新闻与传播研究》2005年第12期。

其中，恩格斯是较早进行政论通讯写作的作者，其早在 1839 年就发表了第一篇政论通讯《乌培河谷来信》①。黄远生则是我国最早以撰写通讯著名的记者之一，其政论通讯一直备受学界关注。爱伦堡是苏联的著名作家、记者，其政论通讯多出现于 20 世纪 40 年代的苏联报纸，且为中国的《新华日报》《解放日报》等广泛转载，现已集结成《爱伦堡政论通讯集》流传于世；研究其政论性通讯的代表性文章有《匠心独运 刻意求新——读爱伦堡〈英勇的塞瓦斯托波尔〉》（秦中河，《新闻记者》，1984）、《美与新闻采访》（林玉善，《郑州大学学报》，1990）等。穆青的政论通讯多写作于中华人民共和国成立后，如记录对林彪、"四人帮"反革命集团十名主犯进行审判的通讯《历史的审判》，便是一篇爱憎分明的政论通讯②。

三是记者述评。学界的研究集中于记者述评的当代部分，即改革开放后，而对 1912~1949 年关注甚少，只有如《毛泽东与新中国新闻事业》（成一，《采写编》，2010）、《毛泽东与新中国新闻事业——专访新闻史研究者成一》（陈芳、乔云华，《中国记者》，2009）等数篇，且只限于对《红色中华报》记者述评的寥寥几句的论述。

四是时事述评。学界对时事述评研究的成果较多，且主要集中于媒体和人物的个案研究，虽多数都是个案研究中的一个部分，如陶海洋的《〈东方杂志〉研究 1904~1948》研究了《东方杂志》的许多个方面，但时事述评只是其中的一个侧面。（1）在报纸类媒体的研究方面，既有对时事述评进行专门论述的《〈晋察冀日报〉"国内外大事述评"研究》（褚冠群，2010），也有用部分篇幅关注的《白头记者话当年——重庆〈新华日报〉及其他》（夏衍，1985）。（2）在期刊类媒体研究方面，学界的研究最为厚重，这一方面与 1912~1949 年综合类期刊开设"时事述评"栏目的惯例有关，也与时事述评在该时期的发展有关。总体看，学界的关注点主要集中在几种常设"时事述评"栏目的期刊上，如《中国青年》（《〈中国青年周刊〉研究〈1923~1927〉》，王鹏程，2011）、《时代公论》（《九一八后国民政府集权政治的舆论支持〈1932~1935〉——以〈时代公论〉为中心的考察》，

①　陈力丹：《客观、全面：传媒报道的理性准则》，《东南传播》2013 年第 7 期。
②　朱子斌：《试论穆青新闻作品的政治性和艺术性——兼谈穆青通讯佳作的写作特色》，《新闻采编》1996 年第 6 期。

刘大禹，2008）等。（3）在人物研究方面，注重对某个时事述评的作者进行研究，如胡愈之（《国际新闻的拓荒者——担任〈东方杂志〉编撰人的胡愈之》，张之华，1996）、傅斯年（《民国时期傅斯年的国际时评》，陈德正，2003）、马克思（《马克思论泰晤士报》，夏鼎铭，1984）等。

五是国际述评。国际述评是 1912～1949 年发展势头相对强劲的述评文体，这一时期也出现了一批进行国际述评写作的行家里手，如闻名于 20 世纪 20～30 年代的胡愈之、张明养、俞颂华、金仲华等，闻名于 20 世纪 40 年代的乔冠华、张友渔、羊枣、于毅等。然而就学界的现状看，研究者大多将目光集中于胡愈之、乔冠华，尤以后者为重，学界对胡愈之的关注多集中于其在国际新闻领域的贡献，对乔冠华的关注则多集中于其述评文集《乔冠华国际述评集》及与之相关的两份报纸《新华日报》和《解放日报》。

此外，就关注时期来看，学界较为关注 20 世纪 40 年代的国际述评。从时空纬度来看，则细分为二：一是战时香港，在 1941 年前后；二是解放战争时期的解放区，在 1945 年与 1949 年之间。

二　新闻述评研究的学术空间

在学界研究呈现寡淡之相的情况下，亦还有两篇学位论文关注了新闻述评，分别是博士学位论文《民国报刊新闻述评的发生研究（1911.10—1949.9）》（刘英翠，华中科技大学，2015）和硕士学位论文《中国近现代新闻述评发展研究》（杨悦，江西师范大学，2017）。两篇论文内容可圈可点，前者重历史研究，其对新闻述评在 1912～1949 年的发生和发展过程进行了话语分析和动因分析；后者侧重应用研究，对新闻述评在不同媒介上的应用状态予以综述性分析。这两篇文章可视为对新闻述评研究瓶颈的突破：一方面为后继者的新闻述评研究提供了大量的一手资料；另一方面也为新闻述评研究迈向新台阶拉开帷幕。以此为背景，新闻述评研究呈现巨大的学术空间，包括文体研究、理论研究、历史研究和应用研究。

（一）新闻述评文体的辨析研究

新闻述评是一种区别于新闻报道与新闻评论的特殊文体，文体学层面的辨析研究是由其衍生出的一个重要方向。如笔者在文章《中国新闻述评文体争鸣现象的回顾与解读》一文中的观点。

摘要：中国新闻述评文体争鸣现象起于改革开放后首批新闻业务类教程的出版，而逐渐销声于 21 世纪 10 年代之后，代之的则是"新闻评论说"的独大，由此带来了新闻述评学界研究与业界应用的"偏评论化"，既缩减了新闻述评"报道化"写作模式的应用空间，也弱化了新闻记者作为述评写作主力军的地位，同时背离了新闻文体要为现实语境和社会发展服务的宗旨。为此，文章以新闻述评的文体百年为契机，以文体争鸣为切入，阐述其观点，回顾其过往，陈述其现状，并解读其后果，进而认为：在"泛文体"时代，新闻述评的发展应多一些可能性，故若其争鸣止步于"新闻报道说"或"新闻评论说"，会阻碍新闻述评文体功能实现最大化及其在新媒体空间下的应用。

研究结论：如此，新闻述评写作呈现出评论化的趋势，而新闻述评的文体归属也以"新闻评论说"为主流。然而，真正适应时代发展的新闻述评既需要有上述的评论化一面，也需要有如学界几位研究者所说的"记者应重视新闻述评的写作"[1]、"让述评性新闻成为国际新闻报道的重头稿"[2]，以及"应与时俱进，加快提高、充实自己，以适应时代要求，创作出具有高度、广度和力度的述评新闻"[3]。

因此，即新闻述评文体争鸣促进了新闻述评在业界的多元化发展，也活跃了学界的研究氛围。同时我们也发现，新闻述评的文体学辨析还存在一定的研究空间。

（二）新闻述评理论的学术探讨

作为一种极具争议的新闻文体，新闻述评的理论建构尤其困难。即使对新闻述评的判断，也首先需要来自各方学者对新闻述评概念、范畴等的理论界定。虽然在过往的百年中，新闻述评曾有过多种定义，但就文体的

---

[1] 张文芳：《记者应重视新闻述评的写作》，《新闻与成才》1998 年第 7 期。
[2] 李湛：《让述评性新闻成为国际新闻报道的重头稿》，《新闻战线》1992 年第 5 期。
[3] 周胜林：《述评新闻的高度、力度和广度》，《新闻战线》2004 年第 6 期。

因时而动特性以及新闻述评的独特性来看，这些定义均不能很好地概括发展中的新闻述评。因此，新闻述评理论这一研究方向便具备了极大的潜力。正如笔者在文章《中国新闻述评概念的百年回顾与体系建构》中的观点。

　　摘要：作为业务研究之分支，学界的文体研究在"秀肌肉"之风的影响下愈加羸弱，而业界对文体的应用与钻研热情也每况愈下，由此使得当下的新闻述评文体被局限在"新闻评论产品"上，这极大影响了其文体功能的全面发挥。为拓宽其业界应用，并以新闻述评百年诞辰为契机，文章梳理了百年间新闻述评所流变之概念，并将其建构为包括内涵与外延两方面的体系，进而向业界展示出新闻述评是一种可保持内涵不变而外延无限延伸与拓展的极富兼容性的文体。

　　研究结论：新闻述评的概念体系可总结为内涵与外延两方面，其中，内涵是稳定而代代相传的，外延则是在不断发展与扩充的，故前述之述评外延于当下而言虽已相对完善，然随着时代变迁、技术进步，以及受众认知的变化，其外延亦会无限扩充。因此，在新闻述评百年之际对其概念予以回顾并进行体系建构的最重要之意义就在于敦促业界人士在认识新闻述评文体扩容性的基础上善用之、推广之，进而实现人所共知。

因此，在新媒体环境下历经百年演化的新闻述评概念乃至整个理论体系都应该重新建构。

（三）新闻述评历史的系统研究

以 1918 年 12 月《每周评论》创刊并设置"国内/外大事述评"专栏计算，2018 年是新闻述评正式出现的一百周年。作为一种演化百年的文体，新闻述评史的研究在当下仍停留在局部，直至笔者博士论文出现，但这篇 20 万字的论文亦非全部基于历史视角，而是运用话语分析理论来建构文本。正如笔者以博士论文为蓝本撰写的三篇文章所呈现的观点。

　　摘要：为释疑新闻述评在理论与实践两方面的困惑，文章引入西方解释性报道作以参照，并以源自语言学的话语分析学说作为工具，对 1912~1949 年的新闻述评予以文本分析。在分析的基础上，文章明确了三种文本类型以及新闻述评的主要特征，认为新闻述评是一种与西方解释性报道所不同的颇具中国特色的特殊文体。（摘自《基于文本分析的民国报刊新闻述评话语研究》）

摘要：借助梵·迪克话语分析理论中的内容研究方法，文章以"题材话语"和"思想话语"为切入点，对 1912~1949 年处于不同发展阶段的新闻述评进行了分析，并认为"题材话语"是围绕"服务事实、侧重军政"展开，而"思想话语"则围绕"意在抗争、旨在宣传"展开。同时认为，该时期报刊新闻述评呈现上述话语特征，是对救亡图存和富国强民追求的结果，也受到中国传统文化潜移默化的影响。（摘自《民国报刊新闻述评的话语分析研究》）

摘要：1912~1949 年的报刊新闻述评文体构成有"主流"与"非主流"两类：前者发生于新闻述评的"文体酝酿期"，是"时代需要"的产物；后者发生于新闻述评的"文体混沌期"，是"时人理解"的产物，后又随着述评文体的规范化而逐渐退出了历史舞台。故而在抗日战争与解放战争时期，"主流"类成了新闻述评的稳定形态，且发展至今，不但为当下新闻述评奠定了"夹叙夹议"与"融报道与评论之长"的写作基调，并为新闻述评这一"中国有、西方无"的独特文体形式在当下的再现辉煌与走出国门提供了可能。（摘自《中国新闻述评文体的类分、流变与稳定研究（1912~1949）》）

（四）新闻述评应用的当下研究

作为文体，新闻述评是一种应用性的存在，而新闻述评研究的意义与价值也在于应用。在新媒体环境下，新闻文体研究已趋边缘化。当下业界更是呈现两种义体研究的现象：一是研究"杂糅文体"，也称"混合文体"，是指一篇新闻作品中呈现多种文体的代表性特征；二是研究"泛文体"，也称"淡化文体"，是指不以文体为规约来创作新闻作品。这两种现象均将新闻文体研究推向了乏人问津的境地。但从新闻述评文体来看，其有着兼容新闻报道与新闻评论的杂糅特性：从一方面看，其属于当下新闻写作所常见的"杂糅文体"的一种；从另一方面看，其既有深度报道的深度又有新闻评论的观点，是对当下新闻写作中碎片化泛滥现象的拯救。由此可见，对新闻述评应用研究的深入不仅仅是新闻述评研究的衍生，亦是时代发展的需求。笔者的《让中国新闻述评"走出去"——兼以"'侠客岛'不是新闻述评"与罗以澄教授商榷》一文呈现了新闻述评应用当下研究之一隅：

摘要：新闻述评是"五四"前新闻和评论的杂交品种，"融报道与评论之长"是其特色，也因为此，其在百余年间一直未能得到向来奉行"报道与评论泾渭分明"的西方理论界的承认，但在西方新闻业界，新闻述评已然"走出去"，并赢得了西方业界的广泛关注，恰如微信公众号"侠客岛"。然对"侠客岛"文章的文体属性，罗以澄教授曾提出了"'侠客岛'文体是杂糅品，但不属于中西新闻文体的任何一种"的意见。对此，本文以"就事论事也是新闻述评"和"'侠客岛'也有全局性文章"为切入点与罗以澄教授进行商榷，并得出"'侠客岛'文体虽不属于西方新闻文体中的任一种，却是中国土生土长的新闻述评"的结论，以求实现新闻述评在当下重获重视之目的，并期待新闻述评借由"侠客岛"已被西方业界关注的东风真正实现"走出去"。

研究结论：从1912年到改革开放，其间新闻述评呈现曲折的发展状态，电视新闻述评兴起后，新闻述评经历了短暂的暖春，但原本在新闻述评家族中占据大半江山的"时事述评"始终未能回暖，直至标榜为"拆解时政迷局"的"侠客岛"的出现，时政类新闻述评——时事述评方迎来了新中国成立后的真正春天。当下，"侠客岛"已引起了国外主流媒体的广泛关注。除了传递中国声音，让国外主流媒体关注这一中国土生土长的文体形式才是关键，而通过中国新闻文体"走出去"来实现中国中和之道文化的西渐亦是关键。

该篇文章论述和强调的一个观点是：新闻述评是一种适合这个时代并可引发多方关注的杂糅性文体，其在应用的过程中可实现风格多变。

第二节 价值意义与思路框架

作为一种演化百年的文体,新闻述评研究应呈现体系性,但就目前研究状况看,其非但不成体系,且显得极为分散。由此,系统性即成为本书的最大价值所在,而围绕系统性展开的则是包括导论篇、历史篇、文体篇、理论篇、业务篇和余论篇在内的六大篇章内容。

一 报刊新闻述评研究的价值意义

选择该主题最初的兴奋点来源于笔者对西方解释性报道与中国新闻述评"相似却不同"的困惑。作为同时出现、同以夹叙夹议为笔法的两种文体,却因国别不同而呈现前者规避议论、类属新闻报道,后者张扬议论却游移于新闻报道与新闻评论之间的两种发展现状。基于此,笔者对"解释性报道缘何现于西方,新闻述评缘何现于中国""新闻述评为什么没能朝着西方解释性报道的方向发展"等的困惑进一步加深。

其实,"历程有异"是近代以来中西新闻业务发展的最大不同。1912~1949年的新闻业务史是西方国家从政党报刊到廉价报刊再到商业报刊几百年发展历程的浓缩,故其新闻业务虽在中西新闻文化碰撞中受到了西方新闻业务的影响,但更多的是具备着自身发展的特殊性的。以西方新闻业务发展为背景来看,西方新闻报道经历了从"以议为中心"到"以客观主义报道占主导"再到"现代客观主义报道与解释性报道并行"的演进历程。中国与之不同,其系由"以纪事为中心"演化至"以政论为中心",又进一步演化出新闻述评之类有述有评的杂糅文体,与西方的报道与评论泾渭分明形成了巨大差别。因而,若说"历程有异"是中西新闻业务发展不同之处的宏观体现,那么"新闻述评史"就是中西新闻业务发展不同之处的微观呈现。由此,笔者即萌生了对1912~1949年新闻述评进行研究的求真旨趣。

以此为基础,并经由多方查询,笔者发现,百余年中学界虽在新闻学研究的"三驾马车"——新闻理论、新闻史和新闻业务的研究上多有成就,但新闻史与新闻业务的结合处——新闻业务史的研究并不多见。作为新闻业务史的一个分支,新闻文体史长久以来受关注亦不多,种类繁多的新闻史学论著对其往往只是一笔带或只言片语。正如刘海贵先生所言，2002年我国才出版了第一部现当代新闻业务史方面的专著。20世纪80年代，新闻文体史也有了一部专著，即李良荣先生在其硕士论文基础上形成的《中国报纸文体发展概要》，其开始对中国报纸在1815年与1949年之间的文体发展予以关注。至20世纪90年代，由樊凡、单波等主编的《中西新闻比较论》开始关注新闻文体，并将新闻文体的流变纳入中西比较的视域。至21世纪第一个十年，一部由徐道铃著的《中国古代新闻体裁史》始将新闻文体研究的目光推向占代，弥补了新闻文体史研究古代部分的缺憾。同时，复旦大学刘勇的博士学位论文《嬗变的轨迹——1978年以来中国报纸新闻文体发展研究》则弥补了我国新时期新闻文体史研究的空白。至此，新闻文体史的研究方形成粗略轮廓。较之新闻业务史与新闻文体史研究，业界"虽关注甚少却已成专著"，作为新闻文体史研究的一分子——新闻述评史的研究则略显尴尬，论文尚少，论著暂无。这一现状为本选题提供了研究的空间。

鉴于此，本研究的理论意义与现实意义也进一步凸显。本研究具有交叉特点，即聚焦新闻业务与新闻史的交叉领域。因实操性较强，新闻业务史研究不同于新闻史研究，但从研究范式看，其还是遵从了一般新闻史与应用新闻学研究的思路，因而也具备一般新闻史与应用新闻学研究的意义。同时，其研究价值也有所体现。

首先，探讨新闻业务的规律，强化其学术性。较之新闻理论与新闻史，新闻业务本就是一个实践性极强的领域，尤其是在广播、电视、网络等媒体相继兴起后，新闻业务的四大版块"采、写、编、评"均受到进一步的技术制约，这使得实践的重要性日渐凸显。为求技术制胜，各大院校在课程设置上纷纷加强与业界的联系，这一方面提升了新闻业务的应用价值，另一方面也减弱了人们对新闻业务学术性的重视度。对于一门学问而言，理论和实践同样重要，只有紧跟时代的学术研究才能指导实践朝着有序的方向发展。具体到新闻述评，其游移于新闻报道与新闻评论之间的独特性也离不开新闻业务四大版块"采、写、编、评"的影响，而这亦与1912～1949年新闻业务的发展规律不无关系。因此，从实质上看，对该时期新闻述评的研究不只是对单一文体的研究，而更多的是发掘该时期新闻业务的规律，这既能为当今新闻业务的发展提供一定的借鉴，也能为新闻业务学术性的增强提供一定的助力。

其次，拓展新闻史的研究范畴，推动新闻业务史的研究。诚如2014年11月在广州举办的中国新闻史学会年度大会上暨南大学的刘家林教授所讲，"新闻史有待开拓的研究领域之一即新闻业务史"；也如刘海贵教授在《中国现当代新闻业务史导论》前言中所说，"将现当代新闻业务史从现当代中国新闻史中单独抽出来，形成一个较完整的中国现当代新闻业务史体系，至今未见人顾及"①。新闻业务的学术性稍弱，新闻业务史的研究则更显孱弱。具体到1912～1949年的新闻述评史，其虽作为文体史存在，却实属于新闻业务史的一部分。从宏观视角看，新闻业务史是一个庞大的体系，时人对它的丰富也只能从一砖一瓦做起，因此，选择新闻述评史这一单一的文体史为切入，笔者一方面是想对新闻述评这一文体进行系统的梳理与建构，另一方面也是想从一砖一瓦入手对新闻业务史的丰富尽绵薄之力。

最后，以中西对比为背景还原新闻述评在1912～1949年的发展脉络与历程。从新闻文体发展的趋势来看，无论是西方从客观报道走向解释性报道，还是中国从消息、通讯、评论走向新闻述评，其都在例证一种趋势，即报纸要朝着"解说"②发展，但在中西方文体的演变现实中，中西方所出现的"解说"文体各不相同。以此为背景，并以回答"中国出现的解说文体为什么会是新闻述评"这一问题为旨趣，本书梳理了1912～1949年新闻述评的发展脉络，以还原述评文体在该时期的存在与演化历程，并回答新闻述评在其演化历程中何以与西方解释性报道在传播载体、内容表达与文本类型等方面具有差异。

二 报刊新闻述评研究的思路框架

本书属面面观的系统化研究，具体研究思路与框架结构如下。

（一）报刊新闻述评研究的思路解析

一是以西方新闻业务史为背景。首先，参照西方解释性报道的发生、发展过程。1912～1949年，西方新闻业务史上出现了解释性报道，中国新闻

---

① 刘海贵：《中国现当代新闻业务史导论》，复旦大学出版社，2002，第1页。
② 〔日〕和田洋一：《新闻学概论》，吴文莉译，中国新闻出版社，1985，第70页。

业务史上出现了新闻述评，从报道特征上看，二者都与客观性报道相悖，因而西方解释性报道对我们研究新闻述评具有一定的参照价值。从时间上看，新闻述评的出现要早于解释性报道，故在出现的缘由上不能囿于"客观性报道无法满足受众需求"，但可以此为切入点，分析我国新闻述评出现的历史复杂性。其次，参照西方新闻业务史的发生、发展过程。1912~1949年，西方新闻业务史已经历了政党报刊和廉价报刊，已发展至商业报刊阶段，而中国新闻业务史却是经历了古代报刊、政论报刊，正准备向政党报刊和商业报刊并存的时代发展。了解西方新闻业务的发展无疑有助于研究中国新闻业务。

二是以报刊新闻述评研究的系统化为目的。1912~1949年的新闻业务史建立在我国以"调节"为特色的传统新闻文化的基础上，亦建立在西方以"沟通"为特色的新型新闻文化的涵化基础上，该时期的新闻业务发展与抗战宣传有关联，亦与新闻纸的自主进化有关联。基于对众多因素的考量，本书以新闻述评的文体演进为切入点，以回答"为什么"为核心，以作品为基础，以文体演变为焦点，以文体、新闻业、社会的互动为路径，在广泛搜集1912~1949年新闻述评的基础上，重点挑选对述评发展有转折、烘托等"节点"意义的重要作品加以整理分析，从而梳理出新闻述评文体的演变历程，进而解决了1912~1949年新闻述评的发生发展问题。为突破文体研究的局限性，本书将研究的视野扩大至中国新闻业务史和中国社会发展进程，意在构建"文体、新闻业、社会"三者互动下的新闻述评发展史。同时，笔者挖掘了该时期新闻述评研究的四个方面：历史、文体、理论、业务，以形成系统。

三是以报刊新闻述评历史的全面记录为重心。本书的述评历史研究注重全面，在6年资料收集的基础上，将600多份设有新闻述评专栏的报刊一一呈现，以为后继研究提供尽可能完善的一手资料。

（二）报刊新闻述评研究的具体框架

在上述思路的基础上，本书形成了整体性的研究框架，具体见图2-1。

图2-1展示的框架架构囊括了1912~1949年新闻述评研究的多个向度。

第一编是导论篇，作用在于"告知"，即告知研究对象"是什么"和"怎么样"。其中第一章通过区分新闻述评与西方解释性报道，回答了"新

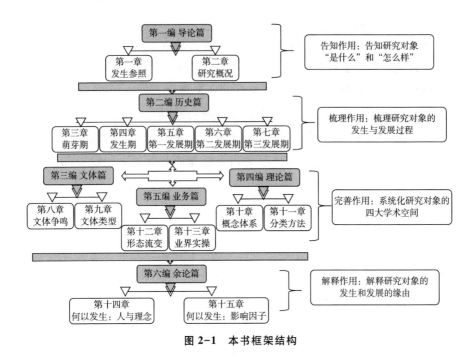

图 2-1　本书框架结构

闻述评是什么"这一问题；第二章通过综述新闻述评的当下研究概况，回答了"新闻述评怎么样"这一问题。

第二编是历史篇，奠定了 1912～1949 年新闻述评研究的基础，提供了完全的新闻述评第一手资料，作用在于"梳理"，即梳理研究对象的发生与发展过程。其中，第三章是萌芽期，讲述的是 1912～1917 年新闻述评的萌芽过程；第四章是发生期，讲述的是 1918～1925 年新闻述评的发生过程；第五～七章分别是第一发展期、第二发展期和第三发展期，讲述的依次是 1926～1936 年、1937～1944 年及 1945～1949 年新闻述评的发展过程。

第三编是文体篇，第四编是理论篇，第五编是业务篇，是服务于该时期新闻述评史学研究的"三驾马车"，作用在于"完善"，即系统化研究对象的四大学术空间——历史学、文体学、理论学、业务学。其中，第八章是文体争鸣，论述的是新闻述评文体归属的多种说法；第九章是文体类型，论述的是新闻述评在 37 年间的文体演化历程；第十章建构的是包括内涵和外延在内的新闻述评概念体系；第十一章是对新闻述评不同状态下的分类体系建构；第十二章论述的是 1912～1949 年新闻述评专栏形态演化历程；第十三章是业界实操，论述的是新闻述评写作应注意的事项。

第六编是余论篇，作用在于"解释"，即解释研究对象的发生和发展的缘由。其中，第十四章和第十五章论述的是影响报刊新闻述评发生与发展的诸多因素。

第二编 历史篇

本编概要

　　1912~1949 年的新闻述评历史是一部关乎新闻述评萌芽、发生与发展的相对完整的"发生与发展"史。本编意从历史的角度对该时期的新闻述评予以汇总、整理，以期最大限度还原其本初。为完成该时期报刊新闻述评的汇总与写作，笔者相继收集到 600 多份设有新闻述评专栏的报刊，其信息来源如下：一是全国报刊索引数据库，二是报刊网络可购之电子版，三是大成老旧刊数据库，四是深圳文献港，五是《新闻传播百科全书》，六是华中师范大学近代史研究所资料库，七是河南大学图书馆报刊原件库，八是华中科技大学新闻与信息传播学院报刊资料室，九是 1912~1949 年的新闻学著作，另查漏补缺自中国国家图书馆的报刊缩微胶卷资料室。

　　基于此，本编以年份和报刊数量为坐标，将 1912~1949 年的报刊新闻述评走势呈现于下，具体见下图。

　　下图的时间范畴是 1918~1949 年，原因在于新闻述评正式出现在报刊中的时间节点是 1918 年 12 月《每周评论》"国内/外大事述评"栏的亮相。除此之外，图 2-1 亦反映出两大趋势。一是以 1926 年为节点，在 1918~1925 年，报刊对新闻述评的关注度较低；在 1926~1949 年，报刊对新闻述评的使用频度大幅上升。二是在 1932 年、1939 年、1946 年，报刊对新闻述评的关注和使用频度达到了三个高点。以此为参照，本编将新闻述评的1912~1949 年共划分为三个时期，分别是萌芽期（1912~1917 年）、发生期（1918~1925 年）、发展期（1926~1949 年）。其中，发展期又可细分为三个阶段：1. 加速发展阶段（1926~1936 年），也称第一发展期，在该阶段内，经过了酝酿、萌芽、发生，新闻述评文体得以成熟，诸多报刊开始井喷式

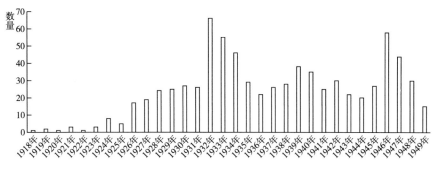

设置新闻述评专栏的民国报刊数量年度分布

地跟风设置新闻述评专栏；2. 大浪淘沙阶段（1937~1944 年），也称第二发展期，在该阶段内，诸多报刊对新闻述评已相对熟知，而随着跟风热潮的减退，大多数报刊开始理智对待并谨慎设置这一专栏，故在数量上不如前一阶段那么多；3. 精益求精阶段（1945~1949 年），也称第三发展期，新闻述评在"量"上经历了由多到少、由井喷到平稳的发展后，诸报刊开始在新闻述评的"质"上下功夫，故出现了大批名专栏和述评专家。

在以数量为指标进行时期划分的基础上，本编亦对设有新闻述评专栏的诸份报刊进行了类别的整理，并从中梳理出常设该专栏的四种类别①的报刊，分别是时政类、政党类、专业类和综合类。其中，时政类报刊有广义和狭义之分，"广义主要指采集、刊发时事、政治类新闻性文章的报纸或刊物，狭义上特指在党的各级组织领导下，开展时事政治类新闻采集刊发、宣传党和国家大政方针政策、报道社会发展情况的报纸或刊物"②，本编采用的是广义的概念，并将上述 600 多份报刊中与之相关的标榜政论性报刊、时事性报刊、政治性报刊③均纳入其类。政党类报刊是"为政党所创办或公

---

① 因民国报刊的庞杂性与类别的多样性，目前尚缺乏对其按照统一标准进行类别划分的方法，为对设有新闻述评专栏的报刊进行有针对性的推介，本编在对每份报刊类别梳理时采用了"两步走"，第一步是在创刊号的正文及版权页上寻找刊物定位，若无，则进行第二步，即从后世的报刊推介或评价中寻找，如此，在遵循"相近者归为一类"的原则下，得到了时政类、政党类、专业类和综合类这四大类别，其间或有个别刊物可同时归于两类，也多以行文之便利而有所归位。

② 于卫雁：《时政类报刊：大学生思想政治工作的有效载体》，《青年记者》2013 年第 2 期。

③ 政论性报刊、时事性报刊、政治性报刊之类的表达均来自刊物自身的介绍。

开成为政党机关报"的报刊，其"具有鲜明的党派性"，"不是以报道新闻为主，而是以展开论战、阐明各自的政治观点为主，因此，又称作'观点纸'"①，考虑到1912~1949年报刊种类与属性的复杂性，以及该时期党、军关系的密切性，本编特将军队报刊也纳于其类。专业类报刊是"由政府部门、专业团体主办，内容比较专一，主要面向某方面专业人员的报刊，如经济、政法、教育、科技、文化、卫生、体育、广播、电视、人口、家庭等类报刊。专业报刊立足本专业，面向全社会，着重宣传有关方针、政策，领导意图，专业发展中的新成就、新问题、新经验及有关知识、信息"②。综合类报刊是指"新闻报道内容具有综合性，即包括国内外政治、军事、外交、经济、科技、文教、体育、社会等各个领域新闻"的报刊，这类报刊"便于让读者了解所在社会的全貌和国际上的重要动向，是最普遍的报纸类型"③，同时，其与1912~1949年的标榜为"时政综合类"的报刊有一定的交集，然考虑到该类报刊所凸显的"时政"属性，本编特将其列入时政类报刊。

纵观1912~1949年的新闻述评，确如童庆炳所言，"文章体制，与时因革"，文体总是会有最契合的时代，也会因时代而发生诸种变化，37年间，新闻述评从时政类报刊起步，而又在政党类、专业类、综合类报刊中实现大发展，成就了其百年间的第一个也是最重要的一个多彩时期。

---

① 刘建明：《应用写作大百科》，中央民族大学出版社，1994，第823~824页。
② 邱沛篁：《新闻传播百科全书》，四川人民出版社，1998，249页。
③ 冯健：《中国新闻实用大辞典》，新华出版社，1996，57页。

第三章　报刊新闻述评的萌芽期
（1912~1917 年）

新闻述评的萌芽可按文体成型的过程粗分为三个阶段：一是"文末附注"阶段，以《东方杂志》"记载"栏为代表，可视为新闻述评的"初现"；二是"加叙加议"阶段，以《独立周报》"纪事"栏为代表，可视为新闻述评的"成型"；三是"夹叙夹议"阶段，以《新青年》"国内/外大事记"栏为代表，可视为新闻述评的"成熟"。其中，无论是"记载""纪事"还是"国内/外大事记"，均是"纪事"的一种，是"记录有历史意义的新闻事件的一种通讯，与我国古代'纪事本末体'（一种以历史事件为纲的史书体裁）相近，但纪事不是史书体裁，它具有强烈的新闻性，报道的是人们关心的重大新闻事件，纪事写作的基本要求是记事真实、完整，用词准确、严谨，一般以叙述为主，给人以庄严之感，并在此基础上要求生动、形象"①。

然而，从 1908 年 5 卷 7 号的《东方杂志》"记载"栏起，新闻记事栏中的新闻记事方式与议论发生了关联，从文末附注式议论，到加叙加议式议论再到《申报》"北京通信"专栏的有述有评的政论通讯式议论，又到成熟的夹叙夹议式议论，记事与议论的一步步关联加深为新闻述评的文体成形提供了温床。因而，本章对报刊新闻述评的初现、成型与成熟进行研究，意在将新闻述评文体的萌芽历程建构为三个固定的追溯点，以使其起到框架和节点的作用。

---

① 阎景翰：《写作艺术大辞典》，陕西人民出版社，1990，第 1029~1030 页。

第一节 初现：《东方杂志》与"文末附注"

创刊于 1904 年的《东方杂志》是中国近代史上"第一份民办综合刊物"[1]，是了解 20 世纪上半叶中国乃至世界社会发展的"重要资料和文化人的精神家园"[2]，其留下的文化深痕，使其成为"中国现代文化的一个生长点"[3]，以及报刊新闻述评史展开的生长点。

一 "文末附注"的出现背景

"纪事"原属"或以备史官之采择，或以裨史籍之遗亡"[4] 的史书体裁，近代报刊出现后，又陆续被应用于杂志（或称期刊），其原因主要在于报刊时代"报"与"刊"职能的不同，正如戈公振所认为的"报纸以报告新闻为主，而杂志以揭载评论为主"[5]，故一般杂志均在新闻性上有所欠缺，这为"纪事"在杂志上的广泛应用提供了现实可能。

晚清之际，为弥补事实性信息不足的缺陷，大批杂志开设有集纳性质的栏目附于卷末，称为"纪事""记载""大事记""金载"等，而这种以"纪事"为性质的专栏"初因编辑力量不足，信息零散、聊备一格"[6]，名不副实，实乃新闻集纳，如 1883 年 8 月 25 日《益闻录》中包括"斯文被辱""时疫流行"等杂乱信息。及至 19 世纪末，梁启超在上海和日本分别创办了《时务报》和《清议报》，出现了诸如"京外近事""万国近事"等栏目，促使了纪事类栏目在编辑业务上得以创新。又至 1901 年《外交报》的"中外纪闻"栏和 1905 年《新民丛报》的"中国大事月表"，纪事栏目已发展到以日记事的阶段，但依旧停留于新闻集纳的状态。

《东方杂志》自 1905 年第 1 期起即刊登有纪事文章，载于卷末的"杂俎"栏目，一直到 1908 年第 5 卷第 6 期。1980 年第 5 卷第 7 期中，《东方

---

① 叶再生：《中国近代现代出版通史》（卷一），华文出版社，2002，第 888 页。
② 陶海洋：《〈东方杂志〉研究（1904-1908）》，博士学位论文，南京大学，2013。
③ 陶海洋：《〈东方杂志〉研究（1904-1908）》，博士学位论文，南京大学，2013。
④ 徐师曾：《文体明辨序说》，人民文学出版社，1962，第 146 页。
⑤ 戈公振：《中国报学史》，岳麓书社，2011，第 4 页。
⑥ 马少华：《中国早期时政期刊新闻信息的形成发展》，《国际新闻界》2004 年第 4 期。

杂志》刊出广告称"从下期重定体例，大加改良"①，而这次改良也被誉为"《东方杂志》编辑工作的第一次'大改良'"②。该期之后，《东方杂志》发生了较大的变化：一是主编换人，换成了有过日本东京政法大学求学经历的孟森，也正是在他主持下，《东方杂志》实现了多方面的改版；二是纪事栏位置前移，较之以往居于卷末的"杂俎"栏，从第 5 卷第 7 号起，纪事栏为放置于卷首"图画"之后的第一个版块，实现了版面位置上的大变化；三是编辑方式的变化，与以往各条简讯用同一字号接续连排的方式不同的是，自该期之后，编辑开始以"不同字号将该栏目的内容划分成基本事实与深度信息两个层次，一日一段，一事一段，分别叙述，眉目清晰，节省目力，显示出充分调动版面编辑手段以提高传播效率的编辑意识"③；四是纪事栏的附注信息中出现评论，且较之一般的编者按更为完整，为纪事的述评化发展开启了大门。通过一系列版面、编辑手段的改革，《东方杂志》将以记录时事信息为功能的"大事记"栏目的重要性提到了前所未有的高度，同时也为纪事栏目的样态演进提供了契机，是对一直以来"轻新闻性而重评论性"的办刊风格的突破。

自此，改版后的《东方杂志》"大事记"栏目不但刊录基本事实信息，且对一些重要的信息辅以附注，并通过评论、深度分析等揭示意义、补充信息及实行索引等。如"赏给前国子监祭酒王先谦内阁学士衔"后的附注信息为"奖宿儒也"，起到了揭示基本信息的意义；而"二十七日，革法部主事陈景仁职"后的附注信息为"以参于式枚阻挠宪政也。始式枚一再渎奏，士论不过鄙之，至是乃稍稍激愤矣"，起到了增添信息并揭示事物之间因果关系的作用；又如，在"初一日，津浦铁路北段开工"后附注了带有观点意味的文字，并提出疑问："外款官造，覆辙相寻，其可忽诸？"被当代学者称为"超越具体事实的认识结构，只有评论才能完成"④。

二　"文末附注"的具体式样

出于编辑改革的需要，从第 5 卷第 7 号（1908 年）起，《东方杂志》的

①　出自《东方杂志》第 5 卷第 6 号所刊登的一则广告。
②　方汉奇：《方汉奇文集》，汕头大学出版社，2003，第 279 页。
③　马少华：《论孟森对期刊记事栏目的体例创新》，《国际新闻界》2011 年第 9 期。
④　马少华：《论孟森对期刊记事栏目的体例创新》，《国际新闻界》2011 年第 9 期。

"记载"栏开始出现"文末附注"。作为改版后的第 1 期,该期记载栏记述了光绪三十四年六月的 20 余条大事,表现形式类似编者按,即在纪事结束之时,辅以编辑议论之辞,其中至少有 5 条纪事在写作上呈现"文末附注"的式样(见图 3-1),具体如下。

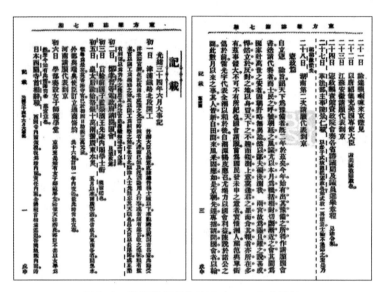

图 3-1 新闻述评的初现之态——文末附注

图 3-1 中的 5 条纪事详见于下(标※处为原文字迹不辨,下同。)①。

初一日,津浦铁路北段开工。督办大臣吕海寰直隶总督杨士骧以下,来观礼致祝词者甚盛。此路受洋款归官办,在沪杭甬未成议之先。当时四省大哗,而已无及。近该路用人行事,或者颇有远言。收之桑榆,赖有监者,官以开工为颂祷之始,民以开工为纠察之始。在北言北,愿津人士先无忘其天职也。吕大臣以长厚闻,或正乐有纠弹,以为对外之后盾耳,外款官造,覆辙相寻,其可忽诸。

初三日,赏给前国子监祭酒王先谦内阁学士衔。奖宿儒也。

初六日,学部奏设女子师范学堂。京师至是始有女子师范学堂,余

---

① 原文标点均为句号,为便于理解,根据文意将其替换为现代标点符号。

惟天津办此，部臣不甚以女学为然。<u>至今始有此折※尚希，慈宫意也。</u>

二十二日，以唐绍仪充美国专使大臣。<u>谢美减收赔款也。</u>

二十七日，革法部主事陈景仁职。以参于式枚阻挠宪政也，始式枚一再渎奏，士论不过鄙之。<u>至是乃稍稍激愤矣。</u>

上述纪事均呈现一种特征，即"文末附注"，其常见形式为"记叙+议论"，而议论之辞的发出者多为杂志编辑，其功效也大致有如下两种：一是解释原因，即对所记之事进行原因的阐释，如"奖宿儒也"是对王先谦得赏内阁学士职衔的原因说明，"慈宫意也"是学部奏设女子师范学堂的原因说明，而"谢美减收赔款也"是对封唐绍仪为美国专使大臣的原因说明；二是发表意见，即对所记之事的评价，如"至是乃稍稍激愤矣"是对革法部主事陈景仁职一事的意见，其潜台词是为陈景仁抱不平，认为其不过是稍稍激愤而已。

然而，放眼当时的期刊界，新闻纪事的发展依旧以新闻集纳为多，而像《东方杂志》那样因编辑业务改革出现分析意识与评论意识的新闻纪事实不多见，且《东方杂志》"记载"栏的述评样态也未持续太久，至 1910 年 5 月主编孟森离职后，"大事记"又渐恢复到以往状态，甚至在版面上也由卷首移至卷末[1]，以至于 1919 年受到罗家伦的点名批评，罗家伦认为其只是"断烂朝报，毫无意义"[2]，且未将其归入"脑筋清楚"的一类杂志。

第二节 成型：《独立周报》与"加叙加议"

《独立周报》于 1912 年 9 月由章士钊和王无生创刊于上海，并于 1913 年 7 月章士钊投身"二次革命"时终刊，前后共发行 40 期，且始终设有新闻纪事类专栏（前 14 期称"纪事"，后期称"纪事部"），而正是在该专栏中，出现了"加叙加议"的写作方式。较之《东方杂志》时期的"文末附注"，此时的"加叙加议"虽也是前叙后议，却在篇幅、表达等方面有所进步，离新闻述评所要求的"夹叙夹议"更近了一步。

---

[1] 自 1911 年第 8 卷开始，"大事记"已从孟森改版时所处的卷首位置重新移到卷末。

[2] 罗家伦：《今日中国之杂志界》，《新潮》1919 年第 4 期。

一 "加叙加议"的出现背景

"加叙加议"的出现与《独立周报》这份被誉为当时报界的"异彩"①、奏响了近代思想启蒙先声《甲寅》之前奏的期刊有很大关系，且在很大程度上受到了其创办者章士钊"要办一份超党派的政论报刊"的办刊思想影响。

章士钊是名噪一时的政论家，"一生主编过近代期刊史上 7 份很有影响的报刊，《独立周报》是其继《苏报》、《国民日日报》和《民立报》之后主编的第一份期刊，其因坚持'不偏不倚'和'朴实说理'，在 1912 年前后的思想界、言论界别树一帜，对当时一代进步青年的思想产生过重大影响"②，而以"独立"二字命名，则要源于章士钊的办刊主张。

不同于一般政论家在办刊时将报刊作为党政工具，章士钊一直希望办一份超党派的政论报刊——"高扬'独立'旗帜，以司佩铁特（the spectator）即'袖手旁观'和'不偏不倚'超然而立的姿态，针对时事，阐发学理，消除党见，开言论之正风"③。因此，在主持同盟会机关报《民立报》而被同盟会中激进派所围攻之后，章士钊毅然辞职，于 1912 年 9 月与王无生在上海创办了《独立周报》。在创办过程中，章士钊始终坚持"不党"立场，不愿《独立周报》成为一份党派刊物，故希望可以靠广告收入维持刊物运营，并重金聘请撰述员，终将其办成了一份可以站在独立立场上任意评说的政论刊物。

在政论基调的左右下，《独立周报》虽开设了纪事、政论、专论、投函、评论之评论、文苑等诸多专栏，却以政论内容居多。《独立周报》存续于政治专制已废的社会大转折时期，社会各阶层都在为今后要建立什么样的政治制度展开大讨论。在此背景下，章士钊以《独立周报》为论坛，围绕主权问题、政治制度问题等从超乎党见、唯学理之长短的视角予以讨论分析，不仅使其本人在一时间被"推为宗盟"④，也使《独立周报》各个栏目中或多或少均加入了议论成分。较之其他栏目多以政论为主，《独立周报》"纪事"栏偏叙述，承担着《独立周报》一周间的信息汇总与传播任

① 程莢甫：《论吾国各学校当注重图算》，《独立周报》1912 年第 3 期。
② 龙敏贤：《章士钊与〈独立周报〉》，《出版科学》2004 年第 4 期。
③ 龙敏贤：《章士钊与〈独立周报〉》，《出版科学》2004 年第 4 期。
④ 李大钊：《李大钊文集·物质与货币购买力》，人民出版社，1984，第 95 页。

务，故被放在杂志首页第一栏。然而不同于该时期期刊新闻纪事类专栏普遍以新闻集纳为主，也不同于《东方杂志》时期"记载"栏多为一句话新闻和一句话议论的"文末附注"，此时的《独立周报》"纪事"栏呈现的状态为"加叙加议"，即不再直录公文或剪抄报章，而是在前文记叙的基础上加入了编辑的意见与思想。

与"加叙加议"前后而现的，是一种被称为政论通讯的文章体裁，其出自民初《申报》的"北京通信"专栏，主持者署名远生，这些文章"把政论手法和描写手法融为一体，采用随见随听随感随议的方法，写出了大量有述有评的政论通讯"①，被视为述评性通讯的前身，记者黄远生也因此被称为"通讯第一人"。正如黄天鹏所言，"自黄远生出，而新闻通讯放一异彩，为报界创一新局面"；又如宋云彬所言，"我国报纸之通讯，实在是黄远生开始的"。这些政论通讯虽从文体的角度看属于通讯的范畴，在笔法上却类似于"加叙加议"阶段的新闻述评。

二　"加叙加议"的具体式样

《独立周报》1912 年第 13 期的《本馆特别启事》曾言，"本报发行以后备蒙海内外同志欢迎，咸谓本报星期发行为时甚短而内容论说多至十余篇，每册四万余言，几于全体由社员撰述，即至最普通之纪事栏亦复夹叙夹议独见匠心，从未直录公牍，剪抄报章，为向来丛报所未有，因是销场愈推愈广"②。此间提及其"纪事"栏的"夹叙夹议"的情况，并称这种情况是独见匠心的，而独见匠心的体现则是不再和其他报刊"纪事"栏一般直录公牍、剪抄报章（见图 3-2）。

然此时"纪事"栏的"夹叙夹议"只是初现，且叙多议少，故称为"加叙加议"。较之"文末附注"，"加叙加议"虽也是前叙后议，且在篇幅上以记叙居多，但有如下两方面的进步：一是叙述部分多为二次创作的结果，即不再是直接抄录的谕旨、摘录的报章，而是在多方面资料收集的基础上进行的综合性创作；二是议论部分较之前感情色彩更为浓厚，往往弃隐晦而直抒胸臆。

---

① 林荣强：《述评性新闻》，人民日报出版社，1986，第 56 页。
② 《独立周报》编辑部：《本馆特别启事》，《独立周报》1912 年第 13 期。

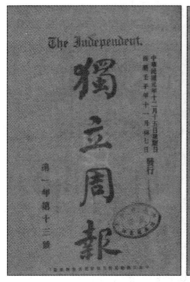

图 3-2 《独立周报》"纪事"栏"夹叙夹议"的说明

"纪事"栏（后改为"纪事部"）自《独立周报》创刊始设，一直持续至该刊终刊，以"加叙加议"为内容表现形式，匠心独运，创新了当前新闻纪事类专栏叙事之先河。以《独立周报》1912 年第 2 期和第 13 期的"纪事"栏为例，该两刊期分别有纪事数十条，且每条长短不一，共计占篇幅 6 页，大多呈现"加叙加议"之态，具体如下①。

蒙事交涉，延宕多日，究无结果，而消息传来半皆噩耗。<u>伫②望边氛，恐非兵力无以解决矣。</u>

一外交近况。中俄交涉原定十三号续议，而俄使又提出六条须中政府承认方能开议。（一）中俄未结约前，俄已认蒙古为自主国；（二）道胜银行损失应由中国赔偿；（三）此次损失若在百万以上，须偿十分之五现银；（四）以后华人再有抵制情事，须负完全赔偿责任；（五）中政府如认以上条件，限二十四小时内答复；（六）如有异议，亦限二十四小时声明，否即作为默认。<u>此种蛮横口气何可以理喻。</u>

---

① 原文标点均为句号，为便于理解，根据文意将其替换为现代标点符号。
② 应为"伫"，"伫"是"伫"的异体字。

十四日。法使面向陆外交长调停，又提出三条，较前提三条略异：（一）民国置官吏于蒙仅为保※①汉民，不得干预蒙内政；（一）民国在内蒙可自由驻兵，外蒙限为公开地；（一）民国对蒙可自由拓殖，或输入资本或合资垦种，但不得移民，有损土人生存力云云。<u>闻陆总长仍坚拒不允，此种条件主权胥巳②沦丧，何待调停，陆总长拒之宜也。</u>③

自孙黄入京，袁总统即与商榷内政进行方针，由袁开出大纲八条：（一）立国取统一制度；（二）主持是非善恶之真公道以正民俗；（三）暂时收束④武备，先储备海陆军人才；（四）开放门户，输入外资，与办铁路矿山，建置钢铁工厂以厚民生；（五）提倡资助国民实业，先着手于农林工商；（六）军事外交财政司法交通，皆取中央集权主义，其余斟酌各省情形兼采地方分权主义；（七）迅速整理财政；（八）竭力调和党见，维持秩序，为承认之根本。<u>以上八条孙黄皆表同情，因致电武昌询黎副总统，旋得复电，略谓捧读篠⑤电八纲。兹事体大，于中国政治前途极有关系，大总统具闳中肆外之嘉谟，奋长驾远驭之伟略，熟筹审度，计出万全，孙黄两先生，业表同情。元洪粗知大体，自当赞成云云。夫天下英雄尽于四杰，今相与制成绝大之政策以饷国人。此诚吾人交相欢赞者也，人或以此种政策之发布与现行之内阁制有妨，记者曰否不然也。</u>⑥

上述内容的画线部分均为议论之辞，观点明确、态度鲜明、感情色彩浓厚，且体现了议论的几重作用：一是预测趋势，如"伫望边氛，恐非兵力无以解决矣"，是作者基于前述内容对未来趋势的预测；二是抒发感情，如"此种蛮横口气何可以理喻"，是作者基于前述内容的情感表达；三是用以评判，如"闻陆总长仍坚拒不允，此种条件主权胥巳沦丧，何待调停，陆总长拒之宜也"，是作者基于前述内容对某人某事做出的评价之辞；四是

①　原文字迹不辨。
②　应为"已"
③　出自《独立周报》1912年第13期。
④　应为"束"，"收束武备"是袁世凯时期的一项政策。
⑤　应为筱，"篠"是"筱"的异体字。
⑥　出自《独立周报》1912年第2期。

释疑解惑，如"人或以此种政策之发布与现行之内阁制有妨，记者曰否不然也"，是作者基于读者疑问做出的回答。

同时，较之"文末附注"，"加叙加议"更加注重情感的宣泄，也会直接使用语气助词，用以表达强烈的不满或激动之情，如：

> 外交界消息。现俄使借口我国排俄风潮，特电哈尔滨提督调俄兵一百六十名，来卫该使馆，闻日内到京，首都之地亦听他人自由行动耶。呜呼。

"呜呼"二字表达了作者强烈的不满情绪，而这在以往新闻集纳型的新闻纪事类专栏中是不会出现的，故也意味着新闻纪事类专栏内议论成分的加深，然而从发展的视角看，《独立周报》"纪事"栏中的"加叙加议"并不完善，"其'述'与'评'的结合中因没有分析作过渡，在写作方法上略显稚嫩"①，但较之《东方杂志》"记载"栏的"文末附注"已属进步。

第三节　成熟：《新青年》与"夹叙夹议"

创刊于1915年的《新青年》（原名《青年杂志》，第2卷改名）是"社会科学、人文科学、文艺作品、时事新闻四合一的综合性刊物"②，也是"中国第一份现代意义上的新闻报刊，其诞生标志着现代报刊的产生，也标志着现代新闻史的开始"③。《新青年》自第1卷第1号到第3卷第6号均设有固定新闻纪事类专栏"国内/外大事记"，每期记载国内外大事3~4篇不等，是《新青年》新闻报道的主要阵地，而"'国内/外大事记'新闻报道主要以新闻述评为主，对此体裁发扬光大，使其成熟"④。

一　"夹叙夹议"的出现背景

正如方汉奇先生所言，新闻述评在"民国初年已经出现，可惜这一新

---

① 宋素红：《〈新青年〉新闻报道和新闻评论探析——兼论〈新青年〉在新闻述评体裁史上的地位》，《新闻与传播研究》2005年第4期。
② 胡明：《〈新青年〉的创办与陈独秀的早期文章》，《求是学刊》2003年第6期。
③ 林凌：《〈新青年〉与中国现代新闻报刊史》，《南京政治学院学报》1998年第3期。
④ 宋素红：《〈新青年〉新闻报道和新闻评论探析——兼论〈新青年〉在新闻述评体裁史上的地位》，《新闻与传播研究》2005年第4期。

闻体裁在当时没有得到新闻界的广泛注意"①。自《独立周报》终刊后，新闻纪事类专栏鲜有"加叙加议"的写法，直至 1915 年《新青年》的出现。这要从《独立周报》《甲寅》《新青年》以及章士钊、陈独秀等述起。

陈独秀与章士钊是有着 40 年友谊的"总角旧交"，虽后期因政见不同而分道扬镳，但在《新青年》创刊之初及之前在办刊上却是志同道合的。二人相识于 1902 年，友谊开始于 1903 年共同创办《国民日日报》，但作为《苏报》第二，《国民日日报》因针砭时弊，宣传革命，为当局所不容，被迫于当年 12 月停刊。停刊后，陈独秀在芜湖筹办《安徽俗话报》，因缺乏印刷设备而写信向章士钊求助，章士钊第一时间为陈独秀解了燃眉之急。1911 年辛亥革命爆发后，安徽宣布独立，陈独秀出任安徽都督府秘书长，但随着 1913 年二次革命失败，其成为追捕对象而仓皇逃亡上海并陷入"生机断绝"的困境。此时章士钊已有了创办《独立周报》"不党"的政论性期刊的经验，并在《独立周报》终刊后在日本创办了政论性期刊《甲寅》。陈独秀随即给章士钊去信，途径波折后，受章士钊邀请东渡日本，一方面在东京雅典娜法语学校学习法语，另一方面协助章士钊编辑《甲寅》。该时期内，陈独秀一直作为章士钊的副手从事编辑杂志的工作，也结识了李大钊、高一涵、易白沙等先进知识分子，为《新青年》的筹办和作者队伍的建立奠定了基础。

1915 年陈独秀自创《青年杂志》，该刊的编辑模式几乎就是《甲寅》的翻版，不少读者也将《新青年》视为《甲寅》的延续与替代。二者不仅立场相似，且作者群有极大的重合，而对于"通讯"的注重，讨论方式的开放，更是如出一辙，如"《甲寅》设有'通讯'、'论坛'两栏，《新青年》设有'通信'、'读者论坛'，基本一样，对《甲寅》的'时评'栏，《新青年》改为'大事记'……只不过是改换名称而已"②。然而，《甲寅》"时评"栏改为《新青年》"国内/外大事记"栏后，增强了事实信息的报道功能，并以"夹叙夹议"的形式使一种崭新文体——新闻述评日渐成熟起来。

"国内/外大事记"栏在《新青年》上存在的时间为从第 1 卷第 1 号到第 3 卷第 6 号，而此期间的《新青年》均由陈独秀主编（第 4 卷第 1 号后

---

① 方汉奇：《中国新闻事业通史》（卷二），中国人民大学出版社，1996，第 118 页。
② 杨琥：《〈新青年〉与〈甲寅〉月刊之历史渊源——〈新青年〉创刊史研究之一》，《北京大学学报（哲学社会科学版）》2002 年第 6 期。

由北京大学教授同人轮流主编)，"实际上也是主撰"①，陈独秀也被誉为"刊物的灵魂，从篇目安排、思想内容到精神格调充满了陈独秀色彩"②。同时，该刊在创刊号上署名为"记者"的"国外大事记""国内大事记"两栏也均出自陈独秀的手笔，并为之后《新青年》中的"夹叙夹议"式"纪事"写作奠定了基调，也在新闻述评体裁史上起到了"承上启下的作用，并最终使该体裁成熟"③。

然而须知晓的是，《新青年》的"国内/外大事记"与前述之《东方杂志》"记载栏"、《独立周报》"纪事栏"一样，不存在每期全栏均是新闻述评萌芽的情况，即便是在《新青年》中，"夹叙夹议"式的纪事也只是"为主"，但较之《东方杂志》与《独立周报》时期已属进步。

二 "夹叙夹议"的具体式样

"夹叙夹议"在"国内/外大事记"栏中的出现要源于两点。一是新闻纪事类专栏的发展。至《新青年》时期，已形成了综述型的大事记，其"选择较精，着力较多，一般都体现出编辑主体的认识和概括，照顾到事件的源流、背景，而不再带有早期期刊记事中那种信息堆积或简单加和的行迹"④。二是《新青年》杂志"国内/外大事记"栏对《甲寅》"时评"栏的承继。正如有学者在研究《新青年》与《甲寅》关系时所说，"对《甲寅》的'时评'栏，《新青年》改为'大事记'……只不过是改换名称而已"⑤。前有综述作保，后有时评为纲，在此背景下，"夹叙夹议"形成，较之"文末附注"和"加叙加议"，其不但走出了"前叙后议"的模式，做到了"边叙边议"，且在事件的报道上照顾到了源流和背景，加入了分析成分，使"叙"与"议"之间过渡得更为融洽和平顺，具体见图3-3。

图3-3出自《新青年》第2卷第1号（1916年）的"国内大事记"专栏的《黎大总统继任》，其虽属《新青年》"国内/外大事记"栏中篇幅较短的

① 胡明：《〈新青年〉的创办与陈独秀的早期文章》，《求是学刊》2003年第6期。
② 胡明：《〈新青年〉的创办与陈独秀的早期文章》，《求是学刊》2003年第6期。
③ 宋素红：《〈新青年〉新闻报道和新闻评论探析——兼论〈新青年〉在新闻述评体裁史上的地位》，《新闻与传播研究》2005年第4期。
④ 马少华：《中国早期时政期刊新闻信息的形式发展》，《国际新闻界》2004年第4期。
⑤ 杨琥：《〈新青年〉与〈甲寅〉月刊之历史渊源——〈新青年〉创刊史研究之一》，《北京大学学报（哲学社会科学版）》2002年第6期。

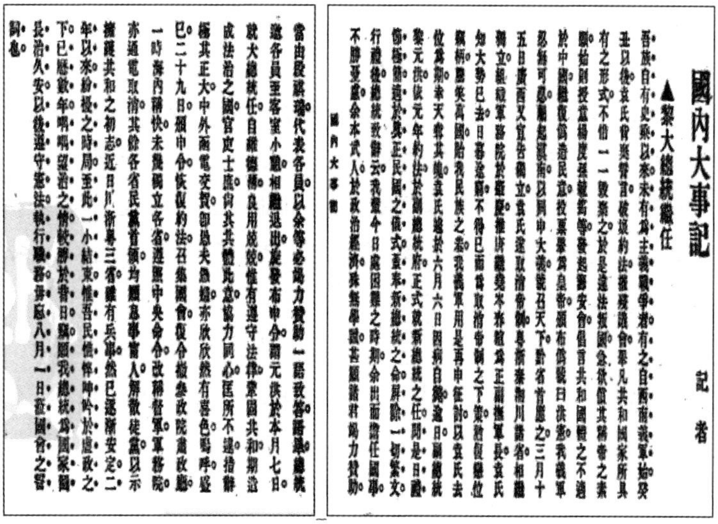
國內大事記

記者

▲黎大總統繼任

吾族自有史乘以來未有爲主義戰爭者有之自西南義軍始癸丑以後袁氏背棄誓言破壞約法摧殘議會舉凡共和國家所具有之形式不惜一一毀棄之於是違法叛國急欲償其稱帝之素願始則授意楊度孫毓筠等發起籌安會倡言共和國體之不適於中國繼復僞造民意投票舉爲皇帝頒布僞號曰洪憲我義軍忍無可忍崛起滇南以伸大義號召天下黔省首應之三月十五日廣西又宣告獨立袁氏遂取消帝制粵浙秦湘川諸省相繼獨立組織軍務院於肇慶推唐繼堯岑春暄爲正副撫軍長袁氏知大勢已去日暮途窮不得已而爲取消帝制之下策猶復戀位竊柄騰笑萬國貽我民族之羞我義軍用是再申征討以袁氏去位爲期幸天奪其魄袁氏遂於六月六日因病自斃逾日副總統黎元洪依元年約法於[illegible]總統府正式就新總統之任即是日[illegible][illegible]正式就職之儀式[illegible]屏除一切繁文行禮後總統致辭云我躬今日處困難之時卽余出而擔任國事不勝惶懼余本武人於政治經濟殊無學識甚願諸君竭力贊助

國內大事記

當由段祺瑞代表各員以余等必竭力贊助一語致答語畢總統遂令各員至客室小憩相繼退出旋發布申令謂元洪於本月七日就大總統任自維德薄良用兢兢惟有遵守法律鞏固共和期造成法治之國官吏士庶尚其共體此意協力同心匡所不逮[illegible]其正大中外兩電交賀[illegible]亦欣欣然有喜色嗚呼盛已二十九日頒申令恢復約法召集國會復令裁參政院肅政廳一時海內稱快未幾獨立各省遵照中央命令改稱督軍軍務院亦通電取消其餘各省民黨首領均願息事寧人解散徒黨以示擁護共和之初志近日川浙粵三省雖有兵事然已遞漸安定二年以來紛擾之時局至此一小結束惟吾民憔悴呻吟於虐政之下已歷數年喁喁望治之情較勝於昔日願我總統爲國家圖長治久安以後遵守憲法執行職務毋忘八月一日蒞國會之誓詞也

图 3-3　《新青年》“国内大事记”中的“夹叙夹议”文章

“夹叙夹议”型文章，却堪称《新青年》“新闻述评的代表作”①，全文如下。

吾族自有史乘以来，未有为主义战争者，有之，自西南义军始。癸丑以后，袁氏背弃誓言，破坏约法，摧残议会，举凡共和国家所具有之形式，不惜一一毁弃之。于是违法叛国，急欲偿其称帝之素②愿。始则授意杨度、孙毓筠等发起筹安会，倡言共和国体之不适于中国，继复伪造民意，投票举为皇帝，颁布伪号曰洪宪。我义军忍无可忍，崛起滇南，以同申大义，号召天下，黔省首应之，三月十五日广西又宣告独立。袁氏遂取消帝制，粤浙秦湘川诸省相继独立，组织军务院于肇庆，推唐继尧岑春暄③为正副抚军长。袁氏知大势已去，日暮途穷，不得已而为取消帝制之下策，犹复恋位窃柄。腾笑万国，贻我民族之羞。我义军用是再申征讨，以袁氏去位为期。幸天夺其魄，袁氏

① 宋素红：《〈新青年〉新闻报道和新闻评论探析——兼论〈新青年〉在新闻述评体裁史上的地位》，《新闻与传播研究》2005 年第 4 期。

② 应为“夙”。

③ 应为“煊”。

遂于六月六日因病自毙。逾日，副总统黎元洪依元年约法，于副总统府正式就新总统之任。闻是日礼节极简，适于真正民国之仪式。盖奉新总统之命，屏除一切繁文行礼后，总统致辞云：我辈今日处困难之时期，余出而担任国事不胜忧虑，余本武人，于政治经济殊无学识，甚愿诸君竭力赞助，当由段祺瑞代表各员，以余等必竭力赞助一语致答。语毕，总统邀各员至客室小憩，相继退出，旋发布申令：谓元洪于本月七日就大总统任，自维德薄，良用兢兢，惟有遵守法律，巩固共和，期造成法治之国，官吏士庶，尚其共体此意，协力同心，匡所不逮。措辞极其正大，中外函电交贺，即愚夫愚妇亦欣欣然有喜色，呜呼。盛巳①。二十九日颁申令恢复约法，召集国会，复令撤参政院肃政厅。一时海内称快，未几独立各省遵照中央命令，改称督军，军务院亦通电取消，其余各省民党首领均愿息事宁人，解散徒党，以示拥护共和之初志。近日川浙粤三省，虽有兵事，然已逐渐安定。二年以来，纷扰之时局至此一小结束。惟吾民憔悴呻吟于虐政之下已历数年，喁喁望治之情，较盛于昔日。窃愿我总统为国家图长治久安，以后遵守宪法，执行职务，毋忘八月一日莅国会之誓词也。

《黎大总统继任》一文被认为是《新青年》中"夹叙夹议"型文章，即新闻述评的代表作，原因可细析如下。

1. 有记述，且记述内容较为全面

（1）黎大总统继任的背景记述，细节有二。一是袁氏破坏约法急欲称帝的过程；二是国内各地义军征讨袁氏的过程。（2）黎大总统继任的过程记述，细节有三：一是袁氏去世，副总统黎元洪扶正的事件记述；二是黎元洪就职当日的主场景记述；三是黎元洪就职宣言的记述。（3）黎大总统继任后的国内外情状记述，细节有三：一是民众神色心态之描述；二是继任后政令的推行情况之描述；三是继任后各省兵事情况之描述。

2. 有分析，且运用多种分析方式

分析是指将事物、现象、概念分门别类，离析出本质及其内在联系。此文中用到的分析共有四处：一是背景分析，是对黎元洪继任大总统的背

---

① 应为"已"。

景进行的描述型解析；二是原因分析，文章先是提出西南义军揭竿而起之情状并将之定性为"为主义而战争"的正义之师，其后的袁氏"举凡共和国家所具有之形式，不惜一一毁弃之"等行为均视为对西南义军揭竿而起的原因解析；三是过程分析，该分析方式多应用于具体细节，如对当时川浙粤三省的安定情况的分析等，虽用词不多，却切中要害；四是结果分析，文章为得到"二年以来纷扰之时局至此一小结束"这一结果，分别从独立省、其余各省、有兵事之省份等着手，一一分析现状，进而得出结论。

3. 有议论，且混杂在文中边叙边议

（1）篇首议论，这是以往新闻纪事类专栏中所不具备的，应为评论文体中常见，但此文章在开篇即用，体现了其对议论的重视，也为全文奠定了评论的基调；（2）评价性议论，是根据前述事件进行的紧跟式评价，如在描述完袁世凯罪行、义军揭竿、袁氏不得已取消帝制后紧跟的"腾笑万国，贻我民族之羞"，以及在记述完黎元洪致辞后紧跟的"措辞极其正大"等；（3）描述性议论，如描述袁世凯不得已取消帝制后的"犹复恋位窃柄"，以及描述完黎元洪就职中外函电交贺后的"即愚夫愚妇亦欣欣然有喜色，呜呼"等；（4）希冀式议论，多用于篇尾，提出希望，如在得出二年来纷扰时局已告一段落后进行的"惟吾民憔悴呻吟于虐政之下已历数年，喁喁望治之情，较盛于昔日。窃愿我总统为国家图长治久安，以后遵守宪法，执行职务，毋忘八月一日莅国会之誓词也"。

至此，在《新青年》的"国内/外大事记"栏中，新闻述评文体具备了成熟之态，虽在第 3 卷第 6 号（1917 年 8 月 1 日）后该专栏不复存在，但"这种系统的记事，不但对于国民思想上很有关系，就是对于前面的论说，也很有关系"①，并在《每周评论》（陈独秀主编，1918 年 12 月 22 日）中开始以"国内/外大事述评"专栏的形式正式出现，后被誉为"报道时事、发表意见的窗口"②。

① 罗家伦：《今日中国之杂志界》，《新潮》1919 年第 4 期。
② 宋素红：《〈新青年〉新闻报道和新闻评论探析——兼论〈新青年〉在新闻述评裁史上的地位》，《新闻与传播研究》2005 年第 4 期。

第四章　报刊新闻述评的发生期
（1918～1925 年）

继《新青年》（1915）所设立的"国内/外大事记"栏中出现成熟之态的新闻述评之后，陶菊隐于 1916 年开始在《湖南民报》①（主办人宾月卿，设于长沙戥子桥）上"每天选下各地报纸的主要内容，综合起来写一篇'国内大事述评'，列为头条新闻"②，又有安福系《公言报》编者林白水也照此写头条新闻，但总体而言并未引起太大轰动，直至 1918 年《每周评论》"国内/外大事述评"栏的创始。

较之新闻述评在萌芽期的屡弱与不得重视，此时期的"大事述评"专栏一经出现，即稳居《每周评论》首版首栏，并因《每周评论》在新闻报刊史上的重要影响而成为著名栏目，进而得到包括《湘江评论》《钱江评论》等刊物的极力仿效，其轰动之势可谓浩大。同时，这种既述又评的写法又得到了报纸通讯写作的青睐，如上海《新闻报》《申报》《大公报》《晨报》《时事新报》等都在通讯的写作中相继出现了新闻述评的笔法。此外，期刊界也有所动作，如《向导》《中国青年》《新民国》《青年进步》《东方杂志》《国闻周报》等也相继设立新闻述评栏目。以此为背景，本章进行了民国报刊新闻述评的名定、流行、扩散等方面的研究，意在建构起新闻述评文体发生与发展历程的三个固定的追溯点。

---

① 是最早的一家《湖南民报》，此后又有同名报纸在长沙出现。

② 陶菊隐：《记者生活三十年（之一）》，《新闻研究资料》1979 年第 1 期。

第一节　名定：《每周评论》新闻述评专栏的设立

《每周评论》[①] 创刊于 1918 年（1918~1919 年设有新闻述评专栏），是陈独秀与李大钊"共同创办的一个针砭时政的战斗性刊物"[②]，也是在北京大学支持下创办的"一份以民主激进派知识分子为主创办的报纸，是五四运动时期宣传新思潮的时事政治性周刊"[③]。《每周评论》自创刊伊始即设有"国内/外大事述评"专栏，用以评述时事，直至陈独秀被捕入狱而胡适接任主编（第 26 期）。不同于萌芽期内新闻述评在新闻纪事类专栏中的寄居而生，也不同于陶菊隐、林白水等人在《湖南民报》《公言报》上的述评笔法，此时"国内/外大事述评"专栏的出现，标志着新闻述评以正式被命名之态出现在读者视野内，又因《每周评论》刊物的知名度，新闻述评迅速得到了新闻业界的认可。

一　《每周评论》与"国内/外大事述评"专栏

《新青年》前三卷（1915~1918 年）中，均设有"国外大事记"和"国内大事记"专栏，里面有不少针砭时弊的新闻述评文章，然至第 4 卷，"除了陈独秀《驳康有为〈共和平议〉》（第 4 卷第 3 期）外，几乎没有时事评论文章出现"，此时正值国内国际形势大变之际，"国人望治的期望值平地陡升，《新青年》的一些同人，原本为社会知识精英，大有公共知识分子的性格，如何忍得住对现实的关怀？"[④] 于是，"一方面，国内外形势格局，让同人越来越按捺不住发声的欲望；另一方面，《新青年》同人不谈时事的戒约，大有约将不约的危险。在这种情况下，另创办一本有别于《新青年》的新杂志，专谈被同人要求慎言的时事，便是两全之策"[⑤]。同时，周作人也称：《新青年》乃为月刊，其效力，还觉得是缓慢，何况又不能按

---

① 区别于 20 世纪 30 年代创办于汉口、由中国国民党湖北省执行委员会编印的《每周评论》，该刊亦设有新闻述评专栏。
② 张敬让：《陈独秀与〈每周评论〉》，《安庆师范学院学报（社会科学版）》2000 年第 4 期。
③ 李家勇：《〈每周评论〉的经营初探》，《工会论坛》2010 年第 1 期。
④ 吴永贵，林英：《〈每周评论〉的媒介空间与评论维度》，《中国编辑》2018 年第 2 期。
⑤ 吴永贵，林英：《〈每周评论〉的媒介空间与评论维度》，《中国编辑》2018 年第 2 期。

时每月出版，所以大家商量再来办一个周刊之类的东西，可以更为灵活方便一点。①

以此为背景，《每周评论》的申报立案批文于1918年12月18日下达，"第二天稿件全部到位，第三天赶夜编排校对印刷，第四天就正式发刊了"②。《新青年》对其进行内容、思路等方面广而告之（见图4-1）。

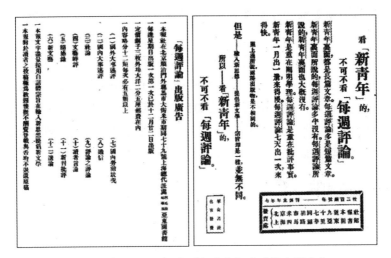

图4-1 《每周评论》在《新青年》上登的出版广告

图4-1分左右图，左图出自《新青年》第5卷第5期，右图出自《新青年》第5卷第6期。左图着重告知读者两点。一是"内容略分十二类，每次必有五类以上"，而在陈独秀被捕前25期的《每周评论》中，"国内大事述评"和"国外大事述评"基本上是常驻专栏，且版面位置一直保持在周刊首栏。二是"文字尽量采用白话文体，宗旨在输入新思想提倡新文学"，体现了《新青年》与《每周评论》的"同"和"不同"：其"同"在于宗旨，其"不同"则在于后者顺应了时代潮流采用了白话文体。同时，右图则意在告知读者如下三点。一是着重强调了《新青年》的读者，不可不看《每周评论》。二是强调二者的相同点，即宗旨均为"输入新思想，提倡新文学"。三是强调二者的不同，即前者崇尚长篇重在阐明学理，刊期来

---

① 周作人：《知堂回想录》，河北教育出版社，2002，第407页。
② 吴永贵，林英：《〈每周评论〉的媒介空间与评论维度》，《中国编辑》2018年第2期。

得慢；后者崇尚短篇，重在批评事实，刊期来得快。

由此可知，《新青年》和《每周评论》在指导思想上是一脉相承的，在内容和形式上却是不同的：一是前者注重长篇文章，后者注重短篇文章；二是两者内容涉及的内容大体不同；三是前者注重阐明学理，后者注重批评事实；四是前者一月一册，后者一周一次。其中最关键之处则是指出《每周评论》的宗旨，即批评事实。正如《中国新闻事业通史》（卷二）中所说，《每周评论》"实际上将思想文化斗争和现实政治斗争联系起来，反映了新文化运动的新的趋向"①。

在万事俱备的情况下，1918 年 12 月 22 日，《每周评论》发刊，刊登在首期的发刊词以"公理战胜强权"开篇，又以"主张公理，反对强权"结束，阐明了其办刊宗旨。"文风依然是陈独秀一贯的果断语气，只是全篇立论的视角和材料，主要针对国际关系，国内问题基本略而不提，多少显得内容有点笼统，态度有点谨慎，对于这一点，同人也觉得不甚满意"②。这却奠定了《每周评论》密切关注国际问题的办刊基调，也由此，在创刊号的《本报简章》中，"国外大事述评"被列于"国内大事述评"之前，并位于首栏的位置（见图 4-2）。

图 4-2 中《每周评论》申明了"主张公理，反对强权"的办刊宗旨，并把"国外大事述评"专栏放在首栏之位置，且在之后的 25 期中大体如此（个别期另有策划，除外），迎合了当时中国与世界大势。对此，有学者评价说："该刊密切注视国内外发生的大事，加以评述，密切联系斗争现实，有力地抨击封建势力和日本帝国主义，不少文章鲜明生动、尖锐泼辣，这不仅是当时任何资产阶级报刊所不能比拟，且也为刊期较长、以发表长篇论文为主的《新青年》所不及。"③

二　专栏设立后的新闻述评写法初定

新闻述评在《新青年》时期已达至文体成熟，到《每周评论》时只不过更换了栏目名称，而在"夹叙夹议"的表达上并无二样，但鉴于此时

① 方汉奇：《中国新闻事业通史》（卷二），中国人民大学出版社，1996，第 30 页。
② 吴永贵，林英：《〈每周评论〉的媒介空间与评论维度》，《中国编辑》2018 年第 2 期。
③ 张玉梅：《〈每周评论〉介绍》，《新闻大学》1984 年第 2 期。

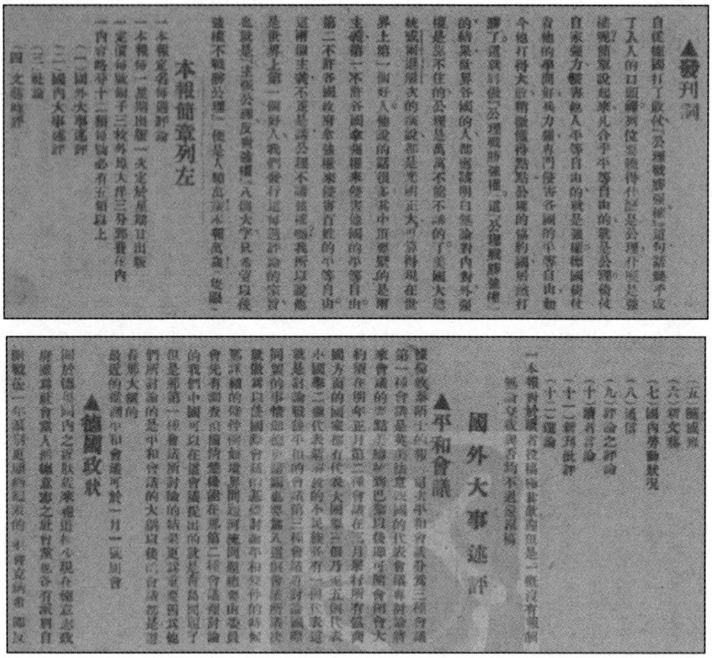

图 4-2 《每周评论》发刊词、简章与"国内/外大事述评"栏版式

"述评"专栏的属性，以及《每周评论》"重在批评事实"的办刊思路，《每周评论》的新闻述评还是在保持"夹叙夹议"的基础上有了一定的改变，并为之后新闻述评专栏的发展提供了"论"的蓝本。以该刊第 1 期的《德国政状》和第 2 期的《德国内政之纷扰》为例看，此二者均关乎近期的德国症状且相隔时间只有一周，并均呈现"夹叙夹议"，但在"叙"与"议"的比重上却有很大的差异，具体可见下方译文后的文本分析。

《德国政状》①

关于德奥国内之近状近来报道极少。<u>现在德意志政府虽为社会党人，然德意志之社会党也各有派别</u>，自开战后一年派别更显。极端派的李普克纳希即反对现政府的一人组织斯巴达苦司党。最近荷兰来电

① 原文无标点，为便于理解，本文据文意添加了现代标点符号，《德国内政之纷扰》一文亦如此。

请谓此党之政纲有六端：

一　凡非劳动者的军队全解散；

二　组织劳动者的军队；

三　取消各种士官；

四　取消已有之政府，以劳兵会代之；

五　取消国会及各种议会另选举一中央议会，由中央会议选出行政会议，行政会议即受中央会议之监督；

六　逾一定以上之公债全取消。

看这个政纲前三条是解散军队的正当办法，至劳兵与中央议会电报中也未说明，我们无从推测，至取消公债大约只有资本家受最大之损失。现在的情形是临时政府主张召集国民立宪会议，军人不赞成而缓和派的报纸仍主张召集旧国会，他们的理由是，假使现在重新选举，要多费时日，发生扰乱，全国陷于无政府，受列强的干涉。

《德国内政之纷扰》

德国各劳兵会代表于本月十六开大会于柏林，是为第一次大会，依主张之不同，会中代表可分三党：（一）多数社会党主张即开始大选举；（二）少数社会党主张延缓选举；（三）过激一派李普克纳希（Liekhnecht）为领袖，则反对召集国民会议。会中争论异常激烈，李普克纳希宣言德意志仍然是资本家的共和国，但少数社会党是赞成召集国民会议的，所以过激派终归失败，国民会已定于一月九号开会选举。李普克纳希是马克司（Karl Mamrx①）社会主义的嫡派，所以承认党战不容资本家的存在。马克司的社会主义今日已经没有根据了，所以他的势力在国会也渐减少。此次过激一派想不能得胜利了，况且德国内部已经纷扰极了。倘若按着那过激一派的办法举中央会议恐怕更要发生扰乱，所以劳兵会代表大会已经决定先选举总统。现在候补者有两人，一个是爱伯特（Ebert），即现政府的领袖，一个是普司博士（Dr. Pouss），两人都是社会党，此次会议能代表德国全部与否，尚不可知。因为德国是许多小国，南北的人民就未必有一致的意思。汉堡

---

① 应为 Marx。

（Hamburg）的永①手也组织要代表德国与英国开交涉且有暴动的一种示威的动举，这就是政权散漫的状态了。

较之萌芽期的新闻述评，《每周评论》上的新闻述评文章多以篇幅短小为特征，且就该两篇文章看，虽均属"国外大事述评"专栏，但在"叙"与"议"的把握上却有所不同。其中，《德国症状》一文多以"记叙"为主，以"议论"为辅，虽是夹叙夹议，但通篇以报道德国最近的政纲为主旨，而议论性词句只有画线部分。《德国内政之纷扰》一文则多以"分析性议论"为主，而以"记叙"为引，其中，作者用了4个"所以"，分别是"所以过激派终归失败""所以承认党战不容资本家的存在""所以他的势力在国会也会减少""所以劳兵会代表大会已经决定先选举总统"；一个"因为"，即"因为德国是许多小国，南北的人民就未必有一致的意思"；一个潜含因果联系的议论，即"两人都是社会党，此次会议能代表德国全部与否，尚不可知"。

作为前后期同一专栏同一主题的述评文章，前篇偏叙事，后篇偏议论，极具差别，其原因则如编辑高一涵在《每周评论》创刊之前（12月19日）给胡适的信中所述："《每周评论》定于二十一日出版，现在业已齐稿了，可惜好的不甚多，一来是因为警察厅很注意，所以头一回登些迂腐的议论；二来呢，因为昨日立案的批示才下来，今日就齐稿，也未免仓促些，所以无大精彩者，就是因为这两层"②。第2期的"国内/外大事述评"栏目"明显增加了'评'的力度，而第一期基本上还是'述'多'评'少。既称之为述评，原本就该有述有评，'述'的新闻性和'评'的论断性有机结合与相得益彰，方能凸显舆论家的真本色，也才能与以北京大学为班底的《新青年》同人的识见相般配"③。

由此，自《每周评论》第2期始，新闻述评的写法在"国内/外大事述评"专栏中固定了下来，其以"夹叙夹议"之态，辅以主导性议论，不但将以本国为中心的国际人势、时事予以条分缕析地报道与评论，也将国内

---

① 应为"永"。

② 中国社科院近代史研究所中华民国史组：《胡适来往书信选》（上），中华书局，1979，第19页。

③ 吴永贵，林英：《〈每周评论〉的媒介空间与评论维度》，《中国编辑》2018年第2期。

发生的种种大事发之为文，多有锐评，为以后的《湘江评论》等刊物的新闻述评应用奠定了基础。

第二节 流行：时政类报刊新闻述评专栏的竞相设立

在时政评论类报刊《每周评论》中正式出现后，新闻述评在发生期内呈现三个特征：一是数量上并不多（较之三个高潮期而言）；二是声名上广为传播；三是阵营上主流初步形成。故此期间的新闻述评，虽仍处于起步阶段，但已声名远扬，不仅有效宣传了刊物"自己的观点和主张"，且"更加受到读者的欢迎和注意"[①]，并在声名鹊起的基础上初步形成了今后发展的主流阵地。

《每周评论》是我国第一种以"评论"命名的刊物[②]，作为一份四开四版的小型政治报，《每周评论》"在报纸类型上是一个新的创造，它以时事述评为主，有'国外大事述评'、'国内大事述评'、'社论'、'随感录'等栏目，密切配合形势发表意见，引人注目，一时成为仿效的楷模，五四时期涌现出来的进步报纸，如《湘江评论》、《星期评论》、《钱江评论》等都模仿它的版式，大体采用了类似的分栏"[③]，然而从新闻述评的应用来看，该评论类时政报刊却呈现两种趋势：一是"报刊以述评为主要新闻体裁"[④]，如《星期评论》《武汉星期评论》等；二是开设新闻述评专栏，如《湘江评论》《评论之评论》《松江评论》等。

一 《湘江评论》与"湘江/西方/东方大事述评"专栏

《湘江评论》[⑤]创刊于 1919 年的长沙（1919 年设有新闻述评专栏），是湖南学生联合会的机关报，毛泽东为主编和主要撰稿人，其中第 1 期的几乎全部、第 2 期的三分之二、第 3 期和第 4 期的一半稿件都出自他手。该刊

---

① 方汉奇：《中国新闻事业通史》（卷二），中国人民大学出版社，1996，第 118 页。
② 吴永贵，林英：《〈每周评论〉的媒介空间与评论维度》，《中国编辑》2018 年第 2 期。
③ 方汉奇：《中国新闻事业通史》（卷二），中国人民大学出版社，1996，第 30 页。
④ 方汉奇：《中国新闻事业通史》（卷二），中国人民大学出版社，1996，第 118 页。
⑤ 第 5 期尚未发行就被军阀张敬尧查禁，现存于世的是前 4 期及第 2 期附出的"临时增刊"。

"在陈独秀、李大钊等先进知识分子以报论政的直接影响下"①　创刊，被李大钊评价为"当时全国最有分量、见解最深的一种刊物"②，以议论时政、宣传新思潮为办刊宗旨，并在内容和版式上仿照了《每周评论》，每周一期，四开一张，共设"西方大事述评""东方大事述评""湘江杂评""放言""新文艺""湘江大事述评"等 6 个专栏，被誉为"《每周评论》新添的好兄弟"③（见图 4-3）。

图 4-3　《每周评论》对《湘江评论》的推介

图 4-3 出自《每周评论》总第 36 期胡适的《介绍新出版物》，小标题为《湘江评论·长沙落星田湖南学生联合会》，其称，《湘江评论》"在形式上、精神上，都是同《每周评论》最相近的"，其"长处是在议论的一方面"，且"还有'湘江大事述评'一栏，记载湖南的新运动，使我们发生无限乐观，武人统治之下，能产出我们这样的一个好兄弟，真是我们意外的欢喜"④。

---

① 王志蔚：《〈湘江评论〉创刊的文化资源》，《江汉大学学报（人文科学版）》2011 年第 2 期。

② 邱沛篁：《新闻传播百科全书》，四川人民出版社，1998，第 467 页。

③ 胡适：《介绍新出版物》，《每周评论》1919 年总第 36 期。

④ 胡适：《介绍新出版物》，《每周评论》1919 年总第 36 期。

较之《每周评论》对述评专栏设置的"内、外"两分，《湘江评论》的述评专栏是分为"西方"、"东方"和"湘江"的，占有整本期刊的一半之多，且稿件篇幅较长，"有述有评，分析有条有理，启发了人们的觉悟和认识"①。然而不同于《每周评论》的是，《湘江评论》中的新闻述评文章虽"有述有评"，却偏重于"评"，如《陈独秀的被捕与营救》一文，文中出现的包括传单内容、公函原文等的叙述篇幅有限，而对每个细节的批判与抨击则呈现字数、力度、情绪饱满度等方面的优势。一些文章论点、论据俱全，如第 2 期的《健学会之成立及进行》一文，以排比段为方法，每段以"那时候的思想，是……的思想"开头，无论是气势还是论证，都颇具政论之风。

二　《评论之评论》与"一周大事述评"专栏

《评论之评论》创刊于 1924 年的上海（1924 年设有新闻述评专栏），又名《评论之评论周刊》，是《民国日报》附刊，也是近代重要的政治评论刊物之一。该刊发表有关政治、经济、社会的各种言论思想，评述国内外一周大事，而其办刊目的也正如其在发刊语中所述，"现今社会现象非常复杂混乱，现今言论思想亦非常复杂混乱，复杂混乱的社会现象，固应该有正确的言论思想去分析它，指出一般民众应走的康庄大道；复杂混乱的言论思想，尤其应该有正确的言论思想去批评它，指出谁是谁非的真相来，使得一般民众有所适从"②。同时，《评论之评论》设有"一周大事述评""国家与国际""尖兵""评论"等，其中"一周大事述评"和"评论"为常设专栏，具体见图 4-4。

图 4-4 的 4 份目录分别出自《评论之评论》第 1 期、第 3 期、第 7 期和第 14 期，反映出两个问题：一是新闻述评专栏"一周大事述评"是《评论之评论》的常设专栏，且多位居头版首栏；二是《评论之评论》中的新闻述评专栏名称有时称为"一周大事述评"，有时称为"一周国内外大事述评"。

① 吉家友：《〈湘江评论〉编辑特色及其影响》，《信阳师范学院学报（哲学社会科学版）》1996 年第 4 期。

② 《评论之评论》编辑部：《发刊语》，《评论之评论》1924 年第 1 期。

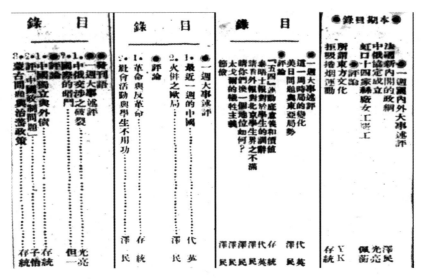

图4-4 《评论之评论》的栏目设置（部分）

同时，《评论之评论》的新闻述评专栏还出现了一种情况，间接证实了当时业界人士对新闻述评与新闻纪事仍是混为一谈的，具体见图4-5。

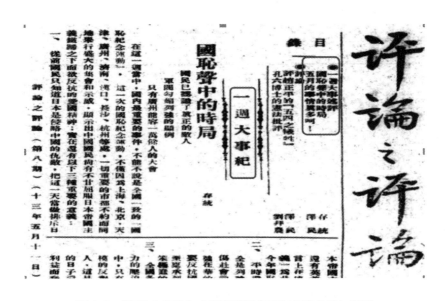

图4-5 《评论之评论》中新闻述评与新闻纪事的认知混淆

图 4-5 出自《评论之评论》第 8 期，其目录介绍中说《国耻声中的时局》与《五月的事情真多呵！》两篇文章隶属于"一周大事述评"专栏，而在栏目标识上却显示"一周大事纪"，且就其正文内容与表达方式看，确属"夹叙夹议"的新闻述评，加之《评论之评论》的编辑成员均来自已成为国民党中央机关报的《民国日报》，而主要撰稿人包括恽代英、沈泽民、萧楚女、施存统、蔡和森等社会名人，故可初步判断，新闻述评在时人的心中依旧与新闻纪事相混淆。

三 《松江评论》与"时事述评"专栏

《松江评论》创刊于 1923 年的上海（1924 年设有新闻述评专栏），是松江最早宣传马列主义的民办刊物，主编为侯绍裘（后加入中国共产党），作为时政刊物，前 29 期的《松江评论》刊载有时事评论、书报介绍、学校教育言论、笑话等内容，也载有恽代英讲演录、列宁传略等，内容极为丰富，但没有一个中心，以至于在第 29 期的《本刊续出宣言》中自我批评道："我们很惭愧，对于本刊的第一次宣言，没有彻底的做到，宣传我们的主义，并未鲜明。"其后（1924 年），由月刊改为旬刊，并开设"时事述评"专栏，但在"时事述评"的内容上另辟蹊径，关注时政的同时关注民生、教育，异于其他报刊的以时事政治大事为主，具体见图 4-6。

图 4-6 源自《松江评论》第 34 期，其"时事述评"专栏上设于头版首栏，里面涉及的新闻述评作品有四，分别是《五九国耻纪念之盛况》《工商界的觉悟》《伤心哉松江的教育界》《簇新的礼拜堂与道院》，内容关乎时政、工商、教育、宗教四个领域；《县知事亲家头真大》（1924 年第 38 期）、《请问"小百姓"》（1924 年第 40 期）、《松江市将成鸦片世界了》（1924 年第 39 期）、《工商友谊会筹备平教先声》（1924 年第 35 期）等则均是民生方面的内容，这些从一定程度上反映了一本县级刊物在进行新闻述评时的选题范畴与旨趣。

图 4-6 《松江评论》新闻述评标题（第 34 期）

第三节 扩散：多类别报刊新闻述评专栏的陆续设立

《中国新闻事业通史》（卷二）曾两次提及新闻述评在发生期内的广泛应用：第一次是在提及新闻述评这一体裁时，言及新闻述评"是以夹叙夹议的方式，将报纸通讯社所提供的新闻，用自己的语言进行科学说明，这是当时情况下，对群众进行形势教育的最方便最有效的方式，它曾为五四时期进步报刊广泛应用"；第二次是在五四时期新闻体裁发展时言及"五四时期，人们的觉悟大大提高，不仅要知道国内国际发生了怎样的重大事件，更关心事件的性质、意义以及它对中国前途的影响，于是新闻述评这一体裁被广泛应用"①，由此产生了政党类、专业类、学生类、青年类、综合类等新闻述评类型。

一　政党类报刊开始设立新闻述评专栏

国共两党第一次合作后，新闻述评开始频繁出现于青年团团刊、中共中央机关报、国民党地方组织刊物以及进步军人刊物中。同时，较之五四时期的报刊，该阶段内党团类政治报刊对新闻述评的应用也渐凸显出"政党宣传"的意味。

（一）《新民国》与"时事述评"专栏

《新民国》创刊于1923年（现今能见到的最后一期是1925年6月1日出版的《纪念孙中山先生特号》）（1923～1924年设有新闻述评专栏），并以"宣传驱除外强、国贼，推翻腐败统治，建设民治国家"为主旨，声明以"提倡民治，打倒军阀，介绍世界思潮"为职志。辟有"论文""特载""时事述评"等栏目，载文内容包括主义之研究、时论之批判、政治经济论文、中外时事述评、各国革命史略等，因而虽系国民党刊物，却常刊发李大钊、何孟雄等中国共产党人的文章。该刊自创刊即设有"时事述评"专栏，且呈现如下特征。

1. 述评专栏面向大众征稿

不同于多数刊物在述评写作时由各领域专家、编辑、记者或同人集体撰稿，该刊的"时事述评"栏既向著名教授及学者约稿，也面向大众征稿，具体见图4-7。

图4-7分左右，左图出自《新民国》第1卷第2期（1923年），右图出自《新民国》第1卷第6期（1924年），两期都刊登有《新民国杂志社启事》，虽然前者简单，后者详尽，但都提到，"本志自第二期起，除敦请国内著名教授及学者担任撰稿外，并欢迎海内外人士投稿。内容计分四大

---

① 方汉奇：《中国新闻事业通史》（卷二），中国人民大学出版社，1996，第118页。

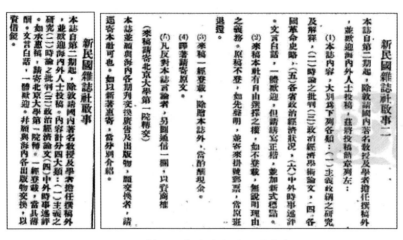

图 4-7 《新民国》征新闻述评稿件启示

类：（一）主义之研究（二）时论之批判（三）政治经济论文（四）中外
时事述评"。

2. 专栏内新闻述评文章数量一般较多

《新民国》常设有"时事述评"专栏，专栏位置固定，一般位于头版首栏，
且每期在专栏内的述评文章篇数占全部文章的三分之一左右，具体见图 4-8。

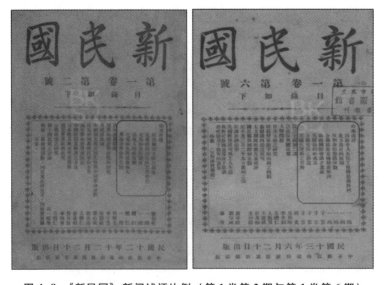

图 4-8 《新民国》新闻述评比例（第 1 卷第 2 期与第 1 卷第 6 期）

图 4-8 中两期的“时事述评”专栏均位于首栏，每期都包括国内和国际两个方面，不过篇目数量却因时而异，如第 2 期的国际述评只有《墨西哥革命与美国》1 篇，而第 6 期有《美国大选前之形势》《日俄交涉之前途》《英俄条约的成立》《伦敦国际会议之意义》等 4 篇。

3. 述评文章的情感倾向极为浓烈

《新民国》较之其他没有政党参与成分的时政评论类刊物，针对国内的述评呈现一个显著特点，即政治化色彩浓厚，具体见图 4-9。

時事述評

沙面華人大罷工獲得最後勝利　一鴻

吾黨治下消極抵抗的成功

據最近的電訊，沙面華人罷工風潮，有解决趨勢，結果將屬華人大佔勝利，外國人不得不屈伏了！這眞是今年民衆運動的第一件大事，值得我們咏歌贊歎的。

罷工的期間延長一個多月，罷工的人衆，在幾千以上，罷工者的職業別，從買辦書記一直到負販小工，總結一句話，沙面以及附近洋人所設的店棧輪船從役的華人，連乳娘巡捕一齊在內，都走個乾淨！遂使洋人在精神物質兩方面受莫大的打擊，而不能不稍遏其帝國主義之兇鋒以圖轉圜。消極抵抗的成功，這可以爲今後國民運動開一新紀元了！

可是我們要知道消極抵抗在此次之所以能持久而成功，因爲是在吾黨指揮之下，在吾黨政府之下！群衆沒有組

新民國雜誌　第一卷　第六期　時事述評

織，沒有訓練，即有運動一定不能持久。此次可井井有條，大衆寧受苦痛而人格不能不爭秩序不能不守。遂使對手方無隙可蹈，無機可乘，祇有低頭屈伏之一法。假使廣州地方政府不是吾黨主持，則碧眼黃鬚的洋人祇要一紙照會即足以驅中國官吏以壓迫罷工的羣衆而令他們走頭無路，在北政府的治下，外國人借官府的力量壓制中國人的愛國運動，曾數見不鮮，今年五七國恥，北政府恭受日本的指揮槍刀刺擊開會的市民就是一個好例！

消極抵抗的運動不僅沙面的華人如此，僻在四川的萬縣也是一樣的。可憐祇是一個外國人失足落水溺死了，外國兵船長就強迫中國官府梟船工會長兩人之首，其實這兩人到死時還不知道自己是犯的甚麼罪哩！以祭死洋人，官吏卻同孝子似的執紼到數里之遠的外國坟山。而且洋人更要強奪民船的生計，用輪船裝載桐油，萬縣人遂相戒不爲

一

图 4-9 《新民国》新闻述评的情感表达

图 4-9 出自第 1 卷第 6 期的《沙面华人大罢工获得最后胜利——吾党治下消极抵抗的成功》一文，从标题就能感受到浓厚的情感，且不论其语句中的宣传与抨击成分，仅从囊括全文的"吾党"一词的使用（共使用 4 次）就能看出政党报刊新闻述评鲜明的倾向性。此外，作为国民党地方组织所创办刊物，《浙江周刊》的新闻述评在情感表达上与《新民国》几近一致，不但情感极为充沛，而且从头至尾都在为国民党的"为国为民鞠躬尽瘁"的形象做宣传，如第 1 卷第 7 期中的《北京的阁潮》《广州的民气》《废约运动》等均是如此。

（二）其他党团类报刊与新闻述评专栏

《浙江周刊》创刊于 1924 年（1924 年设有新闻述评专栏），是在浙江率先创办的统一战线报刊，主旨在于阐明中国国民党是为国家和民族利益而反抗国际帝国主义和国内军阀的革命党，是国民自己的政党，故除刊载相关符合其宗旨的文章外，也刊载反帝反封建、抨击军阀政府的腐败以及卖国行径等评述或相关国内外大事述评等。

不同于多数报刊把新闻述评放在头版首栏的惯例，《浙江周刊》的新闻述评位置不甚固定，有时设于刊物最后（如第 7 期），有时设于刊物中间（如第 1 期），还有的并不显示于目录中，而是见于刊物中间，具体见图 4-10。

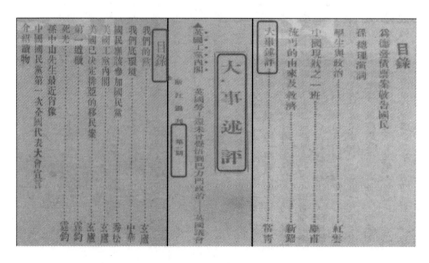

图 4-10 《浙江周刊》的新闻述评专栏位置

图 4-10 出自《浙江周刊》第 1 期和第 7 期，其中，"大事述评"专栏的位置分别位于刊物的中间和最后，而在第 1 期，目录中并不显示"大事述评"字样，但在刊物中间出现了此专栏。

《中国青年》创刊于 1923 年的上海（曾先后改名为《无产青年》和《列宁青年》秘密出版），是中国社会主义青年团（1925 年改称中国共产主义青年团）中央委员会机关刊物，由团中央宣传部部长恽代英主编，1926 年 5 月迁至广州，改由新任团中央宣传部部长李求实主编，而萧楚女、邓中夏、张太雷、林育南、任弼时等曾参与编辑并为主要撰稿人。《中国青年》曾先后辟有"通论""社评""杂评""时事述评""书报述评""革命问题""青年问题""民间调查"等栏目，而"时事述评"和"书报述评"是常设专栏。

《战士》创刊于 1925 年的长沙，是大革命时期中共湖南区委机关报，初为旬刊，次年 6 月第 14 期后改为周刊（未能按期出版），由曹典琦（伯韩）主编，以刊载中共湖南区委的公告、宣言、文件和发表评论文章为主，同时大量报道北伐战争和各地工农运动的消息，自第 13 期起，先后设有"言论""杂评""时事短评""述评""译述""各地通讯""游击""工人运动""读者之声"等栏目，"述评"是常设专栏。

《黄埔潮》创刊于 1925 年的广州（现存最后一期为 1926 年 5 月出版的第 52 期），是北伐战争时期的进步军人刊物，不同于 1926 年在广州创刊的同名黄埔军校同学会学刊，也设有新闻述评专栏，称为"大事述评"。

二　专业类报刊开始设立新闻述评专栏

在时政类报刊中流行开来后，新闻述评亦得到了部分专业类报刊的青睐，但不同于时政类报刊所强调的教化、党团类报刊所强调的宣传等外在赋予功能，专业类报刊对新闻述评的文体应用和专栏设置多停留在其"夹叙夹议"本身自带的功能。在这些专业类报刊中，又以上海《民国日报》附刊《科学周报》和商业刊物《上海总商会月报》最为突出。

（一）《科学周报》与"述评"专栏

《科学周报》创刊于 1924 年的上海（1924 年设有新闻述评专栏），是上海《民国日报》的附刊，由吴稚晖主编，并以"研求科学的内容，伸明科学的价值"① 为宗旨，主要介绍包括科技理论和科学常识在内的科学知识。《科学周报》常设"论述"专栏，用以对科学界的人、事、物等进行描述性议论，但在1924年第13期却将"论述"换为"述评"二字，具体见图4-11。

图4-11 《科学周报》"论述"与"述评"的混淆

在图4-11左图的目录索引中，可清晰看到《科学界的伟人（三续）》（吉勃生著，刘寄鸿译）一文所属的专栏是"论述"栏，且《科学界的伟人（一续）》（《科学周报》1924年第6期）、《科学界的伟人（未完）》（《科学周报》1924年第5期）、《科学界的伟人（二续）》（《科学周报》1924年第12期）均出自"论述"专栏，而在正文展示中，亦可清晰看到同样是《科学界的伟人（三续）》，编辑部却将其专栏改为"述评"。其中原因除编辑失误外也可能有时人对"述评"概念与外延的不清晰。

（二）《上海总商会月报》与多个新闻述评专栏

《上海总商会月报》创刊于1921年的上海（出版至1927年12月第7卷第12期，后由《商业月报》继承）（1924~1926年、1927年设有新闻述评

---

① 吴稚晖：《发刊词》，《科学周报》1924年第1期。

专栏），由上海总商会编辑、上海总商会月报发行处发行，是上海总商会、上海市商会刊物，是当时重要的商业刊物，擅于报告国内外商情，登载上海在经济、商业、贸易、财政、金融、赋税、工业、农业、运输、劳资、就业等方面的研究论文、法律章则、实业调查报告及统计数据。同时刊载北京政府与南京政府的法令、条例，报道当时上海经济状况。该刊主张关税自主、反对军阀战争、抵制洋货、提倡国货、倡导国内和平，是当时上海民族资产阶级的主要喉舌，1930年6月改为上海市商会主办。

该刊对于研究北洋军阀和国民党统治时期的经济政策和上海地区经济具有一定的参考价值。《上海总商会月报》的曾任主编和主要撰稿人有正华、穆藕初、马寅初、宣阁等，主要栏目有述评、时论、专论、商学、商情、调查、统计、工商界消息、会务记载、传记（主要介绍外国工商界名人）等。《上海总商会月报》虽是一份商业刊物，但善于运用新闻述评文体来进行经济类题材的报道与评论，曾于1924～1926年设有"述评"专栏，常对中外时事进行评述，而在1927年专设有"内外经济述评"栏及"最近财政经济述评"栏，对经济情况进行评述，是国内报刊新闻述评专栏中较早关注经济类题材的一份刊物。较之其他设有述评专栏的刊物，《上海总商会月报》有一个重要的特点，即以经济题材为领域，将"杂评"作为"述评"的一种，并将其归入"述评"专栏，具体见图4-12。

图4-12出自《上海总商会月报》1925年第4期，左图是该期目录，右图是该期正文署名方椒伯的"经济杂评"的两则标题，内容锁定为经济，并将本没有归属关系的"经济杂评"归于"述评"栏，体现了办刊者的文体无意识。同时，刊物凸显了其专业类报刊的特色，述评内容多以经济为主，如1925年的"述评"专栏里有4篇文章，前两篇《中日问题与国民外交》与《中国商人不能竞胜外国商人之原因》隶属子栏目"经济杂评"，属经济大势述评；后两篇《修改监察人制度案平议》与《述上海银存激增现象》则亦属经济范畴。再如1927年第12期的"内外经济述评"的《政治与经济的关系》《商民协会能否代替商会之讨论》《用课税方法防制商业上之资本集中》《促进民生主义之实现》，与1927年第9期"最近财政经济述评"的《战时财政与金融》《奖励国产自给自足为战时理财惟一办法》《我之提倡国货观》等均属经济范畴，为20世纪40年代后期经济述评的发展奠定了基础。

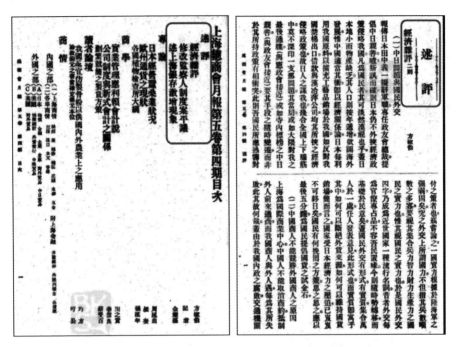

图 4-12 《上海总商会月报》"述评"与"杂评"的栏目关系

三 综合类报刊开始设立新闻述评专栏

较之专业类报刊对专业领域内题材的偏好，综合类报刊的选材更为广泛，如时事、教育、文化等多方面，代表性刊物如创办于上海的《民心周报》和《东方杂志》等，而对新闻述评的应用也多见于两个方面：一方面是新闻报道和新闻综述，起到告知近期发生大事的作用；另一方面是新闻评论，起到阐明道理、释疑解惑的作用。

（一）《民心周报》与"国内/外大事述评"专栏

《民心周报》创刊于 1919 年的上海（1920～1921 年设有新闻述评专栏），综合性刊物，内容涉及关于现时中国政治、经济、教育及学术上各种重要问题的研究，开设的栏目正如其《发刊宣言》所言，"本报篇幅暂分六门，一通评，二学说，三国内大事评记，四国外大事评记，五工商业评著，六杂评或文苑"①。刊物于 1920 年第 1 卷第 6 期开辟"国内大事述评"专栏，并称"本报自本期起特增国内大事述评一门于纪事之中间以评论对于一周间国内大事为有统系的记述，以增读者参考之资而免于燥无味之弊，幸阅者注意"②。从 1920 年第 1 卷第 8 期起，"国外大事评记"栏也更名为"国外大事述评"专栏，该栏始设于 1919 年第 1 卷第 2 期，持续于 1920 年第 1 卷第 7 期，并在"国内大事述评"栏设立的第 6 期开始即与之平行并立，具体见图 4-13。

图 4-13　《民心周报》"国外大事评记"更名为"国外大事述评"

自此，在第 1 卷第 8 期至第 1 卷第 13 期③中，《民心周报》始终保持"国内大事述评"与"国外大事述评"的栏目设置，而约自第 1 卷第 15 期，因办刊策略等方面的变化，该刊逐渐变为政治、经济论述并重的刊物，开始用"国内大事述闻""国外大事述闻"代替原有的新闻述评专栏，继而又改为"一周间大事汇闻"（分国内之部和国外之部）。在设置新闻述评专栏期间，《民心周报》的"国内大事述评"栏或署名记者，或署以笔名，如君

---

① 民新周刊编辑部：《发刊宣言》，《民心周报》1919 年第 1 卷第 1 期。
② 民新周刊编辑部：《国内大事述评》，《民心周报》1920 年第 1 卷第 6 期。
③ 因第 14 期缺失，不确定第 1 卷第 14 期是否仍设有"国内/外大事述评"栏。

柔等，而"国外大事述评"栏多署名为峙冰，两栏均擅长对一周内发生的时事予以述评，如第1卷第9期的"国内大事述评"，有《天津警吏之大捕公民》《湖南北军之形势》《五百万镑借款》《山东交涉》《对俄政策》等6篇文章，而"国外大事述评"，则有《法国政府更迭》《美国对于德约批准问题之最近消息》《二次和会之闭幕》等三篇文章，既抨击军阀势力，又揭露帝国主义对华的政治侵略，言论不受任何势力左右，持论公正，一如其所秉持的言论之态度"一尚健实，二贵持平，三重事实，四主虚衷，五本科学的法则，为有统系的论著，六用分析的眼光，为有条理的批评"①。

同时，《民心周报》与前述的《新民国》一样，在新闻述评栏的稿源方面，亦接受大众来稿，具体见图4-14。

图4-14 《民心周报》新闻述评栏征稿的编辑部启事

图4-14出自《民心周报》第1卷第8期的一则《本报编辑部启事》，其称，"本报各栏均可投稿"，此间之"各栏"自然包括"大事述评"专

---

① 民新周刊编辑部：《发刊宣言》，《民心周报》1919年第1卷第1期。

栏，这一开放的征稿态度传递出了当时部分办刊人对新闻述评文章创作的宽容，以及对高质量稿件的渴求。

（二）《东方杂志》与"时事述评"专栏

《东方杂志》创刊于 1904 年的上海（1923～1924 年设有新闻述评专栏），初期是一种文摘类性质的刊物，后经几次大的调整和改革，逐步成为以时事政治为主的社科类综合性刊物。刊物自 1923 年第 1 期起设"时事述评"专栏，每期文章 8～9 篇不等，具体见图 4-15。

图 4-15 《东方杂志》开设"时事述评"栏时的目录

图 4-15 是《东方杂志》第 20 卷的第 1 期，内有"时事述评"栏的 9 篇文章和时任主编钱智修（坚瓠）的《本志的第二十年》。其中，"时事述评"是杂志首栏，总栏署名记者，内含《西南局势的大变动》《欧洲的时局危急了》《张内阁》《立陶宛也占领美末尔了》《美国政局与第三党》《整理内外债》《对德赔偿会议的破裂》《北京的学潮》《洛桑会议的变幻》等 9 篇文章，文章作者各有不同，但大多是《东方杂志》的编辑，如梓生、化鲁、朔一、幼雄等。

同时，钱智修的《本志的第二十年》既对"时事述评"专栏的开设予以了说明，又道明了"时事述评"栏与"大事记"栏是一种相辅相成的关系。就专栏的开设说明，该文称，"在半个月间国内外新发生的大事，我们都想为有统系的叙述，而且就我们所见到的，系以简单扼要的批评。我们以为这不但是被称为'现代史'的杂志应有的职务，也是矫正国人主观的无责任的论风，而训练其归纳头脑的一个方法。我们对于所下的批评，固然负严重的责任；但我们绝不敢以此为最终的定论。我们既然把事实的真相毫无隐讳的①写了出来，则读者自可综合事实，照自己的见解去下结论。至于我们的见解，不过是一种参考的资料，讨论的楔子罢了"。就"时事述评"与"大事记"的关系，该文称，"大事记"栏旨在每一桩大事终结以后"作专篇的记载"，而"时事述评"旨在矫正论风、训练国人头脑，直接证明了20世纪20年代的期刊已实现了述评专栏与纪事专栏的分开。

然随着刊物刷新内容，改良体例，自1926年第23卷第1期时，《东方杂志》将"时事述评"改为"短评"，并于第22卷第24期中刊登了《刷新计划》的启示，具体见图4-16。

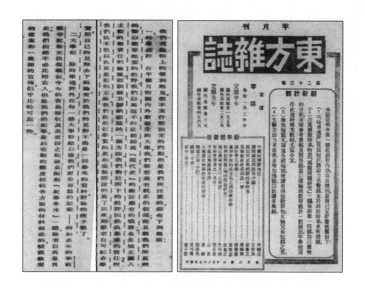

图4-16　《东方杂志》设立与废止"时事述评"的说明

---

① 应为"地"。

图 4-16 称，"本志从明年第一号起刷新内容，改良体例，兹将已定计划披露如下：（1）'时事述评'改为'短评'，议论力求警辟，并于政局时事多所指陈；（2）注重国际时事，特设'国际问题研究'一栏，每期举一问题，加以简明的分析，末附参考书报及问答题，冀以灌输国际智识于一般国民。中学校用作史地科补充教材，尤为合宜。"由此可知"时事述评"在《东方杂志》上的停更一方面源于杂志改版内容的需要，另一方面则是时局发展迫使《东方杂志》从 1923 年的"引导读者讨论"转向了 1926 年即将实施的"对政局多加指陈"。虽如此，在设置新闻述评专栏时仍给予"时事述评"栏以重视，也因此涌现出不少脍炙人口的作品并培养了一批述评作者，尤其是署名愈之的胡愈之，迅速成长为国际述评写作的一把好手。

四 学生、青年类报刊开始设立新闻述评专栏

该阶段内，学生、青年类报刊亦开始设置新闻述评专栏，但较之其他类别报刊，该类报刊新闻述评的笔调相对激进，语言相对犀利。其中，既有单纯的学生刊物，也有青年政治刊物，亦有青年基督教刊物，代表性刊物如《新学生》《中国学生》《爱国青年》《青年进步》《青年友》等。

（一）学生、青年刊物与"时事述评"专栏

《新学生》创刊于 1923 年的广州（1925 年 9 月 21 日后停刊，共出 39 期），为 16 开本半月刊，由广东新学生社出版（共产党人阮啸仙是该社的主要负责人之一），起初并不分专栏，先后出版过诸如"国民党改组号"（第 14 期）、"国际妇女纪念号"（第 15 期）等多期专号。该刊从一开始就大力进行反封建的宣传，始终不渝地宣传中国共产党的民主革命纲领，并全面反映了第一次国共合作及大革命时期的工人运动状况。中间曾数次短期停刊，未能按期出版，1925 年 5 月 1 日出版第 34~35 合期后再次停刊一个月有余，7 月 21 日复刊并改为定期旬刊，将版式定为 8 页小册子，内容确定为"时事述评""学术研究""青年问题讨论""革命的文艺""读者之声""新刊介绍"等。

《中国学生》创刊于 1925 年的上海，是大革命时期的学生刊物，初为半月刊，1925 年 8 月 1 日改为周刊，继续出版。该刊主要刊载帝国主义压迫中国人民的罪状、各地学生会活动的消息、学生总会的各项重要通告等，

设有"时事述评""评论""报告""消息""大事记"等专栏。其中,新闻述评专栏"时事述评"常设于1925~1926年,极擅长用释疑解惑的方式向读者分析国际和国内形势,代表性作品如《荒谬绝伦的沪案处置》(1926年第15期)、《段祺瑞真滚蛋了么?》(1926年第24期)、《颜惠庆秘卖五卅案》(1926年第31期)、《英国的总罢工》(1926年第27期)、《英人封锁粤港》(1926年第18期)等。

《爱国青年》创刊于1925年的宁波,属青年政治刊物,宗旨"便是爱国",其要讲话的对象"便是青年"①,其任务"便是从多方面引起青年们对于政治的注意,推论一般政治现象的因果,指陈改革中国政治的方法。抽象的讨论以外,更注意于具体事实的搜求;国内的论述以外,更推及于世界的大势"②。由此,刊物从创刊号起就相继设置"时事短评"和"时事述评"专栏,用以剖析国内外大势,且在文章立场上多采用"新国家主义",并对这一概念在《爱国青年社宣言》中予以详述:"我们绝对反对帝国主义列强,所如③于我国的种种强权的压迫,但我们要反抗这些外来的强权,非先在国内建设一个强固的忠于国民的好政府不可;我们要建设这样一个好政府,非先把国内的军阀官僚买办政客……种种国贼,一气扫除不可;我们要内除国贼外抗强权,非把全国民众的力量团结起来,举行全民革命不可。我们承认这些帝国主义的列强时时有联合之可能,而且时时有与国贼勾结之可能;我们要举行全民革命,不能不运用外交手腕或利用国际机会,但我们鉴于近东病夫——土耳其——之能奋起自强我们绝对不灰心。我们相信这个远东病夫——中国——也和近东病夫一般。不必远待世界革命的成功,早能恢复他的健康,完成他的自由和独立"④。因而,在新闻述评专栏"时事述评"中,无论国内还是国际内容,在选材上均呈现反抗强权的国家意识,如1925年第7期的5篇述评文章——《延宕政策与交涉失败的危机》《英人与军阀合作中的南京惨杀》《苏俄逮捕同胞与国民的觉悟》《复辟阴谋的暴露与江亢虎》《日本税制问题与政潮》即是如此。

---

① 爱国青年编辑部:《创刊话》,《爱国青年》1925年第1期。
② 爱国青年编辑部:《创刊话》,《爱国青年》1925年第1期。
③ 应为"加"。
④ 爱国青年编辑部:《爱国青年社宣言》,《爱国青年》1925年第7期。

（二）基督教青年刊物与"大事述评""见闻述评"专栏

《青年进步》创刊于 1917 年的上海（1924 年、1926 年设有新闻述评专栏），基督教青年会刊物，其宗旨为发挥三育精神、介绍欧美新文明、联络全国青年会，并促其进步，其内容主要是宣扬基督教教义。栏目相继设有"通论""德育之部""社会事业""本会消息""记载""杂俎""附录""专件""时事述评""中外大事述评"等，而新闻述评专栏"时事述评"和"中外大事述评"常见于 1924 年与 1926 年。其中，1924 年是"时事述评"栏，其设置时《卷首语》曾有说明，具体见图 4-17。

图 4-17　《青年进步》设置"时事述评"栏时的说明

图 4-17 出自 1924 年总第 71 期的《卷首语》，其称，"从本年起，已敦请中外鸿博为本杂志撰述委员""从本期起，增加'时事述评'一栏，辑录海内外大事，尤注意于国际关系，社会情形。俾读者于一览之余，与每日阅多数报章无异。谅为诸君所乐观也"①。自该期始，《青年进步》即设有

---

① 菡海：《卷首语》，《青年进步》1924 年总第 71 期。

"时事述评"专栏,每期有数篇文章不等,且多由一人完成写作,如该期专栏分别有《副选问题》《金法郎案》《商标法案》《开拓青海》《苏俄之承认》《三大铁路借款》《英国工党内阁的政见》《世界农民的国际的运动》等八篇文章,署名均为作者积余。

继"时事述评"专栏后,《青年进步》又设"中外大事述评"专栏,其版面位置与"时事述评"大致相当,但在目录上将其放置于"时评"栏之下,具体见图4-18。

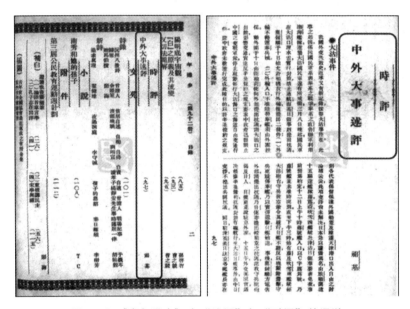

图4-18 《青年进步》中"述评"与"时评"的混淆

图4-18出自1926年《青年进步》总第92期,其先设"时评"栏,又设"中外大事述评"子栏,并将其作为唯一的一个子栏目,在"中外大事述评"下又设《大沽事件》《北京惨案》《王士珍等之和平运动》《国际联盟之争执》等四篇文章,其目的若何尚待商榷。

《青年友》创刊于1921年的上海(1921年设有新闻述评专栏),基督教青年刊物,系由月刊《少年友》改版而来,改版原因则如其《发刊词》中所述:"用青春来比少年,可将少年冠以青春二字也可……本刊原名'少年友'今改为'青年友'者,一则因其意义较觉浓厚;二则本刊内容,在今年重行改组，名称上也必得变换"①。改版后的《青年友》宣称愿从道德、知识、言行、见闻等四方面贡献给青年，故开设有"社论""青年须知""杂俎""译著""各地通讯""见闻述评"等专栏。其中，"见闻述评"为《青年友》的常设专栏，初设于创刊号，具体见图 4-19。

图 4-19　《青年友》设置"见闻述评"时的说明

　　图 4-19 出自《青年友》1921 年第 1 期的创刊号，其对"见闻的贡献是什么"进行了阐释："今日海陆沟通，国外的见见闻闻，实在是多得很。我国地大物博，又是一个积弱不振的邦家；为世界旋②涡的中心点；无论国外有什么微波巨浪，都要向这旋涡的中心点卷入进来。所以我们青年人，对于国外的见见闻闻，是很要注意的。且而我国比年以来，南北分裂，无日不在战争之中。那欧洲空前的大战争已③结束了，我国这局部的小战争至今还不得结束，什么取消自主呀，什么通电反对呀，什么根本解决呀，忽而发生战事；忽而提起和议；忽而命令统一。这国内的见见闻闻都是存亡关

———————————

① 罗运炎：《发刊词》，《青年友》1921 年第 1 期。
② 应为"漩"，下同。
③ 应为"已"。

系，我们青年人更是应当注意的。本刊辟有见闻述评一门，将国外和国内所见所闻的，择其关于时局重要的事件，一一述评出来，以贡献青年诸君之前"①。《青年友》的"见闻述评"居于整个刊物版面的中间，每期大概有 3 篇文章，作用与其他刊物上的新闻述评无异，如第 1 期的《联盟的观念》（史济材）、《不公平的所得税》（史济材）、《最荒谬的通电文》（史济材），第 2 期的《是一个好榜样》（史济材）、《外患与学潮》（过秉堃）、《援助南洋侨学》（过秉堃）等，均以国内外所见所闻的关乎时局的重要事件为切入，起到开阔青年视野、启迪青年智慧的作用。

---

① 史济材：《本刊今后对于青年的贡献》，《青年友》1921 年第 1 期。

第五章 报刊新闻述评的第一发展期
（1926~1936 年）

作为一种性质"近于统计"[1] 的新闻文体，新闻述评擅长对"一段时间"内的国内外大事进行记述并剖析，"在周报，或旬报，或月报中，尤多"[2]，故在操作性上亦较契合于期刊，而 1926~1936 年恰逢中国期刊发展的热潮期，"时人曾称之为'期刊热'或'杂志年'，尤其是 1932 年'一·二八'事变以后，期刊数量猛增"[3]。以此为背景，该时期内设置新闻述评的期刊数量亦呈现增量之势，并形成了城市中心群、主流报刊群、常用专栏群三个群体，既展示了该时期新闻述评的辉煌，也反映了新闻报纸、期刊等纸质媒体对新闻述评文体的广泛应用，同时也为新闻述评文体的普及奠定了基础。

第一节　新闻述评中心城市群的形成

该时期内，设置新闻述评专栏的报刊呈现增量之势，新闻述评在全国范围内得到广泛应用，然而不同于发生期内的散布，第一发展期内的新闻述评报刊逐渐形成了基于四大中心城市——上海、南京、北京、广州——的报刊群，具体见表 5-1。

---

① 郭步陶：《评论作法》，复旦大学新闻学会，1936，第 118 页。
② 郭步陶：《编辑与评论》，商务印书馆，1938，第 117 页。
③ 宋应离：《中国期刊发展史》，河南大学出版社，2000，第 152 页。

表5-1　四大中心城市的新闻述评刊物

地点	刊物					
	1	2	3	4	5	6
上海	钱业月报	国闻周报	前敌青年	星期评论	民生旬刊	新评论
	民国日报·觉悟	民声旬报	商业月报	黔首	良友	时代
	青天白日	环球旬刊	认识	时事周报	复旦五日刊	世界文化
	中国与世界	上海党声	国民评论	红旗周报	南华评论	新东方
	救国周报	国际	国际周报	新创造	中国与世界	华侨旬刊
	国家与社会	桂潮	中华周报	大陆杂志	壬申半月刊	女青年月刊
	大中国周报	南针	怒潮周报	南洋研究	春秋	民治评论
	抗争：外交评论	社会现象	民众导报	明灯	国际	交通职业月报
	上海大华通讯稿	新亚细亚	中华月报	南洋情报	前路	青年界
	自决	汗血周刊	朔望半月刊	新人周刊	中南情报	鹤声
	晨报国庆画报	关声	汗血周刊	星期导报	警灯	
南京	军人周报	中央日报	广播周报	政治训练	会务月刊	革命军人导报
	中央军事政治学校筹备委员会临时特刊	中国国际联盟同志会月刊	中央周报（中央周刊）	党基	时代公论	华侨半月刊
	中央时事周报	江苏党声	党军月刊	新闻前锋	苏俄评论	华侨周报
	中央侨务月刊	大侠魂	旁观	政治评论	新青海	电友
	明日	民生	西北评论	侨务月报	中国革命	中央时事周报
	中国与苏俄	晋风半月刊	皖人公论	天山月刊	自觉	动力半月刊
	铁路月刊津浦线	政治月刊	民鸣周刊	血花	国衡	青年月刊
	交通研究院院刊	蒙藏月报	蒙藏旬刊	内外什志	正谊周报	中心评论
	革命军人周刊	民生				

续表

地点	刊物					
	1	2	3	4	5	6
北京	新社会	北京评论	清华周刊	孤军周报	新国家	荷莱坞周刊
	河北周刊	清华周刊副刊	新东方	三民半月刊	河北半月刊	训练月刊
	河北先锋	北师	西北言论	平明杂志	北方公论	前锋
	新石门	行健旬刊	枕戈半月刊	求实月刊	大众评论	崇实
	世界文化讲座	大众知识	震宗报月刊			
广州	广州市市政公报	前进周刊	人民周刊	真光杂志	群言	军事政治月刊
	广州民国日报	广东党务	前导	大声	先导	抗日旬刊
	西南国民周刊	先导半月刊	进化	新广州月刊	追击	商整会周刊
	独立一师旬刊	文明之路	南方青年	空校月刊		

除上海、南京、北京、广州外，亦还有多地报刊设有新闻述评专栏，对该时期的"增量"起到了添砖加瓦的作用，如杭州、成都、汉口、汕头、太原、南宁、安徽、镇江、青岛、南昌、厦门、贵州、郑州、开封、昆明、长沙、兰州、西安、青海等地。此外，第一发展期的新闻述评亦在香港及国外所创办的报刊中出现，如香港的《南星杂志》（1931~1932年）、《民锋》（1933年）、《香港华商总会月刊》（1934年）、《天文台》（1936年），印度尼西亚的《苏华商业月报》（1934年），菲律宾的《民族战线》（1936年）等。

一　上海新闻述评报刊群

随着20世纪20年代末到30年代初"期刊热"的到来，"上海出版的杂志品种占全国主要地区总数的约70%"[①]，一时间，惯以期刊为主要载体之一的新闻述评专栏也在上海报刊史上留下了浓墨重彩的一笔。不仅时政题材持续发展，为多种报纸附刊所青睐，就连崭露头角不久的经济题材也开始为期刊所重视。此外，在"期刊热"背景下的上海报纸也不甘示弱，甚至出现了不以文字为主的画报设置新闻述评专栏的现象，这一切均彰显

---

① 宋应离：《中国期刊发展史》，河南大学出版社，2000，第152页。

了该时期上海报与刊中新闻述评的文体繁荣。

（一）以经济题材为主的新闻述评专栏

上海地区一改往日新闻述评多以时政题材为主的惯例，经济类报刊也纷纷开设专栏，变革题材，将经济作为主要输出类目，命名为经济述评，现择其要刊介绍如下。

1.《钱业月报》

《钱业月报》创刊于 1921 年，（1926、1927、1929、1931、1934、1935、1947、1949 年设有新闻述评专栏）属经济类刊物，被誉为 1912～1949 年金融旧刊的"四大花旦"之一，以"革新钱业"为己任，交流知识、沟通信息、报道国内外市情与商业现况。该刊自 1926 年第 8 期起改革版式，设置"述评"专栏，并刊登《本报特别启事》，具体见图 5-1。

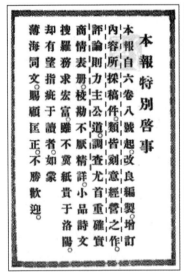

图 5-1 《钱业月报》设新闻述评专栏时的启事与专栏样式

图 5-1 出自《钱业月报》1926 年第 6 卷第 8 期，其称自本期起"改良编制，增订内容，所采稿件，类皆刻意经营之作，评论则力主公道，调查尤首重确实商情表册，校勘不厌精详，小品诗文搜罗务求宏富，虽不冀纸贵于洛阳，却有望指疵于读者，如蒙薄海同文，赐顾匡正，不胜欢迎"。首

次设置"述评"专栏时，文章只有 4 篇，分别为《时与势》（胡叔仁）、《杭市现洋之去水》（楚声）、《钱票与划单》（楚声）、《商战……投机》（楚声），但至 1935 年第 15 卷第 6 期时，文章已增至 10 篇之多，如《改进蚕桑中之一问题》（楚声）、《鼎蛀钱庄停业》（家珂）、《美国蓝鹰运动将中止乎》（友棐）、《开发西北之我见》（楚声）、《抵制暹米问题》（宇苍汪中）、《卷烟火柴统税之严重问题》（苍）、《对于海关政策之乐观》（鑫伯）、《技术管理人才问题》（琴心）、《公库发行制度刍议》（孙仲明）、《中南航路添辟之不可能》（汪中）等，不但扩大了述评的题材范畴，也形成了其常驻述评作者群。其实，《钱业月报》在最初十年的新闻述评栏目设置过程中确实出现了突破性发展，原因有三：一是每期述评专栏的文章数量的增多；二是文章题材对经济类的突破，作为一份经济类刊物，其不但关注经济也关注时政；三是形成了稳定的述评作者群，特别是楚声、苍生、琴心、叔仁、宇苍等，其中尤以楚声的述评作品最多，写作持续时间最长。

持续 10 年之后，《钱业月报》于 1935 年用"评坛"代替了"述评"栏（后于 1937 年停刊），但 1947 年复刊后《钱业月报》先是在"评坛"栏目下收录新闻述评子专栏，后又将其独立出来，具体见图 5-2。

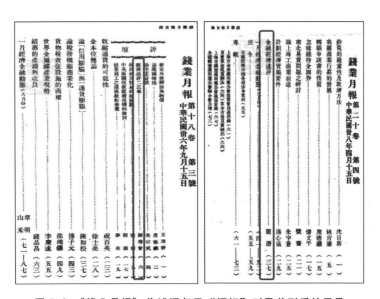

图 5-2　《钱业月报》将述评归于"评坛"时及单列后的目录

图 5-2 分左右，左图是《钱业月报》1947 年第 18 卷第 3 期目录，当时适逢复刊，其将新闻述评作为子专栏放于"评坛"栏，称为"经济述评二三事"，内含 2 篇新闻述评文章，分别为《论杨格氏再度来华及其新著》和《评英镑停止自由兑换》，署名谢菊增。右图系《钱业月报》1949 年第 20 卷第 4 期目录，其已将新闻述评单列出来，称为"金融经济述评"，内含 3 篇新闻述评文章，分别为《银元在今日》《谈保值存款》《票据当日抵用问题》。

2.《关声》

《关声》创刊于 1928 年的重庆（1934 年设有新闻述评专栏），后迁到上海，先是月刊，后变为不定期，是对外贸易刊物，并以"增进海关人员道德修养，提高业务水平，谋求共同福利"为宗旨。刊物亦有新闻述评文章，但将其放入"杂评"栏，具体见图 5-3。

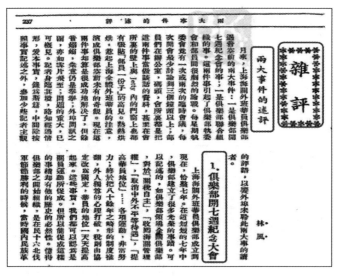

图 5-3 《关声》中"杂评"与"述评"的混淆

图 5-3 是该刊 1934 年第 3 卷第 7 期的"杂评"栏，其内只有一篇文章《两大事件的述评》，采用"总+分"的形式对"俱乐部开七周纪念大会"和"俱乐部联合组织问题"两件事进行了述评，篇幅较长，有 5 页之多。

除此之外，上海设有新闻述评专栏的经济系列报刊还有《商业月报》（1928 年设有新闻述评专栏），其原名《上海总商会月报》（创刊于 1921 年，1928 年第 8 卷第 1 期改为《商业月报》），是上海总商会会刊，也是近代最权威的商业杂志，更名前曾设有"述评""内外经济述评"等专栏，更名后亦设有"内外经济述评"栏，内设新闻述评文章 3 篇左右，如第 8 卷第 2 期的《启封复业之远东银行》《兰开夏对华贸易之失败》《金银之过去与未来》，第 8 卷第 3 期的《智阿华产展览会与推广国外贸易之将来》《又有提议组织中华国民贸易公司者》《调查工商业之商榷》《失业救济策》《评吾国寿险公司营业之种类》，其在作者群方面与《钱业月报》新闻述评栏有所重合。

（二）报纸附刊中的新闻述评专栏

继广州《民国日报》1926 年设置"前周时事述评"栏之后，在上海地区诸报刊如《钱业月报》《国闻周报》《前敌青年》等纷设新闻述评专栏的背景下，上海《民国日报》迅速反应，先后在附刊《星期评论》与《觉悟》上设置述评专栏。

1.《星期评论》

《星期评论》创刊于 1927 年的上海（1927～1930 年设有新闻述评专栏），由陈德征主编，属政治评论刊物，是上海《民国日报》的附刊，其自第 1 卷第 17 期起废除原有的最后一栏"一周大事记"，扩增内容，始设"一周间大事述评"栏，初始由主编陈德征负责和主笔，具体见图 5-4。

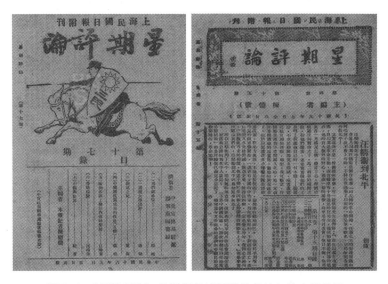

图 5-4　《星期评论》设置新闻述评栏的起始与终止期目录

图 5-4 分左右，左图出自《星期评论》第 1 卷第 17 期，也是开始设立新闻述评专栏的第一期，右图出自《星期评论》第 4 卷第 15 期，是该刊终刊前的最后一期，"一周间大事述评"栏贯穿了从首期到终刊的 148 期，可见《星期评论》对该栏的重视程度。"一周间大事述评"栏在第 1 卷中多由主编陈德征亲自编辑并撰写，而后不断有名家加入，形成了相对固定的新闻述评作者群。在该群体中，上海《民国日报》主笔袁业裕、编辑许性初和主编陈德征的文章最多，特别是主笔袁业裕，大多数文章出自他手，内容广及各方面：国际方面，有中日、中俄、中德、中美等多方面的消息，如《中日济案交涉已解决》（1929 年第 2 卷第 46 期）、《中美航空邮务合同事件》（1929 年第 3 卷第 34 期）、《中俄正式会议展期》（1930 年第 3 卷第 37 期）、《中德签定航空合同》（1930 年第 3 卷第 46 期）等；国内方面，有宗教《传教士侵入内蒙古》（1930 年第 3 卷第 45 期）、体育《中国体育上的国耻》（1930 年第 4 卷第 7 期）、教育《教育卫生两部指导中医办法》（1930 年第 3 卷第 47 期）；也有时政外交方面，如《继续努力撤消领事裁判权》（1929 年第 3 卷第 18 期）等。

2.《觉悟》

《觉悟》创刊于 1919 年的上海（1928 年设有新闻述评专栏），由邵力子任主编、陈望道协助编辑，日刊，属于综合性刊物，是上海《民国日报》的附刊，曾与上海《时事新报》的《学灯》、北京《晨报》的新副刊、北京《京报》副刊一起被认定为"五四文化运动四大副刊"。继《星期评论》后，《觉悟》也开始设立新闻述评专栏，具体见图 5-5。

图 5-5 出自 1928 年 12 月 24 日的《觉悟》，初次设立新闻述评专栏时，其编辑百川曾言"我们决定，自本周起，增开'一周间大事述评'一栏，每逢星期一发表，区区之意，是欲藉以帮助读者于时事得一系统的记录和正确的概念。未识读者以为何如？事在初试，幸各见教"①。其后，又于 1929 年 1 月 6 日的版面上增补说明称"我们决定，并已明白宣布：我们为帮助读者对于时事得一系统的概念和正确的了解起见，特定于十七年十二月二十四日起，将国内外大事分党务、政治，和国际三项，带述带评的写成报告，于每星期一在本刊公布，第一期业已登出（二十四日本刊），第二

---

① 百川：《一周间大事述评》，《觉悟》1928 年 12 月 24 日。

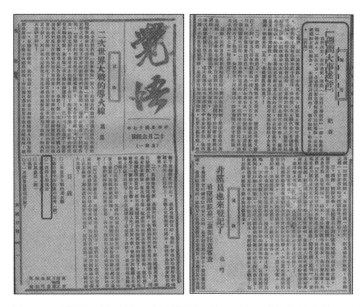

图 5-5 《觉悟》设置新闻述评栏的说明、目录及述评与报告的混淆

期于本星期一（三十一日）即应披露；惟该日本刊地位适为市宣传部借去出关税特刊，以致该项报告，虽已做成而未获刊载；兹特补登如下（自十二月二十日至二十八日）"①，具体见图 5-6。

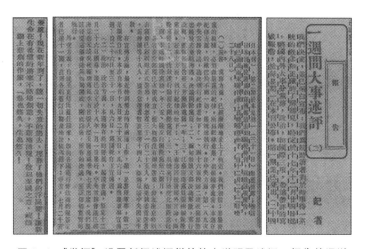

图 5-6 《觉悟》设置新闻述评栏的补充说明及述评、报告的混淆

---

① 百川：《一周间大事述评》，《觉悟》1929 年 1 月 6 日。

图 5-6 出自 1929 年 1 月 6 日的《觉悟》,其不但对原定于 1928 年 12 月 31 日"一周间大事述评"见报的事加以说明,并如图 5-5 一般将"一周间大事述评"放于"报告"栏,继而在 1929 年 1 月 7 日、1 月 14 日的"一周间大事述评(三)"和"一周间大事述评(四)"的设置上均保持前态,实为《觉悟》在新闻述评文章应用上的一大创新。

(三)大型画报中的新闻述评专栏

画报是以刊登、传播照片、图片为主的报纸或杂志,其特点是图画为主、文字为辅,着重彰显阅读的直观性与传播效果的强烈性,兼有形象性、报道性和艺术性融合的特征,故文字并不为主,但在第一发展期的上海,新闻述评这一以文字为传播媒介的文章体裁,却确确实实地出现于画报上,并成为《良友》等刊的专设之栏。

《良友》1926 年创刊于上海(1929 年设有新闻述评专栏),是中国现代新闻出版史上第一种大型综合性画报,刊物内容包括近现代国内外时局,如中国国民党中央执行委员会的开会情况、五卅运动的追悼会、香港飓风惨状、中日战争情况,以及美国、德国、意大利、日本等国家的政治、经济、军事、风土人情等。自 1929 年第 37 期《良友》开始设新闻述评专栏,具体见图 5-7。

图 5-7 出自《良友》1929 年第 36 期由当时的主编梁得所[①]写的《编辑余谈》,其称:"本报以十二期为一年,到现在刚满三岁了。记得第二十五期起封面和内容曾略为变换。在这一年中,由我们的考虑和阅者来信的批评建议,发见不少应该改良的地方。其中有些限于环境,暂未能把计划量实现;但在我们能力范围内,必要有多少改进。"借此改良,《良友》增加了"时事述评"一栏,并称"本报取材是普遍的,其中一部分是时事的篇幅有限,新闻每每缺乏系统。以后每期登一篇提纲撮领而不是账簿式的文字,把一月的大事一气叙述。这篇文章已特约黄天鹏先生担任,黄先生是申报要电编辑,兼任报学月刊的主笔,撰作时事述评,必不是寻常可比"。

---

① 1926 年上海《良友》画报月刊聘他为第三任主编,他将该刊内容办得包罗万象,融时事、政治、经济、军事、社会文化、风土人情及美术、摄影、文学于一体,知识面广,精彩可读,该刊由此走向鼎盛,每期发行全国及五大洲各国 3 万余册,成为影响深远的综合性画报。

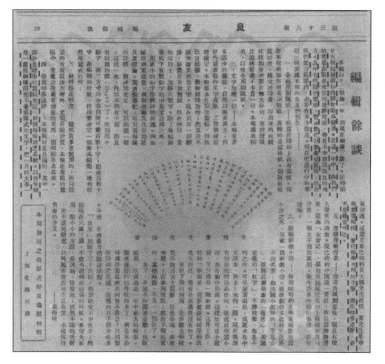

图 5-7　《良友》编辑余谈中对"时事述评"栏的推介

由此，自 1929 年第 37 期起，《良友》开始刊登"时事述评"，并在图片部分对作者黄天鹏予以推介，具体见图 5-8。

如图 5-8 所示，首期"时事述评"专栏即由黄天鹏执笔，记述了自当年 6 月 1 日至 6 月 25 日的时事 11 篇，分别为《总理奉安大典告成》《使节觐见呈递国书》《全国宣传会议经过》《二中全会议决要案》《冯玉祥变后之时局》《蒋主席进退与行踪》《对外交涉最近形势》《英国工党内阁成立》《国际劳工大会开幕》《赔款专家会议结束》《英美新局面之开展》，对该月内的内外时事进行了拣选后一一简要述评。

除专门的画报外，还有一种画报专刊，是由报纸创办的专号，也将新闻述评纳入其组稿的范畴。如《晨报国庆画报》，其是《晨报》为"庆祝双十佳节，又逢国难会议开幕"[①] 而创办的画报专刊，专设了新闻述评专栏，

---

① 潘公展：《发刊辞》，《晨报国庆画报》1932 年 10 月。

图 5-8 《良友》对黄天鹏的图片推介

并将题材扩至电影，称为"最近一年来国内电影界大事述评"，使用"总+分"的结构将一年内的大事分为《有声影片之勃兴》《神怪武侠片的失败》《电影刊物的风起云涌》《"啼笑姻缘"的纠纷》《第一公司的昙花一现》《一·二八事变所发的影响》《歌舞班与电影界》《联华开拓的功绩》《余言》等九个部分。

二 南京新闻述评报刊群

第一发展期内的出版中心，除了上海，南京算是较引人瞩目的一个。根据胡道静先生编制的统计材料，仅 1933 年，南京出版的杂志有 29 种，而至 1935 年 6 月底，则达至 187 种①，成为仅次于上海的出版大都市。在此背景下，新闻述评也在该时期内的南京报刊上取得了长足发展，在国民党中央、华侨，以及研究院、同学会等创办的报刊中也相继出现了新闻述评专栏。

---

① 宋应离：《中国期刊发展史》，河南大学出版社，2000，第 153 页。

（一）国民党中央所办的报刊

第一发展期内南京所办的政党类报刊如《中央周报》《中央日报》《中央时事周报》等，均设有新闻述评专栏，并兼具政党宣传的工具性征，现择其要者推介于下。

1.《中央周报》

《中央周报》创刊于 1928 年（1928 年设有新闻述评专栏）1938 年迁入重庆出版并更名为《中央周刊》（1938 年、1946 年设有新闻述评专栏），1948 年 11 月停刊。该刊"为了有效地保护历史档案资料，更好地为社会各界服务"而编著，属资料类刊物，自首期开始于首栏设置"一周大事述评"，并要求在写作大事述评时"须站在本党立场评述重要事实，并依据目前事实介绍本党理论，务达据事实以证明理论，依理论以解释事实之目的。使党员能得分析事实以研究党义，利用事实，以宣传党义之功效"[①]。具体见图 5-9。

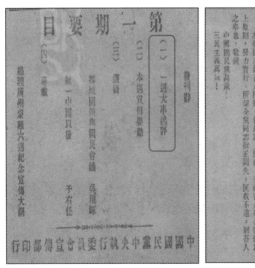

图 5-9 《中央周报》设置"一周大事述评"栏时的说明

---

① 编辑部：《发刊辞》，《中央周报》1928 年第 1 期。

图5-9出自《中央周报》1928年第1期的目录和《发刊辞》，基于上述要求，《中央周报》的"一周大事述评"栏往往将"党务报告"作为专栏里的第一个子项，紧随其后的是"国内政况""国际要闻"（内又分A国际外交、B国际政治、C国际经济、D国际军备、E其他消息），而A-E标题之下又有若干篇新闻述评文章，总篇幅有9页之多，占创刊号总版面的一大半，足见《中央周报》对新闻述评专栏的重视度。1938年，《中央周报》搬迁至重庆并改名为《中央周刊》，新闻述评亦是其常设之栏，至1948年停刊，其先后设置有"时事述评"栏和"一周时事述评"栏，具体见图5-10。

图5-10 《中央周刊》的"时事述评"与"一周时事述评"栏

图5-10分左右，左图出自《中央周刊》1938年第1卷第9期，右图出自《中央周刊》1946年第8卷第50期。前者是"时事述评"栏，分为"甲、军事""乙、政治""丙、国际"，每部分包含述评文章数篇，总量达16篇之多，且每篇篇幅相对较长；后者是"一周时事述评"栏，虽未分部分，却擅长用"总+分"的方式进行述评的写作，如该期该栏的第一篇文章《国大制宪面面观》，先总析了形势，然后以"我们这里把国大这一周讨论和争执的问题，分述如下，以供参考"，开启下文的"国大任务仅在制宪政府态度光明磊落""国防应列专章军方代表表示"和"地方自治国家完整不

可偏废务求协调"等三个部分。

2.《中央日报》

《中央日报》① 创刊于 1928 年的上海（1935 年设有新闻述评专栏），一年后迁至南京，抗战爆发一年后又迁往重庆，1949 年迁至台湾。1928 年 2 月 6 日，《中央日报》自第一期起率先设置了"一周间的大事"栏，持续有一整年之久。1935 年 7 月 1 日，《中央日报》开设"一周国际简评"专栏，1935 年 7 月 8 日，在同样位置，开设"每周国际述评"专栏替代，自此，简评和述评交叉出现。相较而言，"每周国际述评"的篇幅较长，内容详尽，如《法德谈判说之酝酿》（1935 年 7 月 8 日）一文，单是原因分析就列有 4 条。1938 年之后，《中央日报》又相继设立"国际评谈"（如 1938 年 10 月 3 日版）、"一周战况"（如 1939 年 5 月 7 日版）、"国际周观"（如 1941 年 8 月 12 日版）、"一周国际"（如 1943 年 9 月 5 日版）等专栏，虽未明确标明是新闻述评栏，但多用新闻述评笔法写作。该刊的新闻述评文章也多为其他刊物所转载，具体见图 5-11。

图 5-11 出自《金融周报》1946 年第 14 卷第 19 期的"国内经济述评"栏，其首篇文章《各地灾情近讯》即是对《中央日报》的转载。同时，除《中央日报》主刊，中央日报社还编辑出版有副刊和其他刊物，亦设有新闻述评专栏，代表性的如《每周评论》、《国际周刊》和《中央时事周报》。

《每周评论》和《国际周刊》均为《中央日报》的副刊，前者出版于 1929 年 5 月 13 日，自出版日起设"时事述评"专栏，其位于刊物首栏，每期设有新闻述评文章 4~7 篇；后者出版于 1947 年 5 月 2 日，自创刊日即设新闻述评专栏，称为"时事述评"，具体见图 5-12。

图 5-12 分左右，左图出自《每周评论》创刊号的"时事述评"栏，右图出自《国际周刊》创刊号的"时事述评"栏。其中，左图的述评栏署名记者，栏内有《中央政府强固有力之表现》（慎予）、《苏俄铁蹄下之外蒙问题》（秋涛）、《山额夫人在纽约被逮》（慎予）、《撤废领判权之前途》（慎予）、《桂系勾结粤舰谋叛未成》（平陵）等文章，述评作者均为该刊编辑；右图的述评栏虽只有 1 篇文章，但却内容翔实，有理有据。其后，《国际周

---

① 《中央日报》虽创刊于上海，后又经两地迁徙，但考虑到其设置新闻述评栏的年份，故将其归为南京新闻述评报刊群。

图 5-11 《金融周报》对《中央日报》新闻述评文章的转载

刊》又设有"一周国际"专栏，每期文章 2~3 篇，亦采用新闻述评笔法。

《中央时事周报》创刊于 1932 年的南京（1933~1934 年设有新闻述评专栏），属政治刊物，设有"每周国内大事述评"和"每周国际大事述评"

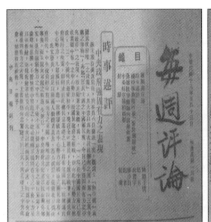

图 5-12　《中央日报》副刊《每周评论》与《国际周刊》的"时事述评"专栏

两栏，其中国内述评常设"中央常会"和"中证会议"版块，兼以国内政治、经济、军事情势，如系关政治的《中央派黄绍雄入新说》（1934 年第 5 期）、系关军事的《中央军克复福州》（1934 年第 2 期）、系关经济的《中央重视白银问题》（1934 年第 8 期）；国际述评常设"国际简报"版块，同时在述评对象上兼及英国、美国、苏联、日本、德国、法国、波兰、瑞士、意大利、荷兰、古巴等多个国家，擅长对国与国之间的经济、政治、军事往来与纠纷等在报道的基础上加以分析，具体如《法联英意图谋制德》（1933 年第 31 期）、《美重视英帝国代表宣言》（1933 年第 30 期）、《日俄争持严重化》（1933 年第 40 期）等。

（二）以华侨为对象的报刊

第一发展期内，在南京出版了一系列华侨类报刊，这些报刊中有不少都设有新闻述评专栏，如《华侨半月刊》《华侨周报》《侨务月报》等。

1.《华侨半月刊》

《华侨半月刊》创刊于 1932 年（1932～1933 年、1935～1936 年设有新闻述评专栏），华侨刊物，以"沟通海内外消息，宣传祖国文化"为使命，调查统计海外各属侨胞的政治、经济、社会生活等状况，其自创刊号起即设有新闻述评专栏——称为"时事述评"。就上海鸿英图书馆馆藏《华侨半月刊》的第 1 期（1932 年）至第 97 期（1936 年）看，"时事述评"始终是其必备专栏，且一直位于刊物首栏，每期文章 2~3 篇，即便在第 97 期刊物版面从原有的 58 页缩至 28 页，其新闻述评文章依旧保留同样的篇幅，足见"时事述评"在其刊物中的重要程度，具体见图 5-13。

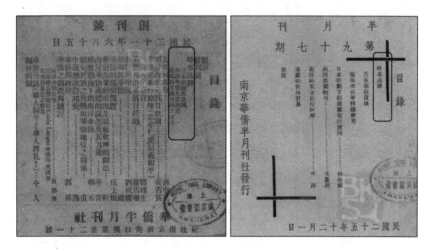

图 5-13　《华侨半月刊》设置"时事述评"栏的第 1 期与最后 1 期目录

图 5-13 分左右，左图出自《华侨半月刊》1932 年第 1 期，右图出自《华侨半月刊》1936 年第 97 期。作为一个延续五年有余的专栏，"时事述评"栏中的新闻述评文章涉及海内外政治、经济、军事、文化等各方面内容，如事关政治的《日本政变与我国》（1932 年第 1 期），事关经济的《久悬未决之中越商约》（1934 年第 53 期），事关文化的《侨民教育师资问题》（1934 年第 51~52 期合刊）、《北平故宫古物问题》（1932 年第 7 期）等。

2.《华侨周报》

《华侨周报》创刊于 1932 年（1932 年设有新闻述评专栏），是 1912~1949 年重要的外侨报刊之一，由华侨周报社编辑、出版，陈枚安曾任主编，陈树人为其题写封面刊名，其创办"为集合关心海外问题之士，为切实之调查研究工作"①。刊物自 1932 年起即设有新闻述评专栏，称为"时事述评"，并同时设有"一周侨讯"专栏，必要时需结合二者才能读懂读透，具

---

①　陈克文：《发刊旨趣》，《华侨周报》1932 年第 1 期。

体见图 5-14。

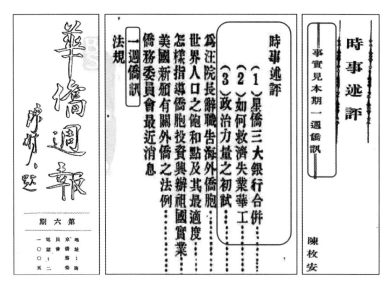

图 5-14　《华侨周报》设置的"时事述评"专栏

图 5-14 分左中右，均出自《华侨周报》1932 年第 6 期，左图是刊名，中图是目录，右图是"时事述评"栏的正文。该期内，"时事述评"栏共有《星侨三大银行合并》《如何救济失业华工》《政治力量之初试》等 3 篇文章，是基于"一周侨讯"栏的新闻报道进行的述评，故会在"时事述评"栏左侧以副标题的形式写明"事实见本期一周侨讯"，其内容多由时任主编陈枚安主笔，文章内容关乎政治、民生等，多与社会急需解决的问题相关，如《中美日三种宣言后之严重趋势》（1932 年第 8 期）、《惨状未已之墨国排华》（1932 年第 7 期）、《为侨胞消除畛域进一言》（1932 年第 11～12 期）等。通过这些文章，该报一方面拓展了民众的视野，使民众看到海内外的各种真实状况；另一方面也给政府实施外侨政策提供了有力的依据。

除此之外，还有《侨务月报》，创刊于 1933 年，属侨务工作刊物，从事侨务设施、侨务教育、侨务救济的研究，对于研究 30 年代中国华侨在世界各地的活动具有重要价值。该刊 1933 年设有"时事述评"栏目，往往位于刊物首栏，每期述评文章 3～4 篇，主要涉及三方面内容：其一为海内外政治事务，如《闽变与侨胞》（1933 年第 1 卷第 2 期）、《星加坡海军会议之严重性》（1934 年第 1 卷第 4 期）等；其二为海内外经济状况，如《对于提倡国货之我见》（1933 年第 1 卷第 2 期）、《美国经济复兴与蓝鹰运动》（1933 年第 1 卷第 3 期）等；其三则是对海外侨胞生存的关注，如《古巴政府新颁百五十工例后之侨胞》（1933 年第 1 卷第 3 期）、《暹京华侨黄包车夫怠工事件》（1934 年第 1 卷第 4 期）等。

（三）研究会、同学会所办的报刊

在南京出版的设有新闻述评专栏的报刊中，有一部分是由研究院、同志会、同学会等机构创办，作为机构刊物，其大多承载着宣传与推广本机构及其理念的功能，却能将新闻述评作为重要组成部分，进而关注、报道并评价近期发生的国内外大事。

1.《中国国际联盟同志会月刊》

《中国国际联盟同志会月刊》创刊于 1936 年（1936 年设有新闻述评专栏），时任编辑为陈登皞，该刊主要介绍中国国际联盟同志会活动和国际联盟的有关情况，并刊载有关国际政治、经济等方面的研究论文。其创刊目的有二：一是唤起国人对国际事务的注意，二是增进各国对中国的了解。该刊自第 1 卷第 2 期起开设"国际近事述评"专栏，文章均系周书楷执笔，每期文章 3~7 篇，其内容主要是对世界各国要闻进行介绍，同时注重对国际问题的讨论，如《巴勒斯坦之民族纠纷》（1936 年第 1 卷第 2 期）、《日暮途穷之英国外交》（1936 年第 1 卷第 4 期）、《德兵进驻莱茵事件之谈判》（1936 年第 1 卷第 2 期）等视野开阔的述评性文章，有助于增进国人对国际形势的了解。同时，该刊创刊号的"一月来之国际大事纪要"与其后的"国际近事述评"并无二致，具体见图 5-15。

图 5-15 分左右，左图出自《中国国际联盟同志会月刊》1936 年第 1 卷第 1 期，右图出自该刊 1936 年第 1 卷第 2 期。图 5-15 呈现两个特征：一是"国际近事述评"的 6 篇文章附于"选录"栏；二是在第 2 期用"国际近事述评"替代了"一月来之国际大事纪要"，而作者并未有变，都标为周书楷，且连文风、写法、格式都别无二致，由此也间接表明了"夹叙夹议且议在议论"的中国式述评笔法在当时的流行，以及一些未标记"述评"二字的述评文章的存在。

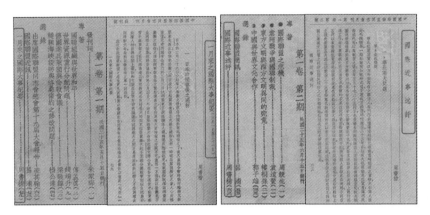

图5-15 《中国国际联盟同志会月刊》中的"国际近事述评"栏

2.《交通研究院院刊》

《交通研究院院刊》创刊于1934年（1934～1935年设有新闻述评专栏），由交通研究院训育组编辑并发行，周刊，属于30年代交通研究院院刊。该刊设有卫生常识、院闻一束、时事述评、专载、海外通信等栏目，主要刊载该院学生投写的有关交通理论、问题、技术研究等方面的文章，注重实际问题；同时还收录交通文学、生活纪实、通讯等精短文艺作品。该刊陆续设有"二周大事述评"和"时事述评"，具体见图5-16。

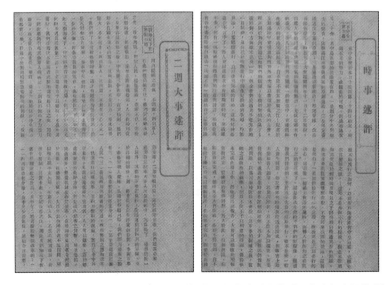

图5-16 《交通研究院院刊》所设的"二周大事述评"与"时事述评"栏

图 5-16 分左右，分别出自《交通研究院院刊》1934 年的 15～16 合期与 18～19 合期，其中，15～16 合期中的 "二周大事述评" 栏是该刊首次设置新闻述评专栏，载有《刘湘东下与整顿川局》《法国内阁更迭》等文章，该期之后，该栏改为 "时事述评" 栏，载有《日人威胁上海》《中欧形势渐缓》等，并将两周一次调为一周一次，在终刊之前除 1935 年 20～21 合期外一直设有该栏。

3.《血花》

《血花》创刊于 1928 年（1928 年设有类似新闻述评的专栏），黄埔同学会会刊，刊物宗旨在于训练同学以增进其政治之认识与学术之研究；分析时局以指导同学革命的大道，发扬黄埔精神；与全国革命青年民众交换知识，缔结巩固的联合战线。创刊之初即设立 "时事述要" 专栏，极为关注当时国内外重大政治事件与革命态势，并在增进同学们对政治认识的同时，发扬着黄埔精神，指导着同学们的革命大道，具体见图 5-17。

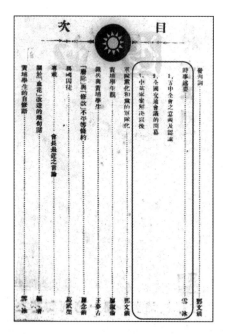

图 5-17 《血花》设置的 "时事述要" 专栏

图 5-17 出自《血花》1928 年第 1 期，其 "时事述要" 虽称为 "述要"，但在写法上无异于述评，正如该期诸如 "同志们，努力呵！" 等情

感丰沛的号召和"这些决议实是革命大破坏之余，开始建设三民主义的新中国之纲领，其意义不可以比伦"等评价。其他刊期上的述要文章更是类似述评，最具代表性的要数1928年第2期的《中德平等条约之订定》，该文章有一半篇幅都是在分析与议论，并彰显有鼓动之意，如"中德新约，确是基于平等互惠的原则而订定，从此我们就应好自振作，由统一中国以废除一切不平等条约，重订各国双方互尊主权平等互惠条约，打破帝国主义的经济侵略，建立独立自由平等的新中国，这是如何艰重困难的工作！同胞同志们有何把握，还须举国一致加倍努力罢！加倍努力呵！"

此外，还有《会务月刊》，属黄埔同学会刊物，创刊于1930年，其主要功能在于报告黄埔同学会会务，兼具指导与训练会员，以期完成领导会员于革命途径的最大任务。该刊内容包括会长言论、会务、时事述评、其他要闻转载等，且无固定述评专栏，仅于第2期刊登《谈一谈汪精卫等所召集之扩大会议》《欧联运动》等时事述评三则：三篇文章均署名为仁成，其文紧随热点，条理清晰，论证充分，文字已采用横排。

三　北平、广州新闻述评报刊群

继北平、广州后，南京成为国家政治、经济、文化以及报刊活动的中心，但北平、广州二地设置新闻述评专栏的报刊仍不少，仅次于上海与南京，并与上海、南京一起构成了新闻述评报刊的四大城市群。

（一）北平设置新闻述评专栏的报刊

在北平报刊群的诸份报刊中，有影响较大的，有刊登新闻述评较多的，也有排版或编辑方法相对特殊的，现择其三种介绍如下。

1.《河北周刊》

《河北周刊》创刊于1929年（1929年设有新闻述评专栏），主要宣传国民党党义，介绍中央及地方党务概况，颁布党务政治决议案和政纲政策，并设有新闻述评专栏，称为"两周大事述评"，具体见图5-18。

图5-18出自《河北周刊》1929年第10期，该期的"两周大事述评"栏共分为三大部分。一为党务概况，主要刊载党务会议记录等。二为政治概况，该部分下又设四个版块，分别为内政、外交、东北方面、西北方面，对国内政治环境、整体局势进行评述。如外交版块的《中日交涉难题尚多》

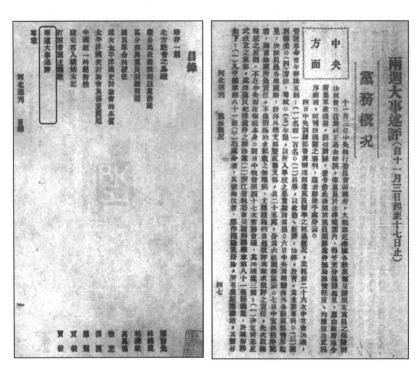

图 5-18 《河北周刊》设置的"两周大事述评"栏

一文，对日本帝国主义的狼子野心揭示后指出，解决问题的根本在于"必须取消日本与前北京伪政府缔结之不平等条约"，并呼吁民众"为政府之后盾，聚精神于外交"，以期获得外交的胜利。三为国际概况，该部分重点对英、法、美、日、俄等国的要闻进行评述，内容涉及政治、军事、外交等各方面事，政治方面如《日本党案解禁》《俄国将发生革命》等，外交事务方面如《英俄邦交恢复》《苏俄外长更动》等。该述评栏目一方面刊登了国内政治状况、国际要闻等新闻信息，另一方面分析性言论也进一步对时局状况进行了介绍，有助于增进民众的了解。

2.《河北半月刊》

《河北半月刊》创刊于 1930 年（1930 年设有新闻述评专栏），承继前国民党指导委员会的《河北周刊》而诞生，其评价恰如《本刊编辑计划大纲》中所称："是河北省党务整理委员会宣传部最重要之言论机关，其使命在阐明本党主义，纠正反动言论，讨论工作方法，传递党政消息，剖析国际情势，及指导民众运动，供给下级党部宣传材料"①。刊物亦设述评②专栏，称为"一周大事述评"，有些刊期直接分为系列性的两栏同时刊登，具体见图5-19。

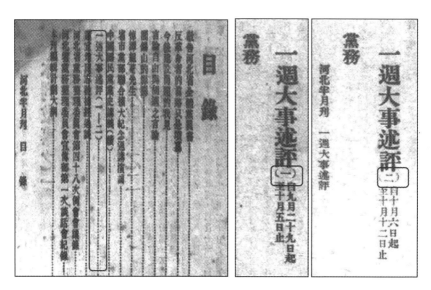

图 5-19　《河北半月刊》设置的连续性"一周大事述评"栏

图 5-19 出自《河北半月刊》1930 年第 6 期，其设置既"一周大事述评"栏，又将其分为前后连续的两栏，分别为"一周大事述评（一）"和"一周大事述评（二）"。其中，前者占页为 38～47 页，述评自"九月二十九日起至十月五日止"，后者占页为 47～67 页，述评自"十月六日起至十月十二日止"。两个栏目的版块设置均一致，并承袭《河北周刊》，将述评内容分为国际、军事、党务、政治四部分，主要刊登国内政况、国际要闻，宣传国民党党义，介绍国民党中央及地方党务概况，颁布党务政治决议案和政纲政策，刊载党务会议记录。

3.《清华周刊副刊》

《清华周刊副刊》创刊于 1929 年（1931 年设有新闻述评专栏），系由清华大学周刊社编辑并发行，属大学校刊，设有新闻、消息、杂闻、随笔等栏目，刊

---

① 河北半月刊编辑部：《本刊编辑计划大纲》，《河北半月刊》1930 年第 6 期。

② 同样版面位置，有时是"时评"栏，有时是"一周大事述评"栏。

物主要对校内事务发表评论，并刊登清华大学教职员、在校同学、毕业同学、留美同学的来稿，有学生会执行委员会报告、学术论文、各年级举行的校内外活动报告，以及学生代表大会、体育比赛、留美同学消息等。除此之外，亦设有"时事述评"专栏，多为时事发表议论，篇幅有长有短，长如《日化教育》（1931年第36卷第4、5合期），全篇近2000字，覆盖面极广，讲述日本占据吉林后女子师范、小学、吉林大学各项应对措施，并揭露日本极力蒙蔽人们的耳目、宣扬日本德政的各种行为；短如《强取盐税》（1931年第36卷第4、5合期），全篇虽只有300字左右，却生动形象地还原真相，披露了日本因军饷不足强行占用长春盐税的恶行。同时，1931年第36卷第4、5合期的"时事述评"也呈现一种新的述评组合方式，具体见图5-20。

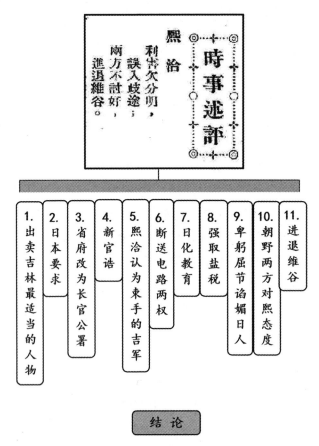

图5-20 《清华周刊副刊》1931年第36卷第4、5合期新闻述评栏框架

图 5-20 的"时事述评"栏中的文章有《出卖吉林最适当的人物》《日本要求》《省政策改为长官公署》《新官诰》《熙洽认为束手的吉军》《断送电路两权》《日化教育》《强取盐税》《卑躬屈节谄媚日人》《朝野两方对熙态度》《进退维谷》等 11 篇文章，虽每篇主题各有不同，但连贯起来却是从不同侧面、不同程度地描述了一个卖国贼人——熙洽，并在首尾各设有内容，其"首"是一首自编小诗"熙洽利害欠分明，误入歧途，南方不讨好，进退维谷"，其"尾"是一千多字的"结论"，对熙洽各种批判、揭露，并在最后一段总结称道"以熙洽之所做所为观之，吾知其死无葬身之地矣！而我国地方高级长官，竟有如熙洽其人，其为人欺侮，为人宰割，不亦宜乎！苟我国人不察，犹不切实行使主人权威，以澈①底扫荡此无能无力而又自私自利的公仆，真将'国亡无日矣！'"

这种栏目内的文章组合方式在当时而言尚属少见，其用"1 首诗+11 篇文章+结论"的形式既述又评地对熙洽的卖国行径进行了深入的勾勒、揭露与批判，很值得推荐。

此外，较为著名的还有《枕戈半月刊》和《北师》。前者属军事类刊物，1933 年创刊于北平，旨在为武装同志提供精神上的指导与知识上的充实，同时也"努力于国防、外交、经济的种种研究，提供国人商榷于政府参考"②。创刊号起即设有新闻述评专栏，称为"时事述评"，其共刊载《国联改造》《满铁改制》《关于闽变》《美俄复交》等 4 篇述评，虽篇幅短，但言简意赅，在阐明事实的同时也分析事件意义及影响，内容涉及国内军事政治态势与国际大国外交动态。后者系大学校刊，1930 年创办于北平，由该校学生自治会编辑组编辑，主要刊登该校学生的论著以及诗歌、散文、随感、短篇小说等文学作品，亦设有"新闻述评专栏"，称为"国内大事述评"与"国外大事述评"。

（二）广州设置新闻述评专栏的报刊

继上海、南京、北平之后，广州是又一个在报刊上设置新闻述评专栏较多的地方，但不同于其他三地报刊的各具特色，该时期广州的此类报刊

---

① 应为"彻"。
② 枕戈半月刊编辑部：《发镌词》，《枕戈半月刊》1933 第 1 期。

数量虽多却表现相对平庸，多是在某一阶段某一时期设置新闻述评专栏，现择其部分介绍如下。

1.《中央军事政治学校筹备委员会临时特刊》

《中央军事政治学校筹备委员会临时特刊》创刊于 1927 年的广州（1927 年设有新闻述评专栏），军校刊物，是继有历史使命的《黄埔潮》而创设的，刊发三民主义研究、时事述评、国际问题研究、社会科学研究、革命方法与组织研究、社会文化研究、"先进同志"的言论、本校各部消息、文艺创作等。对于内容如此丰富的原因，编辑也给予了说明："关于本刊内容方面，我们希望不如普通的刊物一样，肤浅寡味。最近出版物实在太多了，人们已经失掉了他的兴奋性。尤其在政治部里的刊物里面，充满了单调的雷同作品，抄袭新闻的政治报告，传单式的文章，占尽了一般篇幅，我们认为这对于一般民众或者能给一点常识，然而不终究理由，也狠①容易酿成盲从和偶象②的见解。"③ 因此，该刊特设了"时事述评"栏，具体见图 5-21。

图 5-21 出自《中央军事政治学校筹备委员会临时特刊》1927 年的第 2 期，该期共设有"特载""时事述评""言论"和"附载"4 个专栏，其中，"特载""附载"是为新闻纪事专栏，"言论"系新闻评论专栏，而"时事述评"则作为有叙有论的专栏存在，间接表明了时人对新闻述评这一文体在属性上的定义。对于该栏的设置，该期"言论"栏《今后的本刊》一文曾如是说，"时事述评，在这一项里面，我们不是要抄袭普通的报纸，作机械的工作。我们先要确定重要时事中的事实，加以精密的分析，然后加以推测，或断定，我们决定应取的态度。在分析时事里面，我们须要注意到她的历史的背景；变更的可能，和她的发展在革命上的位置，及国际间的关系。我们应当站在国民革命的观点上，为着大多数的利益观点上来批评，来应付"。由此，其"时事述评"专栏中，观点较为鲜明，言辞较为犀利，但牵涉党争方面内容时往往主观性较强，惯于以新闻述评为工具去抨击其他政党。

2. 其他设有新闻述评专栏的报刊

除上述的《中央军事政治学校筹备委员会临时特刊》，还有一些或出版

---

① 应为"很"。
② 应为"像"。
③ 编辑部：《今后的本刊》，《中央军事政治学校筹备委员会临时特刊》1927 年第 2 期。

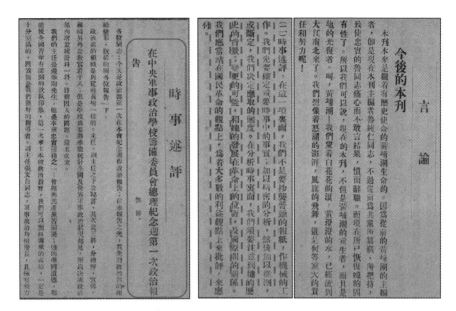

图 5-21 《中央军事政治学校筹备委员会临时特刊》设置"时事述评"栏的说明

时间较短，或设置新闻述评专栏不规律的小众报刊，如《群言》《文明之路》等。

《群言》创刊于1919年的广州（1928年设有新闻述评专栏），属社会科学刊物，同年8月停刊后，又先后更名为《群言杂志》《群言月刊》《群言》复刊，至1937年4月终刊，先后由广西留穗学会、广州市广西学会编辑出版发行。该刊以"阐扬学术思想及研究广西特殊问题贡献于社会"为宗旨，研究广西政治、经济、教育、各种社会问题及实业问题，介绍国内外有关社会科学方面的新思潮新学说。《群言》设有新闻述评专栏，称为"时事述评五则"，以1928年第6卷第2、3合期为例，其"时事述评五则"栏刊登有《妇女问题》《日暮途穷之张学良》《全国统一后的裁兵问题》《四中学潮与马平党潮》等，这些内容涉及当时国内重要政治人物、重大政治事件。

《文明之路》创刊于1934年（1935年设有新闻述评专栏），出版周期不定，在1935年第14期发表启事改为旬刊，由文明之路杂志社编辑，其创刊宗旨在于学习中外优秀文化，以期创造我国之优秀文化，紧追世界先进文化之潮流，主要内容有时事评论、论著专载、文艺等栏目。从上海鸿英图书馆馆藏看，该刊第 14、15 两期中均出现"一旬大事述评"栏目，各刊载五篇述评文章，内容涉及国内外政治经济等，如《美国废止复兴法》（1935 年第 14 期）、《美丰银行停业》（1935 年第 14 期）、《华北事件》（1935 年第 15 期），通过述评笔法的应用，对国与国之间的经济、政治、军事往来以及纠纷等在报道的基础上加以分析。

《广州市市政公报》创刊于 1921 年（1927 年设有新闻述评专栏），周刊，属市政刊物。内容有特载、法规、公告、电令、会议记录、市政概况、人事动态、统计图表附录等。报道广州市政府施政之概要，1929 年改刊名《市政公报》。该刊曾设有"述评"专栏，主要内容是与广州市政相关的述评，如《七月份本府进行的事件》一文，即对 7 月广州市政府所做的六件大事简述后，逐条进行详细解释，其他述评文章诸如《统计与市政》（1927 年第 268 期）、《广州市的工业》（1927 年第 268 期）、《市政与市民》（1927 年第 269 期）等，都与市政建设紧密相关。

《新广州月刊》创刊于 1931 年（1932 年设有新闻述评专栏），由广州市市政府秘书处编，广州市市政府秘书处第一科会计股发行，共出 6 期，封面题名《新广州》。刊物以市政公开、探讨时政学理、资助经营设计为主旨，并设有"广州市政总述评"专栏，关注洲头嘴内港建设、全市渠道濠涌改建，以及住宅区的规划建设等市政相关内容，图文并济，对市政相关规划进行公开，以期得市民之协助，同时督促政府行动。

《大声》创刊于 1924 年（1931 年设有新闻述评专栏），月刊，1945 年 4 月停刊，后于 1946 年 5 月复刊，终刊于 1947 年 12 月，先后由大声编委会、广州大埔公堂、广州大埔学会、大埔旅省学会编辑刊发，属同乡会刊物，刊物旨在灌输时代知识，沟通联络同乡感情，为乡梓福利呼吁，并设有"述评"专栏，载文评述各地运动，报道国内各方消息及华侨动态，刊载政府公告、该会工作报告等，如《废"神"运动与逐"递"运动》（1931 年第 71 期）一文首先对当时正在进行的废神运动的意义进行介绍宣传，进而延伸至对坏蛋科长冯哲生的批判，文章署名为编者；再如《县府应严禁盗卖拨归学校的神尝和寺产》（1931 年第 72、73 合期）一文。除此专栏外，《大声》的"杂评"栏亦出现过新闻述评文章，如《关于公会"密报"的述评》（1933 年第 94、95 合期）等。

《西南国民周刊》创刊于 1932 年（1932 年设有新闻述评专栏），系内部综合性刊物，主要刊载西南各省国防、交通、教育、经济等内容，常设有"论文""专载""时事述评""附录"等特色栏目。其中，"时事述评"栏会有涉及国际的部分，如《英人倡议国联共管中国谬论》（1932 年第 5 期）、《法外交部有窥伺云南的人物》（1932 年第 12 期）等，但多以国内时事为重，且内容主要关注国内政治、军事时事，擅长在报道新闻消息的基础上对其加以分析，进而阐明观点。同时，文章篇幅较长，所占版面也较多，如 1932 年第 3 期，共有《为参加北平会议的华北将领进一解》《驳日人对满案的谬论》《所谓重庆会议之价值的估计》及《南京政府解散中大的感言》等 4 篇文章，占全刊四分之一的版面。

第二节　新闻述评主流报刊群的形成

随着 20 世纪 30 年代期刊发展的热潮，新闻述评也迎来了"五四"之后的又一个发展高潮，多类别的报刊均开设有新闻述评专栏，并呈现一定的规律性，这些报刊可归结为四大主流报刊群，分别是综合类报刊、专业类报刊、时政类报刊和政党类报刊，具体见表 5-2。

表 5-2　四大主流报刊群的新闻述评刊物

类别	刊物					
	1	2	3	4	5	6
综合类报刊	军事政治月刊	群言	清华周刊	良友	时事周报	三民半月刊
	前导	精诚半月刊	新东方	新创造	桂潮	平明杂志
	大侠魂	旁观	先导半月刊	新亚细亚	民治评论	国际
	尚志周刊	民生	社会与民族	时事周报	中华月报	青年界
	世界文化讲座	晋风半月刊	百年	朔望半月刊	厦门周报	天山月刊
	新人周刊	大道半月刊	西北评论	民鸣周刊	明灯	大众之路
	西北生活	国衡	南声	民众先锋	明耻	青年月刊
	青年文化	蒙藏旬刊	天文台	内外什志	中心评论	民生

续表

类别	刊物					
	1	2	3	4	5	6
专业类报刊	浙江大学教育周刊	真光杂志	商业月报	钱业月报	荷莱坞周刊	建设月刊
	中央侨务月刊	河南教育	南星杂志	石生杂志	新东方	北洋画报
	安徽教育行政周刊	医林一谔	西北言论	国际	华侨半月刊	华侨旬刊
	河北省立邢台师范学校月刊	一月来水灾述评	川盐特刊交通职工月报	香港华商总会月刊	山东民众教育月刊	铁路月刊津浦线
	南洋研究	侨务月报	民众生活	南洋情报	航海杂志	民锋
	交通职业月报	斗报	中国与苏俄	商整会周刊	苏华商业报	大陆评论
	电友	进修半月刊	关声	农村经济	警灯	青海评论
	教育周报	四川经济月刊	文明之路	崇实	华侨周报	女青年月刊
	晨报国庆画报	广播周报	震宗报月刊	交通职工月报	精诚月刊	扫荡
	陆军第一师特别党部周刊	党军月刊	军人周报	士兵周报	独立一师旬刊	
时政类报刊	新社会	军人周报	国闻周刊	建国旬刊	孤军周报	前敌青年
	新国家	述评	新广西旬报	新评论	党基	江苏党声
	革命军人周刊	浙江党务	民声旬报	策进	黔首	革命周刊
	政治训练	政治半月刊	革命的江苏	青天白日	环球旬刊	铁声
	河北省政府公报	新闻前锋	认识	苏政	新湖北	中国与世界
	国民评论	红旗周报	南华评论	苏俄评论	奋斗	精诚
	河南自治训练所半月刊	时代公论	救国周报	国际周报	民岩	先导
	革命军人导报	中国与世界	抗日旬刊	进化	新生	国家与社会
	正谊周报	中华周报	壬申半月刊	南针	怒潮周报	春秋
	抗争：外交评论	社会现象	北方公论	民众导报	监政周刊	新广州月刊
	明日	政治会刊	救国周刊	行健旬刊	中国革命	中央时事周报
	上海大华通讯稿	大中国周报	前路	每周评论	求实月刊	自决
	前路	大众评论	皖人公论	汗血周报	动力半月刊	新苏政
	政治月刊	创进月刊	前锋	革命空军	前驱	追击
	壮干	星期导报	汗血周报	自觉	蒙藏月报	统一评论
	民族战线	三日要闻				

续表

类别	刊物					
	1	2	3	4	5	6
政党类报刊	广州国民日报	河北周刊	中央日报	胶济铁路管理局党义研究会会刊	中国国民党浙江省党部周刊	中央军事政治学校筹备委员会临时特刊
	民国日报·觉悟	时代	人民周刊	广东党务	前进周刊	枕戈半月刊
	江苏党务周刊	湖北周报	训练月刊	宣传周刊	河北半月刊	宣传月刊
	贵州党务旬刊	上海党声	宣传半月刊	河北先锋	枕戈	陇海旬刊
	西南国民周刊	力行	互助周刊	教导周刊	五师旬刊	军民导报
	青岛党务旬刊	海军杂志	革命军人	三八旬刊		

表 5-2 中的 200 余份报刊是该时期设置新闻述评专栏的主流报刊群，本章对其报刊类别的厘定均出自其自我推介或他人推介，并遵循相近者合为一类的原则将其纳入综合类、专业类、时政类、政党类等四大报刊类别中，正如标榜为综合类刊物的，无论是政党所办还是学会、杂志社等机构所办，均列为综合类报刊；标榜为交通刊物、建设刊物、宗教刊物、教育刊物、侨务刊物、国际刊物、军事刊物的，均列于专业类刊物；标榜为政论报刊、时事报刊、政治报刊的一概列于时政类报刊；标榜为政党机关报、政党党务报，以及与政党密切关联的军队刊物则均列于政党类报刊。同时，除上述四大主流报刊群，还有青年类报刊，如《觉是青年》（1934 年设有"一月来国内大事述评"和"时事述评"专栏）、《大众知识》（北平）（1936年设有"时事述评"专栏）等；学生类报刊，如《青萍月刊》（1936 年设有"时事述评"专栏）；学会刊物，如黄埔同学会会刊《血花》和《会务月刊》；大学校刊，如清华大学校刊《清华周刊副刊》、复旦大学校刊《复旦五日刊》；会务刊物，如同乡会刊物《大声》《新石门》《石门之路》；机关刊物《世界文化》《交通研究院院刊》等。这些刊物均设有新闻述评专栏，并结合刊物自身属性对相关时事择需述评，然相较之下，综合类、专业类、时政类、政党类仍居重要位置。

一 综合类报刊群与新闻述评

受制于报刊发展和时代传播水准，又因内容和受众面广泛，综合类报刊成为该时期的中流砥柱。以此为契机，综合类报刊亦成为该时期设置新闻述评专栏的重要载体。细析这些报刊，我们发现其多由4个机构来创办：一是政党，二是学会，三是研究会，四是杂志社。其中尤以杂志社为多。在政党所办的综合类报刊中，以《前导》《蒙藏旬刊》《精诚》①《明耻》②对新闻述评的应用较为广泛，其中又以前两者为甚；而在由各学会、研究会等创办的综合类报刊中，对新闻述评专栏使用相对频繁的有《新亚细亚》③和《民鸣周刊》，而又以《民鸣周刊》为最多。在杂志社所办的报刊中，《军事政治月刊》④（军事政治月刊社）、《清华周刊》（清华大学清华周刊社）、《三民半月刊》⑤（三民学社）、《大侠魂》⑥（铸魂学社）、《旁观》⑦（旁观旬刊社）、《先导》（先导社）、《中华月报》⑧（中华月报编辑部）、《朔望半月刊》⑨（现代书局）、《天山月刊》⑩（南京天山学会天山月刊社）、《新人周刊》⑪（新人周刊社）、《西北评论》⑫（西北评论社）、《明灯（上海1921）》⑬（上海广学会）、《国衡》（国衡半月刊社）、《中心评论》（中心评论社）等均属设有新闻述评专栏的综合类报刊，且其中有一些新闻述评专栏设置的时间相对较久。现择其要者细析于下。

1.《前导》

《前导》创刊于1930年的广州（1930~1931年设有新闻述评专栏），系

---

① 1931年时设有时事述评栏，属政治刊物，由国民党天津特别市党务整理委员会宣传科发行于天津。

② 1935年设有时事述评栏，属综合性刊物，由中央陆军军官学校特别训练班发行于江西。

③ 1932年设有时事述评专栏，属综合性刊物，由边疆研究团体新亚细亚学会创办于上海。

④ 1935年设有时事述评专栏，属综合性刊物，由中央陆军军官学校特别训练班创办于江西。

⑤ 1930年设有国内外大事述评专栏，属综合性刊物，由三民学社创办于北平。

⑥ 1932年设有时事述评专栏，属社会科学综合性刊物，由铸魂学社创办于南京、重庆两地。

⑦ 1932年设有时事述评专栏，属社会综合性刊物，由旁观旬刊社创刊于南京。

⑧ 1933年设有时事述评专栏，属综合性刊物，由中华月报编辑部创刊于上海。

⑨ 1933年设有半月"远东事件"述评专栏，属综合性刊物，由现代书局创刊于上海。

⑩ 1934年设有新疆时事述评专栏，属综合性刊物，由南京天山学会天山月刊社创刊于南京。

⑪ 1934年设有时事述评专栏，属综合性青年刊物，由新人周刊社创刊于上海。

⑫ 1934年设有国内外大事述评专栏，属综合刊性刊物，由西北评论社创刊于南京。

⑬ 1933年设有世界大事述评专栏，属综合性刊物，由上海广学会创刊于上海。

由广东军事政治学院编印，其宗旨在辅助军队教育，促进全体员兵之能率，培养本路军之新生命，实施军政教育，研究实战理论，训练军队战斗精神，常设新闻述评专栏。其中，1930 年的"半月来大事述评"栏以标题的形式设于"专载"栏之下，具体见图 5-22。

图 5-22　《前导》新闻述评专栏

图 5-22 分左中右，分别出自《前导》1930 年第 8 期、1931 年第 10 期和 1931 年第 12 期，其中包含有两个问题。一是虽经过了新闻述评专栏名称的变化，即从"半月来大事述评"到"一周来大事述评"① 再到"两周来大事述评"，但栏内设置方面并未有大的变动，均表现为所述评的时事较多，如图 5-23 所在的刊期，共占篇幅 15 页，分为"党务情形"（内含文章 6 篇）、"政治状况"（内含文章 3 篇）、"军事情形"（内含文章 3 篇）、"国际状况"（内含文章 6 篇）。与之相同，1931 年的"两周大事述评"亦述评有相当篇幅的时事，以 1931 年第 14 期为例，其分为"党务"（内含文章 4 篇）、"国内"（内含文章 4 篇）、"国际"（内含文章 5 篇），总篇幅达 13 页。二是新闻述评栏与"专栏"的区别。《前导》的新闻述评专栏均设置于

---

① "一周来大事述评"是个案，且应为目录的错印。目录中印为"一周来大事述评"，但正文却标注"两周来大事述评"。

"专载"之下，作为一个子栏目而存在，这与前述的一些刊物比较类似。

2.《蒙藏旬刊》

《蒙藏旬刊》创刊于 1931 年（1936～1938 年设有"国际时事述评"栏），是以孙中山三民主义为宗旨的进步刊物，刊物用汉、蒙、藏三种文字出版，内容是关于边疆问题的讨论和调查，涉及多地的宗教、交通的各个方面。该刊的"国际时事述评"栏多居于刊物汉字版的最后一栏，文章数量多且篇幅适中，以 1936 年第 110 期和 1938 年第 143 期为例，前者占有 6 个版面，文章数量有 9 篇，后者占有 5 个版面，文章数量有 7 篇。在内容方面，详及国际重大时事，在特定问题上擅长深入剖析并植入强烈情感，如 1938 年第 143 期中凡不涉及侵略的，标题大多保持情感上的中立，如《意奥匈三国开会议》《法国新阁正式组成》《我顾代表国联陈词》《苏联修改宪法意义》等；然涉及侵华时，标题感情色彩较为浓烈，如《倭四年计划的实质》《列强积极扩军比赛》《非常的倭御前会议》《倭对华宣言的透视》等。此间，无论是"倭寇"的称号还是"列强"一词的使用，无不宣泄着办刊人与述评作者强烈的爱国热情，而"实质""透视"类词的使用，则昭示着写作者以笔当枪、深入剖析与揭示侵略者嘴脸的写作意图。

此外，还有《精诚》和《明耻》，前者由国民党天津特别市党务整理委员会宣传科编辑，在天津创刊并发行，半月刊（1931 年设有"时事述评"栏），经常刊发发扬国民党的政纲政策、关于世界革命运动的评述，时事评述是其常设内容；后者由国民党中央陆军军官学校特别训练班编辑并发行，半月刊后又变为月刊（1935 年设有"时事述评"栏），擅长分析国内外政治局势，论述中国革命失败的原因，栏目有时事述评、论著、社会调查、军校学员生活实录、文艺作品。

3.《民鸣周刊》

《民鸣周刊》创刊于 1934 年的上海（1934～1935 年设有新闻述评专栏），自第 2 卷起迁往南京出版，1937 年 7 月第 4 卷第 3 期停刊，刘希哲任总编，由学术研究会编辑。该刊自创刊号起即设有新闻述评专栏，并将其放置于报刊首栏，称为"一周大事述评"栏，后自 1935 年第 2 卷第 11 期编辑部"刷新内容，增加篇幅"① 起，改称"本周大事述评"，位置不变，依

---

① 《民鸣周刊》编辑部：《本刊特别启事》，《民鸣周刊》1935 年第 11 期。

然居于首栏，但在内容方面有所增加，具体见图 5-23。

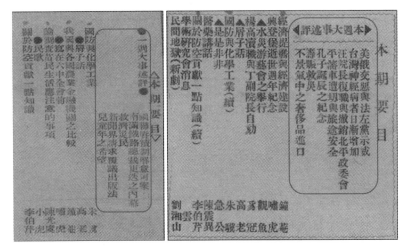

图 5-23　《民鸣周刊》改版前后的新闻述评专栏

图 5-23 分左右，分别出自《民鸣周刊》1935 年第 2 卷的第 10 期和第 11 期。右图左上方的《本社特别启事》称"本刊现定自本期起，刷新内容，增加篇幅"，自当期起，除新闻述评专栏的名称从"一周大事述评"换为"每周大事述评"，述评数量也有所增加，从 5 篇增至 7 篇，但在署名上保持了一致，栏目均署名为编者，栏目内文章的作者缀于篇尾，且作者与改版前几近一致。如此，以新闻述评专栏为中心，《民鸣周刊》培养了一批新闻述评作者团队，其中尤以"光（陈光虞）"和"希"署名为最多。

作为一份综合性报刊，《民鸣周刊》的"一/每周大事述评"栏的存在意义在于补其事实信息更新较慢的缺憾，故在材料的选取上相对广泛。仅以创刊号为例，其刊登有新闻述评文章 5 篇，分别为《同床异梦的海军会议》，讲的是国际斗争的形势；《白银问题》，讲的是美国总统罗斯福极力维持银价的做法；《伯力事件与滦东》，讲的是日本驻伯力总领事馆遭射击一事；《结束之财政会议》，讲的是一场轰轰烈烈的财政会议；《通车通邮之谜》，讲的是华北通车通邮的问题，内容从国际到国内，从政治到经济，甚为广泛。

4.《大道半月刊》

《大道半月刊》创刊于1933年的天津（1934年设有新闻述评专栏），社会科学综合性刊物，以灌输时代知识、发扬固有国粹为主旨。主要评述近期国内外重大事件，并持续设有"国内外大事述评"栏。作为一份创刊于1933年的半月刊，上海鸿英图书馆藏有其1934年全年的期刊，可查到"国内外大事述评"栏在该刊持续了一整年的时间，留下了700余篇新闻述评文章，且每期述评内容丰厚，具体见图5-24。

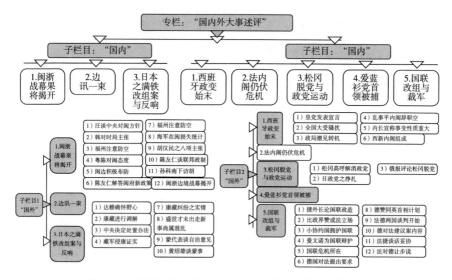

图5-24 《大道半月刊》1934年第2期新闻述评的标题

《大道半月刊》的"国内外大事述评"栏篇幅极长，以1934年第2期为例，占24个版面，分为"国内"和"国外"两个子栏，子专栏之下又各有数篇文章，除其中3篇篇内未分小标题外，其余5篇均以小标题隔开，形成若干个独立小版块，但在总体上构成了一篇庞大篇幅的新闻述评文章，尤其是《闽浙战幕果将揭开》一文，小标题达12个。其实，《大道半月刊》的"国内外大事述评"专栏不但篇幅庞大，而且品质也极有保障，恰如其在《发刊要旨》中所称："本刊对于时事之评论，纯根据事实，本照正理，为立论之原则，决不做私狭之攻击，无意识之叫嚣。"同时亦声明："本刊主张国民教育，精神上，应提倡固有之道德，发扬历来之国粹；物质上，注重科学，灌输时代知识，以期文化之进展。"

5.《平明杂志》

《平明杂志》创刊于1932年的北平（1932～1934年设有新闻述评专栏），是一份由许逸上编辑、平明杂志社发行的具有现代史料性质的刊物，内容偏重于国际问题探讨和国际消息传递。创办目的是激发读者注意世界情势的兴趣和研究现代问题的精神，自创刊号始至1934年间一直设有新闻述评专栏，称为"大事述评"，署名编者，具体见图5-25。

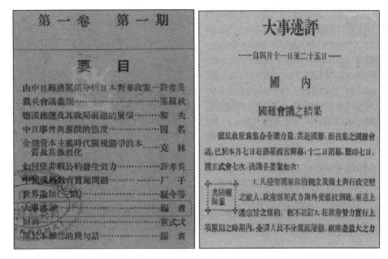

图5-25　《平明杂志》创刊号的新闻述评专栏与目录

图5-25出自《平明杂志》1932年第1卷第1期。作为一份周刊，《平明杂志》"大事述评"栏每次都以一周的时间间隔为副标题，如"自四月十一日至二十五日"，其间分有"国内"和"国外"两部分，篇幅较长。以创刊号为例，"大事述评"栏长达19页，单是"国内"部分就有5篇文章，每篇文章又各分小节，如《国难会议之结果》（共同御辱案、国难期中外交方针案、政治制度改革案）、《上海停战会议续开无期》（沪会完全停开、国联决议日拒我受、敌急备战前途悲观）、《调查团过平赴沈》（在平交换意见、叛逆拒顾及路线之争执、抵沈后种种情形）、《东北义军之进展》（马占山之反正、义军之节节胜利）、《日俄关系紧张及美俄携手》（北满日俄冲突尖锐化、俄国舆论一班、日本宣言掩饰、俄美同盟声浪忽起）等，呈现出与《大道半月刊》相似的一面。

6.《中心评论》

《中心评论》创刊于 1936 年的南京（1936 年设有新闻述评专栏），是一份由中心评论社编辑并出版、正中书局发行的综合性刊物，旬刊，旨在探讨抗日战争爆发前夕中国社会的中心问题，自创刊第 2 期即设新闻述评专栏，称为“时事述评”，具体见图 5-26。

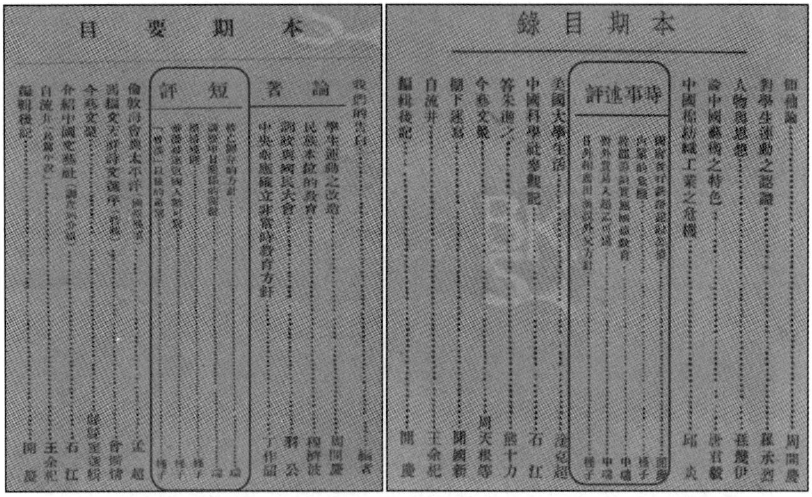
本期要目

我們的告白……編者

論著

學生運動之改造……周開慶

民族本位的教育……舜濟波

訓政與國民大會……羽公

中央亟應確立非常時教育方針……丁作韶

短評

……論

……論

……槿子

……槿子

……槿子

倫敦詩會與太平洋……孟超

湘編文天祥詩文選序……曾情

今藝文聚……蘇疑室選輯

介紹中國文藝社……石江

自流井（長篇小說）……王余杞

編輯後記……開慶

本期目錄

御侮論……周開慶

對學生運動之認識……羅承烈

人物與思想……孫幾伊

論中國藝術之特色……唐君毅

中國棉紡織工業之危機……邱炎

時事述評

……開慶

內蒙的危機……槿子

……中瑞

對外貿易入超之可虞……中瑞

日外相廣田演說外交方針……槿子

美國大學生活……滄克超

中國科學社參觀記……石江

答朱遍之……熊十力

今藝文聚……周天根等

樹下速寫……閔國新

自流井……王余杞

編輯後記……開慶

图 5-26 《中心评论》的“短评”与“时事述评”栏

图 5-26 分左右，分别出自《中心评论》1936 年第 1 期和第 2 期，其中第 1 期的中间位置设为“短评”，自第 2 期起改为“时事述评”，不仅写法、选题等类似，且作者也为同一批，如槿子、瑞等。《中心评论》的“时事述评”栏多位于刊物中间部分，每期大概有 4~5 篇述评文章（有时会有更多，如第 5 期，就有 7 篇），且篇篇都有作者署名，如第 4 期的 5 篇述评文章分别署名为“槿子”和“仲瑞”，第 5 期的 7 篇分别署名为“槿子”“尔忘”“青青”“小修”“开庆”“仲瑞”。

7.《国衡》

《国衡》创刊于 1935 年的南京（1935 年设有新闻述评专栏），是一份由国衡半月刊社编辑并半月发行一次的综合性刊物，1935 年 11 月 10 日第 1 卷第 13 期停刊，又名《国衡半月刊》。该刊以检讨国内外政治经济的理论与制度、发扬固有文化、唤起民族意识、建设新中国为宗旨，自创刊号始即设有新闻述评专栏，具体见图 5-27。

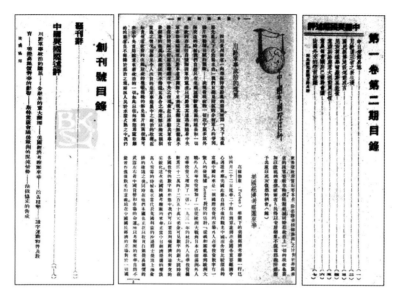

图 5-27　《国衡》设置的"中国与国际述评"专栏目录与正文

图 5-27 分左中右，其中，左图与中图出自《国衡》创刊号，分别系"中国与国际述评"专栏的目录与正文，右图则出自《国衡》1935 年第一卷第 2 期，是"中国与国际述评"的目录。该刊设置的"中国与国际述评"栏一般位于刊物首栏，每期述评 8 篇左右，篇幅居中，范围覆盖国内和国际两部分，在写作导向上恰如其发刊辞所述，做一些关于"国防建设、经济建设、政治改进、教育革新、革命外交、农业救济"等的方案，关于"贪污的官吏、横暴的豪强、失当的政策、不良的风尚、陋规与恶习、盲从与错觉"等严正的批判，关于"国际政治经济的推移、弱小民族运动的实况、各种新兴制度的理论与实际、各种学术思潮"等的客观介绍，关于"各国国防的准备、国内资源的分布、农村衰落的实况……贪污土劣的事迹、新兴建设的现状"的客观表述。

8.《清华周刊》

《清华周刊》创刊于 1914 年（1927～1932 年设有新闻述评专栏），出至 1937 年 5 月第 46 卷第 6 期时因抗战而停刊；同年改出《清华月刊》，仅出 2 期；抗战后 1947 年 3 月复刊，卷期另起，出至 7 月第 17 期。周刊，属于文理综合性刊物。刊物自1927年第28卷第1期时始设"时事述评"栏，具体见图5-28。

图5-28 《清华周刊》设置"时事述评"栏的目录与说明

图5-28分左右，均出自《清华周刊》1927年第28卷第1期，左图系该期目录，右图系该刊设置"时事述评"栏的说明，其称，"本学期周刊，除旧有之言论，学术，文艺，新闻，特载（更名杂载），杂谈，通讯及书报介绍诸栏外，另辟问题讨论及时事述评两栏，兹谨将各栏内容分述如次"，紧接着，又对"时事述评"① 栏进行了说明：

"刘郎已恨蓬山远，更隔蓬山一万重。"此可为今日之南方政局咏② 者也。彼方报纸既不达吾人之眼帘，此间之消息又不能令人丝毫无疑，故欲为明确之批评，记者殊觉"仆③病未能"，盖自揣无如此坚强之信托心也。北方之政局悄然寂然，如空庭雨过，万籁无声；其对外则又

① 1927年第1期《编辑部宣言》一文分为"（一）绪论""（二）使命""（三）内容"，而"（三）内容"部分又分为"言论栏""学术栏""时事述评栏"等，且作者各有不同，其中，"时事述评栏"的作者是水天同。
② 原文为"詠"，和"咏"古时通用，又作为"咏"的异体字。
③ 应为"仆"字。

如斗室之中，主客对奕①，吾侪局外人但闻棊②子落声而已；稍稍弄笔墨，亦须"小心火烛"，然则欲为畅达严整之论，又不可能矣。记者在此种情况之下，虽感痛苦而实无法，故对于时事述必多于评，其实以记者之陋识，评亦未必得当，转可藏拙也。又周刊既为公器，记者尤自惭谫陋，国内外读者苟以谠③论投赠，或有建议批评，俱极欢迎。

"时事述评"栏目主笔水天同的这一席话道明了当局对言论的管制态度。该刊常设于首栏的"时事短评"迫于时局在第 27 卷第 6 期也登出启事："本栏因警厅屡次干涉，所有比较负责稿件，均被抽去，同人又不愿仅作影射之语；故决在现时局下，自下期起，将本栏暂停。"④ 同时他还以"时事述必多于评"的论断解惑了当时新闻述评存在的一种"述而不评"或"述而少评"的现象。至 1929 年第 31 卷第 1 期，《清华周刊》发表《宣言》，兼对"时事述评"栏再次说明，具体见图 5-29。

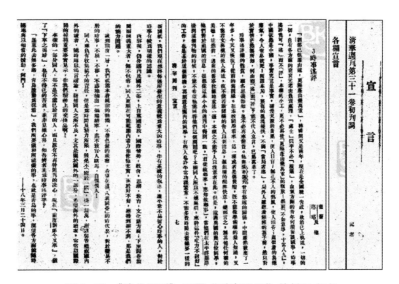

图 5-29 《清华周刊》设置"时事述评"的栏目宣言

① 应为"奕"字。
② 应为"棋"字。
③ 应为"党"字。
④ 编者：《本栏启事》，《清华周刊》1927 年第 27 卷第 6 期。

图 5-29 是《清华周刊》在第 31 卷刊发的初刊词，其以"各栏宣言"的形式对刊物所设专栏予以说明，述及"时事述评"① 栏时，其称（标※处为原文的字迹不辨）：

　　"刘郎已恨蓬山远，更隔蓬山几万重"，转瞬间又是两年，现在是全国统一告成，政治已上轨道，一切的一切，自有各方面的衮衮元老去负责处理，"处士"似乎不必"横议"，血气方刚的青年何须妄谈国事，时事述评竟可"述"而不"评"，本栏的小工，更不必再发"更隔蓬山几万重"的慨叹！然而"不如意事，十常八九"，中国依然是中国，事实究竟是事实，弥漫天际的黄尘，使人目盲；无孔不入的热风，使人头昏；蕴※着的乌烟瘴气，令人窒息欲死！所谓本局，照旧的混沌扰攘，不独"当局者述"，局外人虽听着频频的綦②子声，然以对于实情茫然无所知，何由而"述"而"评"？能不代人立言，已属万幸了。

　　时事述评栏的性质，顾名思义即知，也不必再来辞费。它与清华周刊曾有悠远的关系，中间虽然被弃了一年多，今天又恢复了从前的旧因缘。在本校同学看来，这一栏或者是个赘瘤，既不能像学术栏的益人知识，又不能若文艺栏的使人兴感，复不能若新闻栏的告人以新消息，杂俎栏的醒脾快意，总而言之，无其他任何栏的美德，徒然将一周前的旧事拉杂地重述一遍，本栏之不能予人以注意者在此。但是，远适异国的几百位同学，他们对于祖国的消息，很想从这本小小的周刊中得到一点，"君从故乡来，应知故乡事"，当他们在太平洋那岸接到这个刊物的时候，不能不希望它能回答他们这个问题吧？本栏同人所以不嫌麻烦，来干这件"吃力不讨好"的工作，也是基于这个动机。再则就是园内的同学，有些人也许平常功课繁重，不能多费时间去看杂耍一样的新闻纸，我们现在想将每周所发生的意义较为重大的时事，作有系统的叙述，让平常不易留心时事的人，对于时事有较为明确的认识。

　　内容呢，仍分国内及国外二部，上自党国要政，国际情势，社会，

---

① 1929 年第 1 期《编辑部宣言》一文中的"各栏宣言"部分分为"1. 言论""2. 学术""3. 时事述评"等，且作者各不相同，其中，"3. 时事述评"的作者是珞珞、橐籥及他。

② 应为"棋"字。

思潮，教育，文化诸方面；下至闾巷琐闻而涵义重大者，无不包容。同人更愿在可能范围内尽力地使它充实，至于好不好，办得到办不到，那是我们的能力问题。

谈到态度一层，我们只能本着纯洁的动机，不带色镜的视察，希望在这"八表同昏"的时代里，对于变易不居的时事，不屈，不移，不惑地抽出一个端绪来，庶不致盲人瞎马，自愦愦①人！

同人虽负有收集稿子的责任，但是为时间及精力所限，难免不"囿于一隅"，挂一漏万，所以馨香祷祝国内外的读者，随时赐以鸿言谠②论，藉补同人之所不及，尤其是关于国外的一部分，希望海外的读者，常常以国际间的种种重要事实见示，作我们精神上的交换品啊！

本栏的一部分同人，都不是不能巴③于言的人，而且原有不再干周刊的决心，现在"前度刘郎今又来"，做了"下车之冯妇"，也有不得已的苦衷，并非见猎心喜，知吾侪者其为时事述评乎？

"蓬莱此去无多路，青鸟殷勤为探看"，我们所要做和所能做的事，也就是青鸟的事，深望各方面能随时随地与以相当的援助，阿门！——十八年三月二十四日。

在该篇宣言中，记者阐明了"时事述评"栏弃而复设的原因、栏目内容、性质以及作新闻述评时的态度——"不屈，不移，不惑"，实为时人对新闻述评着墨较多的一次记述。

9.《先导》

《先导》创刊于1932年的广州（1932年设有新闻述评专栏），由先导社编辑并发行，时政期刊，半月刊。主要刊登外交政策、地方自治、国民经济、农田水利建设以及农民运动等方面的内容，在创刊号中，其称"吾们既不是秉权执政的伟人，更没有纬国经邦的本领，吾们现在之能力，只有本其至诚，挥其秃笔，以抒所见，期藉此以博取国人的共鸣，进而求实行之道而已"④。《先导》半月刊常设栏目有"图片""时事述评""世界谈屑""小言谈"

---

① 应为"误"字，"自误误人"。

② 应为"党"字。

③ 应为"已"字。

④ 编者：《写在先导创刊号之后》，《先导》1932年第1期。

等，自创刊号始即设有"时事述评"专栏，具体见图5-30。

图5-30 《先导》的"时事述评"栏目录与刊物言论范围

图5-30分左右，均出自《先导》1932年第1期，左图系目录，右图系言论范围，其自创刊号开始即设有"时事述评"专栏，每期均有5~7篇文章，且在笔调上擅长"评"，如创刊号中就有直接以"评"命名的文章。

同时，在创刊号最后一页《先导》也申明了其言论的范围，如"关于国难期中之各种救国言论及具体计划，关于国际情况外交政策之批评与见解，关于实施地方自治之言论或重要的实际材料，关于兴发国民经济及一切实业之指导方案及与有关系之言论，关于指导民间生产事业之兴发的研究及与有关系之重要言论，关于土豪劣绅及一切反革命的封建恶势力的现象及扫除此种恶势力的具体方法，关于各地土匪繁殖的原因各地匪患的实况及今后消弭的计划，关于各地农田水利之振兴与改良方法之具体研究，关于各地械门及其他不良风俗改革之具体研究，关于农民工人及商人之痛苦实况及解除痛苦之切实方法，关于民众运动过去之利弊与今后改善的方法等"。这一言论范围的制定，将《先导》存在的责任予以了说明，即"如何挽救国族的危难，如何抵抗国际的压迫，如何解除人民的疾苦，如何启发社会的新机"① 等。

二　专业类报刊群与新闻述评

相较于综合类报刊，专业类报刊是以报道某项专门业务活动为主要内容的报刊，其不以提供综合类的新闻信息为长，但作为处于风雨飘摇之报刊业中的一分子，以一己之力适当关注时事亦属自然。同时，因在新闻报道时间性上的弱势，部分以周为单位的专业类报刊选择了开设新闻述评专栏，既可报道一周来的重要的以及与刊物内容相关的时事，亦可通过评述时事来展示刊物的独特视角，如宗教类、教育类、侨务类、交通类、建设类、国际问题类等报刊。

（一）交通类与建设类报刊

该期内设有新闻述评专栏的交通类和建设类报刊都有不少，前者如《铁路月刊津浦线》②《交通职工月报》《崇实》，后者如《建设月刊》《西北言论》等。

1.《交通职工月报》

《交通职工月报》创刊于 1933 年的上海（1933 年设有新闻述评专栏），作为交通类刊物，《交通职工月报》以探索职工需求、提高职工觉悟、教育职工积极工作、清除政府与职工间之隔阂为使命，主要刊登大事述评，介绍交通职工问题的各种方案、交通知识、劳动消息、卫生常识和各种发明与创造等。作为主要专栏，《交通职工月报》将"最近国外大事述评"作为子专栏归于"时事"栏之下，与"最近国内/外大事纪要"并列，具体见图 5-31。

如图 5-31 和图 5-32 所示，《交通职工月报》的"时事"栏有两个子专栏，分别是"最近国内大事纪要"和"最近国外大事述评"，前者为纪要，内容多以记叙为主，文章末尾多出现"云云"二字；后者为述评，内容多叙议参半，字里行间常呈现议论、抒情等表达方式。就此看，该刊已区分开了"纪事"文体和"述评"文体，但就刊物第 2 期的《美国大规模之建舰计划》一文看，其在文章结束时加括号进行了尾注——"（录申报时

---

① 编者：《写在先导创刊号之后》，《先导》1932 年第 1 期。
② 1933 年设有国事述评专栏，交通类刊物，由津浦铁路管理局总务处编查科创刊于浦口。

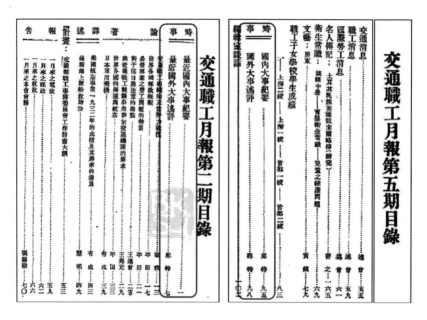

图 5-31 《交通职工月报》第 2、5 期新闻述评栏

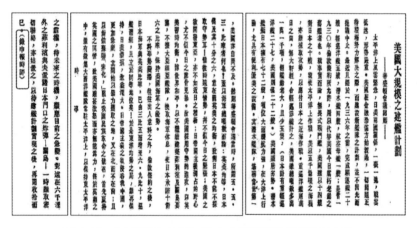

图 5-32 《交通职工月报》录自申报时评的新闻述评文章

评）",证明该篇位于"最近国外大事述评"栏的新闻述评文章是转载自《申报》的"时评",应是一篇时评而非述评,如此转载在一定程度上体现了该刊对"述评"文体仍存在认知上的混淆。

2.《崇实》

《崇实》创刊于 1935 年的北平（1935 年设有新闻述评专栏）,属铁路交通运输类刊物，由中国铁路崇实学社编辑并发行，月刊，创办目的在于"辅职工、利铁路、谋造福于社会"。主要介绍有关铁路技术等方面的常识，并附有画图，同时刊有少量文艺作品。《崇实》于 1935 年设有新闻述评专栏，先称为"二十四年×月国内外大事述评"，第 4 期及其后改为"国内外大事述评"，位置始终如一，位于刊物最后一栏，主要撰稿人有为他、李新钧等，具体见图 5-33。

图 5-33　《崇实》"国内外大事述评"栏的设置路径

图 5-33 分左中右，分别出自《崇实》1935 年第 5 卷第 1 期、第 2 期、第 4 期。其中，左图同一位置的专栏名称为"二十三年国内外大事总评"，主笔者是为他；中图同一位置的专栏名称为"二十四年一月份国内外大事述评"，主笔者也是为他；右图同一位置的专栏名称为"国内外大事述评"，主笔者还是为他。由此而知，该三个专栏其实无大的差别，尤其是"总评"和"述评"，说明了时人对新闻述评文体性质的混淆。

3.《建设月刊》

《建设月刊》创刊于 1929 年的重庆（1929 年设有新闻述评专栏）。作为地方建设刊物，《建设月刊》着重讨论建设问题，论述当地政治、经济、教育等方面的建设，设有新闻述详专栏，称为"时事述评"，位于刊物首栏。该栏始设于 1929 年第 2 期①，具体见图 5-34。

图 5-34 出自该刊第 2 期，其内含文章 7 篇，占有 11 页的篇幅，包括

---

① 　该刊创刊号没有找到，仅在第二期及其后的刊期上看到有时事述评专栏。

图 5-34　《建设月刊》设置的"时事述评"栏

《英意秘密外交与军缩会》《蒋冯交恶之前因后果》《外交部与领判权》《桂系的成功与失败》《汪精卫改组派与时局》等，均出自一人（济光）之手。从选材上看并不仅仅是与地方建设相关的内容，反而是国内外最近发生的大事、要事居多。自该期后，"时事述评"栏逐渐偏重国外题材。

4.《西北言论》

《西北言论》创刊于 1932 年的北平（1932 年设有新闻述评专栏），属地方建设刊物，主要研究西北问题，反映西北教育、社会、经济、文化及民俗风情，讨论开发西北的方法，其自创刊号起即设有新闻述评专栏，称为"近事述评"，每期文章相对较多，具体见图 5-35。

图 5-35 出自《西北言论》1932 年第 1 期，"近事述评"栏位于刊物首栏（此后刊期的新闻述评栏亦如此），内有新闻述评文章 8 篇，占 12 页的篇幅，包括《兰州罢教问题》《鸦片问题》《由垦殖学院说到开发西北》《藏兵侵边》《值得称赞之西北两大水利建设》《长期抵抗与西北高原》《陕西实业考察团出发矣》《全甘放足运动》等，均与西北建设有密切关联。文章详略有序，观点鲜明，文笔犀利，如《全甘放足运动》一文，就曾针砭时弊地反问："换言之，就是解放了中国式的小足，换上了西洋化的小脚，

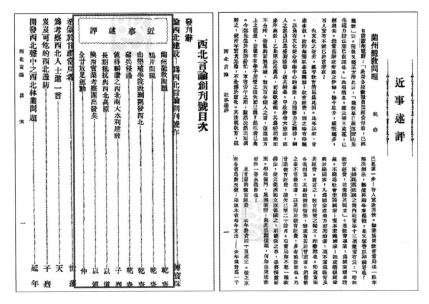

图 5-35　《西北言论》"近事述评"的设置目录

其问相去，能有几希？"也曾直言并呼吁："我希望领导放足运动的摩登女士们，能身先士卒，以身作则，穿上宽宽大大的，舒舒服服的鞋子，为妇女的典型，作她们的标准，则一般妇女，可以标榜仿效，不然则口里喊着放足放足，而自己却缠着'洋小脚'，这种换汤不换药的办法，试问有何用处？"并在最后一段揭示文章寓意："我更希望西北各省热心妇女问题的士媛们，也起而作偌大的放足运动，提拔那坐无期徒刑的姊妹们出火坑，这才是我写这篇短文的本意！"

（二）宗教类与教育类报刊

第一发展期内的宗教类和教育类报刊亦不少，前者有《真光杂志》《女青年月刊》①《震宗报月刊》② 等，后者有《浙江大学教育周刊》《民众生活》《河北省立邢台师范学校月刊》《河南教育》③《安徽教育行政周刊》④

① 1932 年设有一月来时事述评专栏，属中华基督教女青年会会刊，由中华基督教女青年会全国协会创刊于上海。
② 1936 年设有时事述评专栏，属伊斯兰教刊物，由震宗报馆创刊于北京。
③ 1929 年设有一周间大事述评专栏，属教育刊物，由河南教育厅编审委员会创刊于郑州。
④ 1929 年设有教育述评专栏，属地方教育刊物，由安徽省政府教育厅编辑处创刊于安庆。

《山东民众教育月刊》①《进修半月刊》② 等。

1.《真光杂志》

《真光杂志》创刊于 1902 年（1928 年设有新闻述评专栏），作为基督教刊物，《真光杂志》由美国传教士湛罗弼创办，刊物继承《真光月报》《真光报》《真光》，由真光杂志社发行（后换为美华浸信会书局），属于基督教月刊。此刊宣讲基督教义，讨论宗教问题，刊登教会名人传记及教会消息，报道各国时事新闻、科技知识等，并于 1928 年设有新闻述评专栏，称为"时事述评"，具体见图 5-36。

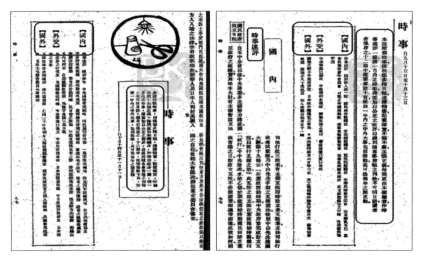

图 5-36 《真光杂志》1928 年第 11、第 10 期的新闻述评栏

如图 5-36，《真光杂志》的新闻述评文章隶属于"时事"栏，该栏分为"国内""外交""国外"等三个部分，"时事述评"则出自子栏目"国内"。如其在每期栏目开头时所述："本志所载时事，系根据多种日报，选择精审，记载确实，不偏不党，主张正义。每期更由本栏编者，作时事述评一篇，将一月内之时事，择要加以公正之批评，以视别种专事剪报之刊物，不可同日语。读者若保存之，十二期中，仅寥寥数十页，便将一年内

---

① 1933 年设有述评专栏，属政治教育刊物，由山东省立民众教育馆创刊于徐州。

② 1934-1935 年设有世界大事述评专栏，属教育刊物，由浙江省教育厅师资进修通讯研究部创刊于杭州。

之中外大事，包括无余，甚可供他年之历史观。"由此而知，《真光杂志》的新闻述评文章由"时事"栏编者所作，区别于其他剪抄报章类的文章，并加入了作者公正的批评。

2.《浙江大学教育周刊》

《浙江大学教育周刊》创刊于 1928 年的杭州（1928 年设有新闻述评专栏），属教育刊物，前身是《（国立）第三中山大学教育周刊》（创刊于 1927 年），1929 年 7 月 31 日停刊，出 25 期，1928 年 4 月 7 日起改名为《浙江大学教育周刊》，出版第 1 期，停刊于 1929 年 7 月，共出 68 期，由浙江大学秘书处编辑，浙江大学秘书处事务主任室发行。刊物于 1928 年设有"教育述评"专栏，该专栏常位列刊首，具体见图 5-37。

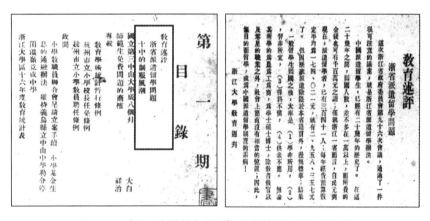

图 5-37　《浙江大学教育周刊》设置的新闻述评栏目录

图 5-37 出自《浙江大学教育周刊》1928 年第 1 期，不同于其他刊物的"时事述评""大事述评"等专栏称谓，该刊的新闻述评专栏称为"教育述评"，常以教育方面的近期大事为素材，如《夏令儿校》（第 13 期）、《课程标准》（第 15 期）、《标语的效用》（第 23 期）、《演说竞赛》（第 34 期）、《教育环境》（第 36 期）、《识字运动》（第 37 期）等，但对时事亦有所涉及，如第 7 期的《反日运动》、第 24 期的《党义研究》等。

3.《民众生活》

《民众生活》创刊于 1932 年的昆明（1933 年设有新闻述评专栏），属民众教育刊物，由云南省立昆华民众教育馆出版，其中，"时事述评"是常设专栏，从该刊在上海图书馆所藏的第 43~53 期看，该专栏常位于刊物正中，具体见图 5-38。

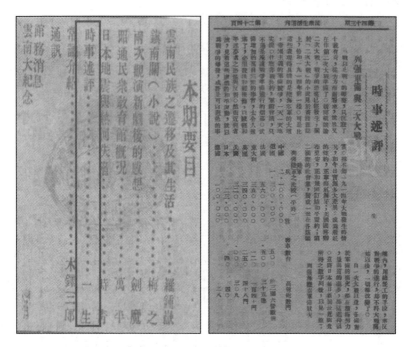

图 5-38 《民众生活》"时事述评"栏的目录与正文

图 5-38 出自《民众生活》第 43 期，其"时事述评"栏内文章篇幅相对较长，以第 43 期为例，有《列强军备与二次大战》《我国对外贸易之惨落》《对日经济绝交之结果如是》等 3 篇文章，占了 8 个版面，平均每篇文章有 2 页半的篇幅，故在内容上相对详尽，擅长对事情的全貌进行前因后果式的解析与评价。

4.《河北省立邢台师范学校月刊》

《河北省立邢台师范学校月刊》创刊于 1934 年的邢台（1935 年设有新闻述评专栏），属师范教育刊物，由河北省立邢台师范学校月刊社总务股发行于邢台。刊物主要评论乡村教育运动，栏目有教育栏、文艺栏、题材问题栏、杂俎栏、旅行报告、新闻栏等，而在新闻栏之下，则设有"要闻述评"，分为"国外"和"国内"两个部分，以 1934 年第 3、4 合期为例，具体见图 5-39。

图 5-39 《河北省立邢台师范学校月刊》的"要闻述评"专栏

该期"国外"部分有《以太平洋问题为中心的伦敦海缩谈判》《足以爆发欧洲火药箱的萨尔问题》《尾巴吞没了脑袋的中东路交涉》《逆来顺去的马赛残案》等 4 篇文章；"国内"部分则有《伪国实行石油统制》《政府召开五中全会》和《异乎划界》等 4 篇文章。此间，尤以"国外"部分篇幅为最长，占有 4 个版面（"国内"部分占 2 个版面），且每篇文章都按照自身的逻辑进行了小标题式的推进，如《以太平洋问题为中心的伦敦海缩谈判》一文，有 6 个小标题，分别是"海会中三国的根本立场""日本提案的主要内容""日案发表后美国的态度""英相麦克唐诺的妥协案""无结果的结局""伦敦海会的透视"。

（三）侨务类、国际类与军事类报刊

该时期设述评专栏的侨务类、国际问题类以及军事类报刊不少，侨务类如《南洋情报》《中央侨务月刊》，国际问题类如《国际》《南洋研究》①

---

① 1935 年设有南洋大事述评、荷印华侨近事述评专栏，属国际问题研究刊物，系由国立暨南大学南洋美洲文化事业部创刊于上海。

《新东方》，军事类如《精诚月刊》《扫荡》《陆军第一师特别党部周刊》，以及一些报刊不定时所设新闻述评专栏如《士兵周报》①《军人周报》②（四川）《党军月刊》③《独立一师旬刊》④《陆军第一师特别党部周刊》⑤ 等。

1.《南洋情报》

《南洋情报》创刊于1932年的上海（1933年设有新闻述评专栏），属侨务刊物，由陈希文等编辑，并由国立暨南大学南洋美洲文化事业部出版于上海。刊物旨在促进华侨青年注意南洋问题，产生研究的兴趣，进而负起救侨的责任。内容涉及南洋的时事评述，要闻摘要，关于华侨政治、经济、教育、文化等方面的介绍。其中，"南洋时事述评"是其自创刊起即常设之栏，具体见图5-40。

图 5-40　《南洋情报》"南洋时事述评"栏的目录与正文

---

① 1927年设有一周间大事述评栏，属军事教育刊物，由中央直辖第五方面军总指挥部政治部出版发行。
② 1926~1927年设有时事述评栏，属军政刊物，创刊于四川。
③ 1929年设有时事述评专栏，属军事刊物，由党军月刊社创刊于南京。
④ 1932年设有述评栏，属军事政治刊物，创刊于广州。
⑤ 1931年设有时事述评栏，属军事刊物，由中国国民党国民革命军陆军第一师特别党部编印。

图 5-40 出自《南洋情报》1932 年第 1 卷的第 1 期，位于刊物首栏，关注对象为南洋，如关乎南洋教育的《暹罗之强迫教育条例》（第 1 卷 6 期）、《荷印华侨教师之痛苦》（第 1 卷 9 期），关乎南洋侨务的《各地侨务局宜速成立》（第 1 卷 4 期），关乎南洋政治的《马来亚的分权问题》（第 1 卷 5 期），关乎南洋抗日的《华侨对于抗日应有之表现》（第 1 卷 9 期）等。

2.《中央侨务月刊》

《中央侨务月刊》创刊于 1929 年（1929 年设有新闻述评专栏），刊物旨趣在于"领导海外华侨，使其认识国民党，协助党与政府，努力于国家建设大业，完成训政之工作，俾获致知而力行"①。刊物自创刊号起即设有新闻述评专栏，称为"大事述评"，以第 1 期和第 2 期为例，具体见图 5-41。

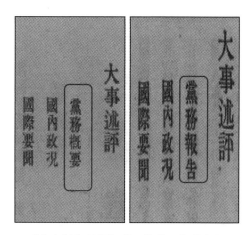

图 5-41　《中央侨务月报》第 1 期第 2 期的新闻述评目录

图 5-41 分左右，左图出自《中央侨务月报》1929 年第 1 期，右图出自《中央侨务月报》1929 年第 2 期。通过比较可以发现以下几点。一是两期的"大事述评"栏均位于刊物正中，前者的第一子专栏称为"党务概要"，后者则称为"党务报告"，虽一词之差，但在内容上却倾向于公函；二是两期的"大事述评"内的述评文章均有多篇，且篇幅较长，不同的是后者（共48 页）较前者（共 24 页）更长，述评文章的数量更多，版面有创刊号的两倍之多。

---

① 中央侨务月报编辑部：《发刊词》，《中央侨务月报》1932 年第 1 期。

2.《新东方》

《新东方》创刊于 1930 年的北平（1930 年设有新闻述评专栏），属亚洲问题研究刊物，译名为 *The New Eastern Journal*，停刊于 1932 年 11 月，由吕振羽、郑侃、杨刚、刘思慕等创办，月刊，主要供稿人有次叔、沉底、孤君、君山、黎明、安定等。刊物以探索解放东方弱小民族、谋求独立自强为己任，载文包括介绍中国、印度尼西亚、朝鲜等亚洲国家和地区的政治、经济、文化、教育状况，研究这些国家的民族解放、妇女解放和农民运动等问题，并报道华侨的生活情况等。刊物自 1930 年起即设有"时事述评"专栏，持续至 1932 年，其周年纪念特刊和其他特刊上亦设有述评专栏，具体见图 5-42。

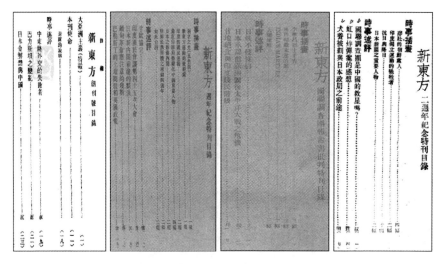

图 5-42 《新东方》设置于特刊的"时事述评"专栏

图 5-42 分为四部分，左一是《新东方》1930 年第 1 期目录，左二是《新东方》1931 年的"周年纪念特刊"目录，右二是 1932 年《新东方》的"国际调查团报告书批判特刊"目录，右一是《新东方》1932 年的"二周年纪念特刊"目录，共同点是均设有"时事述评"专栏，足见该刊对新闻述评专栏的重视。

3.《国际》

《国际》创刊于 1932 年的上海（1932 年设有新闻述评专栏），属国际问题研究专业刊物，1933 年 3 月 15 日第 1 卷第 12 期停刊，由国际问题研究会出版组编辑，国际问题研究会发行，由月刊转为半月刊。刊物自创刊号开始即设有新闻述评专栏，称为"述评"，题材范围关涉国内和国际，具体见图 5-43。

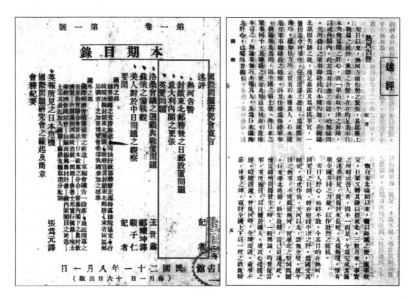

图 5-43　《国际》设置的"述评"栏与正文

图 5-43 出自《国际》1932 年的创刊号，其将"述评"栏置于首栏，共收录 4 篇新闻述评文章，内容广及国际和国内，并署以"记者"之名，然至第 2 期时，不仅在内容上是清一色的国际题材，高度契合了刊名，而且作者大多署名为撰稿人名讳。

4.《精诚月刊》

《精诚月刊》创刊于 1934 年的沙市（1934~1935 年设有新闻述评专栏），由精诚月刊社编辑并发行，属军事刊物，末页注有"非卖品"字样，载文包括新闻述评、文艺、士兵园地、工作报告、部队消息、时事日志等内容，其中，"时事述评"是其自创刊号起就常设的专栏，具体见图 5-44。

在创刊号中，"时事述评"居于刊物首个专栏，后续诸刊期均与此保持一致，其内有《国庆纪念》《黄郛复职》《我国非常任理事落选》《苏俄入

图 5-44 《精诚月刊》创刊号的"时事述评"栏

盟后》等 4 篇新闻述评文章。后续刊期的述评数量也与此相近，如第 2 期的《五全大会延期》《马赛惨案》《海军初步谈判》等亦是 4 篇，至 1935 年篇数有时会多一些，如第 2 卷第 5 期的《河北事件》《使节升格》《英德海军谈话》等文章。这些述评文章均存在一个特点，即篇幅居中，感情色彩浓郁。

5.《扫荡》

《扫荡》创刊于 1933 年的南京（1933 年设有新闻述评专栏），后迁至南昌出版，到 1934 年 8 月停刊，共发行 53 期，旬刊，属于军事刊物，于 1933 年设有新闻述评专栏，称为"时事述评"，常位于刊物首栏，且每一期的栏目位置、文章篇数、内容倾向及篇幅设定大体一致，具体见图 5-45。

图 5-45 出自《扫荡报》第 10 期，在该期"时事述评"位于刊物首栏，有《停战协定签字以后》《为亲者痛》《四强公约果签订乎？》等 3 篇述评文章，且均有署名——分别为"启"和"霖"（后两篇），通篇笔调情绪高涨，表达介于白话与文言之间，颇有鼓动、宣传、笼络人心的意味！

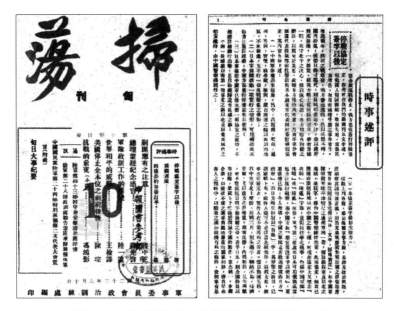

图 5-45　《扫荡报》"时事述评"栏的目录与正文

三　时政类报刊群与新闻述评

作为主流报刊群的中流砥柱，该时期设有新闻述评专栏的时政类报刊有近百份之多，并可大致归为三类。一是政论类报刊，擅长以新闻述评为工具来宣传刊物主张，而出于政治斗争的需要，政论报刊在该时期极为多见。然鉴于新闻述评的文体特征，该类报刊多将其作为评述时政、抒发政见的工具，如上海的《黔首》《国民评论》《南华评论》《壬申半月刊》《南针》《春秋》等均属此类。也因过于注重工具属性，新闻述评的自身属性反遭忽略，故出现了多起"短评"与"述评"混淆的案例。二是时事类报刊，擅长彰显新闻述评的新闻报道功能，并可分为"时事报刊"和"时事政治报刊"两种：前者以报道时事为宗旨，创刊目的多在于提供新闻信息，新闻述评既迎合了其报道信息的初衷，又不似新闻评论那般仅将新闻信息作为论据和评论由头；后者则以报道时事、解析政治为宗旨，创刊目的既在于提供新闻信息也在于对政局进行释疑解惑，新闻述评体现了其刊物存在的两大特点，即提供信息和释疑解惑。较之发生期，该时期关注和使用新闻述评的时事类报刊持续增多，并大体分为三类：纯时事类刊物，如《军人周报》《民声旬报》等；时政评论类刊物，如《新社会》《新评论》等；时事政治刊物，如《新国家》《环球旬刊》等。从时间上看，尤以1932年为最多，并在1932~1936年形成高峰，形成了以上海为中心，以北平、南京为两翼的发展之势。三是政治类报刊，擅长以新闻述评为工具来进行党政党见的发表。政治类报刊相似于政论类报刊，因其都以时政和政见为主要内容，又相似于时事类报刊，因其都具有释疑解惑的功能，同时，政治类报刊又因其与政党的关系而成为时政类报刊中最独特的一种。从字面看，政治类报刊是以政治为主要内容的报刊，但因政治势力的错综复杂，其成了与政党报刊最为相似，但又略有不同的一类报刊，因为政党报刊多由政党直接掌握和管辖，且组织严密。同时，政治类报刊可分为"与政党有直接关系的报刊"和"与政党有间接关系的报刊"，后者指由资产阶级政党或政治团体资助的有相当独立性的民营报刊。现将此三类时政类报刊择其要者析于下。

1.《革命周刊》

《革命周刊》创刊于1929年（1929年设有新闻述评专栏），属政治评论刊物，擅长对三民主义的基本问题、军队问题进行评述，亦有"时事述评"栏，在体裁认知上却混淆了"述评"与"短评"，具体见图5-46。

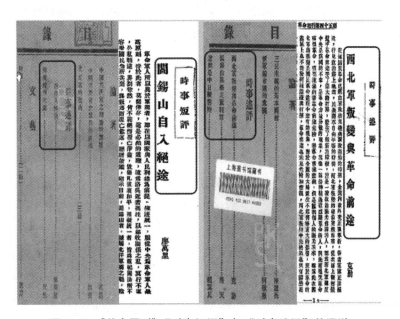

图5-46 《革命周刊》"时事短评"与"时事述评"的混淆

图5-46左右两图分别出自《革命周刊》1929年的第52期（左图）和第45期（右图），其中，第52期在目录中明确将《阎锡山自入绝途》（作者廖万里）和《苏俄投资北满》（作者近思）两篇文章纳入"时事述评"专栏，在正文版面却赫然呈现为"时事短评"，相较之下，出自第45期的右图则无此现象，这也说明了时人对新闻述评文体乃至新闻文体认知的局限。

2.《南华评论》

《南华评论》创刊于1931年（1931～1932年设有新闻述评专栏），曾在香港与上海两地出版，周刊，属政论性刊物，刊载的内容以政论性文章为主，主要涉及政治、政局、政党、地方自治等方面，也刊载史料、通讯、杂谈等方面的文章。虽甚少设置专栏，却常设新闻述评专栏——"时事述评"，且常放置于杂志首栏。与《革命周刊》一致，《南华评论》也有过混淆"时事短评"和"时事述评"的情况，具体见图5-47。

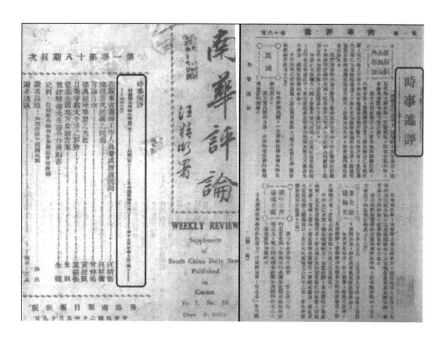

图5-47　《南华评论》"时事短评"与"时事述评"的混淆现象

图5-47出自《南华评论》第1卷第18期，左图是其目录，里面的《民团》《东北余粮输出》《和平》等述评文章均类属"时事短评"专栏，

而在右图的正文中，无论是右侧的栏目大标还是左侧的骑缝小标，均显示为"时事述评"专栏。该情况在《南华评论》中虽相对少见，可视为是编辑一时疏忽，却也从一定程度上反映了编辑对"短评"与"述评"两类文体的混淆。

3.《政治月刊》

《政治月刊》创刊于1934年的南京（1934年设有新闻述评专栏），由政治通讯月刊社编辑并发行，属政论性刊物。对于命名目的，正如其在《发刊词》中说："本刊以'政治月刊'命名，似近平淡和空泛，国人每喜高谈政治，然未必真能懂得政治；个个都想干涉政治，然真正具有政治能力者，又有几人！'人莫不饮食也，鲜能知其味也'，政治到了这步田地，再不'从根救起'，祸将伊于胡底！"① 擅长论述国内政治、经济和外交各种问题，也刊登国际政治方面的译述。在栏目设置方面有"时事述评""论述""译述""社会调查""文艺"等，其中，"时事述评"的设置自创刊号而始，多位于杂志首栏，具体见图5-48。

图5-48 《政治月刊》"时评"与"时事述评"的混淆现象

① 政治月刊编辑部：《发刊词》，《政治月刊》1934年第1期。

图 5-48 出自《政治月刊》1935 年第 3 卷第 6 期，左图是目录，右图是
正文，目录中《法国外交的新动向与英意关系的前途》《罗斯来华与中国之
自力更生》《在十月论全生问题》等 3 篇文章所属专栏为"时评"，正文中
此 3 篇文章所属专栏则为"时事述评"，此种现象与前述《革命周刊》和
《南华评论》保持一致，证明了时人确对"时评"与"述评"有混淆的
认知。

4.《国闻周报》

《国闻周报》出版于上海（1926~1936 年设有新闻述评专栏），自
1927 年第 4 卷起迁往天津，1936 年第 13 卷起又迁回上海，1937 年 12 月
27 日停刊，属时事政治刊物，是由国闻周报社编辑并发行，周刊。该刊
设有"国内/外一周大事记""一周间国内外大事述评"等专栏，擅长发
表时事短评，研究各种实际问题，报道国内外一周间大事，并刊有少量文
艺作品。《国闻周报》自 1927 年第 1 期开始设有"一周间国内/外大事述
评"，并做如下介绍："本报向有国内外一周间大事纪与社评两栏，兹为
阅者易于了解国内外大事起见，将两栏合编为一，夹叙夹议，以引起阅者
兴趣。此外别设'每周大事日记'一门，按日记录，以供日后考查之用，
当为阅者所许也。"[1] 自此期后，在长达十年的时间中，"一周间国内外大
事述评"始终位于《国闻周报》的首栏，不曾变化，然在 1934 年第 11
卷第 9 期的一则《编辑后记》中，该刊编辑却称"一周间国内外大事述
评"栏多年来"只做到了'述'，实未尝'评'"[2]，在功用上更多是作
"史料之保存"[3] 之用。正如《国闻周报》一则启事中所述："本报第十
卷现已出齐半卷，自第二十六期起，内容大加刷信，以副读者雅望……本
报向以'大事述评'获读者赞许，自当更求精审正确，俾成现代信史"[4]，
具体见图 5-49。

---

①　国闻周报社：《一周间国内外大事述评》，《国闻周报》1927 年第 1 期。

②　国闻周报社：《编辑后记》，《国闻周报》1934 年第 9 期。

③　国闻周报社：《时代信使文化先锋国闻周报为减轻各地读者负担举行普遍的特价订阅》，
　　《国闻周报》1937 年第 1 期。

④　国闻周报社：《国闻周报重要启事》，《国闻周报》1933 年第 26 期。

图 5-49 《国闻周报》对"大事述评"的定位

因更注重"一周间国内外大事述评"栏的史料保存功能，该栏在存续长达十年的时间内并未做到"评"的功能。该刊于 1934 年第 9 期起将其改为"一周间国内外大事述要"，而前后同一内容的栏目名称变更，或可从图 5-50 中看出端倪。

图 5-50 出自《国闻周报》的影印说明，由沈云龙所写，其称："《国闻周报》自第 1 卷第 1 期创刊迄今第 14 卷第 50 期休刊，其间第 1 卷至第 3 卷，列有'国内外一周间大事纪'，第 4 卷①至第 11 卷第 25②期，则改为'一周间国内外大事述评'，第 11 卷第 26③期至第 14 卷 50 期，则又改为

---

① 第 4 卷第 1 期，即 1927 年第 1 期。

② 该史料时间有误，应为 11 卷第 8 期，即 1934 年第 8 期。

③ 该史料时间有误，应为 11 卷第 9 期，即 1934 年第 9 期。

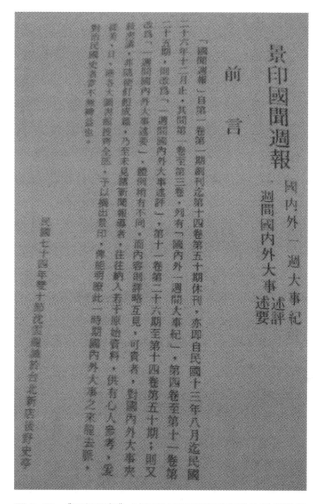

图 5-50　《国闻周报》对新闻述评栏前后变更的影印说明

'一周间国内外大事述要'，体例稍有不同，而内容则详略互见，可贵者，对国内外大事夹叙夹议，非随便订恒成篇，乃至未见诸新闻报导者，往往纳入若干原始资料，供有心人参考，爰从美、日、港各大图书馆搜齐全部，予以摘出景印，俾能明瞭此一时期国内外大事之来龙去脉，对治民国史者当不无裨益也"。综合 1934 年第 11 卷第 9 期《编辑后记》中编辑对"一周间国内外大事述评"的评价，可得出结论，即《国闻周报》新闻述评不同于当时诸多刊物的写法，其侧重"述"而忽略"评"。

　　除上述报刊外，还有一些设有新闻述评的政治报刊，这些报刊有介绍国内外政治局势的，有为某一政治势力宣传的，也有抨击某一政治势力的，但不管创建目的如何，其对新闻述评文体的青睐是显而易见的，而这种青睐亦可通过在该时期设置新闻述评专栏的政治报刊数量来证明，可简析于下。

《党基》创刊于 1928 年的南京（1928 年设有新闻述评专栏），属政治宣传刊物，其以阐扬三民主义、研究革命方略、介绍和批评各派主义及各国政治经济制度等为宗旨，新闻述评文章有《白崇禧北伐》（1928 年第 2 期）、《孙传芳真好官运》（1928 年第 6 期）、《苛捐杂税之下的山东》（1928 年第 7 期）等。

《江苏党声》创刊于 1928 年的南京（1928 年设有新闻述评专栏），属政治宣传刊物，主要栏目有"时事述评""杂论""评论国内外形势"，其文章多涉及宣传国民党的主张、反对军阀等内容，新闻述评文章有《废约声中之日美态度》（1928 年第 2 期）、《提防非党势力之高涨》（1928 年第 6 期）、《看了全国禁烟以后》（1928 年第 17 期）等。

《革命军人周刊》创刊于 1928 年的南京（1928 年设有新闻述评专栏），属政治刊物，于刊末设有"一周间大事述评"专栏，署名编者，除常关注党务外，还对国内外政治、军事等进行述评，尤为关注日本问题，相关文章如 1928 年第 7 期的 3 篇关乎国际问题的述评文章《日兵撤退一部》（1928 年第 7 期）、《山本演说南满政策》（1928 年第 7 期）、《田中对济案交涉的方针》（1928 年第 7 期）。

《政治训练》创刊于 1929 年的南京（1929 年设有新闻述评专栏），属政治工作刊物，旬刊。刊物多分为 8 栏，其中第 4 栏为"最近大事述评"，内含文章 2~5 篇，除常关注国内和国际大势外，还常将日本作为抨击对象予以述评，相关文章如《日本田中内阁的崩溃》（1929 年第 4 期）等。

《革命军人导报》创刊于 1932 年的南京（1932~1933 年设有新闻述评专栏），属政训工作刊物，旬刊，在刊首设"时事述评"栏，内含文章 3~4 篇，内容广及国际、国内，尤以日本形势最为瞩目，相关文章如《暴日阴谋》（1932 年第 4 期）、《狂妄哉内田》（1932 年第 4 期）等。

《政治评论》创刊于 1932 年的南京（1932~1935 年设有新闻述评专栏），属政治刊物，周刊，由政治评论社编辑并发行，刊首设有"时事述评"专栏，每期述评文章 2~3 篇，持续于 1932~1935 年，内容关乎国内外时事，如全国各地工潮、罢工，日本国内政局、日军侵占东三省等，相关述评文章如《汪院长辞职与张学良》（1932 年第 11 期）、《川黔政治之改进》（1935 年第 147 期）等。

《中国革命》创刊于 1933 年的南京（1933~1934 年设有新闻述评专栏），属政治周刊，由中国革命周刊社发行，设有"时事述评"栏，每期述评文章数量较多，且集中于救国、卫国等主题，相关文章如《永不承认伪国》（1933 年第 13 期）、《和平、奋斗、救中国》（1933 年第 19 期）、《为溥仪改制论中国今日之苟安心理》（1934 年第 2 期）等。

《皖人公论》创刊于 1933 年的南京（1933 年设有新闻述评专栏），属政治刊物，自创刊号开始即设"时事述评"栏，相关文章如《全代会皖省代表之竞选》（1933 年第 2 期）、《吴忠信辞职与省政府改组》（1933 年第 1 期）等。

《蒙藏月报》创刊于 1934 年的南京（1935 年、1947 年设有新闻述评专栏），由蒙藏委员会编辑并出版，先于 1935 年设有"时事述评"栏，每期述评文章 5 篇左右，内容广及政治、经济等多方面，如 1935 年第 1、2 合期的《新生活运动与民族前途》《民族扫墓节勖国人》《为贯台决口主治河患者进一言》《蒙藏教育亟应扩充》《白银高价声中财政当局应取之对策》，分别可归于政治、民生、教育、经济。其后，刊物又于 1947 年设立"国际大事述评"和"一月来国际大事述评"专栏，内容多涉及一月来的国际重要形势，如关乎巴勒斯坦问题的《巴力斯坦问题与联合国特别大会》（1947 年第 6 期）、关乎犹太局面的《今日之犹太》（1947 年第 11 期）、关乎苏联经济的《苏联币制的改革》（1948 年第 1 期）、关乎匈牙利政局的《评述匈牙利政策》（1947 年第 7 期）、关乎希腊政治新态势的《希腊新政府的成立》（1948 年第 1 期）等。

《建国旬刊》创刊于 1927 年的重庆（1927~1928 年设有新闻述评专栏），属政治刊物。主要发表时事评论、报道国民党党务工作动态和刊载反共文章，新闻述评文章有《谁是真革命者？》（1927 年第 13 期）、《反对仇舰来川》（1928 年第 28 期）、《日本又出兵山东》（1928 年第 30 期）、《悼蔡公时同志》（1928 年第 32 期）、《目前的外交》（1928 年第 33 期）等。

《孤军周报》创刊于 1924 年的北平（1927 年设有新闻述评专栏），属政治刊物，内容有时事短论、国际政治、国内政治等，新闻述评文章有《五月来国内政治述评：从三月到七月》（1927 年第 113 期）等。

《前敌青年》创刊于 1927 年的上海（1927 年设有新闻述评专栏），属政治刊物，由法政大学前敌青年社编辑并发行，内容上可以分为抨击政敌，解读时政，精神建设三类，新闻述评文章有（1927 年第 1 期）、《张作霖预备做皇帝》（1927 年第 2 期）等。

《认识》创刊于 1930 年的上海（1930 年设有新闻述评专栏），半月刊，自创刊号始即在刊物第一栏设有"最近大事述评"，每期内含述评文章 6 篇左右，内容涵盖范围相对宽阔，如创刊号的《工商会议开幕》《工作十小时》《中大学潮》《开幕后的英帝国主义》《日帝国主义逼成一番革命》等就呈现出政治、经济、民生等多个方面。

《新湖北》创刊于 1930 年的武昌（1930 年设有新闻述评专栏），政治刊物，常设有"一年来之国际政治述评"专栏，旨在对国际政治经济制度、事件、党务等进行报道兼评论，如 1930 年第 2 卷第 9 期的该栏目，时间跨度为当年 4 月 21 日~6 月 1 日，范围广及美国（《英美对于军缩之钩心斗角》《美国限制罪人入境》）、日本（《日政友内阁的厄运》《日本改变对华政策》）、印度（《印度抵制外布运动》）、苏俄（《苏俄的危机》）、英国（《英国大选》《英国大选初选结束》《英国新海军政策》）等。

四　政党类报刊群与新闻述评

就统计到的近 40 份设有新闻述评专栏的政党类报刊看，其可分为四种类型，分别为政党机关报、政党党务报、军队报。其与综合类报刊群、专业类报刊群和时政类报刊群一起构成了该期内常设新闻述评专栏的四大报刊群，现择其要者推介于下。

1.《人民周刊》

《人民周刊》创刊于 1926 年（1926 年设有新闻述评专栏），是中国共产党广东区委的机关刊物，也是为人民利益奋斗的刊物，1927 年 4 月 10 日停刊，共出版 50 期，张太雷任主编，刊物宗旨为"反对帝国主义及其一切依附帝国主义或帝国主义所赖以生存的军阀，官僚，买办阶级，地主"[1]，故所发文章多在理论上和策略上对反帝反封建的革命运动给以指

---

① 人民周刊编辑部：《本刊宣言》，《人民周刊》1926 年第 1 期。

导，唤起民众参加革命运动，扩大广东革命基础。该刊于创刊号即设"一周述评"专栏，登载述评文章 4 篇，分别是《孙传芳又杀了一位革命先锋周侃》《中东路问题与日本之阴谋》《省港罢工之新形势》《奉军进佔榆关与国民军退守之原因》，均对当时影响国内局势的重大事件进行评述。后至第 12、13 合期，该专栏更名为"述评"，篇幅形式与之前相似，具体如图 5-51。

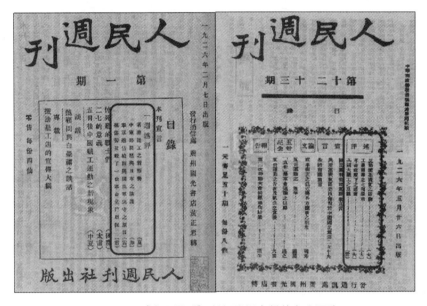

图 5-51 《人民周刊》新闻述评专栏的名称更迭

在连续出版了一段时间后，《人民周刊》换"述评"栏为"时评"栏，登载《军队进剿花县土匪》《要求实行兑现》两篇文章，亦采用新闻述评笔法写作。在《人民周刊》明确标识为述评的近 50 篇文章中，署名以"雷"（主编张太雷）居多，足见该刊对新闻述评文章的重视。

2.《广州民国日报》

《广州民国日报》创刊于 1923 年（1926~1927 年设有新闻述评专栏），是第一国内革命战争时期广州地区较有影响的一份日报，在广州《新民国报》的基础上改组而成。《广州民国日报》在 1926~1927 年相继设有"前周时事述评"和"一周时事述评"等新闻述评专栏，每隔一周都会有相关专栏，具体见图 5-52。

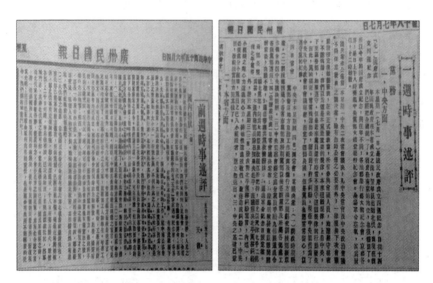

图 5-52 《广州民国日报》的新闻述评专栏

图 5-52 分左右，分别为《广州民国日报》1926 年 6 月 2 日的"前周时事述评"栏和 1927 年 7 月 7 日的"一周时事述评"栏，前者在专栏中注明有事件发生的时间范围，即"五月二十三至二十九"，署名为天籁；后者既没有注明时间范围也无作者署名，但在内容上要更为细分一些，如该期的"一周时事述评"专栏，分为"党务""政治""外交""国际""军事"等五个部分，其中，"党务"和"政治"部分又分别细分为"中央方面、本省方面"和"全国政况、本省政治"，不同于"前周时事述评"中的"国内之部、国际之部"和"国内情状、国际情状"。

3. 《上海党声》

《上海党声》创刊于 1928 年的上海（1931 年设有新闻述评专栏），1930 年 8 月后曾停刊，旋复刊；1931 年后又停刊，1935 年 2 月复刊，卷期另起，设有新闻述评专栏，称为"星期述评"，具体见图 5-53。

图 5-53 是《上海党声》1931 年第 47 期的目录与"星期述评"专栏的首页，在目录中其标识该期述评专栏的述评文章主题有四，分别是"中央及各地党务八则""本市党务四则""国内政治三则""国际要闻五则"，共20 篇，有 23 个版面，占全刊内容的一半之多。同时，因性质限定，《上海党声》在刊头标识出"党内刊物，对外秘密"的字样，由此限定了刊物的

图 5-53　《上海党声》新闻述评专栏目录图示

读者群；也因其是内部刊物，"星期述评"专栏会将专栏近三分之二的篇幅安排为"中央及各地党务"和"本市党务"，重点处理党内的一些问题，对党员进行形势教育，统一思想等。

4.《广东党务》

《广东党务》创刊于 1929 年的广州（1929 年设有新闻述评专栏），刊物主要公布国民党和该党部的法规、宣言、决议、会议录、工作报告和计划，发表政治论文，并于 1929 年设有"一周时事述评"和"一周大事述评"栏，且有二者混用的现象，具体见图 5-54。

图 5-54　《广东党务》"一周大事述评"栏图示

图 5-54 是《广东党务》1929 年第 12 期，较之第 11 期，其呈现为三点
不同：一是专栏名称在第 12 期之后由"一周时事述评"改为"一周大事述
评"；二是选材日期在第 12 期之后由不注明改为注明，如图所示的"自七
月八日至十三日止"；三是专栏内容由之前的"党务、政治、军事、外交、
国际"改为"党务报告、政治报告、军事报告、外交近况、国际要闻"。除
此之外，在第 12 期还有"时事述评"和"大事述评"混用的情况，即目录
中标识的是"一周时事述评"，述评栏首页左侧标识的依旧是"时事述评"，
右侧则标识的"一周大事述评"，此现象从第 13 期开始消失，标识变为统
一的"一周大事述评"，然如此混用也从一定程度上说明"大事述评"和
"时事述评"均是时人认可并常用的新闻述评专栏名称。

5.《江苏党务周刊》

《江苏党务周刊》创刊于 1930 年的镇江（1930 年设有新闻述评专栏），
自创刊号起即设有新闻述评专栏，称为"时事述评"。不同于大多数党务刊
物在设置新闻述评专栏内容时对本党党务的侧重，《江苏党务周刊》的"时
事述评"栏仅有 4 篇文章，篇幅不短，且关注的均为国内外新近发生的大
事，党务内容极少。以创刊号为例，4 篇中仅有《宋哲元等永远开除党籍》
与党务相关，虽削弱了党务刊物中新闻述评专栏的党务宣传工具性能，却
进一步彰显了新闻述评自身的新闻性。然同时，《江苏党务周刊》的"时事
述评"栏却存在一定的校对把关不严问题，具体见图 5-55。

图 5-55 《江苏党务周刊》创刊号新闻述评专栏的校对失误

如图 5-55，在"时事述评"栏的具体页面中，所有纸张侧边的栏目标识都错印为"事时述评"，一连四页，虽标题不断更换，"事时述评"四字始终如此刊印。

6.《湖北周报》

《湖北周报》创刊于 1930 年（1930 年设有新闻述评专栏），由汉口新昌印书馆印刷的一份党务周刊。该刊于 1930 年设有新闻述评专栏，称为"一周大事述评"，其内含有新闻述评文章多篇，占刊物总内容的三分之二，这在该时期报刊中是极为少见的。以 1930 年第 14 期为例，刊物内容分为四个部分，即"一、本周宣传口号"，"二、一周大事述评"，"三、言论"，"四、特载"，共 34 页，但"一周大事述评"栏就占据了 24 页，其余的部分仅有 10 页的篇幅，具体见图 5-56。

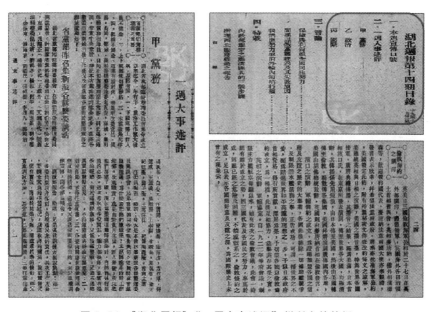

图 5-56 《湖北周报》"一周大事述评"栏所占的篇幅

图 5-56 分左右，上图左侧系《湖北周报》"一周大事述评"栏的首页，也是刊物的首页；右侧上方为该期目录图，红色标识处为"一周大事述评"栏目录；右侧下方系该期述评栏的末页也是刊物的"二四"页。在 24 页的"一周大事述评"栏中，有"党务""政治""国际"三个主题，其中，

"甲、党务"9页,只有一篇名为《省党部切实整理湖北党务》,内有"省党部昨召集新派各县整委谈话"等多篇各地市党委整理党务的办法;"乙、政治"11页,有《行政院九十一次会议》《国府第九十七次会议》《一周中之外交》《一周中之讨讨逆军事》《刷新政治方案》《国府第一次会议》《英日轮在内河之暴行》《收回声中之南满月本邮政》《鲁省筹备赎回胶济路》等11篇文章;"丙、国际"4页,有《台湾民众反日》《伦敦海约之调印》《巴西革命之胜利》等3篇文章。

7.《教导周刊》

《教导周刊》创刊于1931的长沙(1933~1934年设有新闻述评专栏),1934年5月停刊,该刊以实行对军队的政治思想教育为主旨,主要内容有各训练队每周工作报告和统计图表,各学科教官的教学计划、教学方法研究及教学实施状况等,学员的听课笔记、阅读摘录及操练心得,富有军事政治意义的小说、日记等,训练总队的组织条例及法令,并于1933年设有"一周间国内外大事述评"栏,1934年设有"每周大事述评"栏,具体见图5-57。

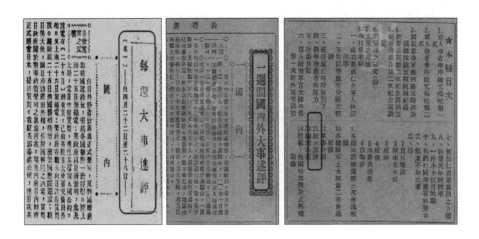

图5-57 《教导周刊》1934年、1933年新闻述评专栏

图5-57分左中右,左侧是1934年的15、16合期,中间和右侧是1933年的第3期。其相同之处在于都属新闻述评专栏且都分为"国内"和"国外"两大主题,其不同在于栏目称谓和述评时间标识,前者称"每周大事

述评"，标记有"自四月二十二日至二十八日"字样，后者称"一周间国内外大事述评"，无标记选材时间。除称谓不同外，在 1933 年第 3 期中亦出现了目录和专栏不符的情况（例证见图 5-57 中和右），在 1933 年第 3 期目录中，其新闻述评专栏标识为"政治述评"，但在具体的述评页面，却写着"一周间国内外大事述评"。

8.《革命军人》

《革命军人》创刊于 1933 年（1933 年设有新闻述评专栏），半月刊，由国民革命军第二十一军编纂委员会编印，国民革命军第二十一军特别党部发行，原件存于上海图书馆。该刊常设有新闻述评专栏，并常有不同的专栏称谓，有"时事述评"，有"大事述评"，有"国内大事述评"，也还有"国内外大事述评"，具体见图 5-58。

图 5-58　《革命军人》第 4 期、第 7 期、第 8 期、第 10 期的新闻述评栏目录

如图 5-58，在刊物第 4 期、7 期、8 期、10 期中，新闻述评专栏的名称各有不同，但从选材上亦能看出刊物不同阶段对时事的侧重：（1）第 4 期的"时事述评"栏内含 7 篇述评（其中 6 篇国内 1 篇国际）；（2）第 7 期的"大事述评"栏内含 6 篇述评（其中 3 篇国内 3 篇国际）；（3）第 8 期的"国内大事述评"栏内含 5 篇述评（其中 5 篇均属国际）；（4）第 10 期的"国内外大事述评"栏内含 5 篇述评（其中 4 篇国内 2 篇国际）。由此可悉，国内题材的新闻时事一直为《革命军人》所擅长和着重关注，但其选材仍有意识地向国际倾斜，代表性例证如第 8 期的述评栏称为"国内大事述评"到第 10 期已改为"国内外大事述评"。

除上述外，亦还有《宣传半月刊》①《青白》②《时代（上海 1929）》③《青岛党务旬刊》④《贵州党务旬刊》⑤《陇海旬刊》⑥《革命军》⑦、《五师旬刊》⑧《互助周刊》⑨《三八旬刊》⑩ 等军队类刊物也常设置新闻述评专栏。

第三节　新闻述评常用专栏群的形成

继《每周评论》"国内/外大事述评"出现后，新闻述评专栏的种类渐多，如"近事述评""教育述评""经济述评""金融述评"等，其中出现频次较高的是"述评""大事述评""时事述评""国际述评"，并尤以"时事述评"为最高，由此形成了第一发展期内的新闻述评常用专栏群，具体见表5-3。

表5-3　四大常用专栏群的新闻述评刊物

类别	刊物					
	1	2	3	4	5	6
时事述评类	新国家	民声旬刊	党基	江苏党声	浙江党务	民声旬报
	黔首	良友	建设月刊	革命周刊	前锋	青岛党务旬刊
	革命的江苏	青天白日	党军月刊	铁声	清华周刊副刊	先锋周刊
	中央军事政治学校筹备委员会临时特刊	陆军第一师特别党部周刊	胶济铁路管理局党义研究会会刊	贵州党务旬江苏党务周刊	石生杂志	江苏党务周刊

① 1931 年设有半月来国内外大事述评栏，属党务刊物，发行于山西。
② 1927 年设有时事述评栏，属国民党党务刊物，由国民党浙江党部宣传部发行于杭州。
③ 1929~1930 年设有国内外大事述评、最近国内外大事述评等新闻述评栏，属党务宣传刊物，由国民党上海特别市执行委员会宣传部创刊于上海。
④ 1929 年设有时事述评栏，属国民党党务刊物，创刊于青岛。
⑤ 1930~1931 年设有时事述评栏，属党务刊物，创刊于贵州。
⑥ 1931 年设有时事述评栏，属党务部刊物，由国民党陇海铁路特别党部筹备委员会创刊于江苏。
⑦ 1927 年设有时事述评栏，属军队刊物，创刊于成都。
⑧ 1932 年设有时事述评栏，属国民党军队刊物，由第二军第五师政治训练处创刊于惠州。
⑨ 1932 年设有时事述评栏，由国民革命军第二十四军学友互助周刊社创刊于成都。
⑩ 1933 年设有一旬大事述评栏，属军队刊物，由三八旬刊社创刊于西安。

续表

类别	刊物					
	1	2	3	4	5	6
时事述评类	中国与世界	会务月刊	国民评论	云南半月刊	南华评论	奋斗
	新东方	精诚	陇海旬刊	复旦五日刊	精诚半月刊	西北言论
	时代公论	五师旬刊	先导	民岩	中国与世界	革命军人导报
	革命军人导报	华侨旬刊	新生	国家与社会	华侨周报	大陆杂志
	五中周刊	大侠魂	壬申半月刊	互助周刊	旁观	先导半月刊
	新亚细亚	政治评论	怒潮周报	社会现象	新青海	新石门
	军民导报	尚志周刊	救国周刊	社会与民族	民众生活	枕戈半月刊
	扫荡	侨务月报	时事周报	中国革命	力行	中华月报
	前路	民锋	中国与苏俄	青年界	求实月刊	自决
	大众评论	百年	皖人公论	汗血周刊	青年评论	新青年
	大陆评论	厦门周报	海军杂志	创进月刊	新人周刊	政治月刊
	前锋	革命空军	前驱	农村经济	追击	四川经济月刊
	青海评论	精诚月刊	西北生活	民众先锋	明耻	青年月刊
	壮干	南方青年	统一评论	中心评论	大众知识	青萍月刊
	民族战线	兴中	震宗报月刊	中国学生	新社会	军人周报
	军人周报	突击周刊	群言	清华周刊	建国旬刊	前敌青年
	宣传月刊	青白	革命军	真光杂志	红旗周报	石门之路
	抗争：外交评论	前进周刊	广东党务	女青年报	明日	中央周报
	军事政治月刊	社员生活	抗日旬刊	交通研究院	新评论	女青年月刊
	广州民国日报	监政周刊	北方公论			

续表

类别	刊物					
	1	2	3	4	5	6
大事述评类	浙江周刊	黄埔潮	血花	抗日旬刊	平明杂志	革命军人
	反省月刊	政治训练	认识	进化	河北周刊	中央侨务月刊
	中国国民党浙江省党部周刊	电友	中央日报	星期评论	士兵周报	中央周报（刊）
	革命军人周刊	湖北周报	新创造	广东党务	河南教育	政治半月刊
	湖北省政府公报	时事周报	宣传周刊	河北半月刊	河北先锋	评论之评论
	上海大华通讯稿	民众导报	空校月刊	民鸣周刊	汗血周刊	晋风半月刊
	民国日报·觉悟	三八旬刊	文明之路	新广西旬报	天文台	政治半月刊
	交通研究院院刊	中央时事周报	民治评论	觉是青年	政治会刊	进修半月刊
	中央时事周报	前导	明灯	青年文化	自觉	世界文化讲座
	交通职业月报	策进	北京评论	北师		
国际述评类	三民半月刊	时代	申报月刊	川盐特刊	大道半月刊	西北评论
	中国国际联盟同志会月刊	内外什志	国闻周报	正谊周报	中华周报	教导周刊
	河南自治训练所半月刊	南针	宣传半月刊	每周评论	警灯	环球旬刊
	动力半月刊	救国周报	蒙藏旬刊	大众之路	崇实	新闽前锋
	北洋画报	新东方	中央日报	新湖北	南洋研究	
述评类	广州市市政公报	战士	科学周报	世界文化	大声	苏俄评论
	独立一师旬刊	国际周报	桂潮	国际	国际	春秋
	香港华商总会月刊	中南情报	南声	三日要闻	人民周刊	上海党声
	山东民众教育月刊	斗报	星期导报	民生	大中国周报	

除上述外，也还有不少结合刊物特色的述评专栏，如经济类的有《上

海总商会月报》的"最近财政经济述评"、《商整会周刊》的"一周商市述评"、《日用经济月刊》的"金融时事述评"、《经济导报》的"一周商品述评"等；教育类的"教育述评"，代表性刊物如《浙江大学教育周刊》《安徽教育行政周刊》《战教周刊》等；市政类的"市、县政述评"，代表性刊物如《新广州月刊》《苏政》《新苏政》等；航海类的"海事述评"，如《航海杂志》；电影类的"电影述评"，如《荷莱坞周刊》《晨报国庆画报》；政治类的"政治述评"，如《孤军周报》《南星杂志》《北方公论》等；民生类的"民生述评"，如《民生》《河南保安月刊》等；医事类的"医事述评"，如《医林一谔》；等等。虽是结合刊物属性而进行的新闻述评变异产品，但诸多极具特色的"××述评"却昭示着新闻述评在第一发展期内的受欢迎度与普及度。

一　"时事述评"类专栏群

在诸种称谓的新闻述评专栏中，"时事述评"是使用频度最高、普及最广的一种。在第一发展期内，据不完全统计，约有 155 份报刊都设有此专栏。为实现详略得当，特择其要刊按照刊物属性加以分类，并呈现于下。

1.《国民评论》

《国民评论》1931 年创刊于上海（1931~1932 年设有新闻述评专栏）（1932 年 2 月第 9 期停刊），由国民评论旬刊社编辑、发行，旬刊，属政论性刊物。刊物倾向于对时局问题进行剖析，涉及范围广泛，关注的焦点包括当时的蒋介石第二次下野、蒋汪合作、张学良丧失东北领土的责任等重大问题。该刊不仅重点揭露日本的侵华野心，也猛烈抨击国民党政权的腐败问题，社论发人深省，时评切中肯綮，所载文章多集中反映了当时中国国内外的矛盾，并积极反对独裁政治，呼吁民族团结、民主政治，在当时是一份比较进步的刊物。《国民评论》自创刊开始就设有"时事述评"专栏（1931~1932 年均有），具体见图 5-59。

图 5-59 分左中右，左图出自《国民评论》1931 年第 1 期，中图和右图出自《国民评论》1931 年第 4 期，分别为"时事述评"的目录和正文。该刊的"时事述评"栏不仅从创刊起设，且持续到最后一期，其版面位置往往置于刊物首栏，每期设置有 4~6 篇文章，在内容上详及国际与国内，且均有记者署名，如第 4 期的《日军再攻锦州》（达生）、《蒋介石下野》（季仲）、《上海党

图 5-59　《国民评论》"时事述评"目录与正文

务民运之纠纷》（季仲）、《欢送四届中委晋京》（纪伦）；第 6 期的《甘地三次入狱》（季仲）、《蒋介石之再起问题》（之夫）、《义勇军反攻锦州》（达生）、《贡献于吴市长者》（达生）；第 8 期的《"三小时占领"与"三日灭亡中国"》（铨）、《"和平区"与"新租界"相表里》（铨）、《中华民族的唯一生路！战！！！》（白虹）、《世界大战？美日大战？》（达生）等。这些述评文章，篇篇感情丰沛，言辞激烈，为舆论界带来了生机和力量，而《国民评论》也希望通过发表一些有力量的时事评述文章，来代表全国民意，为民请命，对"中国政治现象加以忠实之分析与批判"，从而实现"力矫独裁政治之积恶，使国家趋于树立民权政治之途"的目的。

2.《南针》

《南针》创刊于 1932 年的上海（1932 年设有新闻述评专栏），由南针社编辑并发行，属政论性刊物，"其主旨在阐扬三民主义，并力求其现实，吾人确认要实现三民主义，国家与民族方有所归宿，要实现三民主义，方能达到世界和平极乐之彼岸，譬诸航行大海中，纵遇狂风骇浪，迷雾漫天，虽颠簸晦冥，而依此针路，仍不失其原定之方向，爰取兹议，匪敢自夸，勉之而已"①。《南针》之内容主要涉及国民党党务、政治、军事等方面的评论、译著、研究、文艺、通讯等，并于创刊号始即设"十日间国内外时事述评"，具体见图 5-60。

---

① 程潜：《发刊词》，《南针》1932 年第 1 期。

图 5-60　《南针》设置"十日间国内外时事述评"的目录与正文

图 5-60 分左右，均出自《南针》1932 年第 1 卷第 1 期，其中，左图系目录，右图系正文。该刊的"十日间国内外时事述评"栏一期文章可达 10 余篇，内容涉及广泛，如创刊号的此栏，就有《粤中委通电释疑》《洛桑会议之召集》《俄法订不侵条约》《义勇军再接再厉》《国联调查团解剖》《复辟阴谋又再起》《暴日决攻我热河》《日浪人在沪捣乱》《韩民击日皇不中》《美对日严重警告》《俄日订不侵条约》《政府已有新转机》等 12 篇文章。其中有一些新闻述评文章还反复为多份报刊的新闻述评栏所转载，如《日浪人在沪捣乱》除在该刊中出现外，还曾出现于《国民评论》1932 年第 7 期的"时事述评"栏。

除此之外，亦还有《壬申半月刊》和《黔首》，前者创刊于上海（1932 年设有新闻述评专栏），由壬申半月刊社编辑并发行，半月刊，属政论性刊物，自创刊号始即设有"时事述评"专栏，并在内容上相对广泛，且多以国内问题为主，涉及中国内政，如《中政会三个常委都走开，怎么办!?》（1932 年第 1 期）、《西南应该设高等法院分院吗?》（1932 年第 2 期）、《设不设惩戒机关的一个大前提》（1932 年第 2 期）；亦涉及中国内乱，如《山东韩刘之争》（1932 年第 1 期）、《白"鲁"说到"道"》（1932 年第 2 期）、《广东的歃血为盟做甚么?》（1932 年第 1 期）；还涉及军队问题，如《十九路军高级军官之更调与国民心理》（1932 年第 1 期）等。后者创刊于上海（1928 年设有新闻述评专栏），但极为注重"了解贵州农民的生活状况及其经济组织斗争的历史"①，故贵州方面的内容较多，属政治评论刊物，周刊，主张反对日本出兵山东，号召全国民众起来打倒日本帝国主义，新闻述评文章有《奉张的危机》《世界之弭兵运动》《日本出兵山东》《北伐的进展》《日本的政争》等。

3.《民声旬报》

《民声旬报》1928年创刊于上海（1928年设有新闻述评专栏），属时事刊物，旨在对国内外重要时事进行评述，重点关注中日之间的关系，并擅长对日本侵略中国的阴谋做揭露和分析。该刊政治态度是拥蒋，在《发刊词》中却称："谨本坦白公开之态度，不为一派立言，不为对人谩骂，尤不欲对主义故作别有会心之曲解，对政治故作运用策略之谰言，以期造成一健全之言论机关。"又称："本刊对政治之言论，务求节省消极的批评，从事于积极的贡献，将愚见所及，作成建设之具体方案，以供诸国人。"② 在此言论方针的指导下，《民声旬报》极为重视对国内外重要时事的评述，以期引导舆论、引发共鸣，"时事述评"的篇幅往往占整个篇幅的近一半，且在题材多倾向于国际问题，如第1期的7篇述评有6篇关乎国际，而第2期的7篇述评则清一色为国际时政，具体见图5-61。

图5-61分左右，左图出自《民声旬报》第1期，其"时事述评"栏共有《大可注意之恭亲王宣言及呼伦贝尔事件》（龘思）、《麦西哥之政潮》（使君）、《德法今后之国交》（家修）、《英国之工党与共产党》（瀛洲）、《帝国主义铁蹄之下埃及》（瀛洲）、《美国总统选举与欧洲前途》（赓尧）、《阿根廷之反法西斯运动》（赓尧）等；右图出自《民声旬报》第2期，其"时事述评"栏共有《苏俄农业问题之烦恼》（家修）、《托洛斯基之争扎》（赓尧）、《英意两国对于巴尔幹的策略》（龘思）、《巨哥斯拉夫政潮之一瞥》（赓尧）、《里维拉禁止政治讨论》（赓尧）、《日本竟贷款张宗昌耶?》（使君）、《列强的空中政策与今后之国际局面》（龘思）等。其形成了相对固定的述评写作作者群，尤其是谢瀛洲，不仅从事新闻述评文章的写作，还会在《民声旬报》上发表一些其他的文章，并引起较大的关注，如创刊号的《近代政治之两大潮流》一文，甚至有陈光年写信予以反馈——"编

---

① 黔首编辑部：《我们的话》，《黔首》1928年第5期。
② 民声旬报编辑部：《发刊词》，《民声旬报》1928年第1期。

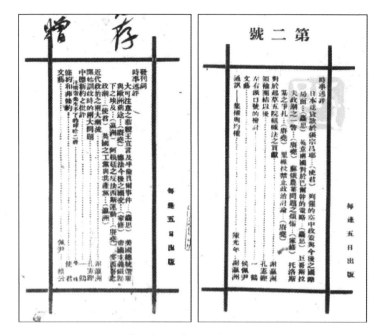

图 5-61　《民声旬报》"时事述评"专栏目录

辑先生，读贵报创刊号谢瀛洲先生近代政治之两大潮流一文，对于近代政治制度之趋势，条分缕析，瞭始①指掌"②。

　　除此之外，还有《军人周报》1926 年创刊于南京（1926 年设有新闻述评专栏），属时事刊物，由中国国民党中央军人部宣传科发行，是时事类报刊中少有的在创办和发行过程中与政党发生关系的刊物，其旨在向读者灌输知识和研究各种理论，使军人明白自己的地位和责任。主要内容有时事述评、时论、文艺、通讯、党务消息等，而作为其常设专栏，"时事述评"也被赋予了一定的功能性。同时，四川也出版过同名刊物，属军政刊物，亦设有"时事述评"栏。

　　4.《新评论》

　　《新评论》1927 年创刊于上海（1928 年设有新闻述评专栏），属时政评论刊物，由上海新评论社编辑并发行，主编为章乃器，月刊，于 1927 年 12 月 15 日出版第 1 期，前后分两卷，卷 1 为半月刊，到 1928 年 11 月共出版

①　应为"如"字。
②　陈光年：《通讯》，《民声旬报》1928 年第 2 期。

24期，自1929年1月起改为月刊，共出3期，之后停刊。《新评论》虽在发刊词中称本刊"立足点为公正，目标是一切事物的艺术化"，并强调文章的艺术性，认为"应持绝对的超然态度""对一切合于艺术化的事物都要赞美"，然实际上应算入时政评论刊物而非文学刊物。同时，该刊物在1927~1929年具有一定影响，能够部分反映社会的政治经济时局和进步人士的思想，可读性与时代意义较大，正如其所标榜的信条"要做潮流的指导者，不要做潮流的追逐者"。《新评论》自1928年第10期始设"半月间时事述评"一栏，居于杂志首栏，在1928年第11期起又改为"半月间时事撮要"，具体见图5-62。

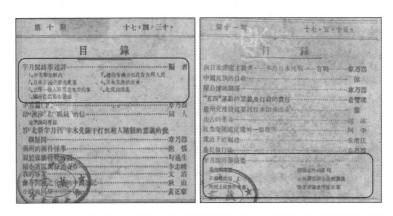

图5-62 《新评论》的"半月间时事述评"栏与"半月间时事撮要"栏

图5-62出自《新评论》1928年第10期和第11期的目录，其中，"半月间时事述评"栏内包含《中美甯①案解决》《总司令蒋介石氏告友邦人民》《日本又出兵山东》《三件一般人以为是光荣的事》《国府提倡旧有美德》等7篇述评文章，均署名为"编者"，所占版面为全刊的五分之一，不设子栏，题名前有序号标记；"半月间时事撮要"栏内包含《北伐的进展》《济南事件的真相》《日本的政局》《中央党部训令全体党员》《外交上的几件琐事》《劳资争议处理法公布》等文章，但较之"半月间时事述评"，此时的"半月间时事撮要"内的文章以记叙为主，弃用议论。关于栏目更替的原因，编者也在"半月间时事撮要"开设之时予以了说明："前期所载的

---

① 应为"宁"字，"甯"是"宁"的异体字。

半月间时事述评，我们感觉到是试了试而失败了。因为应述的事，不尽是足评的；而足评的事，虽然尽足述，但是详略之间，也不能调和；倘使在评的时候说的太多，或者在述的时候说的太详，便要违背体例。因此我们在本期改登半月间时事撮要。"①

5.《社会现象》

《社会现象》创刊于 1932 年的上海（1932 年设有新闻述评专栏），属时政刊物，由社会现象社编辑并出版，周刊，为中国社会科学家联盟主办，站在反帝、反中国统治阶级的战线上，暴露社会的黑暗和光明，为工农及下层民众指明应取的道路。正如其《发刊词》中所述，"刊名是《社会现象》，自然以社会现象作这个刊物的内容。一切的黑暗与光明，一切的丑恶与美丽，都要在这儿暴露揭载；一切的纠纷与复杂，一切的狂叫②与呼号，都要在这儿分析说明。从这种现象的分析，我们可以得到正确的态度，同时，也就可以指出中国的前途和一般被压迫的劳苦群众所应取的道路"③。刊物自第 1 卷第 3 期起始设"时事述评"专栏，具体见图 5-63。

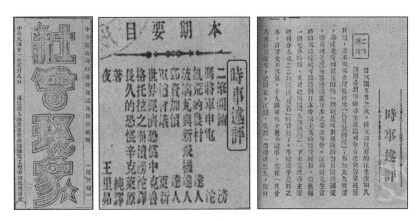

图 5-63　《社会现象》设置"时事述评"栏的目录与正文

图 5-63 中的"时事述评"栏位于《社会现象》杂志的首栏，该栏以抨击国民党政权的不抵抗政策闻名于当时，如第 1 卷第 3 期的"时事述评"

---

① 新评论编辑部：《半月间时事撮要》，《新评论》1928 年第 11 期。
② 应为"叫"字，"叫"是"叫"的异体字。
③ 社会现象编辑部：《发刊词》，《社会现象》1932 年第 1 期。

栏中的《二笔开销》（滂），开篇即进入讽刺与批判的状态：

> 当党国多事之秋，称党国柱石的汪先生和久鞠躬尽到瘁的蒋主席总司令肯速袂晋京担任巨艰，谁不喁喁希望他会来"抗日救国呢"？那[①]知大失所望，蒋汪先生到京后的第一声就是反对孙陈的对日断绝国交，接着就是忍辱答应沪案日本之要求条件。汪蒋两先生当时以为这样就可以得到日本帝国主义的怜爱缓和，给他俩一个充分时间，重新把党国"大加整顿"一下来完成蒋主席总司令未竟之志和餍汪"柱石"的官热了。

其后的《冯将军申电》（滂）、《饥荒的农村》（达人）、《邮资加价》（达人）、《琉璃瓦与新飞机》（达人）等均文笔犀利、直抒胸臆，达到揭露与批评的目的。

6.《怒潮周报》

《怒潮周报》创刊于1932年的上海（1932年设有新闻述评专栏），属时事政治类刊物，报纸版式，主要内容包括"时事评述""中国政策的探讨""国内外局势的分析"等，其中，"时事述评"栏常设于周报的头版首栏，具体见图5-64。

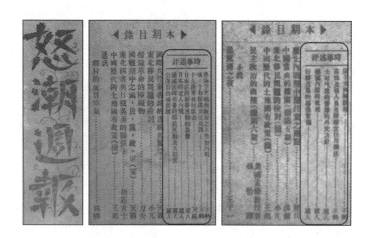

图 5-64 《怒潮周报》"时事述评"栏的目录

---

① 应为"哪"字。

　　图 5-64 分左中右，中图出自《怒潮周报》的第 7、8 期合刊，右图出自《怒潮周报》的第 9 期，其共同特征有二：一是述评文章篇数较多，几近刊物文章总数的一半，如第 7、8 期合刊中的《日本的老人内》《粤海空军潮与陈策之不参加内战》《德国法西斯蒂的独裁运动及其影响》《日本法西斯蒂运动的暴发》《咄：于右任弹劾汪兆铭》《十九路军往何处去？》《但泽自由城问题》一共 7 篇，占比达 50%。二是有固定的述评写作的作者分别是建人和不热，二人固定为《怒潮周报》这一唯一固定的专栏"时事述评"供应稿件。述评主要关注政府机关的人事更迭、地方实力派对国民党中央政府的离合心态、中国的外交策略和外交方针、世界大国之间在殖民地上的博弈等。每期约刊登 5~6 篇消息，篇幅精悍，为读者提供了解时事变化的窗口。同时，在题材选取方面，除了国内外的重大时事外，其还会关注其他方面，如 1932 年第 9 期的《高考及格人员呈请确定任用办法》（不热）等，关涉的即为教育方面的问题。

　　7.《时代公论》[①]

　　《时代公论》创刊于 1932 年的南京（1932~1935 年设有新闻述评专栏）（1935 年 3 月停刊，现馆藏 156 期），属时事政治刊物，由时代公论社编辑并发行，周刊，其宗旨恰如其在创刊号的一则启事中所述："本周刊宗旨仅欲供国人以发表自由思想之机会，俾于国事稍有贡献，故定名为时代公论，所有评论均系独立不羁之作，文责由作者自负。"[②] 作为时事政治刊物，其保存了众多当时的国内外珍闻，是后人了解当时世界局势的窗口，具有一定的参考价值，同时设有栏目时事述评、各地通讯、读者论坛、漫画、剧本等，其中"时事述评"一栏涉及内容甚多，包括政局、名人动态、革命神童、风筝竞赛、交通近况等，对于读者全面把握当时的时事很有帮助。同时，"时事述评"还是《时代公论》的常设专栏，从 1932 年创刊到 1935 年停刊，几乎未有间断，且常位于刊物首栏，每期内含文章 3 篇左右，每篇所占版面 1~2 页，内容甚广，具体见图 5-65。

　　图 5-65 分左右，左图出自《时代公论》1932 年创刊号，右图出自《时代公论》1935 年总第 155、156 合刊。左图虽有所损毁，但我们从残余

---

①　区别于 1946 年创刊于广州的《时代公论》，该刊亦设有新闻述评专栏，称为"半月述评"。
②　时代公论编辑部：《本刊启事》，《时代公论》1932 年第 1 期。

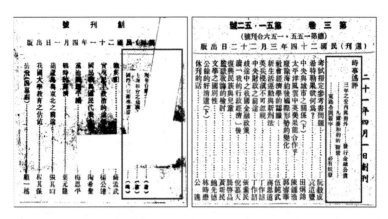

图 5-65 《时代公论》创刊号与终刊号的"时事述评"栏目录

之篇幅以及该期"时事述评"栏的正文内容仍能看出"时事述评"栏所占的比例，其不仅占据该刊从创刊到终刊所有刊期的首栏位置，且一直未有间断。该刊创刊号的"时事述评"栏共有《国际调查团来京感言》（昀）、《上海和会之危机》（达）、《国难会议之前途》（达）等 3 篇文章，而至终刊时已达至《凡尔赛和约撕毁》《东路合同签字》《三年来之安内与对外》《发行金融公债》《必有妖孽》等 5 篇，从一定程度上表明了该刊对言论的重视，而该刊也因言论颇受关注而产生了一些影响，具体见图 5-66。

图 5-66 《论语》的转载《时代公论》"时事述评"栏的评价

图 5-66 分左中右，左图出自《论语》1934 年第 49 期的"半月要闻"

专栏，其对《时代公论》"时事述评"栏中的文章进行了节录，其称"三卷二十一号时代公论时事述评栏载：'最近，京中某委员会任用一年甫十九龄之少年为简任秘书，亦以革命资格送铨叙，简任例须革命十年以上，是则此君九龄时即已从事革命，固已不伦。而按例革命资格，只计算至民国十六年国军底定江南，国府定都南京之日为止，则其从事革命之初，尚只两岁，未离襁褓，若非神童，何能革命欤？'"中图出自《时代公论》1932年总第 26 期的"通讯"栏，其是中国国民党南京特别市执行委员会在看到该刊第 22 号所刊登的一篇述评文章时给该报发的函件，其称"贵刊时代公论第二十二号时事述评栏内述南京市党部的选举一文有本月二十日京中各报载本市二区党部常委叶赦英因到市党部索取移转表被殴一节，查此事全属子虚，当日本市有二三家日报误行登载业经本会去函更正在案，兹阅前情曷胜诧异，事关本会名誉，用特函达即希查照迅予更正以免以讹传讹，淆惑社会亲听，为荷此致"。右图出自《时代公论》1935 年总第 155、156合刊的《休刊的话》一文，其称"为什么休刊呢？这当然是：一方面感觉到言论不自由，他方面同人等又不愿意说些不愿说的话：国事既不可谈，风月与幽默亦不会谈，提起笔来找不着题目，大家只好暂时闲闲了"。

此三则评价，均道明了《时代公论》"时事述评"栏的影响，其不仅获其他刊物转载，还为官方所关注。限于当时"言论"的不自由，其最后不得不休刊。

8.《北方公论》

《北方公论》1930 年创刊于北平（1932~1934 年设有新闻述评专栏），属时事政治刊物，由北方公论社编辑并发行，旬刊（后改为周刊）；刊物以宣传抗日为主要内容，其目的是要"站在北方民众的立足点，老老实实将所受的苦痛吐露出来，同时替北方人民贡献些求生的路径，鼓励起他们的勇气，指导他们的勇气用于正当的途径，不息不止地争回自己的自由权，在文化上和政治上树立起永久不灭的真实基础"①。同时，《北方公论》极为重视言论，哪怕是在新闻述评的写作上也是倾向于"评"（如 1933 年第 59 期"本周政治述评"栏的《评所谓"政治解决"》就直接以"评×××"为标题）。在内容方面，该刊的新闻述评专栏发表了大量讨论日本侵占东三省、侵略华北以及

---

① 北方公论编辑部：《发刊辞》，《北方公论》1930 年第 1 期。

其他国际政治问题的文章，在政治上支持国民党政府宣传反共，并标榜"我们的言论究竟能否得到环境的允许，能否有充分的自由让我们发挥下去，我们暂且不管他。我们只知道言论自由是人民自己争出来的，共和国家的国民若是人人不敢出来讲话，所谓民权毕竟是一片空谈，专制的反动政治无论如何也推不倒的。我们若希望北方各省的民治运动早日成功，不可不有真正代表民主势力，拥护全民政治的一部分人肯去争自由而效死，这就是我们所自许的责任"①。在此言论方针指导下，《北方公论》自 1932 年起开设有"本周政治述评"专栏，成为当时少有的设置政治述评专栏的刊物，并持续了 40 余期，直至第 70 期其方用"时事述评"栏替代，具体见图 5-67。

图 5-67　《北方公论》新闻述评专栏的更迭

图 5-67 分左右，分别出自《北方公论》1934 年第 69 期和第 70 期，在第 69 期之前，其常设专栏为"本周政治述评"，是当时少有的专以政治为题材的新闻述评专栏，包含《华北外交之危机》《棉麦借款之修改》《日美文件之交换》等 3 篇文章，均为政治领域内的大事述评，第 70 期之后，改为"时事述评"专栏，包含《国际对华投资与日本》《黄郛南下与华北外

---

① 北方公论编辑部：《发刊辞》，《北方公论》1930 年第 1 期。

交》《列强对华府会议的准备》等 3 篇文章，在题材上虽仍以政治为主却也加入了"投资"之类的经济素材。

9.《前锋》

《前锋》创刊于 1933 年的北平（1934 年设有新闻述评专栏），属时事政治刊物，由前锋杂志社编辑并出版，月刊，常设"时事述评"于杂志首栏，用以发表国内外时事述评，研究中国的政治革命、农村经济、实业建设、文化教育等问题，分析世界列强的军事力量和政治现状，介绍河北省行政概况。同时，区别于其他刊物，其新闻述评专栏开创了一种新的模式，具体见图 5-68。

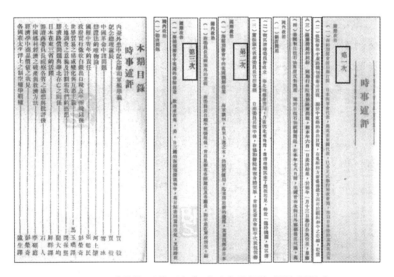

图 5-68　《前锋（北平）》"时事述评"栏的新样式

图 5-68 均出自《前锋》1934 年第 18 期，该期的"时事述评"栏以"第一次""第二次""第三次"为序分为三个部分，每部分下又设有"国内政治""国际政治"等分类，分类下又有按类划分的多篇文章，如有关于"第一次""国内政治"的 3 篇文章，有《（一）剿匪问题》《（二）战区清理委员会成立》《（三）萧振瀛代表蒋委员长宣慰蒙疆》；有关于"第一次""国际政治"的 4 篇文章，有《（一）海缩预备会僵局难打开》《（二）我国声明中东路谈判系非法买卖》《（三）萨尔问题的纠纷》《（四）美国对日伪石油专卖反对到底》；有关于"第二次""国内政治"的 4 篇文章，有

《（一）蒋委员长巡视塞外的意义》《（二）剿匪问题》《（三）清理华北战区问题的进展》《（四）河北省政府改组》；有关于"第二次""国际政治"的5篇文章，有《（一）海缩预备会中的英国调解提案》《（二）法国佛兰丁新内阁成立》《（三）美国民主党选举胜利》《（四）中东路非法买卖症结在付款保证问题》《（五）萨尔公民投票问题德法在谈判中》；有关于"第三次""国内政治"的3篇文章，有《（一）剿匪问题》《（二）中常会通过尊孔办法》《（三）战区问题短期间不易完全解决》；有关于"第三次""国际政治"的4篇文章，有《（一）海缩预备会中英国的徘徊歧途》《（二）法众院通过信任佛兰丁内阁案》《（三）德国能否和平收回萨尔区域?》《（四）伪满洲国公布煤油专卖办法》。这些述评文章呈现如下几个特征：一是专栏分为"国际政治"和"国内政治"两个部分；二是专栏内文章较多，竟达14篇，且作者不尽相同；三是因文章数量多，其将"时事述评"分为三次，每次均含有"国际政治"和"国内政治"子专栏，其下又各设多篇述评文章。

10.《新社会》

《新社会》创刊于1926年的北平（1926年设有新闻述评专栏）（不同于1931年7月1日创刊的《新社会》，该刊亦设有"时事述评"专栏），属时政评论刊物，由（国立）北京政法大学社会科学研究会创办及发行，不定期出版，至1927年出版第14期后停刊，同时，该刊亦为（国立）北京政法大学社会科学研究会的会刊，有多名该社团成员为其撰稿，多用笔名，主要站在反帝反军阀的立场上，分析国内外社会制度，探讨时事政治问题，设有时事述评、论著、杂感等栏目。其中，"时事述评"位于杂志首栏，在全刊不足20页的版面中占有4~5页之多，且擅长将该期所属文章进行主题归纳，具体见图5-69。

图5-69分左右，均出自《新社会》1926年第9期，左图系目录，右图系正文。不同于当时其他刊物在设新闻述评专栏时直接展示几篇述评文章，该刊总结了一个主题，所有的述评文章均围绕这一主题展开。如右图中"时事述评"左侧有一行标题"南口攻下与时局"，其左侧则展开了几篇述评文章，依次为《日本帝国主义之凶狠》《南口攻下后的中央政局》《奉系的裂痕》《南口攻下后的苏鲁问题》《国民军撤退与北伐军》[①]。此种排列布

---

① 原文为《国民军撤退与北北伐军》。

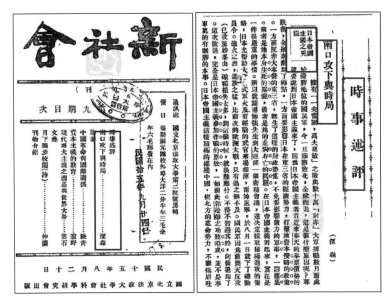

图5-69 《新社会》中新闻述评的新写法

局无论从形式上还是从内容上均存在创新之处：从形式上看，其开始用一级标题和二级标题来将整个栏目中的5篇述评文章串联为一个主体；从内容上看，该5篇述评的选材均围绕"南口攻下与时局"展开，为当时报刊述评专栏所罕见（除专号外）。同时，其也形成了与该刊创刊号上同一位置的"时事短评"的区别。

11.《明日》

《明日》创刊于1932年的南京（1932年设有新闻述评专栏），属时事政治评论刊物，周刊，主要发表有关政治社会的各方意见，刊登国内外时事新闻、新闻通讯和随笔，批评社会问题，并刊有科学小品和文艺作品。在新闻述评方面，于创刊号始即设有"每周时事述评"专栏，位于杂志首栏，每期6篇左右，所占版面相对较多，在20页左右的杂志中极为显眼，但亦出现了"述评"与"杂评"混淆的现象，具体见图5-70。

图5-70分左右，均出自《明日》的创刊号，左图是目录，右图是正文。由左图可见，《1. 热河的寒热病及其重要性》《2. 因剿匪而发展的革命行动》《3. 两面政策一拼办法》《4. 八面威风一腔悲愤》《5. 三地民变一样原因》《6. 一蓬风起五分钟息》等6篇文章归属于"每周时事杂评"专栏，且多标以序号，均署名为"青"；从右图的正文可见，该6篇文章却归属于

图 5-70 《明日》中"述评"与"杂评"混淆现象

"每周时事述评"。这是新闻述评史中出现的多起混淆现象之一，但以往多混淆的是"短评"和"述评"，而此次混淆的是"杂评"和"述评"。该专栏继第 2 期始，改为"每周时事杂评"，第 3 期改为"时事撷评"。

12.《大中国周报》

《大中国周报》创刊于 1933 年的上海（1933 年设有新闻述评专栏），属时政评论刊物，由周还编辑、大中国周报社出版，自创刊号始即常设有新闻述评专栏，主要刊登国内外发生的大事，内容涉及政治、经济、国际外交事件以及关于国内抗战的报道，如《浴血抗日之东北义勇军》《中日关税协定之存废问题》等，具体见图 5-71。

图 5-71 《大中国周报》创刊词与创刊号目录

图 5-71 分左右，均出自《大中国周报》1933 年第 1 卷，左图系《创刊词》，右图系创刊号目录。左图的《创刊词》曾言："本报之内容，注重于

实际之探讨，不尚空谈，对于世界大事及国内状况，每周作有系统之叙述；并选载重要之现代文献与参考资料，以供读者查考。此外如新思潮之介绍，科学之研究，以及文艺作品等等，本报亦特别注重。至对于批评，纯采严正之客观态度，不任意攻讦，投阿世好。"由此可知《大中国周报》对待新闻述评专栏的态度以及对新闻述评文体的理解。就右图来看，创刊号中的新闻述评专栏分为"国际大事述评"和"国内大事述评"（正文中称为"每周国际大事述评"和"每周国内大事述评"），其中，"国际大事述评"有《国联大会中之中日问题》《中俄复交以后》《每周各国大事撷要》等 3 篇文章，"国内大事述评"有《三中全会之回溯》《浴血抗日之东北义勇军近况》《榆关事件》《热河告急》《每周各省大事撷要》等 6 篇文章，而《每周各国大事撷要》与《每周各省大事撷要》中又各含 3 篇述评文章，使得该期中的述评篇目占了全刊篇目的 70% 左右。

　　创刊号后，该刊的新闻述评专栏先是延续创刊号之体例，设"国际大事述评"和"国内大事述评"，继而改为"国内大事"和"国际大事"，后又改为"时事综述"，至第 3 卷报社内部改组后，于 1933 年第 3 卷第 2 期起设"每周述评"栏，具体见图 5-72。

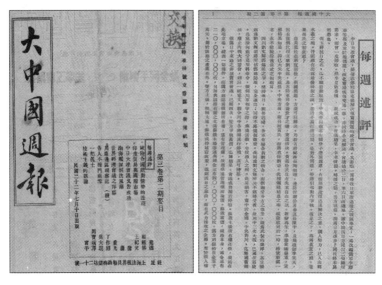

图 5-72　《大中国周报》设置的"每周述评"栏目录与正文

图 5-72 出自《大中国周报》1933 年第 3 卷第 2 期，该期起设的"每周述评"栏不再细分主题，只有栏目名称，内容是对一周之内发生的大事进行系统的评述，全篇署名驾涛，直至第 3 卷结束。纵观《大中国周报》新闻述评栏所关注的内容，我们发现其除时政外，亦关注其他方面的题材，如 1933 年第 1 卷第 2 期"国际大事述评"中的《远东人口问题之紧迫》、第 3 卷第 9 期"每周述评"中的《黄河之水，因上游雨水连绵，兼因今岁酷热，山雪溶化，一至冀北，便成横决》等。

13.《时事周报》

《时事周报》创刊于 1931 年的成都（1933 年设有新闻述评专栏），是综合性刊物，旨在"本着忠实公正的态度，将现代一切实际问题，仔细地，归纳地，解剖于读者之前……"，有对国内外局势的分析、评论，对日本帝国主义侵华阴谋和暴行的揭露，对各种社会现象发表的杂感小议。该刊于 1933 年设有新闻述评专栏，称之为"时事述评"，每期新闻述评文章若干，内容详及国际国内，同时亦刊登关于"时事述评"栏的说明性文章，具体见图 5-73。

图 5-73 《时事周报》对"时事述评"栏的说明

图 5-73 分上下，上图出自《时事周报》1933 年第 3 卷第 19 期的"编余闲话"，下图出自《时事周报》1933 年第 3 卷第 24 期的"编余闲话"。

这两篇"编余闲话"均提及"时事述评"栏，前者曾提及"本期时事述评之一问题是很值得讨论的，希望爱护本报的读者们能予以切实之答案"，后者曾提及"这期的述评栏没有国际消息，然而专文的第一条却是一篇对国际情势最详尽的叙述和蠡测"。

同时，该刊还曾就"时事述评"问题与读者进行互动，具体见图5-74。

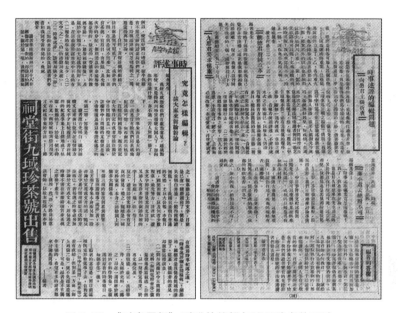

图5-74　《时事周报》刊登的编辑与述评读者的互动

图5-74分左右，左图出自《时事周报》1933年第3卷第19期，右图出自该报1933年第3卷第21期，其各自用一个版面的篇幅刊登了编辑与读者之间关于"时事述评"的交流。左图题名为《时事述评究竟怎样编辑？——请大家来讨论讨论——》，主要记录了如下内容：

> 编者先生：
>
> 　　我好久就想向你们贡献点意见，建议点事情，又觉得四川物质环境太困人了，即向你们建议什么，亦不过"苦人所难"罢了。所以，便没好开口噜苏①。而今我确有不能忍耐的话要向你们说了，便是：时

① 应为"苏"字，"苏"的繁体字为"蘇"。

事述评栏的怎样编辑之一问题得再加讨论。——自然，贵报该栏的编辑方法目前是无可瑕疵了；（或许有的，但，在我是寻不出来）比如，在有系统，有眉目，有界限，及先后次序的分配，个别消息的串①插等等都是对的。最近的"劳攘两月的教经运动"，"罗斯福就职后"，及关于中日战争的尤纪述得很好。只是，在目前我所认为美中不足的有（一）报告的事象底②种类太少；（二）文中"之"，"的"的语助词未统一；（三）"时事述评"，该栏却缺少"评"。此三点尚希设法改良则读者们亦当和我同受着利益的。

此祝　撰安　读者李维德再拜三月十八日

维德君鉴：对的，你提出的问题。关于第一项，我们答复如下：

多少的事象而且是大的却在一周里没有给我们以系统地纪述底③可能；如西南出兵抗日，汪院长回国等等，都只能记在大事日记内或者穿插在关于中日问题的某一条下；以故，该栏对中日问题的某条便是极力旁搜远及地以参证纪述之的。

至第二项，答案是：读者应首先明白：关于语体文这东西只能用在写情绪方面的文字才比较灵活，若在纯粹的纪述事象上自然地成了枯涩，干燥的了；于是，便不得不在某一些时候略为借用用文言文纪述事象的方法。——总之，报章杂志上的文字，目前是已有一种新趋向了，便是：只求明白普通，一般均能畅读无阻。——此种只求明白普通的文体，尤以大公报，申报月刊，国闻周报，以及川省少数报章，最先努力；诸君试一读其文字即可发见其用文言时，又渗入有许多新的词语和新的字——如底，地，的，等——反之，读其语体文时亦会有反面的发见。总之，报纸是一种史料东西，本身之语助词上固无多大关系也。

至第三项的答复则甚为简单：——盖所谓时事"述评"者，不是丢开了事象本身而另加一段评论于文尾或文首的话；它只是在字里行间用襃贬诛伐的方法而已。若每周之时事必另加评论于文首或文末，则每周之时事不啻在非脉络联贯非系统之形势下产生。——虽然，此

---

① 应为"穿"字。
② 应为"的"字。
③ 应为"的"字。

"评"字终为易惹误会的，以故本报同人前亦会有改为时事纪述之议。

"时事述评栏怎样编辑"？显然地，维德君是没提着问题的津要了。这里，据编者的意见，却应当这样改良：——

（1）将每周关于中日问题的史料（如函电照会等）尽量搜集长篇叙述（自然，以一期登完为度）于专文地位里。

（2）将战债，裁军，边疆事件，及经济史料，（总之，以在一周间难于统计的史料作对象）等叙述于原有的时事项目后。

——编者的意思是，照目前这种既定形势从事下去，自对某一方面（如中日问题等）差有成绩；但对某一方面（如上列第二项）便不免认为遗憾了！——可是，编者是不肯独作主张的，希望更多的读者都来讨论此问题。

——编者

在这篇《时事述评究竟怎样编辑？——请大家来讨论讨论——》中，据读者的提问，编者逐一而答，并提出了自己对时事述评的认知，具体见上文划线部分。右图题名为《时事述评的编辑问题》，是编辑与读者之间关于时事述评编辑问题展开的讨论，主要记录了如下内容：

"向愚君主张折衷"

编者先生：

读您答复维德君的通信，足见处处代读者着想，锐意改进，真是值得我们万分感谢的！这里，我还有两个意见：甲、每周中日问题的史料，仍要节要登载，经济史料等可加入该栏即得。——因为经济的重要，已经超过政治的力量了。乙、省内重大事件，也在时事述评里要择要记入一点，使其省外的同胞也稍稍对这伟大底[①]四川注意一罢！您的意思认为可以吗？文艺论战特刊何时出版？我也来当员小兵，附上一稿，请你弗客气指正啊！

敬祝撰安

读者向愚二二，三，三一，

---

① 应为"的"字。

"维德君赞同改革"

编者先生：

领略了前周的答覆①，使我自己觉得非常浅薄（这正是我要来领教的动机哪），现在，我个人顶赞同先生改革的主张，请即照样行下去罢！

李维德顿首三月二十七日

"九思君要求慎重"

编辑主任大鉴：

襄见先生提出之"时事述评栏之编辑"问题，有谓将以中日问题作长篇叙述而将其他材料加入等语，据鄙人揣测先生此项主张绝无好效果，好成绩。兹请为申言之：（一）中日问题搜成长篇叙述之办法固使读者对该一周之事象非常明了，然，每一问题（中日问题亦然）必有其发展的程序，章节，断无一周内适成一章节之理，故，贵报若按周详述，不啻挂流水式之碎账而已。以故本人仍请贵报照旧有办法，无论几多周，几多日，总以该问题的某一章节"发育"完全即完全纪述之，贵报近二周之"热河失陷记"及"一九三三年春国联暴日肉搏记"即依问题之发展章节以纪述者也。此法绝佳，望即继续行去。（二）关于经济，边疆等等事件之情形，鄙人不甚熟悉，不欲有言。总之，贵社如必欲改革，亦请慎重，并尊重读者意见是幸。此颂 时绥

李九思四，一日

"渺小君云绝对不可"

编辑先生：

"时事述评栏究竟怎样编辑?"，对了，我也要来讨论。

我是好久就想来和先生谈话的，又觉得没有什么话可说：这宗年头儿，放个屁也是出风头的嫌疑犯！

——好，不管他放屁也好，出风头也好，我们正经地来讨论事情罢。

A：中日时间另文纪述问题。请问先生：你可以搜倒②好多材料来"另文纪述"？成都的日报是否有如许多材料?

B：国际大事问题。这个无须质问，只请你打听下成都的报纸有否

---

① 应为"复"字。

② 应为"到"字。

"国际栏"。

C：边疆事件。这更有趣了，只问问先生，便是康藏的事情，成都的报纸有否"消息"？

D：……总之，渺小的我，绝对以为不可！

此祝　刻安

读者渺小的我（这名字不会犯出风头底①嫌疑的）顿四月一日

"编者的答复"

综括本期来信诸君的意思是：第一：主张略去中日问题而加入其他材料；（向愚君）第二：完全赞同改革（维德君）；第三：主张述评栏仍旧而将其他材料在专文地位内设法。（九思君渺小的我君）——诚然，本报同人是有绝对的采取任何一项以执行去底②权利的；无如，本报是供给于二千余读者来阅读的，（非同人等自己欣赏的物件）自然，问题的决定也有待于我二千余读者了。于是，我们为读者宝贵的光阴计，特以一最简便的方法来请读者们发表意见。

图 5-75　《时事周报》"时事述评"栏的"读者意见表"

说明：即将上表填明"赞同""不赞同"剪下掷交敝报。

---

① 应为"的"字。

② 应为"的"字。

上文的读者意见与编辑回复充分证明了《时事周报》对"时事述评"栏的重视程度。

此外，还有《青年界》①《民众先锋》②《尚志周刊》③《百年》④《厦门周报》⑤《西北生活》⑥《青年月刊》⑦《新生》《新国家》《抗争：外交评论》《国家与社会》《行健旬刊》等。

《新生》创刊于1932年的杭州（1932年设有新闻述评专栏）（1932年12月停刊），属时政刊物，由新生杂志社编辑并发行，一共出刊5期，半月刊，亦有题名《新生杂志》，主要刊登政论性文章，对"九一八事变"后的国内外局势加以评述，并讨论科学与救国的关系，此外也发表文艺作品及少量科普文章，常设栏目有"时事述评""诗""学生田园"等。其中，"时事述评"栏设自《新生》第3期（《新生》的第1期和第2期并不设专栏），位于杂志首栏，一般有述评文章3篇，内容多为国内外时政要事，如第1卷第3期的《法西同盟》（仲英）、《日本果可乐观吗？》（宏宇）、《回民护教》（志群），第1卷第4期的《金钱的脸孔》（志群）、《杭州学生驱逐张学良》（雪尘）、《在跑道外面赛跑》（秋岛）等。

《新国家》创刊于1927年的北平（1927年设有新闻述评专栏）（第1卷共12期，1928年发行第2卷的第1~5期后停办），属时政刊物，由新国家杂志社编辑并发行，月刊，主要刊登政治时事文章，鼓吹民主国家主义等文章，因而多呈现明显的倾向性。《新国家》设有"时事述评"一栏，虽不是期期都有，且每次专栏文章大多只有一篇，但篇幅相对较长，如1927年第1卷第6期的"时事述评"栏，只有一篇文章，题名为《蒋唐反目之因果》（署名天健），篇幅却有3页，且内容详尽，观点鲜明。

《抗争：外交评论》创刊于1932年的上海（1932年设有新闻述评专栏），属时事政治刊物，由抗争周刊社编辑并发行，周刊，其创刊目的在于

① 1933~1934年设有时事述评专栏，属青年综合性刊物，创刊于上海，文字采用横排。
② 1935年设有时事述评专栏，属综合性刊物，由湖北省立蒲圻县民众教育馆创刊于蒲圻，自创刊号起即设置有新闻述评专栏。
③ 1932年设有时事述评专栏，属综合性刊物。
④ 1933年设有时事述评专栏，属社会科学综合性刊物，创刊于汉口。
⑤ 1933~1934年设有时事述评专栏，属综合性刊物，创刊于厦门。
⑥ 1935年设有时事述评专栏，属综合性刊物，创刊于西京。
⑦ 1935年设有时事述评专栏，属综合性青年刊物，由青年月刊社发刊于南京、重庆两地。

"注意于国际舆论之向背，及此次外交交涉所应取之途径及其步骤，虽自愧不能荷枪实弹，随十九路军士之后，驰驱疆场，然亦自信十九路军之战绩，将藉本刊之力，而发挥其精神于国际坛坫，或中日交涉樽俎之间也"[①]。该刊虽不常设专栏，却有"时事述评"一栏，正如第 1 卷第 33 期时署名"仁人"的"太阳国的时事述评"，内分为《危机的加剧》《如此移民》《扩大军备忙》等几篇述评文章。

《国家与社会》创刊于 1932 年的上海（1932 年设有新闻述评专栏）（第 2 卷第 1 期起迁至南京出版，停刊于 1933 年 12 月第 2 卷第 2 期），属时事政治刊物，由国家与社会月刊社编辑并发行，旬刊（后改为月刊），该刊发表时事评论及有关国内外政治、教育、交通、实业、中国农村经济、地方自治等问题的述评，并有少量文学作品，同时开办有"时事短评""杂感"等特色栏目，其自第 2 期起设"时事述评"专栏，并将其放于杂志首栏，内含述评文章 3 篇，分别为《招商局四栈出押问题》《三中全会的任务》《斥独立评论派》，言辞恳切，正如其在《我们的声明》中所述，"我们不愿采取当代许多不负责任的学者态度，徒为高论，以欺骗青年，我们尤不愿忍心害理，维护现实，以走入亡国的绝道，我们是从拯救民族改造社会，以建立新邦的观念出发，而从事实际问题的讨论与商榷，以求出解决的方法，努力的途径，这就是我们在这刊物，出版时乐与读者郑重声明的"[②]。

《行健旬刊》创刊于 1933 年的北平（1933 年设有新闻述评专栏），属时政刊物，主要报道东北时局和军民抗日斗争情况，"东北简讯述评"是其常设专栏，一般位于刊物第 2 页，分为政治、经济、交通等多个部分，每部分都有 2～3 篇的述评文章，如 1934 年第 56 期的"东北简讯述评"，其分为"政治"栏：《日伪激起回民公愤》《日在古北口设鸦片公卖局》《伪官方实行减薪》《伪方拟扩大"外交事务"》；"经济"栏：《东北盐业近状》《东北民众不得各安所业》《日人图谋统制东北大豆》；"军事"栏：《东北义军再起抗日》《伪第一地区司令部改设安东》《日方哑谋收编邓氏义军》《日图断绝义军资源之供给》；"交通"栏：《日人操纵下之东北自动车路纲》

---

①　同人：《发刊缘起》，《抗争·外交评论》1932 年第 1 期。

②　国家与社会编辑部：《我们的声明》，《国家与社会》1932 年第 1 期。

《日人开辟大连葫芦岛间定期航路》。

二 "大事述评"类专栏群

"大事述评"类专栏群专指刊登有新闻述评专栏并将其定名为"××大事
述评"的报刊群体，其是报刊新闻述评专栏的最早称谓，最早出现于1918
年《每周评论》的"国内/外大事述评"专栏，自此之后，"××大事述评"
在诸多报刊应用开来，至第一发展期时，于数量上已达至顶峰，在该时期
内，其已不若"时事述评"那么流行。

1.《正谊周报》

《正谊周报》创刊于1932年的南京（1932年设有"国内外大事述评"
专栏），属时事刊物，由正谊周报社编辑并发行，刊物常刊登时事政治评
论，内容涉及对中国内政与外交及世界大战爆发危险的分析，具有爱国思
想，亦载有小说等文艺作品。在新闻述评方面，自创刊号始即设有"国内
外大事述评"专栏，后又改为"一周间国内外时事述评"，具体见图5-76。

图5-76 《正谊周报》的新闻述评栏与相关启事

图5-76分左中右，左图和右图均出自《正谊周报》1932年第1期，中
图出自该报1932年第7期。作为以时事评论为特色的刊物，《正谊周报》
的新闻述评主要涉及当时的国内政局及对日外交，体现了该刊编辑者强烈
的民族危亡意识。其创刊之初对新闻述评是相当重视的，如右图所示，该
刊在第1期刊登有《本报特别启事一》一文，其称："本报创刊伊始，稿件
拥挤，排印不及，所有国内外时事述评未刊完之稿，均于下期补载。"该期

中，"国内外大事述评"栏刊登了诸如《和平统一之新政局》《行政院第一二次会议》《急待充实之中枢党政》《粤党府取消后之残存》《平并两政分会之酝酿》等 5 篇文章，在第 2 期中不仅补录，且又设"一周间国内外大事述评"一栏，具体见图 5-77。

图 5-77 《正谊周报》第 2 期中的两个新闻述评栏

图 5-77 出自《正谊周报》1932 年第 2 期，其既补录了第 1 期没有刊登完的《和平统一之新政局》《中日外交益趋严重》《法阁总辞与德国大选》《德国已不能再付赔款》《印度革命又掀起高潮》《韩烈士炸日皇中副车》等六篇新闻述评文章，又设"一周间国内外时事述评"，亦分国内或国外两部，并进行了主题归类，如国内部分分为"时局前途之新酝酿""对日外交日趋险恶"两大主题，每个主题下又有若干篇新闻述评文章。同样，该期的"一周间国内外时事述评"限于篇幅没有刊登完毕，有大约三分之二的篇幅登于 1932 年第 3 期，称为"国内外大事述评"（除续前期外，第 3 期并无另设述评栏）。自第 4 期起，该刊不再设有新闻述评专栏，直至 1932 年第 7 期，复设"一周间国内外大事述评"栏（具体见图 5-76 之中图），并一直持续于终刊。

不同于此时报刊新闻述评在题材选取上多以时政内容为主，《正谊周报》的新闻述评也关注学术、教育等方面的内容，如 1932 年第 1 卷第 8 期的《学术界集京商大计》、1932 年第 1 卷第 10 期的《汪朱整顿教育》等。

2.《每周评论》

《每周评论》（与 1918 年陈独秀和李大钊创办的《每周评论》重名）创刊于汉口，创刊时间不详（停刊于 1935 年 8 月总第 178 期）（1933 年设有"一周来国内外大事述评"专栏），由中国国民党湖北省执行委员会编印，属政论刊物，其擅长对国内外发生的重大政治事件进行评论，并在国内方面针对政府禁烟、减租、税制等问题进行探讨并提出解决方法。在日军侵占东三省后，密切关注日本觊觎整个中国的野心，《每周评论》又刊载了一系列研究日本政治、经济、军事、外交策略的评述，提出了整饬内政、抵御外侮的主张。在栏目设置方面，多以"述评""论著""专载"为主，其中，述评专栏自 1933 年第 46 期始设，具体见图 5-78。

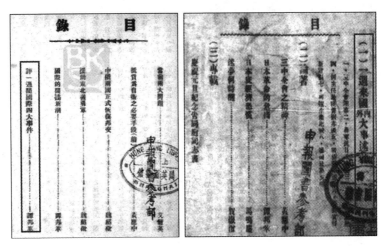

图 5-78 《每周评论》的"一周来国内外大事述评"栏目录

图 5-78 分左右，分别出自《每周评论》1932 年第 45 期与 1933 年第 46 期，其中，右图系该刊第一次设置新闻述评专栏，称为"一周来国内外大事述评"，置于首栏，署名为"萃"，而在此之前，《每周评论》已尝试设置"评一周间国际四大事件"一栏，作者为谭邦萃，置于刊物最后一栏，为新闻述评专栏的设置做足了准备。"一周来国内外大事述评"栏开设后一直持续至 1933 年的几乎所有刊期，多位于首栏，每期内分国内和国外两部分，共含 8~9 篇文章，篇幅相对较长。以 1933 年第 74 期为例，其加上目录共

计 30 页，而"一周来国内外大事述评"就占了三分之一的版面。

3.《川盐特刊》

《川盐特刊》创刊于 1928 年的重庆（1933 年设有"时事：国内外大事述评"专栏），1935 年 6 月总第 196 期停刊。川盐特刊社编辑、发行，月刊，属于制盐工业刊物。该刊旨在"扶持川盐发展，辅助川盐改进，主张争论，维护公益"，是重庆期刊的先声之一，在重庆早期期刊历史上具有重要地位，对近代重庆报刊业的发展也有重要影响。刊物在"时事"栏下有"国内外大事述评"，具体见图 5-79。

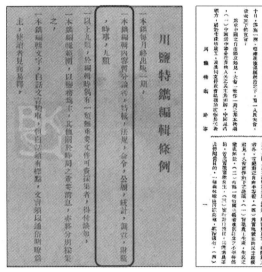

图 5-79 《川盐特刊》的新闻述评文章与"时事"栏

图 5-79 分左右，均出自 1933 年总第 177 期，左图系《川盐特刊编辑条例》，右图系新闻述评专栏。其中，《编辑条例》说道："本刊编辑内容暂分论著，特载，法规，命令，公牍，统计，调查，附载，时事，九类。"其中，"时事"即"时事：国内外大事述评"的简称。同时，就总第 177 期看，述评栏有"一月来之国际""一月来之川局""一月来之中国"三个部分，述评总数有 32 篇，总篇幅可达 40 页，容量极大。

4.《天文台》

《天文台》创刊于 1936 年的香港（1936~1937 年设有新闻述评专栏），

又名《天文台半周评论》，停刊于 1941 年 10 月，共 511 期；新第 1 卷第 1 期出版于 1947 年 9 月，停刊于 1949 年 2 月第 3 卷第 1 期。发行地点有香港、上海、重庆：1936～1941 年由香港天文台半周评论社出版；1945～1946 年由上海天文台出版社出版；1947～1949 年由重庆天文台周刊社出版。三日刊，属于综合性刊物。作为一本综合性刊物，该刊时段跨度达 13 年之久，内容可谓包罗万象，但从整体看，新闻述评占很大的比重，其经历的述评专栏也有好几种，具体见图 5-80。

图 5-80 《天文台》新闻述评专栏的名称更迭

图 5-80 分左中右，分别出自 1937 年的第 27 期、第 50 期和 1936 年的第 6 期，陆续设有"三日大事述评""国际三日大事述评""述评"等 3 个新闻述评专栏，各有述评文章若干。

5. 其他

《抗日旬刊》创刊于 1932 年的广州，（1932 年设有"十日大事述评"专栏，1933 年设有"时事述评"专栏），属宣传刊物，通报最新时事消息，分析"九一八事变"后国内外形势及日本侵华和扩张的野心，评论中国抗日问题、东北问题、中国现实社会问题及日本问题等，抨击国民党政府对日妥协政策。

刊物在不同时间段内设有两种新闻述评专栏，如 1932 年称为"十日大事述评"，位于刊物的倒数第二栏，分为"国内"和"国际"两个部分，栏目内约有文章 8 篇左右；1933 年称为"时事述评"，位置更改为刊物首栏，不分国内国际，栏目内约有文章 3 篇左右，不仅篇幅较长，且感情色彩极为浓郁，如1933 年第 1 期的《痛快哉！"杭州学生的驱张"》，从标题即开始抒发情感，在正文中更加明显，如"故我深深地愿望能够由杭州员生驱张大会做出发点，推动全国的学生恢复五四时代的精神，一齐向这国贼迎头痛击，打他一个头破血流吧！"不仅感情激昂，且有鼓动之成分。

《中华周报》创刊于 1931 年的上海（1932 年设有"一周来国内外大事述评"专栏），属时政评论刊物，由中华周报社编辑并发行，擅长载文分析中国国内政局、财政危机和日本对华政策，揭露日本帝国主义的侵华行径，抨击国民党政府的腐朽、卖国和一党专制。在新闻述评方面，其自 1932 年第 40 期起设有"一周来国内外大事述评"一栏，并在其中分为"一周来之匪讯""一周来之内政""一周来之德法""一周来之美国""一周来之日本""一周来之财政""一周来之财政与交通""一周来之科学界""一周来之外交""一周来之中欧与西欧"等多个部分。

《民众导报》创刊于 1932 年的上海（1932 年设有"一周大事述评"专栏），属时事政治刊物，由民众导报社编辑并发行，周刊。刊物的发刊旨趣正如其创刊号中所述："一、站在民众的立场批评及讨论中国政治经济各种现状及问题。二、搜集真实的材料，表现中国民众的疾苦。三、根据三民主义的理论，用科学的方法，去研究中国社会的真象[1]，寻求建设中国新社会的理论，充实改造中国的各种革命方案。"[2] 因而，其所刊载文章虽也有少量文学作品，但绝大多数为政论文章。《民众导报》自创刊之始即设有新闻述评专栏，且经过多次变换，如第 1 期称为"最近时事概评"；第 2 期称为"一周时事述评"；第 3 期称为"一周大事述评"，并分为"国际事件"和"国内事件"两部分；第 10 期则称为"时事述评"。

除此之外，设有"大事述评"的报刊还有《政治半月刊》[3]《民治评

---

① 应为"相"。

② 民众导刊编辑部：《发刊旨趣》，《民众导刊》1932 年第 1 期。

③ 1929 年间设有大事述评、半月来大事述评专栏，属政治刊物，创刊于广安。

论》①《汗血周刊》②《河南自治训练所半月刊》③《策进》④《反省月刊》⑤
《空校月刊》⑥《电友》等。

三 "国际述评"类专栏群

"国际述评"类专栏群专指刊登有新闻述评专栏并将其定名为"国际述
评"的报刊群体,其雏形可追溯至《每周评论》1918 年的"国内/外大事
述评"栏中的"国外大事述评"部分。20 世纪 20 年代后,报刊上陆续出现
了专门的"国际述评"栏,现择其部分介绍如下。

1.《新闻前锋》

《新闻前锋》创刊于 1929 年的南京(1930 年设有新闻述评专栏),属时
政刊物,由福建留京学会编辑并发行,月刊,其以"研究学术,团结精神,
发扬三民主义,促进新福建建设"为主旨,并定位为"福建留京学会的喉
舌,海内外福建革命同志公开的园地",研究福建建设问题,介绍各省训政
工作,涉及福建省政治、经济、文化、社会等各个方面,正如其在《发刊
词》中所述"本刊对于福建建设问题,采取忠实研究的态度;对于福建大
事完全根据事实作严正的批评,其他关于各省训政计划工作与成绩的介绍,
调查统计资料的搜集和创制,和海内外系统的消息沟通等等,都愿本着创
作的精神,尽力硬干,决不载浮嚣偏激游谈无经的言论"⑦。该刊自 1930 年
第 4 期起始设"国际述评专栏",具体见图 5-81。

图 5-81 分左右,均出自《新闻前锋》第 4 期,其特殊之处有二。一是
"国际述评"栏的设置。该栏是《新闻前锋》复刊后所设置的崭新专栏也是
1912~1949 年较早的国际题材述评专栏,为 20 世纪 40 年代流行的"国际述
评"栏提供了范本。二是同时设置"述评"和"时评"栏,与同时期将
"述评"置于"时评"之下的刊物形成了对比,也显示了编辑者对新闻述评
文体的充分理解。

---

① 1932 年设有一周大事述评栏,属综合性刊物,创刊于上海。
② 1933 年设有时事述评栏,属政治刊物,创刊于上海。
③ 1932 年设有半月来国内外大事述评栏,属政治类刊物,创刊于开封。
④ 1928 年设有本省大事述评、国内大事述评等栏,属时事政治类刊物,创刊于南昌。
⑤ 1934~1935 年设有大事述评栏,创刊于安徽。
⑥ 1936 年设有一月来大事述评栏,属航校校刊,创刊于广州。
⑦ 新闻前锋编辑部:《发刊词》,《新闻前锋》1929 年第 1 期。

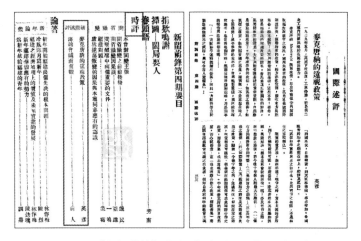

图 5-81 《新闻前锋》"时评"与"述评"混淆现象

2.《环球旬刊》

《环球旬刊》创刊于 1929 年的上海（1929 年设有新闻述评专栏），属时政刊物，环球旬刊社编辑并发行，旬刊，后改为《环球半月刊》，载有中国共产党的宣言、中国苏维埃区域代表大会主席团宣言等，1931 年 1 月被查禁。该刊以"介绍最近国际政治经济状况"为主旨，载文列举各帝国主义国家之间的矛盾，介绍英、法、德等国共产党人的工作状况和斗争经验，报道苏联政治、经济建设状况等，同时设有国际时评、国际政治及经济、各国工农状况、殖民地状况、国际文化运动等栏目。《环球旬刊》自创刊号始即设有"国际时事述评"专栏，但在刊物首期呈现出了栏目标题的混用现象，具体见图 5-82。

图 5-82 《环球旬刊》"述评"与"时评"的混用现象

图 5-82 分左中右，均出自《环球旬刊》创刊号，左图为该期的目录，新

闻述评专栏位于杂志首栏，内含 6 篇述评文章，但栏目名称定为"时事述评"；中图是该期新闻述评专栏的正文，但栏目名称定为"国际时事述评"；右图是该期编辑部发表的《编辑余谭①》，其称："本刊以后将经常与读者相见了，我们将尽量的把最近国际政治经济状况介绍给读者，本刊分下列各栏：一、国际时评；二、国际政治与经济……"由此可见，《环球旬刊》在初设新闻述评专栏时并没有区分清楚"述评"和"时评"，然自第 2 期开始，其新闻述评专栏就开始统一定名为"国际时事述评"。

3.《自觉》

《自觉》出版于南京、安徽两地（1935 年设有新闻述评专栏），由自觉半月刊社编辑并发行，属政论性刊物。刊物栏目较少，却常设"国际大事述评"，内含述评文章 4~5 篇，且在诸篇文章开篇之前大多会有一段或几句总结或启下的话，开辟了一种新的新闻述评写法，具体见图 5-83。

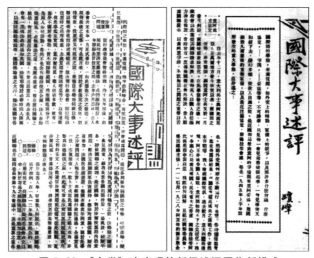

图 5-83　《自觉》中出现的新闻述评写作新模式

图 5-83 分左右，左图出自《自觉》1935 年第 31 期，右图出自 1935 年第 34、35 合期，呈现了一种于当时而言新闻述评的新的写作模式，即在诸篇开启之前加一段总结或启下之辞，如左图的画线部分——"国际间之事态，至为复杂，几乎悲欢离合，喜②笑怒骂，皆会成为问题，最近各列强列

---

① 应为"谈"字。
② 应为"嬉"字。

弱国间之情势，恍惚迷离，变化莫测，什么事件，什么问题，忽而紧张，忽而缓弛，酝酿阢陧……所有消息，均值得我人注意一下"，而后开启了包括《国联禁毒问题》等几篇述评，以及右图的画线部分——"国际间的事态，至为复杂，如外交上的转动，军备上的竞争，以及那许多什么会议，什么协定，——争哄，——妥协等等，不可胜举，只见得一会儿局势紧张起来，一会儿事情又和缓下去，变幻多端，使世人目为之眩。最近国际局势由意阿的争端而至意阿妥协，德国撕毁凡尔赛条约重整军备，以及最近注苏协定，斯德拉柴会议，都是一九四五年上半年间所发生的重大事态，兹分述之"，之后开启的则是包括《意阿成立协定》等几篇述评文章。

4. 其他

《救国周报》创刊于1932年的上海（1932年设有新闻述评专栏）（至1932年11月，共发行26期），属时事政治类刊物，由上海救国周报社编辑并发行，其主张国人"丢开私人的恩怨，一切以整个民族国家的危亡为前提"。新闻述评专栏基本是期期都有，但在名称上略有不同，除1932年第1期的新闻述评专栏被命名为"最近周间大事评述"，署名记者，位于杂志最后，其他刊期大多分设两栏，一栏称为"国内（本国）时事评述×则"，另一栏称为"国际时事述评×则"，恰如1932年第11期的新闻述评专栏，一个称为"本国时事评述二则"，位于杂志前半部分，另一个称为"国际时事述评四则"，位于杂志后半部分。

《动力半月刊》创刊于1933年的南京（1934年设有新闻述评专栏），属时政刊物，擅长宣传国民党政府的政策、主张，并在存续期间一直在首栏刊登国民党政要的训诫、言论，如第5卷第1期的专栏"领袖的言论"等。在新闻述评方面，其设有"国际时事述评"专栏，虽不是期期都有，其囊括的信息还是极为丰富的，如第1卷第16期该栏内含述评文章4篇，分别为《伦敦海军谈话》《日德秘密协定》《日英的经济关系》《意大利赶造两大军舰》，均为一人所作（求质），内容涉及日、英、德、意等四个国家。

除此之外，还有《晋风半月刊》[①]《世界文化讲座》[②]《青年文化》[③] 等

---

① 1933年时设有国际大事述评栏，属社科综合性杂著刊物，创刊于南京。
② 1933年时设有国际大事述评栏，属综合性刊物，创刊于北平。
③ 1936年时设有国际大事述评栏，属综合性刊物，创刊于济南。

也设有"国际述评"专栏，但较之上述报刊，其对新闻述评的关注度稍低，刊登新闻述评数量较少。

四 "述评"类专栏群

"述评"类专栏群专指刊登新闻述评专栏并将其定名为"述评"的报刊群体，这类报刊在第一发展期内数量虽少于"国际述评""大事述评""时事述评"，却也构成了一个不小的报刊群体，现择其部分介绍于下。

1.《中南情报》

《中南情报》创刊于 1934 年的广州（1934～1935 年设有新闻述评专栏），由国立暨南大学南洋美洲文化事业部编辑并出版、发行，由《南洋情报》蜕化而来，其内容除保留原有体裁外，增加了国内消息，并自创刊号开始设有"述评"专栏。该刊的"述评"栏探讨南洋地区的华侨问题，尤其是当地对华侨的看法以及华侨在南洋等地的经商、贸易、行政等事务，如"粤当局开发东沙岛""日人残杀华侨草木花之新教训"等。一般每期一篇述评文章，篇幅稍长且有作者署名，如第 1 期的《暹罗六华校被封后应取的态度》署名寄萍，篇幅有两页（4 个半页）；第 2 期的《南洋侨胞宜急起开发西沙群岛》署名君适，篇幅亦有两页。然不同于其他刊物，《中南情报》自第 1 卷至第 2 卷，其在述评正文页面所标识的"述评"二字在目录页均被标识为"时事述评"，具体见图 5-84。

图 5-84 《中南情报》"述评"栏的目录标识与正文标识

图 5-84 分左右，均出自《中南情报》1934 年第 1 期，左图为该期目录，右图为"述评"栏的正文标识。

2.《国际周报》

《国际周报》创刊于 1931 年的上海（1932 年设有新闻述评专栏）（1932 年 1 月第 2 卷第 3 期停刊），属时事政治刊物，由上海国际周报社编辑并发行，其内容以批评最近国际事件、论述各国政治经济状况、记载每周各国要闻、研究国际军事焦点问题为主，在栏目构成方面，《国际周报》在第 1 卷仅设有"国际要闻"专栏（该专栏基本上期期都有），第 2 卷则增加了包括"述评"在内的相关专栏，具体见图 5-85。

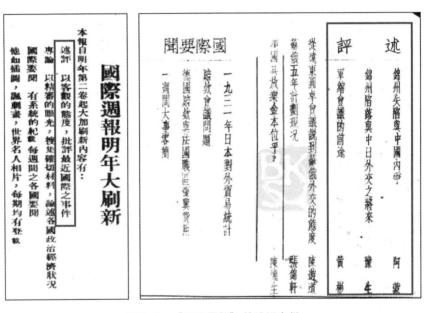

图 5-85 《国际周报》的述评专栏

图 5-85 分左右，左图出自《国际周报》1931 年第 1 卷第 7 期，右图则出自 1932 年第 2 卷第 2 期。其中，左图是《国际周报》刊登的一则启事《国际周报明年大刷新》，其称"本报明年第 2 卷起大加刷新内容有：述评，以客观的态度，批评最近国际之事件"，即在第 1 卷"国际要闻"专栏的基础上增加了批评性质的内容。但从实际情况看，第 1 卷只是没有新闻述评专栏而已，但其每期开始的几篇文章大多采用述评笔法，如 1931 年第 1 卷第

3 期的《非战公约之解剖》（曾豫生）、第 1 卷第 4 期的《明春国联军缩会议有希望吗?》（张锦轩）、第 1 卷第 7 期的《由日法密约说到英美对华》（张锦轩）等，均属此类。

3. 其他

《春秋》创刊于1932 年的上海（1932 年设有新闻述评专栏），由春秋周报社编辑，属政论性刊物。其在创刊号的《开场白》中曾对刊物宗旨予以说明："毫不客气！我们是要谈政治的，但我们的'政治意识'，是向被压迫的广大群众的痛苦呼声中去寻找，同时，认识政治为经济的附属物，要从整个的经济制度，经济状况来分析批评一切现实的政治罪恶，以解答中国问题，以指示广大群众的出路。"① 设有"一周述评"专栏（也称"每周述评"，其创刊号目录标识为"每周述评"，正文内容则标识为"一周述评"），同时因《春秋》整体篇幅有限（大多只有 20 余页），"一周述评"专栏里的文章虽每期只有 4 篇左右，但内容极为广泛，如创刊号的《国联之把戏》《经济会议》《抚顺之屠杀》《国府回銮》，以及第 2 卷第 4 期的《国联的把戏》《日军的进攻》《各地的花样》《群众的抗日》等。这些文章擅长针对国内经济制度、经济状况，分析并批评一切现实的政治罪恶，指示广大民众的出路，探讨农民问题、生产与消费问题、教育问题、国际问题等。

《苏俄评论》创刊于 1931 年的南京（1931 年设有新闻述评专栏）（1937 年停刊），由留俄同学会主办，苏俄评论社编辑出版，月刊，属于政论刊物，主要栏目有专论、时评、俄事短评、述评、纪事、新闻拾遗、一月简评、时事论坛、问题研究、外论移译、现代史料等。《苏俄评论》注重对苏俄国内时事进行评论与分析，登载十月革命前后的俄国文艺作品，曾先后设有"述评"和"时事述评"专栏，且内容多以俄事为主，除"日俄问题专号"（1931 年第 2 期）的"述评"栏中清一色的苏俄问题外，其他刊期内的新闻述评专栏也呈现出苏俄问题主导的情况，如第 3 卷第 1 期"述评"专栏中的 3 篇文章——《对俄复交步骤之商榷》《苏俄对于满洲伪国态度之分析》《远东时局与苏俄五年计划》，以及第 3 卷第 2 期"时事述评"专栏中的 3 篇文章——《美俄邦交之新趋势》《日俄渔业之新纠纷》《今日

---

① 春秋编辑部:《开场白》,《春秋》1932 年第 1 期。

之中东路》，谈的均是与苏俄相关的近期大事。

　　除此常设述评专栏的报刊外，还有《南星评论》①《桂潮》②《香港华商总会月刊》③《南声》④《三日要闻》⑤《世界文化⑥》等，也在刊行期间间断地设有新闻述评专栏。

---

① 1931~1932 年设有述评和政治述评专栏，属文艺刊物，创刊于香港。
② 1932 年设有述评专栏，属社科综合刊物，由上海持志学院广西同学会创刊于上海。
③ 1934 年设有述评专栏，属经济理论刊物，创刊于香港。
④ 1935 年设有述评专栏，属地方综合刊物，创刊于南靖。
⑤ 1936 年设有述评专栏，属时政刊物，创刊于四川。
⑥ 1930 年设有述评专栏，属上海左翼文化总同盟机关刊物，由上海世界文化月刊社创刊于上海。

第六章　报刊新闻述评的第二发展期
（1937～1944年）

从目前所查证的600多份设有新闻述评专栏的报刊看，1926～1932年新闻述评的数量逐渐递增，1933～1936年则逐年递减，1937～1944年又呈现相对平稳的特势，由此可以推论，报刊对新闻述评文体与专栏的关注是呈现一定的规律的。1937～1944年恰是报刊新闻述评的大浪淘沙发展期。

前一时期，设置新闻述评专栏的报刊数量骤然增长，达到了1912～1949年的峰值，但总体来看，大多报刊在创刊之始就设立新闻述评专栏，然而新闻述评的写作要求极高，这些报刊往往办着办着其新闻述评文体就偏离了本貌，有与时评混淆的，有与短评合二为一的，也有将栏目办成叙事性纪事文的，更有将其作为噱头的。因此，整个第一发展期内的新闻述评质量有待提高，同时也因时代所限，该时期内绝大多数报刊都有一个弊病，即存在时间有限。故而这一时期从总体上呈现"参与的报刊数量多、专栏持续的时间短、述评文章的质量不高"的特点。

1937～1944年，设置新闻述评专栏的报刊数量较前一时期有所下降，然因抗日等因素的存在又有高潮呈现，并开始有名人、名篇和名栏的出现。总体而言，该时期新闻述评的"量"是减少的，而"质"是提高的。由此，本章仍以前章所提取的中心城市群、主流报刊群和常用专栏群为框架对该时期内设有新闻述评专栏的报刊，尤其是专栏自身进行分析。

第一节　新闻述评中心城市群的转移

第一发展期内设置新闻述评专栏的报刊主要集中在上海、南京、北京①、

---

① 1937年"七七事变"后，伪中华民国临时政府成立，将北平改名为北京，因此，第二发展期（1937～1944年）内的"北平"统称为北京。

广州，其中尤以上海、南京的报刊数量最为丰富，然随着南京、北京、广州等中心城市地位的弱化，重庆、汉口和成都中心城市地位的上升，重庆报刊数量达到最多。然而此时重庆设有新闻述评专栏的报刊数量也仅与上一时期的广州相当，由此报刊呈现大浪淘沙之势，具体见表6-1。

表 6-1　四大中心城市的新闻述评刊物

地点	刊物					
	1	2	3	4	5	6
重庆	世界政治	文化国际	协导	欧亚文化	时代精神	好男儿
	指导通讯旬刊	边声月刊	华侨动员	中山月刊	妇女新运通讯	新华日报
	文艺阵地	国讯旬刊	新音乐月刊	华侨先锋	气象学报	现代农民
	战地党政月刊	监运导报	军事杂志	经济论衡	政治建设	政工周报
上海	抗战	战时妇女	学生生活	民心	中国妇女	抗战半月刊
	日用经济月刊	中外金融周报	三民周刊	战线	英语月刊	先导
	金融周报	自学	译丛周刊	工商正论	独立周报	欧亚画报
	新东方杂志					
成都	国立四川大学校刊	新四川月刊	民声报	保甲训练	机声	战教周刊
	新新新闻每旬增刊	国际新闻周报	时事剪影	现代农民		
汉口	世界政治	战时日本	国民公论	时与潮	反攻	文艺阵地
	中山周刊					

除上述四大城市外，还有湖南、广东、山西、南京、北京等城市，其在新闻述评专栏的量上较有优势。

一　重庆新闻述评报刊群

抗战时期，重庆被定为战时首都和永久陪都，并成为中国抗战时期大后方的政治、军事、经济、文化中心，也是抗日民族统一战线的政治舞台。得益于此，重庆的报刊业也进入发展的春天。该时期内，有多地的多类报刊迁往重庆，如历经南京、汉口等地迁至重庆的政治刊物《世界政治》（1937 年、1943 年分别设有"一月来世界大事述评"栏和"世界政治述评"

栏）、自湖南迁至重庆的边疆建设刊物《边声月刊》（1938 年设有"中外大事述评"栏）、自汉口迁往重庆的文艺刊物《文艺阵地》（1937~1938 年设有"书报述评"栏）、自成都迁至重庆的农业与农村问题刊物《现代农民》（1942 年设有"农事述评"栏）、自南京迁至重庆的军事刊物《军事杂志》（1943 年设有"鄂西大捷述评"栏）等。还有各类报刊在重庆创刊，如文化交流刊物《文化国际》（1938 年设有"一月时事述评"栏）、政治性华侨刊物《华侨动员》（1940 年设有"时事述评"栏）、通俗性音乐刊物《新音乐月刊》（1940 年设有"音乐新闻述评"栏）、中国留比法瑞同学会会刊《欧亚文化：中国留法比瑞同学会会刊》（1940 年设有"每月大事述评"栏）、综合性刊物《中山月刊》（1941 年设有"一月述评"栏）、国民党中央海外部刊物《华侨先锋》等（1941 年设有"时事述评"栏）、综合性军中文化刊物《好男儿》（1942 年设有"时事述评"栏）、政治监察刊物《监运导报》（1942 年设有"时事述评"栏）等，这些刊物存在的共同特点即均设有新闻述评专栏。在这诸多设有新闻述评专栏的报刊中，荣誉军人职业协导会会刊《协导》、政治刊物《时代精神》和党委机关报《新华日报》刊登的新闻述评文章较多，而又以《新华日报》最为知名。

《新华日报》创刊于 1938 年（1940~1946 年设有新闻述评专栏），是中共中央长江局的机关报，也是抗日战争和解放战争初期中国共产党在国民党统治区公开出版的唯一机关报，该报对新闻述评文体的关注分为如下三个阶段。

第一阶段是未设置新闻述评专栏的 1938~1939 年。该阶段内的《新华日报》虽未设置新闻述评专栏，却有用述评笔法写作的文章，如 1939 年适逢"七七事变"两周年纪念时《新华日报》所出的特刊上的两篇文章《抗战两周年来之军事——为抗战两周年纪念作》（陈诚）、《抗战两周年中国经济底①总结》（许涤新）就用的是夹叙夹议的方式。同时，该时期《新华报》已开设有"一周战况概述"一栏，其以军事为题材，与此后所设的述评专栏在写法上、形式上均无二致，如 1938 年 12 月 30 日第二版的"一周战况概述"栏，署名陈诚，副标题为"自十二月十九日至二十五日"，既述又评地对广州、华中、华北、绥远等方面的战况予以了介绍性评价。

---

① 原文写为"底"，实应为"的"

第二阶段是尝试设置新闻述评栏的 1940~1942 年。该阶段内《新华日报》的新闻述评专栏又分为几种常态：（1）每隔两周设"国内两周述评"和"国际两周述评"栏，前者一般署名秦越，后者一般署名燕如，如 1940 年 7 月 16 日的第二版左方设有"国内两周述评"，第三版下方设有"国际两周述评"，述评的是自六月三十日至七月十三日的时事；（2）每隔一周或设"国内一周述评"，或设"国际一周述评"，如 1940 年 8 月 7 日第三版设有"国际一周述评"，署名熊复，述评的是自七月二十九日起至八月四日的时事，而 1940 年 8 月 20 日第二版设有"国内一周述评"，署名祝广，述评的是八月十一日到十七日的时事；（3）在连续两天的报纸上连续设"国际述评"和"国内述评"栏，专栏名和标题开始分开，具体见图 6-1。

图 6-1 分上中下，上图左右分别出自《新华日报》1940 年 7 月 2 日的第二版和第三版，中图左右分别出自《新华日报》1940 年 8 月 7 日的第三版和 1940 年 8 月 20 日的第二版，下图左右分别出自《新华日报》1940 年 9 月 11 日的第三版与 9 月 12 日的第二版。其中有一个关于版面的共性问题，即《新华日报》常把国内的新闻述评专栏设于第二版，而把国际的新闻述评专栏设于第三版。可见 7 月 2 日的"国内两周述评"和"国际两周述评"栏属于上述的第一种类型，特征为标注时间范围，无大标题；9 月 11 日和 12 日则属于第三种类型，较于第一种类型，第三种类型的特征为不标注时间范围但有大标题；9 月 11 日第三版的"国际述评"栏的大标题为"罗国悲运的来踪去迹"，中间没有小标题，仅用段落标记"（一）（二）"等隔开。再如 9 月 12 日第二版的"国内述评"通篇不分小节，呈现为一篇长文，大标题为"敌汪的灭华阴谋"。

第三阶段是乔冠华主持"国际述评"专栏的 1943~1946 年。1942 年秋，国际述评专家乔冠华调入重庆，正值《新华日报》进行整风改版，其被指定为"国际述评"栏的负责人，自 1943~1946 年，除 1944 年 4~8 月乔冠华请病假外，该段时间的国际述评均由其执笔，这些文章"有根据，有系统，有文采"[1]，"运用马克思主义观点，正确解答军事与政治、军事与经济关系以及战争中的民心、士气等问题"[2]，气势磅礴，富于哲理，文字激

---

[1]　出自 1981 年 12 月访问乔冠华的谈话记录。

[2]　马光仁：《上海新闻史》，复旦大学出版社，1996，第 1015 页。

图 6-1 《新华日报》1940 年新闻述评栏

扬，不但"引起了各国通讯社的重视"①，也风靡了国统区各界，尤其是国

---

① 石西民：《报人生活杂忆》，重庆出版社，1991，第 62 页。

统区青年。每半月有"国际述评"栏的那期，总是早早被抢购一空，而同一份报纸也是几经传看；同时，应读者要求，这一专栏也于 1943 年、1945 年、1983 年三次结集成册加以出版①，足见读者的喜爱程度。正是在该阶段，《新华日报》的"国际述评"专栏蜚声海内外，而新闻述评文体也再次扬名，并为诸多报刊竞相模仿。

二　上海新闻述评报刊群

作为特别市，上海的政治、经济、文化在第一发展期和第二发展期内均极为出色，报刊业亦是如此。第二发展期内，这个兼容并蓄的城市内设有新闻述评专栏的报刊种类极为丰富，有抗战类，如《抗战》（1937 年设有述评专栏）、《战线》（1937 年设有五日时事述评专栏）等；有综合类，如《自学》（1938 年设有十日来国际大事述评专栏）、《三民周刊》（1939 年设有国内外一周大事述评专栏）等；有时事类，如《民心》（1939 年设有时事述评专栏）、《独立周报》（1941 年设有时事述评专栏）等；还有如《欧亚画报》（1942 年设有时事述评专栏）等综合性画报，如《先导》（1942 年设有时事述评专栏）等社会科学杂志，如《中国妇女》（1940 年设有一月来时事述评专栏）等妇女刊物，如《英语月刊》（1941 年设有国际述评专栏）等教育刊物，如《抗战半月刊》（1941、1942 年分别设有时事述评和半月时事述评专栏）等军事刊物等。其中，最令人瞩目的莫过于经济、金融类，代表性刊物如《金融周报》《中外金融周报》《日用经济月刊》②《工商正论》③ 等，而又尤以前两者对新闻述评的应用最为广泛和长久。

1.《金融周报》

《金融周报》创刊于 1936 年的上海（1937 年、1946 年设有新闻述评专栏），停刊于 1941 年 11 月，复刊于 1945 年 10 月，续出第 13 卷第 1 期，停刊于 1949 年 5 月。题头由孔祥熙署名，另有刊名《金融周刊》，属于金融刊物，被称为当代研究近代经济史的第一手资料。刊物先后设有"述评"

① 1943 年出版的两本小册子名为《形势比人还强》和《向着宽阔光明的地方》；1945 年出版的单行本名为《从战争到和平》；1983 年出版的文选名为《乔冠华国际述评集》。

② 1940～1941 年设有金融时事述评专栏，属经济刊物，由美商环球信托公司经济研究部创办于上海。

③ 1940 年设有时事述评专栏，属工商时事刊物，创刊于上海。

"国内经济述评""国外经济述评"等新闻述评专栏，具体见图6-2。

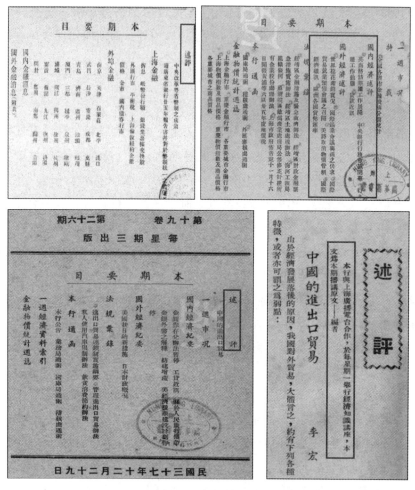

图6-2 《金融周报》不同时期的新闻述评专栏

图6-2分上下，是《金融周报》所设置的不同新闻述评专栏，其中，左上是最早期的"述评"栏，出自1937年第3卷第26期，位于刊物首栏，内有两篇文章，一是《中央改革粤省币制之成效》，二是《读广东省银行二十五年报告书并对于币制统一之瞻望》，均有作者署名，篇幅相当，两篇文章各占两页（四个半页）；右上是中期的"经济述评"栏，出自1946年第15卷第17期，每期两栏，称为"国内经济述评"和"国外

经济述评"，常注明时间范围（如"自十月十三日至十九日"），均有署名，内容偏多，如该期"国内经济述评"有《英商务访华团工作展开》《中央银行行务会议闭幕》《行总工作动态》《贷款近讯》等 4 篇文章，"国外经济述评"则有《世界棉花产销实况》《国际锡业会议与锡之供求》《国际贸易就业预备会议之召开》《美将取消物价管制》《国际经济杂讯》《欧洲各国货币汇率》等 6 篇文章，共占刊物正文内容的近 40%；左下和右下是该刊终刊号的"述评"栏，出自 1948 年第 19 卷第 26 期，内有新闻述评文章 1 篇，位置一如初始，是刊物首栏，但每期的栏目标识与大标题之间都会有说明（如右上）——"本行与上海广播电台合作，于每星期一举行经济知识讲座，本文为本期播讲原文——编者"。正文内容一般有两页的篇幅，述评相间，分析得当。

2.《中外金融周报》

《中外金融周报》创刊于 1938 年的上海（1938 年设有新闻述评专栏），由金城银行总经理处调查科编辑并发行于上海，主要反映汇兑及金银统计、商品市况统计、中外证券统计等情况，并对一周的金融商品、证券和对外贸易情况进行分析，还发表国内外经济和贸易通讯，刊物自创刊就设有新闻述评专栏，称为"金融述评"，后又改为"国内金融述评""国际金融述评"等，具体见图 6-3。

图 6-3 分上下，是《中外金融周报》不同的新闻述评专栏，其中，左上右上为创刊号，即 1938 年第 1 期的目录和正文第一页，其述评专栏称为"金融述评"，位于刊物首栏，署名裕声，完全手写印刷。就首期内容看，其包含《欧局发展影响伦敦市场》《美政府将进行恢复市面》《黄金与国际汇兑》《一月份上海对外贸易》等 4 篇文章，占了刊物正文一半的篇幅，由此可见该刊对新闻述评文体与专栏的重视程度。左下右下系 1938 年第 6 期的目录与正文首页，其述评专栏已增设为两栏，分别称为"国内金融述评"和"国际金融述评"，无署名，亦完全手写印刷，前者内含《上海外汇》《汇划贴现率》《各种利率》①等 3 篇文章，后者内含《国际汇兑》《银价》

---

① 目录和正文不一致，目录中为《拆息与利率》，《各种利率》是正文中的标题。

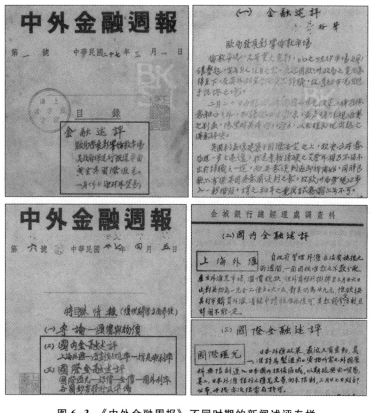

图6-3 《中外金融周报》不同时期的新闻述评专栏

《金价》《国外利率》《各国纸币发行及准备》① 等5篇文章。

  《中外金融周报》的"金融述评"从第1期持续至第5期,自第6期起增设为"国内金融述评"和"国际金融述评",内容随刊物总内容的增多而增多,关注题材多为汇兑、利率、贸易等金融方面,不失为专业类报刊中专业与新闻述评文体融合性应用的杰出案例。

三 成都新闻述评报刊群

  该时期成都有多种类型的报刊关注新闻述评这一文体,如设有新闻述

---

① 目录和正文不一致,目录中为《各国钞票发行及准备》,《各国纸币发行及准备》是正文中的标题。

评专栏的政治性新闻刊物《新新新闻每旬增刊》、军事新闻刊物《国际新闻周报》，以及校刊（如《国立四川大学校刊》）、训练刊物（如《保甲训练》）、地方建设刊物（如《新四川月刊》）、综合性刊物（如《机声》）、教育刊物（如《战教周刊》）、抗日救亡进步报纸（如《民声报》）、农业与农村问题刊物（如《现代农民》）等亦设有新闻述评专栏，现择部分要刊介绍如下。

1.《新新新闻每旬增刊》

《新新新闻每旬增刊》创刊于 1938 年的成都（1938 年设有新闻述评专栏），是成都新新新闻报馆发行的时事评论刊物，旨在"守着自己的岗位发挥言论"，曾在代发刊词《第一次纪念双七》中提出：要在与强寇斗争中，将国家的力量从战争中培养发展起来，要将国家升进至自由平等的境域。朱光潜、茅盾、夏衍均为创刊号撰文。该刊发行时间较长，每期约 50 页，设置时事评述、论著、现代文献、文艺、时事日志、法规摘要等栏目。其中"时事评述"篇幅最长，主要刊登国内外时政评论和局势分析，如《欧战对日本经济之影响》《苏联外交政策之述论》，还有国内时政分析的文章，如《略论贪污来源及铲除原则》一文从政治、经济、教育、法律等角度探讨国内贪污腐败和其治理问题。

该刊创刊号即设"时事述评"专栏，登载述评文章 5 篇，分别为《祝国民参政会》《倭国对华宣战问题》《海南岛问题》《英义协定与西志愿兵撤退》《川军三期出川》。在内容上，多采用评述结合的笔法，"述"引出新闻事实；"评"综合时局状况，表明观点，分析趋势。如《倭国对华宣战问题》一文，首先对新闻事实进行说明："前日报道，倭国陆相板垣主张最近对华宣战……"继而综合时局对日本此举的原因和目的进行分析："如对华宣战，则不但可以把华北数省及其他占领区域，公然宣布吞并……或可使武器不能自给自足的中国，早日解除武装……"在此基础上又对此举的不当之处与可施行性进行重点分析，共罗列五点理由，充分论证之后，表明日军此举"对我国的恶影响较小，而对倭国的恶影响则较大"。

作为常设专栏，时事述评多位于刊首，内容涉及国际大国间局势动态，如《日苏关系又紧张》（1938 年第 2 期）、《英倭谈判的意义》（1938年第 4 期）、《欧战的现阶段》（1940 年第 33 期）；国内的相关报道如全国战局态势，此外难民、边防问题，战时金融状况等也是其关注的重点，但此类报道多集中在西南各省，如 1938 年第 2 期、第 3 期的《四川财政的转捩》《四川的治安问题》《四川边防问题》等。该述评专栏的文章均有署名，多为凤林、迪仙、骏等，由此可见该刊已有固定的专栏写作群，这也是其时事述评长期稳定存在的一个重要原因。

2.《保甲训练》

《保甲训练》创刊于 1936 年的成都，属训练刊物，旨在实施政治军事训练，健全保甲干部人才；主要刊登研究保甲训练方面的文章，以及四川省保甲干部训练班章程、政治和军事科目表等。该刊 1937 年第 3 卷第 1 期至第 4 卷第 3 期均设"时事述评"栏目，刊载国内外战局、时政、民生等信息。其中，在第 3 卷的第 1~4 期均标注述评栏目内容的起止时间，如第 3 卷第 2 期的专栏即在下方标注"四月二十一日起五月五日止"。在内容安排上，每期述评专栏文章大多 4~5 篇，每篇文章篇幅约占半页，如第 3 卷第 2 期中，有对当年 4 月 21 日至 5 月 5 日的时事的记述，分别为《西班牙内战激烈》《华北形势日趋紧张》《日政党开始竞选》《刘主席关怀民瘼》《朱庆澜将军入川》，对半月间内外时事进行简要述评。然就栏目整体看，内容较多关注四川省域的时事，如《乡民迷信太深应当善为劝导》《全川物展会开幕》（1937 年第 3 卷第 1 期）、《省府三年建设计划》（1937 年第 3 卷第 3 期）、《川越之外交谈》和《走私潮在四川》（1937 年第 4 卷第 4 期）等，涉及四川省内建设规划、民生民情等各方面内容，文章多未署名。

此外，该刊历来有在刊物倒数第 2 页设《编辑后记》的惯例，自 1937 年第 3 卷第 1 期起设"时事述评"栏开始到终刊期间，有 4 则《编辑后记》都提及了"时事述评"栏。一是 1937 年第 3 卷第 1 期的《编辑后记》，其称"本期，特开时事述评一栏，是为外县读者特设的"，言明了"时事述评"栏开辟的原因；二是 1937 年第 3 卷第 2 期的《编辑后记》，其称"每期的时事述评，我们想把它尽量充实起来，从下期起并将特开一通信栏，披露一二期同学在外工作情况，使大家精神上有进一步的吻合"，言明了编者在创设"时事述评"栏时的态度；三是 1937 年第 3 卷第 4 期的《编辑后记》，其称"编者惭愧得很，本期除写'时事述评'汇集有关建校救灾之新闻，帮助同学了解现实整治外，自己仅写了一篇'如何作抗日宣传'"，印证了民国新闻史上著名的"编辑写新闻述评"之现象；四是 1937 年第 4 卷第 4 期的《编辑后记》，其称"本期因文章太多，已由编者写了一篇论华北事件的文章，时事述评，就没有写，请大家原谅编者的偷懒！"言明了终刊号上未能延续"时事述评"栏的原因。

3.《新四川月刊》

《新四川月刊》创刊于 1939 年的成都（1939 年设有新闻述评专栏），属地方建设刊物，停刊于 1940 年 10 月，由易君佐担任主编。《新四川月刊》以宣扬抗战建国、建设新四川为宗旨，倡导学术与政治打成一片。主要论述抗战时期政治、经济、教育和地方建设，提倡科学技术研究。内容涉及国民党政府战时各种政策、四川经济统计的论著、社会教育等方面的调查资料和地方新闻，还有关于四川的重要文献、文艺作品的论述和建设四川的图画照片等。

该刊自 1939 年第 1 卷第 2 期起设"一月来国内外大事述评"栏目，正如其在该期的《编余》一文中所言，"本期新添了一月来国内外大事述评，是请余文豪丁伯骝二先生来稿，简明正确，便利阅者，必受最大之欢迎！"该刊颇喜在栏目标题下标注日期，如 1939 年第 1 卷第 2 期即标明"五月一日至三十一日"，本期栏目共包括两大部分四类内容。第一大部分为国内部分，《空袭下的重庆》一文对重庆遭受空袭的状况进行述评报道；"一月战况"对国内战况进行分区评述说明，分为广东战况、江西战况、湖北战况及晋豫战况；《汪精卫之无耻》一文则以评述结合方式对汪精卫的行为进行批判。第二大部分为国际部分，主要对大国间的政治军事关系进行分析评述，如《德波纠纷》《德意军事同盟》《倭寇的末日快到了》等文。该栏目每期在内容设置上虽有不同，但总体大多分为国内国外两大部分。

四　汉口新闻述评报刊群

该时期内的汉口亦有不少报刊开设新闻述评专栏，这些刊物中，有诸如《诚化》（1937 年设有"时事述评"栏）等政治刊物，也有诸如《中山周刊》（1938 年设有"一周大事述评"栏）、《国民公论》（1940 年设有"半月时事述评"栏）等综合性刊物，还有诸如《战时日本》（1938～1941 年设有"时事述评"栏）等战时刊物，同时，在武昌也有包括《战时乡村》（1938 年设有"时事述评"栏）、《楚锋》（1939 年设有"半月时事述评"栏）等刊物设有新闻述评专栏，其中尤以汉口的《中山周刊》和《国民公论》对新闻述评专栏和文章的关注度较高，应用性较为广泛。

1.《中山周刊》

《中山周刊》创刊于1938年的汉口（1938年设有新闻述评专栏），为综合性刊物，由汉口中山学社编辑并发行，主要阐述抗战时期国民党政府对外方针，宣扬以三民主义统一抗日战线，评述国际政局与中国抗战的关系，分析金融形势，研究军事问题，鼓吹国民党领导抗战到底；内容涉及国际政治，财政金融，工业、农业、交通运输业及文化教育等方面的问题，也报道抗日战况，后改名为《中山半月刊》。

《中山周刊》每期共16页左右，一般最后一页固定为"一周大事述评"专栏，该专栏往往有一个共同的主题，写法上一般采用"总+分"的形式。如1938年第10期，共有《鲁南战事》《各战场的战况》《国民参政会组织条例》《敌国内部的危机》《英意协定》《法国新内阁》《海军军备竞争问题和西战的现状》等7篇文章，均为军事题材，故在栏目开始时作者用一句话来介绍——"这一周来，军事上最使我们注意的仍然是……"总结起来即"总（一句话）+分（7篇小文章）"的形式。再如第11期，使用的仍是"总（一段概述）+分（11篇小文章）"，其概述部分为"敌重新调整内部，抽调各线的精锐，齐集在津浦，所有新武器，以至于毒气，均使用到了，可是仍然一筹莫展。连日以来……"至第16期时，虽仍是"总+分"的形式，但只是加大加粗字号突出了每段的开头第一句，并无小标题，而"总"的部分字数更多。由此而知，《中山周报》在当时采用的已是不同于以往的各题材混合的专栏，专栏已开始从"综"走向"专"，或者说就是"军事述评"栏的前身。

2.《国民公论》

《国民公论》创刊于1938年的汉口（1938年设有新闻述评专栏），属综合性刊物，半月刊，后因日寇所迫，从第4期起迁到了重庆和桂林，分两地出版，1941年12月1日第5卷第1期停刊，创刊目的如在第9期"编辑室"当中曾提到的，"能成为全国性的刊物，并能够反映全国舆论界的意见"。该刊由张仲实编辑并发行，国民公论社编辑，在内容方面主要刊登国内政治和国际形势短评，阐述抗战形势与任务，分析抗战时期中国的抗战情况、战时经济、文化运动状况，报道国内战局、欧战内幕、苏日关系等。

该刊前期虽未明确出现述评专栏，但有部分文章采用述评笔法撰写，夹叙夹议。如 1938 年创刊号文章《最近的欧局》，即采用"总＋分"的结构，首先在引言部分对欧洲时局进行概括性的总述，介绍欧洲局势动向，而后又分为 4 篇小文章——《从德国政潮到德奥合伊》《现实外交下的英意协定》《英法合作及英法同盟》《德国准备进攻捷克的加紧与陆军大操》，既述又评，对欧洲战局中的主要国家关系与战争局势进行详细的剖析；再如《三个月战地工作的感想与建议》（1938 年第 1卷第 3 期）一文，属记者述评类文章，署名为牧华，该篇文章以第一人称视角，对其战地工作期间的见闻进行概述，并就动员青年上前线、加强军队政训工作等问题进行分析并提出建议。此外，该刊 1939 年第 2卷第 1 期至 1930 年第 12 期均设置短评专栏，发表评论文章，其中也不乏采用夹叙夹议笔法撰写的文章。

该刊正式的述评专栏出现于 1940 年第 4 卷第 1 期中，为"半月时事述评"专栏，每期文章 4 至 10 篇，对半月间时事新闻进行介绍，内容广泛，涉及国内外政治、军事、经济、民生等各方面内容，如第 4 卷第 2 期述评专栏，有《"八一三"三周年以后的任务》《兵役与民运》《军事机关与人民自由权利》《粮食管理与政治革进》《泛美大会结束》《苏联和平外交的新胜利》《德育英战局展开》《敌阁声明所谓基本国策》等 8 篇述评文章。此外还包括独立的国内外政治、军事相关报道。截至 1941 年第 5 卷第 1 期停刊的前一期，半月时事述评专栏为常设专栏，固定位置为刊首。

第二节 新闻述评主流报刊群的拓展

与第一发展期相同，该时期内设有新闻述评专栏的报刊亦形成主流，虽在排名上前后有变，但仍以时政类、专业类、综合类和政党类为主，同时，因该时期内的政治局势，全国多个地区都涌现了颇具时代担当的一类报纸——抗战报刊，此类报纸很快成为设有新闻述评专栏的第五大主流报刊群，具体见表 6-2。

表 6-2　五大主流报刊群的新闻述评刊物

类别	刊物					
	1	2	3	4	5	6
时政类	世界政治	诚化	人生周报	文化引擎	星岛周报	国魂
	新新新闻每旬增刊	新动向	黄花岗	战时青年	战时日本	动员
	地方政治周刊	胜利	建军半月刊	时代批评	地方政治	译丛周刊
	广西学生军旬刊	民心	福建导报	华侨动员	新亚	县政研究
	湘潭县政府公报	胜利	时代精神	时与潮	中外导报	干训月刊
	自贡市政府公报	自卫月刊	反攻	大东亚周刊①	新闻月刊	向前
	革命与战争	政治知识	行健	行政与训练	政工周报	战时工人
	福建训练月刊	独立周报	时事剪影	监运导报	文化导报	浙江潮
专业类	时事半月刊	保甲训练	五育	金融周报	保安周刊	日用经济月刊
	中外金融周报	战教周刊	边声月刊	文艺阵地	文化国际	新新闻半刊
	河南省第十区行政周刊	服务	战干	战教周刊	教育短波	新四川月刊
	江西地方教育	古碑冲	新音乐月刊	英语月刊	气象学报	边疆
	卫理	现代农民	大风	先导	政治建设	燕京新闻
	新生	立言画刊	地学集刊	新知识月刊	大公报	现代英语杂志
	会讯	经济论衡				
综合类	晨光周刊	青年	创导	公言	星岛周报	益世周报
	中山周刊	自学	新生路月刊	挺进	中国公论	三民周刊
	星焰	广大知识	侦察机	西北角	陕政	国民公论
	中国导报	新东方	抗建月刊	中山月刊	清华周刊	民族文化
	当代评论	好男儿	边政月刊	欧亚画报	国民杂志	华中周报
	机声	建设研究	新云梦月刊	时事简讯	天声半月刊	

① 虽属日伪刊物，但其对新闻述评专栏的设置更加证明了新闻述评文体在当时的普遍流行及所担负的功能性征。

续表

类别	刊物					
	1	2	3	4	5	6
政党类	战时童子军	楚锋	党讯	防空军人	华侨先锋	战地党政月刊
	指导通讯旬刊	解放日报	新华日报	抗战半月刊	海军建设	海军整建月刊
	八路军军政杂志	遵义党报	晋察冀日报	军事杂志	广西日报	国际新闻周报
	时事参考资料					
抗战类	抗战	战线	唯力	战时知识	四川动员	战时乡村
	保安通讯半月刊	决胜	抗战周刊	抗建	民声报	祖国呼声

除上述报刊外，还有诸多类别，如文学类、市政类、宣传类、气象类等，但在数量上均未成主流之势。

一　新闻述评时政类报刊群

在已查证的 60 余份时政类报刊中，大体有三种类别：一是时事类，如时事评论刊物《时代批评》（1939 年设有"时事述评"和"国内外时事述评"栏）、时事刊物《民心》（1939 年设有"时事述评"栏）等；二是政治类，如政训刊物《行政与训练》（1942 年设有"时事述评"栏）、政工刊物《政工周报》（1942 年设有"两周时事述评"栏）、政治监察刊物《监运导报》（1942 年设有"时事述评"栏）、政务刊物《福建训练月刊》（1943 年设有"时事述评"栏）、市政刊物《自贡市政府公报》（1944 年设有"国内外时事述评"栏）、政治刊物《动员》（1938 年和 1939 年分别设有"一月来国际形势述评"栏和"过去一周时事述评"栏）；三是时事政治类，如时政刊物《文化引擎》（1937 年设有"时事述评栏"）、时政翻译类刊物《译丛周刊》（1939 年设有"人物述评"栏）、实证性进步刊物《浙江潮》（1944 年设有"十日述评"栏）等。其中，尤以《星岛周报》《胜利》《战时日本》对新闻述评专栏的应用度为最。

1.《星岛周报》

《星岛周报》创刊于 1939 年的香港（1939 年设有新闻述评专栏）（另

有同名刊物《星岛周报》，1937 年创刊于新加坡，亦设有新闻述评专栏"每周时事述评"），时事政治刊物，停刊于 1939 年 9 月第 19 期；复刊后第 1 期出版于 1946 年 3 月，从这期起有英文并列题名 "Star Island Weekly"，停刊于 1946 年 3 月第 2 期。由星岛周报社编辑并发行，编委包括金仲华、叶启芳、罗戊土、戴望舒等人。刊物设述评、时论介绍、漫谈、画报等主要栏目。撰稿人有胡愈之、曹聚仁、金端苓等。如《创刊词》所写，其发刊目的在于以"这点地利上的方便，把国内抗战建国的真实情况，以及著名作家的重要文字，充分介绍于我侨胞读者；同时，也将以侨胞对于祖国抗战的热烈情绪，以及侨胞所感到关切的问题，随时在本刊发表，使国内同胞得有充分之认识"。该刊自创刊起即设"一周时事述评"专栏，具体见图 6-4。

图 6-4 分上下，均出自《星岛周报》1939 年第 1 期，左上为创刊词，右上为目录，下图为"一周时事述评"正文。在左上的创刊词中可看到该刊创设新闻述评栏的缘由，其称"日报，晚报，晨报，均为每日出版，其中所载新闻，重在时间性，而不在系统性，换言之，新闻都求其新鲜，迅速，而不能求其充分有系统的析述。这种有系统的析述，可以求之于周报。在欧美各国的著名报纸，如英国的泰晤士报与孟乞斯脱导报，美国的纽约时报与纽约论坛报，苏联的莫斯科日报等，都有周刊出版，其销行之广，较之日报，有过之，无不及，原因即在于能够有系统地析述时事，以补日刊的新闻报道之不足。这次我们发刊周报，也是以同样的理由，希望在新闻工作方面，能有所补助。"

同时，由右上图和右下图可见，《星岛周报》自创刊始即设新闻述评专栏，但目录和正文的专栏标题有所差别，目录称为"一周大事述评"，正文称为"一周时事述评"，此现象持续有三期，至 1939 年第 4 期起，方实现目录与正文标题的一致，统称为"一周时事述评"。再看图 6-4 的下图，其栏目名称横跨两个版面，并主设两大内容板块：国内大事板块由罗戊土主笔，国际大事由钟建鼎主笔，每期各刊文 4 篇左右，每篇文章 400~500 字，篇幅短小精悍，同时每版均结合述评内容辅之以漫画、照片等，生动形象，阅读的趣味性较强。如 1939 年第 2 期，国际大事部分刊登《苏联外交活跃》《但泽问题严重》《三国首揆演说》《英土签订协定》4 篇文章，并附漫画 3 幅，对第二次世界大战时期远东战场的时局、各国外交政策的变动情况

图 6-4 《星岛周报》创刊词与"一周时事述评"专栏

进行评述；国内大事部分则以介绍国内抗日战争运动为主，如《全国实行精神动员》（1939 年创刊号）、《鼓浪屿与上海天津》（1939 年第 3 期）、《津局日趋严重》（1939 年第 7 期）等，均通过对抗战实况的刊载，呼吁动员国内群众团结一致，共同打倒侵略者。

2.《胜利》

《胜利》创刊于 1938 年的浙江方岩（1939～1940 年设有新闻述评专栏），周刊，停刊于 1941 年 12 月，后又于 1943 年 6 月复刊，改为月刊，内容改为文摘体裁，由胜利周刊社编辑并发行。该刊属于时政刊物，以"阐扬三民主义，宣传抗战政策"为主旨，分析国内外政治、经济、军事等问题，刊载时事宣传、战区教育、财政经济等方面的文章，也有文艺、漫画等作品，刊物集合国内外著名的报章，翻译了很多有价值的文章；同时，刊物又有丰富的第一手资料，是研究抗战以来中国政治、经济、文化的重要史料来源。该刊自1939年总第44期起设新闻述评专栏，称为"国际时事述评"，起初栏目并不固定，时有时无，后至第47期开始改名为"两周时事述评"并以两周一次的频度固定下来，具体见图6-5。

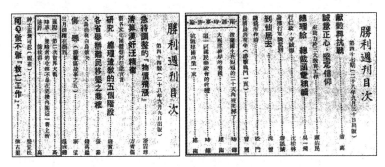

图 6-5 《胜利》设置的两个新闻述评专栏

图6-5分左右，左图出自《胜利》1939年第44期，右图出自该刊1939年总第47期，从左图到右图，不仅栏目名称发生了变化，且在题材上加入了国内时事的成分。在国内方面，涉及政治、军事、教育情势，如政治方面的《国民大会暂缓召开与国民参政会继续召开》（1940年总第101期）、军事方面的《钱塘江岸战事》（1940年第65期）、教育方面的《民国教育会议：教育为立国之大道、扫除文盲则有赖于国民教育的推进》（1940年总第71期）；在国际方面，擅长对国与国之间的经济、政治、军事等进行评述分析，述评对象兼及英、美、苏、日、德、法、意大利、希腊等多个国家，具体如《苏联加紧向芬兰进攻》（1940年总第69期）、《美海军在太平洋举行大演习》（1940年总第75期）、《希腊为国家独立而战：抵抗侵略国，维持希腊古代光荣》（1940年总第105期）等。

3.《战时日本》

《战时日本》创刊于1938年的汉口（1939～1941年设有新闻述评专

栏），国际政治刊物，月刊，由战时日本研究会发行，1942 年 1 月 15 日停刊。该刊以"激发民族精神，暴露敌人弱点，提高民族自信心"为主旨，以时事评论、讲座、外论政策、敌情研究、专载等形式，专门研究战时日本问题，分析战时日本各种问题，揭露其弱点与政治、经济、军事等方面的危机，暴露敌人对我国的阴谋，评介日本与中、美、英、德、苏等国关系，剖述日本帝国主义的本质，探讨对敌宣传工作方案。刊物自创刊即设"时事述评"专栏，具体见图 6-6。

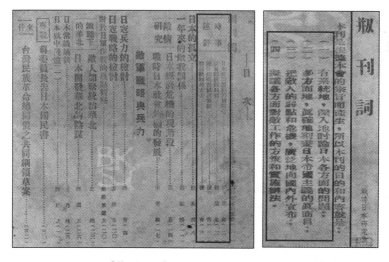

图 6-6　《战时日本》关于新闻述评的目录与发刊词

图 6-6 分左右，均出自《战时日本》1938 年第 1 卷第 1 期，左图系目录，右图系《发刊词》，在言明刊物目的和内容的同时，将"时事述评"栏的功能也一并表明，其称"本刊是根据本会的宗旨而产生，所以本刊的目的和内容就是：（一）有系统地，深入地讨论日本各方面的问题；（二）多方面地，真确地刻画日本帝国主义的真面目；（三）把敌人的弱点和危机，广泛地向国内外宣布；（四）拟议各方面对敌工作的方策和实施办法"。同时也称"我们要在上列的目的范围内，发表文字，贡献抗战，我们愿以成绩来和社会见面，以取得社会的信任，并增强各方面对于这种工作的重要性的信念"。左图黑框内部分为该刊设置的"时事述评"专栏，其登载《日本反战运动的国际化》（宋斐如）、《法日关系的恶化》（张铁生）、《国民参

政会议与对日抗战》①《欢迎欧特莱女士》（凌青），对当时日本的军事、社会问题进行研究，揭露其弱点与危机。作为一本专门研究战时日本的刊物，其专栏文章的侧重点也放在日本，通过系列文章，如《日本国内的火药味》（1939 年第 2 卷第 2 期）、《日本急于与苏联谈判的认识》（1939 年第 3 卷第 6 期）、《日本对美软硬并施》（1939 年第 3 卷第 3 期）、《日本排英运动》（1939 年第 2 卷第 1 期）等，分析二战初期日本的政治、经济、文化教育、外交政策和国际地位，评介日本与中、美、英、德、苏等国的关系，介绍中日战争的态势及其变化趋势等，深刻揭露了日本帝国主义的真相，以便各方面制定对敌方策。

二 新闻述评专业类报刊群

在诸多设置新闻述评专栏的专业类报刊中，除《英语月刊》（1941 年设有"国际述评"栏）、《战教周刊》（1939 年设有"教育述评"栏）、《服务》（1939 年设有"时事述评"栏）、《现代英语杂志》（1944 年设有"每月大事述评"栏）等相对集中的教育类刊物外，其他刊物呈现两个特征：一是行业类分极为分散，如保安刊物②、文艺刊物③、经济刊物④等；二是研究领域极为分散，如民族问题刊物⑤、新闻时事刊物⑥、边疆问题研究刊物⑦等。其中，尤以培训刊物《古碑冲》和战时干训刊物《战干》对新闻述评专栏的应用相对广泛。

1.《古碑冲》

《古碑冲》创刊于 1940 年的安徽立煌（1940 年设有新闻述评专栏），由安徽党政军工作人员训练班编行，属国统区培训类刊物，三日刊，其以适应抗战需要，培养政治、军事、文化上的生力军为主要任务，以报道学员训练班实况、介绍工作经验、刊登训练班学员的文章等为主要内容，具有

---

① 目录该题名的目录与正文不符，目录中是《对日抗战与国民参政》，《国民参政会议与对日抗战》是正文中的标题。
② 如《保安周刊》，1937 年设有"时事述评"栏。
③ 如《文艺阵地》，1937~1938 年设有"书报述评"栏。
④ 如《日用经济月刊》，1940~1941 年设有"金融时事述评"栏。
⑤ 如《五育》，1937 年设有"述评"栏。
⑥ 如《时事半月刊》，1937~1938 年设有"时事述评"栏。
⑦ 如《边疆》，1941 年设有"边式述评"栏。

重要的研究价值。

该刊于头版固定位置常设"时事述评"专栏，除创刊号、第 6 期与第 16 期的"抗敌锄奸专号"和"学院党义论文专号"外，每期专栏刊登 2~3 篇时事述评文章，包括国内国际发生的事件，例如关于国内教育方面的述评《改善小学教师待遇》（1940 年第 11 期）、《加强战时教育》（1940 年第 9 期）；国内各地战事的评述，例如《鄂北战事仍激烈》（1940 年第 13 期）、《枣阳附近的战况》（1940 年第 14 期）、《晋南我军的活跃》（1940 年第 12 期）等。此外还有国际时事评述，例如璞山的《徘徊瞻顾中的意大利》（1940 年第 11 期）、《欧战近一周来的新序幕》（1940 年第 2 期）、《欧战扩大与美国参战问题》（1940 年第 9 期）等。

2.《战干》

《战干》创刊于 1939 年的西安（1939~1940 年设有新闻述评专栏），属战时干训刊物，三日刊，内容包括时事评论、抗战时期地方行政改进办法、怎样做游击队政治工作、中国社会性质与中国革命、一周时事漫笔、本团新闻等。

该刊先后设置"一周大事述评""一周时事述评""时事述评"专栏，通过夹叙夹议的述评笔法的运用，对当时国内外各方面态势进行报道，结合动荡的时局背景，该专栏文章多涉及国内外军事战局动态，如 1940 年总第 112~116 期，即对豫鄂会战的战况进行连续更新报道，刊发《豫鄂大会战我获全胜》《各路军事均有进展我愈战愈强》《豫鄂线敌连遭挫败，实力消耗殆尽》《豫鄂边境敌全军覆没襄西展开大血战》等一系列述评文章。在国际方面，擅长对国与国之间的政治与军事往来、纠纷等进行评述分析，评介战时主要国家如英、美、苏、德、日等国间的态势及关系变化趋势，如《英德在挪激战瑞典汲汲①可危》（1940 年总第 110 期）、《英意谈判决裂英苏谈判重开》（1940 年总第 114、115 合期）等，均对战局态势进行评述分析。此外，除明确设置的述评专栏外，该刊前期的一些文章也采用夹叙夹议的笔法进行写作，如 1939 年第 45~46 期的"一周时事漫笔"专栏，即采用"总+分"的结构安排，首先对一周态势进行总述，而后"将这一周国内外的时事，分述于后"。

---

① 应为"岌岌"。

三 新闻述评综合类报刊群

较于第一发展期，该时期设有新闻述评专栏的综合类报刊数量虽有所下降，且不敌时政类和专业类报刊，但这些综合类报刊对新闻述评专栏的应用频度相对较高，尤其是综合性刊物《中央导报》《国民公论》，以及综合性政治刊物《陕政》，均是第二发展期内新闻述评关注度极高的报纸。

1.《陕政》

《陕政》创刊于 1939 年的陕西西安（1940～1941、1945～1946 年设有新闻述评专栏），1948 年 10 月停刊，共发行 10 卷 2 期。由陕西省政府秘书处编译室编辑并发行。原为旬刊，1941 年起改为月刊，属于综合性政治刊物。该刊主要介绍陕西省政治、军事、教育、财政等各方面情况，并为地方自治的实行提供建议与参考，以及对欧洲外交战、英国与伊拉克战争等的报道评论，常设有"选载""陕政动态""时事述评""国内战讯""国外战讯"等栏目。该刊对研究陕西的政治、经济、文化、教育、军事、卫生等领域的实况具有重要的史料价值。该刊于发行期间多次设立"时事述评"栏目，且栏目位置逐渐变化，具体见图 6-7。

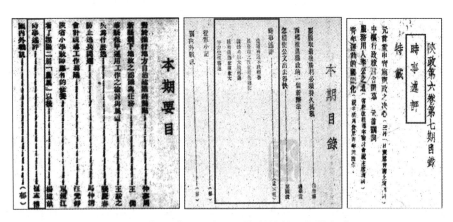

图 6-7 《陕政》"时事述评"栏的栏目位置变动

图 6-7 分左中右，左图出自《陕政》1940 年的第 40、41、42 合刊，其首次设置"时事述评"栏；中图出自该刊 1940 年的第 49、50、51 合刊，为

1940 年的最后一期；右图出自 1945 年第 6 卷第 7 期，系 1941 年“时事述评”栏停设后的复设。几年的时间里，“时事述评”栏从 1940 年初设时的倒数第 2 栏，到 1940 年最后一期时的居中，再到 1945 年复设时的首栏，证明了其在《陕政》上的地位逐渐提升。对于该栏的重要性，《陕政》也在一则《编后记》中有所表述，具体见图 6-8。

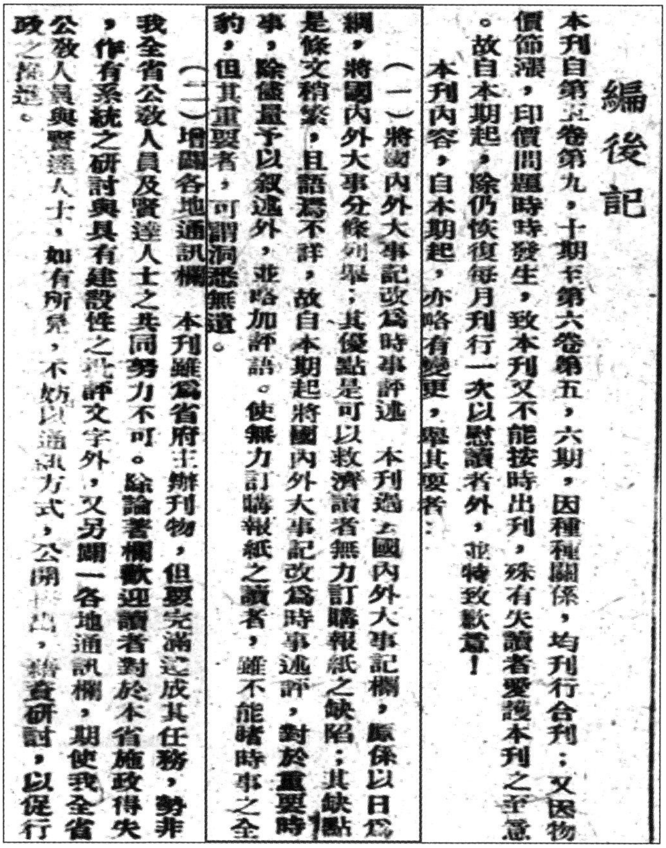
編後記

本刊自第五卷第九，十期至第六卷第五，六期，因種種關係，均刊行合刊；又因物價飛漲，印價問題時時發生，致本刊又不能按時出刊，殊有失讀者愛護本刊之至意。故自本期起，除仍恢復每月刊行一次以慰讀者外，並特致歉意！

本刊內容，自本期起，亦略有變更，舉其要者：

（一）將國內外大事記改為時事評述　本刊過去國內外大事記欄，原係以日為綱，將國內外大事分條列舉；其優點是可以救濟讀者無力訂購報紙之缺陷；其缺點是條文稍繁，且語焉不詳，故自本期起將國內外大事記改為時事述評，對於重要時事，除儘量予以敘述外，並略加評語。使無力訂購報紙之讀者，雖不能睹時事之全豹，但其重要者，可謂洞悉無遺。

（二）增闢各地通訊欄　本刊雖為省府主辦刊物，但要完滿完成其任務，勢非我全省公教人員及賢達人士之共同努力不可。除論著欄歡迎讀者對於本省施政得失，作有系統之研討與具有建設性之批評文字外，又另闢一各地通訊欄，期使我全省公教人員與賢達人士，如有所見，不妨以通訊方式，公開提出，藉資研討，以促行政之推進。

图 6-8　《陕政》关于“时事述评”栏复设的编后说明

图 6-8 出自《陕政》1945 年第 6 卷第 7 期的《编后记》，其称“本刊内容，自本期起，亦略有变更，举其要者：“（一）将国内外大事记改为时事评述。本刊过去国内外大事记栏，原系以日为纲，将国内外大事分条列举；其优点是可以救济读者无力订购报纸之缺陷；其缺点是条文稍繁，且语焉不详，故自本期起将国内外大事记改为时事述评，对于重要时事，除

尽量予以叙述外，并略加评语。使无力订购报纸之读者，虽不能睹时事之全豹，但其重要者，可谓洞悉无遗"，一举道明了"时事述评"栏目的重要性，也将新闻述评这一文体的功能与作用一一言明。就《陕政》刊登的这些述评文章看，其报道侧重点在于当时的战争态势，国内方面如《我军收复西南军略要点：南宁》（1940年第46、47、48合期）、《东北局势之演变》（1946年第7卷第9期）；国外方面主要是对欧战的持续关注，如《欧战烽火蔓延》（1940年第46、47、48合期）、《欧战范围愈演愈大》（1940年第49、50、51合期）等。此外，对国内外时政、社会运动等方面也有所关注，如《罗斯福三度当选美总统》（1940年第49、50、51合期）、《毛泽东应邀赴渝》（1945年第6卷第12期）、《节食救灾运动》（1946年第7卷第9期）等。述评专栏在该刊办刊的整个时期多次设置，并刊发多篇重要文章，足以见刊物对此专栏的重视。在写作手法上上，该刊善于在时事新闻信息的基础上，对时局进行各方面综合性分析，从而进一步阐明观点，《欧战走向长期途程》（1940年第21、22、23合期）一文即是如此。此文首先对近期欧洲的局势进行说明，即"密云不雨"，随后结合国际态势，从国际关系、社会成分、武器装备等方面来分析英、苏、德、美等核心参战国，进而提出此次欧战包含着许多复杂与微妙的关系。述评采用叙议结合进行分析的写作方式，报道战况且兼以分析时局，在满足战时信息需求的同时也鼓舞着民心。

2.《中央导报》

《中央导报》创刊于1940年的南京（1940～1944年设有新闻述评专栏），是汪伪政权所办的综合性刊物，主要刊载政治、经济、军事等方面的论述，报道国内外大事消息。该刊宣扬"中日亲善"，反对人民抗战，为日本帝国主义侵华战略服务。该刊"时事述评"专栏创刊初即设立，贯穿整个办刊时期，每期文章2~5篇，涉及国内政治、军事、经济、文化等各方面内容，如《上海金融界之新动向》（1943年第3卷第46期）、《限制增资升股》（1943年第4卷20期）、《澈查囤积与严禁赌博》（1943年第3卷第37期）等文；国际方面，对战时重大军事行动，主要参战国军事、外交及社会动态都有较为全面的述评，如《罗宾慕尔号事件》（1941年第1卷第47期）、《希墨两巨头会谈》（1943年第4卷第7期）、《美罢工潮方兴未艾》（1943年第4卷第15期）等。其中，因"中日亲善"宣传之故，刊物对中日、日本与其他国家的外交和军事关系方面的评述，多站在日方立场上。《九一八之回顾》（1943年第4卷第7期）一文美化"九一八事变"日军侵略的本质，并将其原因归于"中国未能采取直接交涉手段以致中日关系陷入不能相互理解之深渊"，甚至宣称日本由"七七事变""九一八事变"所挑起的大东亚战争是"东亚人解放的战争"，该专栏文章均未署名。从该刊存续期间的新闻述评文章可以看出时人对新闻述评作为功能性文体的重视。

四　新闻述评政党类报刊群

第二发展期内设置新闻述评专栏的政党类报刊呈现一个重要的特征，即数量有限但分量十足，如由国民革命军第八路军总政治部办的《八路军军政杂志》（1939年设有"×月国内军事动态述评"栏）、由国民党中央海外部办的刊物《华侨先锋》（1941年设有"时事述评"栏）等，尤其是《新华日报》《解放日报》《晋察冀日报》，以及由中国共产党领导出版的《广西日报》昭平版，刊物和专栏知名度都很大。

1.《解放日报》

《解放日报》创刊于1941年（1942~1946年设有新闻述评专栏），是由延安《新中华报》《今日新闻》合并而来，是抗日民主根据地出版的第一个大型日报，毛泽东为其题写报名并撰写发刊词，并对其创刊和成长付出了大量心血，也多次亲自写社论、改稿，并亲自安排和具体指导诸多工作。《解放日报》对新闻述评文体的关注可以1942年报纸改版为界分为前后两个时期。第一个时期内，《解放日报》尚未改版，常在报纸上刊登颇具新闻述评笔法的文章，如《美国在太平洋上的根据地》（1941年9月16日）、《英美封存资金及其对日寇和中国之影响》（1941年9月18日）、《太平洋上的困兽——日本》（1941年9月22日）、《敌寇对晋察冀军区的扫荡》（1941年10月11日）、《太平洋战争爆发对中国经济的影响》（1942年1月4日）、《敌寇搜捕华北壮丁的阴谋》（1942年1月5日）及《太平洋上每日新战略形势》（1942年6月1日）等均属此类。第二个时期内，响应改版的号召，《解放日报》对原有版面进行了大幅度的调整，并添加了新闻述评专栏，称之为"半月国际述评"、"国际述评"和"半月军事动态"。其中，在1942年下半年到1944年上半年的时间段内，有时在头版左侧，有时在第三版，往往设有"半月国际述评"和"半月国际动态",如 1943 年 7 月 6 日是"半月国际述评",1943 年 7 月 19 日是"半月军事动态",1943 年 7 月 22 日又是"半月国际述评",然而在进入1943 年后半年时,"半月军事动态"逐渐减少,"半月国际述评"则一直持续;在 1944 年后半年至《解放日报》终刊的这段时间内,其新闻述评专栏一般称为"国际述评"或"半月国际述评",但在时间上仍是半月一次,如 1946 年的 1 月 16 日设置了"国际述评"栏,在 2 月 1 日就又会有该栏。不同于其他党报,《解放日报》的"国际述评"栏是新闻述评在1912~1949 年报刊史上最成熟的状态,其详略得当、有理有据,既对事件进行尽可能全面的概括,也会对事件的发生背景、发展走向以及影响和意义等有所评述,故常为其他党报所转载。

2.《晋察冀日报》

《晋察冀日报》创刊于 1937 年(1943~1945 年设有新闻述评专栏),是中共中央北方分局、中共晋察冀中央局的机关报,当时名为《抗敌报》,1940 年 11 月 7 日改名《晋察冀日报》,1948 年 6 月 15 日,晋察冀边区和晋冀鲁豫边区合并,即改出《人民日报》(华北版)。该报对新闻述评文体的关注我们可从三个方面分析。

一是存续期间一直设有的"时事一周""半月时事""国内一周""国内外大事""半月敌情""国际一周"等类似新闻述评的专栏,其虽也有夹叙夹议的笔法,但篇幅短小,影响了新闻述评综述功能的呈现。

二是在 1945~1946 年所设置的"动态述评"栏,如 1946 年 4 月 4 日的"张市半月经济动态"和 1946 年 4 月 20 日的"本月贸易评述"等。

三是例行转载于《解放日报》的"国际述评"类专栏,如前述的"半月国际动态""半月军事动态""半月国际述评"等,具体见图 6-9。

图 6-9 分上下,上图左右分别是《晋察冀日报》1943 年 7 月 27 日和1944 年 7 月 13 日的新闻述评专栏,称为"半月国际述评",均在副标题的位置注明"解放日报"的字样;下图左中右系该报 1945 年 7 月 14 日的国际述评连载,分别述明"解放日报半月国际述评之一""解放日报半月国际述评之二""解放日报半月国际述评(三至五)",也证明了《解放日报》新闻述评的权威性。

图 6-9　《晋察冀日报》的新闻述评专栏

五　新闻述评抗战类报刊群

抗战类报刊有一个共同特点即在抗战期间创刊并以服务抗战为宗旨，其擅长以文字为工具，对日本侵略者及其帝国主义团伙予以口诛笔伐式的批判、揭露与抨击，同时也以鼓舞国人志气，号召国人奋起反抗、不做亡国奴为己任，故偏好新闻述评专栏的设置，在措辞上也极具煽动性，代表性刊物如《决胜》《抗战周刊》《战时知识》等。

1.《决胜》

《决胜》创刊于 1938 年的浙江金华（1939～1940 年设有新闻述评专栏），属抗日宣传刊物，停刊于 1941 年 3 月，范翰芬担任主编。据其发刊词，办刊目的主要在于"阐扬一切抗战建国理论……研究地方政治一切实际的问题，同时介绍国内外健全的言论，以做文化上的沟通"。在内容方面，有一周大事述评和国际形势报道，有对汪伪的讨伐，也有对敌占区人民苦难遭遇和抗战见闻的记述及有关抗日的文艺作品等。

该刊创刊前期曾设"一周国际"与"一周战局"栏目，虽未明确述评专栏的性质，但文章均采用述评笔法进行写作，在新闻报道的基础之上，叙议结合，夹叙夹议。如《大江南北激战正酣》（1938 年第 7 期）一文即采用"总+分"结构，首先对战局做整体描述，而后又对各路战况进行叙议结合的分述，包括"瑞阳线稍挫""南浔线剧战""广浠线苦斗""固潢线鏖战"四个部分。

图 6-10 《决胜》的"一周大事述评"与"两周大事述评"栏

图 6-10 分左右，左图是《决胜》1939 年第 2 卷第 23 期，为"一周大事述评"栏，右图是 1940 年第 5 卷第 13 期，为"两周大事述评"栏，主要刊登抗战局势的报道和评论、敌我形势的比较分析。专栏文章多署名为宗、摄闻、冷松等，有相对固定的新闻述评写作群。内容广及各方面：国际方面有中日关系、德法及苏芬等欧战核心国的消息等，如《欧战爆发》（1939 年第 2 卷第 23 期）、《苏联外交政策》（1939 年第 3 卷第 8 期）、《德法和约之教训》（1940 年第 4 卷第 24 期）、《法将实行独裁政策》（1940 年第 5 卷第 2 期）等；国内方面有战况《桂南我军获得惊人战果》（1940 年第 4 卷第 5 期）、教育《小学教师责重薪轻，中央颁布待遇规程》（1940 年第 4 卷第 20 期）、时政外交《参政会第五次大会开幕》（1940 年第 4 卷第 12 期）、《港缅交通中断国人应有之认识》（1940 年第 5 卷第 3 期）等内容，也有社会倡导类文章，如《征募寒衣》（1939 年第 2 卷第 23 期）、《倡导食用糙米》（1940 年第 5 卷第 11 期）等。

2.《战时知识》

《战时知识》1938 年创刊于昆明（1938 年设有新闻述评专栏），半月刊，1940 年 2 月停刊，属战时刊物，由战时知识社编辑发行，主要撰稿人有徐嘉瑞、刘惠之、高寒等。该刊旨在提高读者文化水准，阐明正确理论，分析国内外时事，增进后方民众对抗敌前途认识，激发民众抗战情绪。载文以分析当时抗战形势为主，兼有抗战散文、短文等内容，刊有《抗战建国纲领》《对华略战与日本内情》《日本的国内危机》《社会学研究大纲》、《文化上的分工合作》等文章。栏目设置上主要有文化消息、抗战史诗、半月时事述评、诗歌、半月时事分析等。1938 年 6 月 10 日，《战时知识》自创刊号起就率先设置了"半月时事述评"栏，并在《我们的立场和态度》一文中进行了说明，具体见图 6-11。

图 6-11　《战时知识》的创刊号目录与发刊词

图 6-11 分左右，均出自《战时知识》1938 年第 1 期，左图系该刊的发刊词，称为《我们的立场和态度》，其中提到"本刊的目的是：提高文化水准，阐明正确理论，分析国内外时事，增进后方民众对于抗敌前途的认识，加强民众抗战的情绪，贡献青年以正确的修养和学习底①资料，而对各项实际设施，作极恳挚的忠诚的建议"，在阐述办刊目的的同时，也道明了新闻述评文体的实质，即"分析国内外时事""增进……认识""加强……情绪""贡献……资料""作……的建议"。右图系该期目录，除了发刊词之

---

① 应为"的"。

外，"半月时事述评"栏位于首栏，且在正文中占据两个版面，刊登《第三期抗战的开始》《精诚团结更进一步》《六一金融会议开幕》《敌国内阁改组》《捷克问题依然紧张》等5篇涉及内外军事、经济等方面的文章，署名刘惠之，持续出版4期。至第5期，于同样位置，该栏目更名为"半月时事述评"，对半月间重要时事进行分析，承袭前栏目版面形式，在内容方面重点对国内军事动态进行评述，同时也涉及美、日、苏等国的政治外交相关事宜。该刊在传播国内外要闻信息的同时，通过述评性分析，也有助于增进后方民众对抗敌前途的认识。此后，《战时知识》又相继设立"半月时事分析"（如1938年9月25日版）、"时事分析"（如1939年6月12日版）、"最近战局与政局"（如1939年12月13日版）等专栏，这些虽未明确标明是新闻述评栏，但多用新闻述评笔法写作。

3.《抗战周刊》

《抗战周刊》创刊于1939的广东梅县（1939~1940年设有新闻述评专栏），周刊，由抗战周刊社编辑并出版发行。该刊以三民主义为指导，以服务民众为目的，关注地方事务建设，主旨在于协助政府，稳定地方金融，维护社会治安，动员民众力量保卫家乡，同时推进区域经济建设，提高读者文化水准，并协助抗战取得胜利。该刊曾交叉出现"一周大事述评""一周时事述评""时事述评"专栏，具体见图6-12。

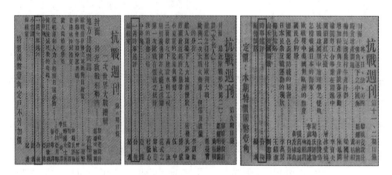

图6-12 《抗战周刊》设置的不同新闻述评专栏

图6-12分左中右，左图出自《抗战周刊》1939年第8期，系首设新闻述评栏的一期；中图出自该刊的第9期，右图出自该刊的第11、12合刊。新闻述评专栏名称改为"时事述评"后，固定且延续至1940年。结合特殊

的历史时期，该刊述评专栏文章多为国内、国际军事战争态势的分析报道，国内方面包括对重大战役、紧急军事情况的报道，同时还通过分析批判性的文章，对敌人的阴谋进行揭露，以动员民众力量，鼓舞民众，协助抗战，如《湘北会战》（1939 年第 9 期）、《我军乘胜分路挺进》（1939 年第 11、12 合期）、《赣北我军进展神速》（1939 年第 13 期）等均为对军事动态的分析；《倭寇的末路》（1939 年第 9 期）、《敌人的阴谋》（1939 年第 8 期）、《各地响应征募棉衣》（1939 年第 10 期）则是鼓舞民众对战争进行支援与协助。国际方面则主要集中在对美、苏、英、法等大国的军事和外交动向，对欧洲战场的预测与评论上，如《德苏义结合问题》（1939 年第 11、12 合期）、《苏联进军波兰》（1939 年第 8 期）、《美增防夏威夷岛》（1939 年第 10 期）等，该刊述评专栏的文章多署名为公侠、丘公侠。

第三节　新闻述评常用专栏群的承继

与第一发展期保持一致，该时期内的新闻述评常用专栏群仍锁定为四，并依旧呈现出以"时事述评"类专栏为主，以"大事述评"类和"国际述评"类专栏为两翼，附带"述评"类专栏的情状，具体见表 6-3。

表 6-3　四大常用专栏群的新闻述评刊物

类别	刊物					
	1	2	3	4	5	6
时事述评类	战时童子军	时事半月刊	保甲训练	青年	诚化	路向
	人生周报	公言	文化引擎	保安周刊	战时妇女	浙江青年
	新新新闻每旬增刊	唯力	教育短波	战时日本	战时乡村	海军整建月刊
	河南省第十区行政周刊	新新闻半刊	服务	新生路月刊	建军半月刊	指导通讯旬刊
	大众生活	星焰	侦察机	民心	国讯旬刊	江西地方教育
	保安通讯半月刊	西北角	协导	陕政	福建青年	华侨动员

类别	刊物					
	1	2	3	4	5	6
时事述评类	中央导报	县政研究	古碑冲	向前	工商正论	战地党政月刊
	妇女新运通讯	华侨先锋	安徽合作	好男儿	反攻	自卫月刊
	民潮·闽侨半月刊	中外导报	民族文化	海军建设	独立周报	青复月刊
	新云梦月刊	武冈	建军月刊	边政月刊	大风	革命与战争
	福建训练月刊	政治知识	协力	行政与训练	先导	战时工人
	建设研究	欧亚画报	监运导报	国民杂志	遵义党报	机声
	时事参考资料	时事剪影	新东方杂志	文化导报	广西日报	广播周报
	星岛周报	大陆周刊	决胜	中央周报	战时青年	战线
	星岛周报	胜利	地方政治	政工周报	当代评论	地方政治周刊
	抗战周刊	西北妇女	华中周报	大公报	战时知识	国际新闻周报
	国立四川大学校刊	抗日旬刊	福建导报	创导	社员生活	新青年
	广西学生军旬刊	战干	楚锋	抗战半月刊	天声半月刊	战地
	国民公论	枕戈	动员	文化国际	江西妇女	防空军人
	中国妇女	干训月刊	妇女杂志	会讯	广东妇女	新动向
	新四川月刊	挺进				
大事述评类	中山周刊	燕京新闻	抗建	大东亚周刊	天文台	国魂
	现代英语杂志	党讯	现代英语	黄花岗	曦光	边声月刊
	欧亚文化：中国留法比瑞同学会会刊	丽江旅省学会会刊	自贡市政府公报	三民周刊	抗建月刊	时代精神
	民声报	时代批评	益世周报			
国际述评类	湘潭县政府公报	卫理	英语月刊	新东方	方面军	自学
	中国公论	浙东	新华日报	解放日报	王曲	时事简讯
	晋察冀日报	祖国呼声	西北工合	新粤	动员	

续表

类别	刊物					
	1	2	3	4	5	6
述评类	抗战	五育	茶阳月刊	动员月报	中山月刊	行健
	政治建设	新生	新知识月刊	浙江潮	时与潮	

除此之外，还有一些特色专栏，如"鄂西大捷述评"（《军事杂志》，1943），"津门小事述评"（《立言画刊》，1943），"欧战述评"（《新亚》，1940），"音乐新闻述评（《新音乐月刊》，1940）"等，但都略显小众，不如四大专栏群普及。

一　"时事述评"类专栏群

延续了第一发展期的势头，该时期内，"时事述评"类专栏所依附的报刊数量极多，有称为"××（时间）时事述评"的，如《广西学生军旬刊》的"十日时事述评"、《方面军》的"欧洲时事述评"、《地方政治周刊》的"一周时事述评"、《防空军人（1940）》的"一月时事述评"等；也有称为"××（专业）时事述评"，如《日用经济月刊》的"金融时事述评"等；还有相当一部分直接称为"时事述评"的，如《新新新闻每旬增刊》《唯力》《教育短波》《战时妇女》《保安周刊》等。

1.《妇女杂志》与《协力》

《妇女杂志》创刊于 1940 年的北京（1942 年设有新闻述评专栏），日伪统治下的妇女刊物，1940 年 9 月在北京创刊，1945 年 7 月第 6 卷第 7 期停刊，共 59 期。由妇女杂志社编辑并发行，月刊。载文多对婚姻制度、妇女道德、教育等方面的问题发表论述，介绍世界妇女的生活状况，研究古代与近代的妇女生活变迁，考究中日妇女生活的现状等。内容多样，形式丰富，是该时期重要的妇女报刊。刊物自 1942 年第 3 卷第 6 期起始设新闻述评栏，称为"月间时事述评"，这是该内容多呈现为软文的刊物中少有的时事政治性专栏。栏目呈现如下几个特征。

一是栏目的设置方式。《妇女杂志》的新闻述评栏并不是该刊物的主要内容，因而位置并不固定，或位于刊物前几栏，或位于中间，但其名称设置极有意思，有称为"月间时事述评"，也有称为"时事讲座：月间时事述评"，还有称为"时事解说：月间时事述评"，在这些变化之间，我们可以观察到刊物对新闻述评文体的理解，即"时事讲解"和"时事解说"。

二是述评文章的作者。因处于日伪统治之下，刊物栏目在署名时较有日本特色，如1942年第3卷第6～7期的"本社撰述委员会·包锡英"，第3卷第8期、第10期的"本社译述课"，第3卷第9期的"本社撰述委员会"，第3卷第11期的"本社资料课"。

三是述评文章的内容。《妇女杂志》的述评栏内文章数量较多，每期刊文5～20篇，篇幅有长有短。在写作笔法上，述重于评，其关注点多在于对时事的传播而非态势的分析。如1942年第3卷第6期"月间时事述评"栏目中，在一页半的版面中，登载四月十六日至五月十五日一个月间国内外时事20篇，每篇文章百余字，形式类似于短消息，虽无深入分析，但胜在内容丰富，涉及面广，符合其"提高妇女生活的兴趣，沟通妇女间的知识和教育"的办刊目的。

《协力》创刊于广州（时间不详）（1942～1944年设有新闻述评专栏），由协力旬刊社编辑兼发行，属汪伪时期刊物，内容有当时国内外的政治、经济、教育和民生民情等，还有关于内外时政的漫画和照片等。该刊办刊期间常设"时事述评"专栏，既一期多篇，又面向社会征收新闻述评的稿件，具体见图6-13。

图6-13分左右，均出自《协力》1942年第2卷第7期，左图系"时事述评"栏目录；右图系关涉"时事述评"栏的《本刊征稿简则》，其在第二条中称"本刊内容包含'时事述评''论著''译述''照片漫画''文艺''特写''通讯'等栏，文字不拘文言语体，务求通俗简劲，以不超过五千字为主"，与当时新闻述评由编辑创作或同人创作的普遍情况明显不同。同时，参照各期设置"时事述评"的情况以及"时事述评"栏内的述评文章数量，我们可以看出该刊物对新闻述评的重视。其主要内容多涉及三个方面：其一为论述内外战争局势，如《美国战时政局的暗礁》（1943年第1卷第2期）、《印缅国境进军》（1943年第2卷第8期）等；其二为解释汪伪政府战时各种政策、重要方案及计划，这也是该栏目的重点，如《中央改革军事机构》（1943年第2卷第4期）、《开展国防献铁运动》（1943年第2卷第5期）、《厉行禁烟赌舞运动》（1944年第2卷第9期）等；其三则涉及社会教育等调查资料和地方新闻，如《淮水成灾与黄河堵口》（1943年第1卷

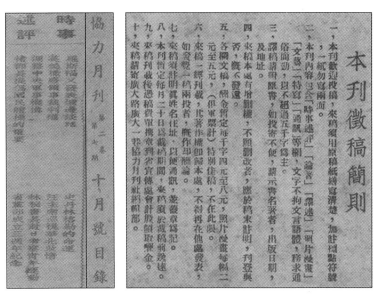

图 6-13 《协力》的"时事述评"栏与《本刊征稿简则》

第 9 期）、《沪市以外纱布调查登记》（1943 年第 2 卷第 2 期）、《举办清寒学生助学金》（1944 年第 2 卷第 10 期）等。

2.《新青年》与《浙江青年》

《新青年》创刊于 1938 年的浙江（1939~1940 年设有新闻述评专栏），停刊于 1944 年 5 月，由浙江省抗日自卫委员会战时教育文化事业委员会新青年半月刊社编辑，1943 年迁福建南平出版，1941 年起由国民出版社发行，半月刊，属于青年刊物。编辑团队由章相伯、朱一青、王德懋等人组成，主要撰稿人有李茂秋、姚耕余、洪翊、房宇园等。内容有时事评论以及小说、诗歌、自然科学方面的文章和学校消息等。该刊述评专栏"半月时事述评"首次于 1939 年第 1 卷第 5 期设立，载文 8 则，分别为《国际同情援助中国》《无辜牺牲的西班牙》《海关担保各债停偿》《平沼有田荒谬演词》《三国对日平行行动》《服务乡邦的重要性》《侵略触须的另一端》《召开中之五中全会》，文章事关国内时政、国际外交争端等，夹叙夹议，对时局进行全面评述。后该刊持续设栏至 1940 年第 3 卷第 5~6 期，其间或独立设栏，或于"时事"专栏下设"半月时事专栏"，国内外政治局势、经济形势、战争政策、军事部署、社会民生等各个方面的内容都是该栏的评述对象。另外，创刊之初设置的"半月短评"，以及于"半月时事述评"专栏后所设的"半月大事（短评）"栏，其文章也多采用夹叙夹议、叙议结合的述评笔法进行撰写。

《浙江青年》创刊于 1940 年的浙江金华，属青年刊物。该刊主要是针对社会上一些不合理的现象发表评论，也刊登有关文学以及科学等方面的内容，主要设"短评""特载""论著""十日文萃""文艺""科学讲座""书报介绍""青年动态及通讯""读者信箱"等栏目。在刊物发行期间，曾设"时事述评"专栏对国内外时事进行评述，对国内政治民生报道，包括政治会议及政策的实施等内容，如《推行驿运制度》（1940 年第 1 卷第 17、18 期）、《二届国民参政会之进步》（1940 年第 2 卷第 3 期）、《从浙省参议会四次大会议决案说到本省粮食问题》（1940 年第 2 卷第 6 期）等；对剧变中世界战局的关注，如《德意日同盟与今后国际阵容之转移》（1940 年第 2 卷第 2 期）、《义希战事之前瞻》和《从国际近态推测美日战争》（1940 年第 2 卷第 6 期）等。这类文章善于从宏观视角，综合分析各国态势，进而对时局进行前瞻性的分析和预测。此外，在对国内战局的报道分析中，常通过强烈的情感流露，呼吁青年奋起卫国，如《保卫浙东!》（1940 年第 1 卷第 16 期）一文在对战局分析预测后，呼吁"希望觉醒的同胞须集中其力量，去迎击敌伪，同时，还有醉生梦死的同胞，要赶快醒来奋斗吧！"

另有于 1940 年创刊的《协导》，其荣誉军人职业协导会会刊。刊物创刊号头版中即设"时事述评"栏，载文一篇，无标题，其内容是对抗战以来国内时局进行分析性述评，并在文末提出应注意各式和平宣言以及敌方对我内部的挑拨离间。基于刊物性质，该刊的"时事述评"专栏主要关注军事时局战况，包括国内战讯、欧战近况、美国动态等。其一般通过总述加分述的结构进行撰文，如 1941 年第 7 期栏目中，首先对近况总述："新年过后，世界风云愈趋紧张，国内战事，也有相当发展，兹简述如左。"随后对国内山西、湖南、南京及沿江一带战况进行述评；国际形势方面则关注中美英三国联合阵线成立、敌国（日本）政局、东南欧混沌而紧张的态势等方面内容，虽篇幅短小但内容精简，有助于增进读者对时局的了解。

二 "大事述评"类专栏群

作为出现最早的一类新闻述评专栏，"大事述评"在第二发展期内仍稳居四大主流专栏群，并在一些诸如《中山周刊》（1938年设有"一周大事述评"栏）、《燕京新闻》（1942年设有"一周大事述评"栏）、《抗建》（1939年设有"一周大事述评"栏）、《大东亚周刊》（1942年设有"一周大事述评"栏）、《天文台》（1936年设有"三日大事述评"栏）、《国魂》（1938年设有"十日大事述评"栏）等小报小刊上发展得不错，尤其是《曦光》、《时代精神》和《大东亚周刊》。

1.《曦光》

《曦光》创刊于1937年的湖南长沙（1937年设有新闻述评专栏），属社团刊物，由中国国民党政治讲习班同学会湖南分会创办，旨在提高民族意识，启发国家观念，鼓吹生产建设与国防建设，指导自治，阐扬革命学术，促进训政和宪政工作，主要刊登国内外政治评论、大事述评、文艺作品、同学会会务报告、调查报告、通信等。该刊于1937年第4期起设"国内外大事述评"专栏，在栏目上方标以"报告"二字，且每期都有"提要"，这是当时其他报刊新闻述评栏所未有。该栏在开设之期亦有"开场白"的文字，具体见图6-14。

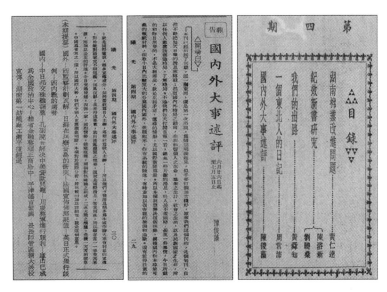

图6-14　《曦光》首设"国内外大事述评"时的"开场白"与当期目录

图6-14分左中右，均出自《曦光》1937年第4期，左图与中图系该期

设置"国内外大事述评"栏时的"开场白"。其称"本刊已经出版了三期，这一栏东西，这是第一次出现，为开宗明义起见，似乎要打个加官绳好，原来我们这个刊物，是个旬刊，自然不好把每天日报的消息来转载；然而国内外时局之动向，在①影响个人之生命，群众之生计，社会之生活，以及民族国家之生存，所以任何人都应该认识时局，了解时局。不过我们每天打开日报一看，总是一些片段的消息，叫人摸不着头绪，甚至一件事情，今日所载的和昨日所登的，不是大相迳②庭，就是互相矛盾，这样的情形，尤以国际新闻为最。所以本栏就想解决这个困难，根据国内和本埠最可靠的报纸材料，采取十日内比较重大的分为国内国外，聚积起来，作有系统的陈述，有时并加以很客观的推测和论断。还有值得注意的：就是国际电讯，颇多宣传成分，如同盟社为日人主办，塔斯社为俄人主办，……所以她们所发消息类多为本国作夸大或有利益的宣传，对于敌对国家竟不顾道义，捕风捉影，甚至捏造事实，放出淆乱听闻之烟幕，这就是国际消息，常常两歧，所以笔者当一一审查其来源，而加以公正的评述。今日交通发达，四海一家，国际情势，错纵③复杂，两个对抗阵线之组成，二次大战之酝酿，危机一天天的深厚。中国为世界之一环，所以国际大势，我们中国人更应澈④底明瞭⑤。本栏对于国际分析，将比较的加以详细也，就是这个意思"。该"开场白"道明了开设"国内外大事述评"栏的原因，而该栏"本期提要"的方式颇受读者欣赏。

该栏根据国内和本埠最可靠的报纸材料，对十日内比较重大的时事，分国内国外聚集起来，进行系统的陈述，并加以客观的推测和论断。另外，针对国际通讯所存在的为了国家利益不惜捕风捉影、制造事实的现象，编者通常"一一查其来源，而加以公正的评述"。专栏每期刊文数十篇，内容涉及面广，如关于军事外交的《中日邦交殊难调整》（1937 年第 4 期）、《淞沪战事将有新发展》（1937 年第 10 期）等，关于政治经济的《桂省金融整理正商洽中》（1937 年第 4 期）、《国府明令征国民兵》（1937 年第 10

① 原文有两个"在"。
② 应为"径"字。
③ 应为"综"字。
④ 应为"彻"字。
⑤ 应为"了"字。

期）等，关于社会民生的《天津谣言繁兴》《第一纺纱厂工潮平复之经过》
（1937 年第 4 期）等，充分的资料来源和详细的评述对于民众认识时局，了
解时局具有重要价值。

2.《时代精神》

《时代精神》创刊于 1939 年的重庆（1941 年设有新闻述评专栏），属于
政治类月刊，1946 年 3 月停刊，由时代精神月刊社编辑，独立出版社发行，
旨在唤起中国国民应有的时代精神。在内容方面，分析抗日战争第二阶段中
日力量对比；对当时的政治运动和世界政治局势，以及战时财政、教育、文
化、新闻事业等问题进行评论；对各国列强的政治与经济状况也有剖析；还
载有欧战资料选辑，国内各地战事通讯，并刊有毛泽东、蒋介石对时局看法
和分析的文章。该刊对于了解和把握当时的时代政治特征具有一定的价值。

该刊自 1941 年第 4 卷第 1 期，即设"一月间国内外大事述评"（有时
称为"一月来国内外大事述评"），专栏文章多署名为南禅。内容分国内和
国外两大部分，主要涉及三个方面：其一为国内外军事事务，如《寇犯粤
海计不得逞》（1941 年第 4 卷第 2 期）、《僵持中之苏德战争》《晋南我军予
敌重创》（1941 年第 5 卷第 2 期）等；其二为国内外政治、外交相关事宜，
如《美总统罗斯福三任就职》（1941 年第 4 卷第 1 期）、《滇缅南段划界问
题解决》（1941 年第 4 卷第 6 期）、《美英宣布和平原则》（1941 年第 5 卷第
2 期）等；其三为有关国内外经济和民生的内容，如《中美中英平准基金协
定成立》（1941 年第 4 卷第 4 期）、《整理田赋积极进行》（1941 年第 4 卷第
5 期）、《全国财政会议的收获》（1941 年第 4 卷第 6 期）、《全国各地粮食丰
收》（1941 年第 5 卷第 2 期）等。

3.《大东亚周刊》

《大东亚周刊》创刊于 1942 年的北京（1942 年设有新闻述评专栏），刊
物宣扬日本所谓的"大东亚共荣圈"建设，报道日本大东亚战争进展状况，
常设专栏有"专著""科学轶闻""文艺""当代国际名人介绍""会务近
况"等，其中"文艺"专栏下又常设有子专栏"大东亚照片"，刊登时政类
照片和漫画，增加报刊的趣味性。"当代国际名人介绍"则重点对日本主要
的政治人物进行介绍。

创刊初期，该刊即于"文艺"大栏目下设"一周大事述评"专栏，刊
登《埃及反对参战》《东亚同盟自治军组成》《浙江日军占领温州》《德苏

战争渐趋激烈化》等有关国内外时事的文章。从述评对象来看，文章多关注亚洲国家如日本、印度，或是与亚洲各国有外交往来的其他国家，如英、德、苏等国；内容主要关乎军事、外交，对苏德战争、印英冲突等都进行了持续的关注和分析，如《英印关系紧张》（1942 年第 1 卷第 3 期）、《英印问题频最恶化》（1942 年第 1 卷第 5 期）、《印度全土反英益烈》（1942 年第 1 卷第 6 期）、《英强烈弹压印度福来族》（1942 年第 1 卷第 9 期）、《印度暴动依然炽烈》（1942 年第 1 卷第 10 期）、《印度骚动渐趋武装化》（1942 年第 1 卷第 12、13 期）系列文章，则持续性地对英印冲突及与此相关的印度暴动进行关注，并结合各国舆论对时局进行全面述评。

三 "国际述评"类专栏群

该时期已涌现出诸如"国际述评""政治述评""经济述评"等的形势述评栏，尤以"国际述评"为众，并涌现出一些相对知名的报刊与专栏，如前述《新华日报》和《解放日报》，还有以下介绍的《中国公论》和《自学》等。

1.《中国公论》

《中国公论》创刊于 1939 年的北京（1939～1944 年设有新闻述评专栏），综合刊物，主要栏目有论著、译述、文艺、杂俎等，与《新民声》为姐妹刊。该刊自创刊号至馆藏最晚一期（上海图书馆藏）——1944 年 9 月第 11 卷第 6 期，除少数刊期外一般均设有"国际述评"专栏，单是第一卷的 6 期中，就有包括《美国国策及中立法案之修正》（1939 年第 1 卷第 1 期）等 21 篇国际述评文章。此后的数年中，该栏不仅培养了一批诸如关竹川、客言、今度、逸青、齐鸣、申吟、箴石、齐竹厂、鲍刀堡、李觉非等国际述评写作的行家里手，还常常图文并济，为当时的报刊新闻述评栏所少见，具体见图 6-15。

图 6-15 《中国公论》"国际述评"栏插入的配图

图 6-15 出自《中国公论》1941 年第 6 卷第 3 期"国际述评"栏的《日美谈判的前途》一文，其配了两张图片分别是文章主人公赫尔和两大使中的来栖大使，使该篇述评文章生动了些。同时，在述评对象上，该刊的"国际述评"栏兼及英、美、俄、日、德、法、西班牙、泰国、越南、波兰等多个国家，其善于结合各国舆论对二战期间世界范围的战争局势进行全面述评，擅长对国与国之间的经济、政治、军事往来等在报道的基础上进行预测性分析，具体如《欧局之展望》（1939 年第 1 卷第 3 期）、《德苏战争前瞻》（1941 年第 6 卷第 2 期）、《缅甸独立与印度解放》（1943 年第 9 卷第 6 期）等，其中多篇文章亦是图文并济，有助于增强版面的趣味性和文章的可读性。

2.《自学》

《自学》创刊于 1938 年的上海（1938 年设有新闻述评专栏），社会综合类刊物，以"供应大众知识、辅导青年自学"为宗旨，介绍国际、国内政治局势，讲解资本主义经济规律，另外还有法律常识和自学经验介绍、战事分析、国内国外时事述评、长篇连载等。该刊自创刊号起即设有新闻述评专栏，其设置的原因恰如其创刊号的《编后记》中所言，"上海不但是沈①寂而且已经是死去了……这是什么原因呢？根本问题在乎一般的认识不足，换句话讲，就是缺少理智的分析"。

《自学》创刊号的新闻述评专栏"国内时事述评"和"国外时事述评"两栏各有三则，是对国内外战时政治动向、经济活动等进行评述。后来改为"十日来国内大事述评"和"十日来国际大事述评"。这些专栏刊发了大量积极的时局趋势预测类分析报道，极大鼓舞着民众的抗战热情。如 1938第 1 卷第 5 期《抗战时期中国金融仍极稳固！》一文，由重庆银行会议后各地报告提炼汇编成文，分为"金融极为稳固""法币发行情形""四行贷放数额""农村经济活动""金银渐次集中"五个方面对战时国内金融状况进行分析，然后对金融业利好的原因进行分析，从而得出"中国抗战愈坚强，动员民众力愈加紧，则金融机构将更臻完备，虽抗战延长，绝无削弱之象"的结论，字里行间透露着昂扬的斗志，为抗战时期的民众注入极大的信心与斗志；《美国外交政策积极化，有利和平阵线及中国抗战》（1938

---

① 应为"沈"字。

年第 1 卷第 14 期）一文在对美外交动向分析的基础上，对美日关系、美德关系以及下一阶段的国际趋势进行预测性分析，指出美国此举对于和平阵线的形成十分有利，加之美在金融、物资等方面对中国的支援，这对于中国坚持抗战是十分有利的，能坚定全民族抗战的信心和决心。

四 "述评"类专栏群

第二发展期内的"述评"类专栏虽仍为四大专栏群之一，但数量不多，持续时间不长，如《政治建设》（1942~1943 年设有"一月述评"栏）、《新生》（1942 年设有"一月述评"栏）、《新知识月刊》（1944 年设有"一月述评"栏）等，不仅一个月才设置一次新闻述评专栏，且并未呈现持续性。其中，《行健》与《时与潮》是"述评"类专栏中少有的持续时间和设置总量均较可观的两份刊物。

1.《行健》

《行健》创刊于 1940 年的湖南（1942 年设有新闻述评专栏），属政论性刊物，半月刊，1943 年停刊，由行健半月刊社编辑并发行。该刊以研究"抗战建国之实际问题及发扬民族文化"为宗旨，主要常设栏目有"社评""特载""文摘""时事""文艺""通讯"等。1942 年第 4 卷第 4 期设"每月述评"专栏，对当年 5 月 10 日至 6 月 10 日间的时事要闻进行盘点评析，该期专栏共占 7 个版面，刊文 20 余篇。这些述评文章分为"甲""乙"两部分，其中"甲"为国际方面的时事要闻，涉及对欧洲战场态势的报道与评论，对美、日、英、苏等国的政治局势的分析等；"乙"部分为国内方面的时事，就报道方向与内容而言，关注度报道略高于国际方面。国内方面的述评报道涉及国内战争资讯、经济建设动态及金融监管、交通运输、民生等内容。如《最近经建动态》一文对战后重工业建设的设计安排进行分述。该刊 1943 年第 5 卷第 4 期设"时事分析"专栏，内容和形式与"每月述评"栏相仿，行文也多采用夹叙夹议的述评笔法进行撰写。

2.《时与潮》

《时与潮》创刊于 1938 的湖北汉口（1941~1946 年设有新闻述评专栏），1938 年第 1 卷第 5 期起迁重庆出版，1946 年 2 月出版第 24 卷第 6 期后停刊，1946 年 12 月在上海复刊，1949 年 2 月终刊，共出版 33 卷。该刊主编为齐世英，由时与潮社编辑并发行，半月刊，为时事评论刊物。刊物内容丰富，涉及面广，销售量大，在当时绝无仅有。该刊以奉行三民主义与抗战建国纲领、发扬抗战精神、研究建国方案、介绍国际时势、传播文化思潮为宗旨，出版时间长，内容广泛，是研究抗日战争与解放战争时期国内外的舆论与时局的重要刊物之一。该刊从 1941 年第 10 卷第 1 期起将"时与潮短评"改为"时与潮半月述评"，具体见图 6-16。

图 6-16　《时与潮》"半月述评"专栏图标与目录

图 6-16 分左上左下和右图，其中，左上系《时与潮》1941 年第 9 卷第 6 期的"时与潮短评"的图标，左下系该刊 1941 年第 10 卷第 1 期的"时与潮半月述评"的图标，而右图为该期的"时与潮半月述评"专栏目录。该栏位于"社论"后的第二栏，文章标题工整，如《拿破仑名言，刺透日本毒心》《四万万人心声，正告白宫主人》《纳粹攻苏，心急力疲》《自强自立，不愁无友》《美国姑息政策，正作最后试验》《与虎谋皮，终归失败》《罗斯福声讨狂徒，美国战机渐迫》《运苏油船，揭穿日本纸老虎》等。较前一期的时事短评，"时与潮半月述评"中的系列述评文章极善于结合各国舆论对二战期间世界范围的战争局势进行全面述评，阐述中国抗战对世界和平的重大意义，预测、报道、评论欧洲战场、远东及太平洋战争态势，分析评论英、美、日、苏、德、西班牙等国政治局势、经济形势、战争政策、军事部署、外交策略等。

第七章　报刊新闻述评的第三发展期
（1945~1949 年）

就现有的 600 多份设有新闻述评专栏的报刊走势看，1946~1947 年是继
1932~1933 年之后的又一个小高峰。因着抗日战争的胜利，这两年设有新闻
述评专栏的报刊数量有激增之势，形成了报刊史上的又一个发展期。该时
期自 1945 年始，至 1949 年止，只有短暂的五年，但在参与的报刊数量方面
以及新闻述评知名度的提升方面，均超过了 1937~1944 年的第二发展期。

在第三发展期内，报刊上的新闻述评专栏呈现的特征有二：一是参与
报刊数量多但持续性差；二是时有精品专栏出现，将诸如国际述评、经济
述评、军事述评的专栏推送到了普罗大众的面前，其中尤以"经济述评"
最为亮眼。以《时代日报》为例，其于 1947 年 3 月 23 日开设"半周经济
述评"（后改为"一周经济述评"），该栏能"及时地反映和分析物价、金
融等方面的形势，立刻成为读者最关注的述评之一"①；其文章善于通过详
尽的、有说服力的数字与透彻的分析，揭露资本家尤其是四大家族等的诸
多恶行，给人畅快淋漓之感。除此之外，也还有"军事述评"和"国际述
评"，亦是名专栏常现。为对这些报刊及专栏进行推介，本章亦采用了第
一、第二发展期的逻辑，即"中心城市群、主流报刊群、常用专栏群"的
序列，进行综述。

第一节　新闻述评中心城市群的重构

该时期的新闻述评中心城市群经过了重构。我们锁定上海、重庆、成

---

① 闵大洪：《时代暴风雨中的海燕——上海〈时代日报〉》，《新闻记者》1987 年第 5 期。

都和北平①四个地方，其中，上海是唯一在三个发展期内均位列中心城市群的城市，重庆、成都和北平均只存在于两个发展期内，具体见表7-1。

表7-1 四大中心城市群的新闻述评刊物

地点	刊物					
	1	2	3	4	5	6
上海	半月文选	现代铁路	纺织周刊	联合晚报	新中华	青年中国
	消息（半周刊）	京沪旬刊	新海军	国讯	民主	新文化
	中国抗战画史	中央银行月报	时代日报	京沪周刊	经济周报	时事评论
	报告	人物杂志	音乐评论	工商新闻	昌言	征信新闻
	创进					
沪渝②	音乐艺术	国论	中华少年	再生	文讯	银行通讯
	青年知识					
重庆	民主星期刊	民主与科学	两周评论	储汇服务	晓声月刊	民主
	中华全国体育协进会体育通讯	民主导报	民主评论			
成都	国立四川大学周刊	流星	青年世界	四川财政	朝声	女铎
	营山旅蓉学友会会刊	四川财政	政治路线	天风	川大文摘	
北平	民主半月刊	读书与生活	建警	清华周刊	清华旬刊	经济导报
	民主周刊	北平中学生	青年周刊	再生	太平洋	北平邮工

一 上海新闻述评报刊群

上海设置新闻述评专栏的报刊种类多，从铁路运输类刊物，到文学类刊物，再到新闻类、时政类、经济类刊物。现择其要者推介于下。

1.《新闻报》

《新闻报》创刊于1893年的上海（1947年设有新闻述评专栏），抗战开始后，该报没有内迁，依然在上海继续出版，一度被日伪控制。1949年5月停刊改组，由《新闻日报》继承，至1960年5月31日停刊。《新闻报》与《申报》一样，均属商业性报纸，又是大型日报，以营利为目的，在事

---

① 1945年北京重新更名为北平，因此，第三发展期（1945～1949年）内的"北京"统一称为北平。

② 沪渝指同一份刊物办事地点历经于上海与重应两地的情况。

实信息的采集方面远胜于期刊，在新闻述评栏的设置上始终并不热衷，直至 1947 年方设置一栏，称为"一周经济述评"，具体见图 7-1。

图 7-1 《新闻报》"一周经济述评"栏

图 7-1 出自《新闻报》1947 年 5 月 11 日，通栏只有一篇文章，对最近一周的抢米风潮、向美贷款、法国煤炭工人罢工等问题逐一评述，并涉及美、英、日等多个国家，内容极尽丰富，展示了商业性大报的风采。

2. 《征信新闻》

《征信新闻》创刊日期不详（1948 年设有新闻述评专栏），由上海联合征信所编辑并发行，日刊，属于商情刊物，常刊载每日经济新闻及消息，全国各大城市金融信息、国内外各种商品行情、重要商品价格涨跌比较表等。刊物设有征信新闻、商品行情、行情日报等栏目，每隔一周就会有"经济述评"专栏，具体见图 7-2。

图 7-2 分左右，分别为《征信新闻》1948 年总第 722 期和总第 738 期，两期的新闻述评专栏分别为"南京一周经济述评"和"一周经济述评"。其中，"南京一周经济述评"只是偶尔出现，并非每周都有，如总第 722 期、总第 746 期、总第 824 期等，有时会如左图标注"联合征信所京所特稿"，

一週經濟述評　聯合徵信所特稿　五月廿九日至六月四日

緊隨着行憲後新政府的成立，經濟金融政策之丕變，似已露端倪，國庫券之上市，結滙辦法之變更，毅然執行票據禁止當日抵用等等，在在均予吾人以新的感覺。

物價隨銀根盪漾

五月廿九日，以市面游資積存甚豐，而庫支亦繁，銀根仍承前勢，全面鬆弛，暗息竟低見二十五分，卅一日情勢一變，既爲月底比期，且受短期庫券正式上市暨次日即將禁據當日抵用二大影響，上午銀根即轉緊斂，旋以行局大量差進，數達萬億以上，暗息乃重步挺至三角以外，六月一日開始禁止當日票據抵用後，行莊以放款暫停，預爲準備，故情勢尚稱平穩，而業外則以週轉不靈，緊勢乃愈加深，暗息曾高達三角六分，以迄二日（週三）午后，外埠資金大量調來滬，情勢始轉緩和，週三以後，行局開放頭寸，銀根乃趨平穩，暗息回站三角一二分。

南京一週經濟述評　聯合徵信所京所特稿　五月十日至十七日止

財政政策與通貨發行

在全國各地經濟陷危不安情勢下，國家財政政策究應如何？赤字預算能否有法彌補，通貨發行遞增是否與物價騰升互爲因果等問題，自是朝夕縈迴於吾人腦際之事，我國財政，確已無可諱言，面臨最嚴重階段，然物競天擇，適者生存，只要人謀克臧，改善現狀，未嘗沒有辦法，政府爲各項支應用度浩繁，在正常賦稅收入，未能確實掌握前，又無充裕物資運用挹注，唯持增加貨幣發行來支撐維持，政府當局固深感十分艱苦，但發行數額增加以後，如何能使人民對貨幣信心堅定，保持幣值，更如何能合理控制與管理，使貨幣流通速度弛張得中，庶免游資氾濫促成物價波動，及如何酌盈虛，免致頭寸突然告緊，發生高利貸，以致影響工商業生產與週轉，此皆有待行憲新政府成立後，予以週詳的規劃，吾人將拭目以俟之。

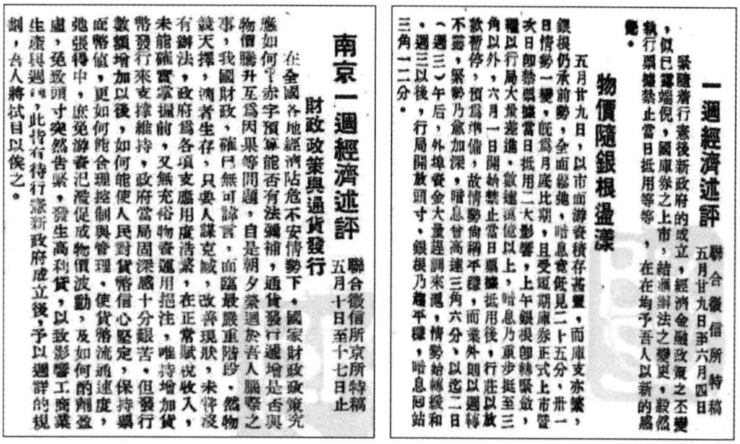

图 7-2　《征信新闻》的新闻述评专栏

有时也会标注“联合征信所南京分所特稿”。“一周经济述评”则非如此，其在 1948 年属常设专栏，如总第 738 期，述评的是“自五月二十九日至六月四日”的时事；还采用了“总+分”的结构（该栏常用的一种结构），在“总”的部分，其称“紧随着行宪后新政府的成立，经济金融政策之丕变，似已露端倪，国库券之上市，结汇办法之变更，毅然执行票据禁止当日抵用等等，在在均予吾人以新的感觉”。在“分”的部分，则有《物价随银根荡漾》《当日票据禁止抵用》《外汇政策的改变》等 3 篇述评文章。

3.《经济周报》

《经济周报》创刊于 1945 年的上海（1948～1949 年设有新闻述评专栏），1954 年 12 月停刊，由经济周报社出版并发行，吴大琨、吴承禧任编辑，发行人张统桢，属经济刊物。该报旨在通过科学分析抗日战争胜利后至中华人民共和国成立初期我国国民经济实况（包括人民生活、工农业、财政、金融等各方面的情况），研究推进经济建设的方法，为政府经济施策提供参考；该报也有助于研究这一时期中国经济特别是上海地区经济的恢复、发展、崩溃、革新等。主要撰稿人有吴大琨、吴承禧、严凌、章乃器等，主要栏目有“座谈”“各业动态”“各地通讯”“国外经济”“调查”“专载”“史料”“统计”“书报评介”“短言”等。

该报虽自 1948 年方设有“每周述评”专栏，但栏目在 1948～1949 年颇受重视，不仅常设且固定（其他专栏并不固定），且往往位于刊物第一或第二栏，每期只有一篇述评文章，具体见图7-3。

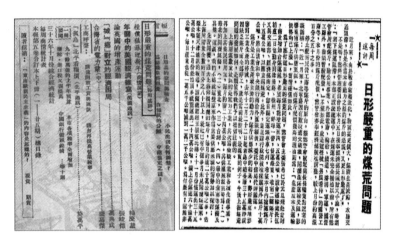

图7-3　《经济周报》的"每周述评"栏的目录与正文

图7-3分左右，均出自《经济周报》1948年第6卷第2期，左图系目录，右图系正文。从左图看，其栏目名称"每周述评"是以括号的形式标注于述评文章标题的下侧，这在该时期的报刊中比较少见，而由右图看，"每周述评"栏中仅有一篇述评文章，但文章篇幅相对较长，能够对事件进行较为全面的综述。此类述评还有《堪虑的原棉匮乏问题》（1948年第6卷第4期）、《看大局，话前途》（1948年第7卷第25期）等。

4.《民主》

《民主》创刊于1945年的上海（1946年设有新闻述评专栏），时事政论刊物，抗战胜利后由郑振铎主编，以"我们是无党无派的中国国民，我们以中国国民的立场来发言"为己任，要求民主，揭露国民党政府假和平、打内战的阴谋，后在国民党政府迫害下停刊。该刊以为人民说话为己任，内容涉及国内外各方各面，所刊所载皆是贤人长者的诤言和讨论，对当时的国人了解时事、团结一致建设国家等具有重要的推动作用。此外，该刊诞生于抗日战争胜利后，时值国民党准备假和平、打内战之际，故该刊对当时的时代背景、政治局势有较多可靠的分析，对揭露国民党政府的阴谋和野心有重要作用，亦为今人的相关研究提供了诸多资料上的帮助。撰稿人中有许多知名民主人士，如叶圣陶、吴耀宗、田汉、周建人等。刊物自1946 年始设"一周时事述评"栏，具体见图 7-4。

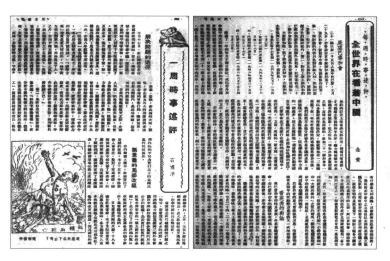

图 7-4　《民主》不同时期的新闻述评专栏

图 7-4 分左右，分别为《民主》第 32 期和第 42 期，两期的新闻述评专栏分别称为"一周时事述评"和"每周时事述评"，左图专栏内含《解决问题的途径》《无意义的局部改组》《原子外交的收场》《新旧两种力量在斗争》4 篇述评文章；右图之专栏除专栏名称"每周时事述评"外还有大标题——"全世界在看着中国"，并在此大主题下设有《展望巴黎和会》《看英美的舆论》《听全国炮声》等 3 篇述评文章。

二　重庆新闻述评报刊群

随着抗日战争的结束，国民政府开始还都南京，重庆的政治、经济核心地位有所削弱，但其报刊业发展却比较顺畅，新闻述评专栏依旧出现于政治、经济、军队等类的各大报刊。现选取《中华少年》《储汇服务》做一分析。

1. 《中华少年》

《中华少年》创刊于 1944 年（1947~1948 年设有新闻述评专栏），由张梦麟主编，中华书局股份有限公司发行，属综合性的青年类刊物，旨在培育中国青少年正确的价值观、人生观，主要刊载各类通俗易懂的科学和社会知识、人物传记及文艺作品等。题材多能引起青少年的阅读兴趣，起到寓教于乐的作用。同时刊物也设有新闻述评专栏，称为"时事述评"，具体见图7-5。

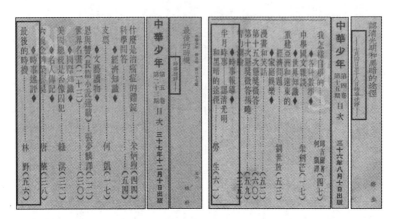

时事报导图 7-5　《中华少年》"时事述评"栏设置时的变化

图7-5分左右，左图出自《中华少年》1948年第5卷第23期，两个黑框分别为其目录和正文标题；右图出自该刊1947年第4卷第15期，两个黑框也分别为该期的目录与正文标题。可见《中华少年》的新闻述评专栏最初在目录上是隶属于"时事报道"板块的，而目录上只标明"半月时事——认清光明和黑暗的途径"，却未署以"述评"之名，反而是在正文部分在标题的右侧加了副标题"七月四日至十八日时事述评"。至1948年第5卷第23期，该刊一直以"时事述评"作为栏目版块列于目录之处，而正文中的副标题也变为"时事述评"。该刊从"时事报导"到"时事述评"的变化从一定程度上反映了该刊对新闻述评专栏的态度，即新闻述评在文体属性上的是述评而非报导（报道）。

2.《储汇服务》

《储汇服务》创刊于1941年的重庆（1946年设有新闻述评专栏），月刊，曾休刊，1946年6月15日第59期发行地移至南京，邮政储金汇业局发行，属邮电经济刊物，有部分英文内容。该局创办该刊益处有四：一是局方的文献可以公布出来，同事的意见和呼声可以通过此刊上达；二是可借本刊向读者灌输一些金融、政治以及其他方面的知识；三是可发现或培养优秀的写作人才；四是可以丰富同人的业余生活。该刊是该时期重要的邮电经济刊物，对当时的邮电储汇业务做出了重大贡献，其主要撰稿人有公羊、祝纪和、左拉、鲁迅、李家安、妙人、陶启沃、曾宏型、厉晋元、杨荫溥、董昌达、惟中、叶知秋、程子汶、谷春藩、李俊国、惟力、钟顺光、羊恭、陈纪滢等；主要栏目有"银行储汇分社社务动态""雨丝风片""人事汇志""本局业务近况""时事述评""读者专栏""通讯""本局简讯""物价动态""法令""人物小计""应用算术"等，其中"时事述评"一栏为叶知秋撰稿，于第 72 期栏目暂停。

《储汇服务》"时事述评"栏设大标题（即主题）的做法是当时极为常见的一种新闻述评写法，"这些大标题往往使用抽象的或形象化的语言，指出或暗示当时国际局势的要害，以期对读者有所帮助"①，如第 64 期的"时事述评"，大标题为《冬天的消息》，栏目内的述评为《死马当活马医》《夹缝中的窄路》《日本的卷土重来》《联合国大会》《国际政治的动向》等；第 71 期的大标题为《撤退还是前进》，其内的述评为《战略上的撤退》《太平洋上的黑影》《时局的边缘》等。述评直中当时局势要害，极见功底也极费工夫。

三　北平新闻述评报刊群

在北平的新闻述评报刊群中，综合性报刊和机构报刊居多，前者如《北平中学生》《读书与生活》《再生》《太平洋》《清华周刊》等，后者如《民主半月刊》（中国民主同盟所办刊物）、《北平邮工》（工会刊物）、《清华旬刊》（学校校刊）等，现择其要刊推介于下。

1. 《民主半月刊》

《民主半月刊》创刊于 1947 年的北平，属中国民主同盟所办刊物，主要发表国内外时评、通信与杂文，刊载同盟的纲领、宣言与活动情况，反映华北人民大众的呼声和要求；此外还有关于宪法问题与教育问题的文章。主要撰稿人有费孝通、吴晗、夏衍、潘光旦、李公朴、张东荪等。刊物存续时间不长，但其自创刊号起就设有新闻述评专栏。具体见图 7-6。

图 7-6 分别为《民主半月刊》1947 年的第 1 期和第 2 期。前者称新闻

---

① 乔冠华：《〈新华日报〉文选——乔冠华国际述评集》，重庆出版社，1983，《前言》第 1 页。

图7-6 《民主半月刊》不同的新闻述评专栏

述评为"时事述评",分"国际"和"国内";后者称为"时局述评",仅一篇文章贯穿全栏。就第1期来看,刊物对"国内"部分的述评设置的篇数相对较多,有《军事的僵持》《继续欺骗》《经济危机深刻化》《群众运动高涨》等4篇文章;"国际"部分虽只有一篇,该述评却是极有特色的大文章,是立足于1946年的总体国际局势对该年度国际时事进行的总结性评价,也对1946年最后半个月的国际时事进行了报道性述评,内容深刻,资料到位,写作功底深厚。

2. 《清华旬刊》

《清华旬刊》创刊于1948年的北平(1948年设有新闻述评专栏),停刊于1948年8月第13期,由清华大学学生自治会编辑、发行,属学校校刊。刊物评述国内政局,分析中国社会与经济状况,报道"反饥饿、反内战、反迫害"学生运动,探讨社会主义与自由、文化与自由、知识青年的人生观等问题,刊登名人专访、各地大学通讯、清华一年大事记等,主要栏目有"短评""十日谈""通讯""军事述评"等。其中,"军事述评"栏多刊登我国国内战争的局势,分析战争策略,并善用军事地图来帮助读者理解军事情况,具体如图7-7。

图7-7出自《清华旬刊》1948年第5期的"军事述评"栏,标题为"延安·西安·洛阳·沈阳",图右下角标注的是"M,绘图","O,说明",并用一段"东北战场在急速转变中已经走上至为严重的局面,西北的中心地区在沉寂经年之后也突然呈现出迫人的情势"总启文章,将其分为"(一)""(二)"两个部分,并用了图7-7中的版面将东北战场的情势分析道来。在《清华旬刊》的"军事述评"栏内,类似的长篇配图文章还有不少,代表性的如1948年第9、10期合刊的《北站场鸟瞰》等。

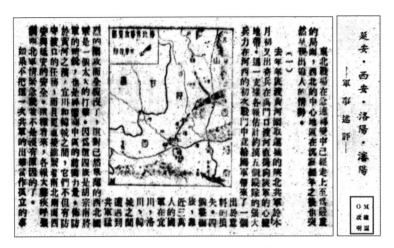

图 7-7　《清华旬刊》的"军事述评"栏正文

四　成都新闻述评报刊群

作为距离重庆较近的一座城市，成都设置新闻述评专栏的报刊从数量上看并不少，代表性的如财政类刊物《四川财政》、青年综合类刊物《青年世界》等。

1.《四川财政》

《四川财政》创刊于 1946 年的成都（1947～1948 年设有新闻述评专栏），原名《四川财政季刊》，复刊后发行周期由季刊改为月刊。是地方财政类刊物，内容涉及财政、经济、金融、建设等方面。许多名人也在该刊发表文章，如孔祥熙的《抗战一年来之财政》、千家驹的《一年来中国经济的总结》，以及卢作孚、邓汉祥的相关著述。刊物主要的栏目有"述评""论著""资料""通讯"等。其中，"述评"一栏设自创刊之始，主要对当时的经济政策、财政情况进行评论，具体见图 7-8。

图 7-8 出自《四川财政》1946 年第 2 期的《编后记》一文，其称发行"有五项工作目标。㈠财政经济法令规章的宣达，㈡财政经济实况之报道，㈢政府财政经济措施的述评，㈣财政经济实际问题之研讨，㈤各项财务消息之广播，不登载宣传文字及歌颂资料。特别强调该刊并非机关或党派刊物，立场公正，报道翔实"。在刊载内容方面，涉及财政、经济、粮政、金

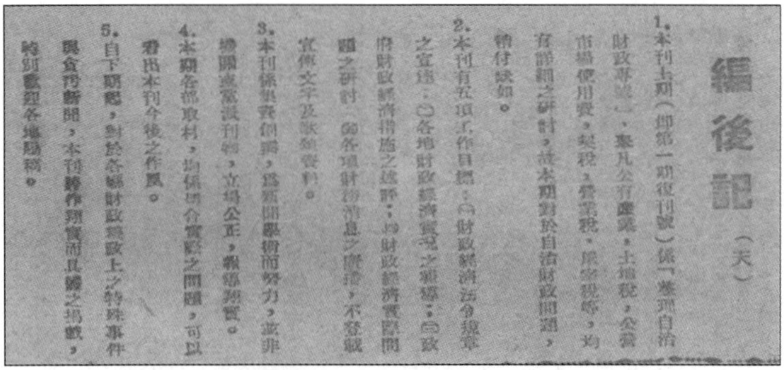

图 7-8　《四川财政》关于"述评"栏的《编后记》

融、建设各方面。"其中第三条，明确了该刊对新闻述评专栏的重视。其实，《四川财政》在每一期都设有《编辑记》或《编后记》，对当期的某些问题予以说明，如在第 3 期和第 4 期，《编辑记》分别对刊物的述评文章进行了评价，具体见图 7-9。

图 7-9 第一篇《编后记》出自该刊第 3 期，其称"本期述评类《是应该紧缩的时候了》一文，对省预算之弥补，作有力之建议，对裁并机关单位，纯系公的主张，一点不含私见，第二段'为粮政贪污进一解'强调应从清查亏挪粮谷着手，尤为一针见血之谈"，是对该篇述评进行的评价。第二篇《编辑记》出自该刊第 4 期，其称"本期述评栏中《益州疲惫》一文，系概述本省目前农村凋敝[①]与工商业困苦情形，从而主张对症下药，应救济农村，发展交通动力，洵[②]为切合实际之作，又关于税捐稽征处之组织等问题，舆论颇多批判，斗声及鉴白二先生分别对其地位及副处长问题，根据舆论与事实，作有力之建议，真是卓有见地"，亦是对该篇述评的评价。

2.《青年世界》

《青年世界》创刊于 1946 年的成都（1946 年设有新闻述评专栏），初期以刊载政治、经济、社会、文化及青年修养等方面的内容为主；中期以"灌输时代知识，发扬民主精神，兼求商榷学术之文字"为主旨；晚期则"以研究国际政治机构及社会主义的经济制度为主旨"。基本内容都是对国

---

① 原文模糊。
② 原文模糊。

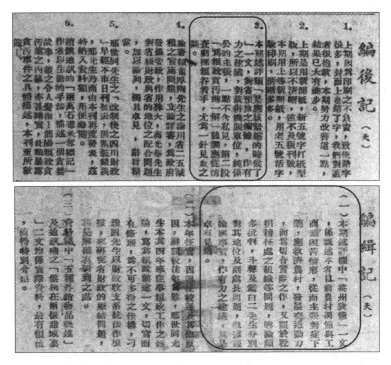

图7-9 《四川财政》关于新闻述评专栏的编辑记

内外政治局势的评论，部分对社会问题尤其是青年问题进行分析。"时事述评"是其代表性栏目之一。具体见图7-10。

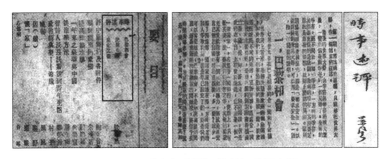

图7-10 《青年世界》的新闻述评专栏

图7-10出自《青年世界》1946年第1卷第10期，"时事述评"是其刊物首栏，内有3篇述评文章，署名"景风"，栏目的整体架构仍为"总+

分"的格局,其"总"的部分一方面起到了编辑按语的作用,如其称:"这一期,因为限于篇幅,只能够把世界大势,作一栏简单的叙述。"另一方面也起到了开启下文的作用,如:"战后的世界大势,由争霸与争存的两大壁垒,一变而为全面争存的一个局势。全面的争存,绝不同于一面的争存,一方面的争存,其所要克服的是敌国,全面的争存,其所要克服……"如此架构在该刊中极为常见。

同时,还有部分报刊历经迁徙,如1945年设有"一月来国内外时事述评"的《国论》、1948年设有"每月金融述评"的《银行通讯》等。还有一些报刊历经了三个城市的迁徙,如1947年设有"战局述评"的《再生》历经了北平、重庆、上海,而1947年设有"国内文化述评"的《文讯》历经了贵阳、上海、重庆等。

第二节　新闻述评主流报刊群的流动

在报刊新闻述评的三个发展期中,主流报刊群始终集中于时政刊物、专业刊物、综合刊物和政党刊物,但不同时期内的具体排序稍有不同,如第三发展期内,受到全国时政类报刊总量锐减等因素的影响,设置新闻述评专栏的报刊类别也呈现以综合刊物和专业刊物为多、时政刊物和政党刊物次之的情况,具体见表7-2。

表 7-2　四大主流报刊群的新闻述评刊物

类别	刊物					
	1	2	3	4	5	6
综合类	浙江日报月刊	民主与科学	流星	前线周刊	国论	消息
	中央边报	新学风	大威周刊	银河	新中华	时代公论
	天地人	南方杂志	明朗周报	青年世界	北平中学生	新政与新人
	时代周刊	大道	民众月刊	新文化	读书与生活	中华少年
	天风	知识	再生	清华周刊	全民周刊	人生周报
	文讯	晓声月刊	生活报	时事评论	团结	天声
	太平洋	公平报	南洋报	报告	昌言	群言月刊

续表

类别	刊物					
	1	2	3	4	5	6
专业类	中华全国体育协进会体育通讯	音乐艺术	纺织周刊	国讯	经济通讯	半月文选
	社会评论	四川财政	储汇服务	建警	雍言	经济导报
	教育之路	中央银行月报	经建通讯	东南评论	现代铁路	青年周刊
	田东训练	中国抗战画报	京沪周刊	舆论周报	省行通讯	经济周报
	浙江经济月刊	人物杂志	海事	时报	经济	经济导报
	征信新闻	银行通讯	川大文摘	音乐评论		
时政类	安徽政治	民主评论	黔灵	两周评论	民主导报	现代周刊
	团刊	民主	民主周刊	民主	政治路线	尖兵
	群众	新闻类编	灯塔月刊	民主新闻	朝声	正报
	半月新闻	群言	创进	政衡	自由论坛	新风向
	南北					
政党类	西北经理通讯	党员通讯	军中文化	实话报	民主星期刊	大华日报
	华商报	新海军	联合晚报	人民日报	和平日报	时代日报
	民主半月刊	京沪旬刊	公论			

　　除上述四类主流报刊群外，还有两类报刊：一是会、校、院刊，如三青团刊物《潍县青年》、东北军政大学校刊《军政大学》、工会刊物《北平邮工》、学生自治会刊物《学生新闻》、同学会刊物《营山旅蓉学友会会刊》等均设有新闻述评专栏；二是青年、妇女、华侨等刊，如妇女报《女铎》、《华侨日报》系列报纸《华侨晚报》、青年刊物《青年中国》等均设有新闻述评专栏。

一　新闻述评综合类报刊群

　　此时期设有新闻述评专栏的综合类报刊中，既有综合性政治时事刊物（如《消息》）、社科综合性刊物（如《银河》）、文理综合性刊物（如《清华周刊》），也有综合性评论刊物（如《时事评论》）、综合性教育刊物（如《新学风》）等，现择其要刊推介于下。

　　《国论》创刊于 1935 年的上海（1945 年设有新闻述评专栏），1937 年 6

月停刊；后于 1938 年 2 月迁至成都出版，1938 年 10 月迁至重庆出版，出版至 1939 年 4 月第 19 期；1940 年 1 月迁回成都复刊，1945 年 7 月第 4 卷第 10 期停刊，由国论月刊社发行，由常燕生编辑，从第 2 卷第 7 期起由陈启天编辑；月刊，后改为周刊、半月刊，属于综合性刊物。刊物主要发表政治、经济、教育、国防等方面的论述和评论，探讨中国的国防和经济建设问题，研究国际政治和国际关系，介绍国外的国防建设及科学理论，并刊有文艺作品。其发行时间跨度长，生命力旺盛，所刊内容也是包罗万象，保留了丰富的有价值的史料和评论，为当时大多数小报所不及。另外，刊物设有"一月来国内外时事述评"栏，如 1945 年第 4 卷第 6、7 合期，其位于刊物最后一栏，占有 3 页篇幅，内含《蒋主席的新诺言》《过渡办法》《英国的态度》《比利时的民主团结》等 4 篇述评文章，均署名编者，篇幅居中。该栏相对注重信源的查证，如《比利时的民主团结》一文的开篇就称"据一月二十二日伦敦泰晤士报驻北京记者报告……"将信源途径交代得极为清楚。

《新中华》创刊于 1933 年的上海（1946 年设有新闻述评专栏），1937 年 8 月第 5 卷第 15 期开始休刊；于 1943 年 1 月在重庆出版复刊号，至 1948 年 12 月出版 6 卷；1949 年 1 月出版第 12 卷第 1 期，1951 年 12 月第 14 卷第 24 期后停刊。刊物由中华书局发行，新中华杂志社编辑，1943～1945 年迁往重庆出版，始为半月刊，后改为月刊，属于综合性刊物。同时，刊物以"灌输时代知识、发扬民族精神"为宗旨，侧重对国家建设、民族生存、国际时事等问题进行评论和报道，为研究近代中国发展状况提供了丰富的史料。对于新闻述评专栏，《新中华》前后设置有多个。具体见图 7-11。

图 7-11 分 4 张图片，从左起，第 1 幅图为《新中华》1946 年第 4 卷第 1 期，称为"中国与世界：半月世界大事述评"，署名陶菊隐；第 2 幅图为 1946 年第 4 卷第 2 期，称为"中国与世界：三十四年最后半个月时事述评"，署名陶菊隐；第 3 幅图为 1946 年第 4 卷第 3 期，称为"中国与世界：半月时事述评"，署名李友文；第 4 幅图为 1946 年第 4 卷第 17 期，称为"现代史料：半月时事述评"，署名宦乡。此 4 张图片显示了《新中华》中新闻述评专栏的 4 种不同类型。以下以第 1～2 期中陶菊隐的《中国与世界：三十四年最后半个月时事述评》为例分析。

陶菊隐（1898～1989 年），《记者生活三十年》的作者，该书中有言：

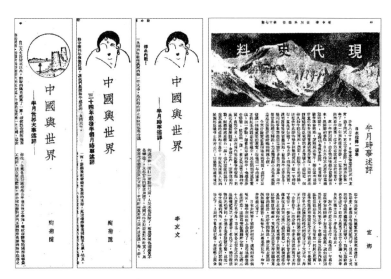

图7-11　《新中华》不同时期的新闻述评专栏

"设在戥子桥的《湖南民报》，主办人为衡山人宾月卿，明德老同学许延翰介绍我进该报时，编辑名额已满，我便毛遂自荐当了一名'不管部大臣'。我的任务是，每天收集北京①及各地报纸的精华，融合写成一篇《国内大事述评》，登在'紧要新闻'（国内新闻）的头条。这种独出心裁的格局，后来北京《公言报》编者林白水也照此办理，当系不谋而合。"② 照此，新闻述评早在正式以专栏形式出现于《每周评论》"国内/外大事述评"栏（1918年）之前就已经在报纸上有所端倪。时隔30年，陶菊隐再次提笔写就新闻述评文章，一开篇就以"总分总"的布局推开，具体见图7-12。

　　图7-12出自《新中华》复刊号第4卷第1期的"中国与世界：半月世界大事述评"，陶菊隐先是对当前的世界局势进行了分析，并开始了五篇文章的写作，而后尤以"综上"为结尾，对当期新闻述评所涉及的"战后新世界"进行了评价性议论，堪属佳作！

二　新闻述评专业类报刊群

　　从一定程度上看，各种类别的专业类报刊对新闻述评专栏的设置即是

① 当时称为北平。
② 陶菊隐：《记者生活三十年》，中华书局，1984年版，第11页。

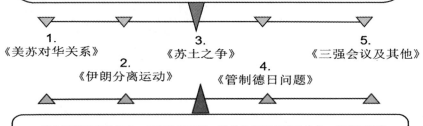

中国与世界
——半月世界大事述评——

自二次大战结束以来，和暖的阳光只露了一露了，却依然是个阴霾四布的局面。因这次战争而产生的五大强，中国是亚洲唯一之大国，过去抵抗侵略最早最力而牺牲最重，法国在现阶段依然不失为欧洲对峙局势下之平衡因素，所以这两国都被邀为"陪客"，衰老而疮痍满身的英帝国也差不多由国际主角沦为"陪客"了；事实上握着最大纸牌的，只有美苏两国。而美苏关系因当前有许多复杂问题，难于合理解决，是一般人忧虑第三次大战迟早不免爆发的一个动机。

这些问题是：苏联在中国东北部撤兵问题，伊朗问题，原子能公开问题，管制日、德问题，巴尔干问题等等。让我们把半月以来所演变的事态，作一简明的分析。

1.
《美苏对华关系》
　　　　2.
　　《伊朗分离运动》

3.
《苏土之争》
　　　　4.
　　《管制德日问题》

5.
《三强会议及其他》

综上所举事实看起来，战后的新世界，依然是强者与强者斗争，弱者与强者斗争的世界，血的洗礼不能洗涤人类的罪恶，人类的一部斗争史将至何日方休呢！（十二月一日至十五日）

图 7-12　陶菊隐于《新中华》上写作的述评文章框架

1912~1949 年报刊新闻述评发展势头的最好诠释。该时期内，关注新闻述评的专业类报刊有《半月文选》（1945 年设有"半月时事述评"栏）之类的文学刊物、《纺织周刊》（1946 年设有"每周重要时事述评"栏）之类的纺织工业刊物、《教育之路》（1946 年设有"时事述评"栏）之类的教育刊物，也有《现代铁路》（1947 年设有"路闻述评"栏）之类的铁路运输刊物等。

《经济通讯》创刊于 1946 年的香港（1946~1948 年设有新闻述评专栏），属经济刊物，该刊提议在国内各重要都市设置经济特约通讯员，报道当地商情，反馈金融市场、物价、进出口贸易及其他有关经济建设的情况，以供有关方面参考。载文包括各地经济通讯、国内外经济动态、国内外重要经济文摘等，常设有新闻述评专栏，称为"每周述评"，初始也偶称为"每周经济述评"，具体见图 7-13。

图 7-13 分左右，分别为《经济通讯》1946 年第 12 期和第 13 期的目录，二者的共同特点有二：一是新闻述评专栏位于刊物首栏，二是正文页均标注"每周述评"。其不同点是：左右图的目录页对新闻述评的标识不同，左图称为"每周经济述评"，右图称为"每周述评"。此外，《经济通

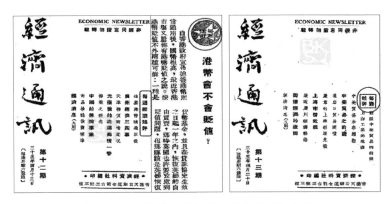

图 7-13　《经济通讯》的两种新闻述评专栏

讯》的诸篇述评文章还呈现评论化的特征，即题目以"评"字开头的文章
极多，具体见图 7-14。

图 7-14　《经济通讯》部分新闻述评标题

　　图 7-14 分 6 幅小图，从左至右分别出自《经济通讯》1946 年第 20 期、
1946 年第 28 期、1947 年第 32 期、1947 年第 44 期、1948 年第 8 期和 1948
年第 15 期。从 1946 年第 1 卷，到 1948 年第 3 卷，《经济通讯》"评"字开
头的新闻述评文章一直较多，其虽位于"每周述评"专栏，也会对新闻事
件进行综述性报道，但总体而言倾向于评论，擅长说理，注重论证，常以
观点取胜。

　　《社会评论》创刊于 1945 年的长沙（1946 年设有新闻述评专栏），存续

时间较长，直至 1949 年，其新闻述评专栏也始终相伴而存。该刊属社会问题刊物，半月刊，常发表社论，指责社会黑暗，揭露官场腐败，对社会现实做严正的批评和恳切的建议，探讨国内外政治、经济、文化和社会问题，刊有学术讲座信息，栏目有"社会动态述评""艺坛小品"等。作为常设专栏，新闻述评在刊物初始时为一周一栏，但至 1949 年有时竟一期两栏，具体见图 7-15。

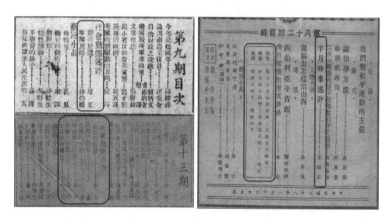

图 7-15　《社会评论》不同时期的新闻述评专栏目录

图 7-15 分别是《社会评论》1946 年总第 9 期、1946 年总第 13 期和 1949 年总第 82 期的刊物目录，其中，第 9 期和第 13 期均设有"社会动态述评"，但在文章数量上，后者是前者的三倍，且此后该栏一直是该刊的固定栏目。至 1949 年，在总第 82 期的目录中呈现两大述评专栏：第一栏称为"社会动态述评"，各有署名，内有述评文章 6 篇，分别为《乡村工业如此示范》（楚士）、《正义屠户欧冠》（楚士）、《银行的小秘密》（正）、《营造业不得了》（打）、《寒夜街头三种人》（协）和《嘲跳船者》（萨），篇幅不长；第二栏称为"半月时事述评"，署名王崇正，内有述评文章 3 篇，均无标题（由"一""二""三"等数字代替），篇幅较长，如此设置凸显了《社会评论》对新闻述评文章的重视与青睐程度。

三　新闻述评时政类报刊群

在该时期的时政类报刊有自称、标榜或被定位为地方政治刊物、政治理论刊物、时事政治刊物、时事政论刊物、政治刊物等多种说法，但它们有一个共同的特征即设置有新闻述评专栏，且专栏名称多为"时事述评"，如《安徽政治》《民主评论》《黔灵》《民主周刊》《民主》等报刊。除此之外，还有一些刊物设有其他类专栏，如《现代周刊》《群言》等。

《现代周刊》创刊于1945 年的台北（1946 年设有新闻述评专栏），由吴克刚任主编，台北现代周刊社发行，台北开明书店、东方出版社等总经售，属于政治刊物。刊物以阐扬三民主义、传播民主思想为宗旨，并力图为协调台湾地区政治、经济与文化做出相应的贡献。其作为台湾地区光复后最早出现的政治刊物之一，积极宣传三民主义；同时，该刊编者也认为要建设新台湾，必须将中国和世界的思想、文化、知识充分介绍到台湾，日本残留的殖民文化必须改变，中国文化应成主流。新闻述评是其常设专栏，栏目位置不固定，文章数量一般为 5 篇左右，且有些刊期还同时设有两个新闻述评专栏，具体见图 7-16。

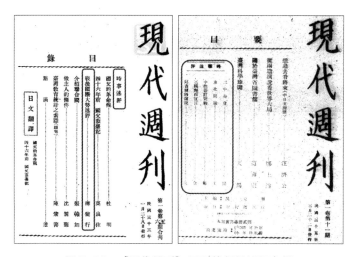

图 7-16　《现代周刊》不同的新闻述评专栏

图 7-16 分左右，分别为《现代周刊》第 1 卷的第 5、6 合期和第 11 期，前者设有两个新闻述评专栏：一是"时事述评"栏，其内有《政治协商会议》《军事冲突、普遍停止》《联合国会议进行中》《改造文字、节省时间》《忠奸不容并立、各地捕治汉奸》等 5 篇述评文章；二是"战后国际

大势述评"，署名柳健行，篇幅达至 4 页，有 8 个半版，与其说是一个专栏，不如说是一篇写战后大势的国际述评文章。后者（第 11 期）的"时事述评"栏位于刊物最后，亦有新闻述评文章 5 篇，且均有署名，既有《二中全会》《东北问题》这样的国内时政，也有《中法签订新约》《三国对西宣言》《丘吉尔的演说》之类的国际时政。

《群言》，创刊于 1946 年的杭州（1946 年设有新闻述评专栏），停刊于 1946 年 4 月，共 3 期；复刊于 1946 年 12 月。复刊后从第 1 期起由群言社编辑发行，改在上海出版，复刊后第 10 期起由郑余德主编、群言杂志社发行，相继有副题名《透露内幕新闻、报道正确消息》①《群众立场、言论先锋》②等，其他题名有《群言月刊》《群言杂志》等。刊物以"透露内幕新闻，报导正确消息"为宗旨，研究者为了解解放初期杭州及其周边地区人们的思想动态提供了具有一定价值的史料，其丰富的内容和深刻的问题解析也为刊物锦上添花。该刊载文探讨国内政治、经济、社会、教育等方面的问题，也刊有国内外形势分析、中外猎奇等内容，新闻述评即是其中之一，具体见图 7-17。

图 7-17　《群言》不同的新闻述评专栏

图 7-17 分左中右，分别出自《群言》1949 年的第 33 期、第 24 期和第

① 从 1948 年第 1 期开始。
② 从 1949 年第 32 期开始。

34 期，述评的作者均为陈利加，但专栏名称各有不同，分别称为"一周军事述评""一周战事述评""一周述评"。综合《群言》所有的新闻述评专栏看，"一周战事述评"居多，"一周军事述评"和"一周述评"次之，但不管专栏为何，其内容均呈现选材的一致性，即以军事题材为主，且在写法上与《时代日报》的"军事述评"颇为相似。

四　新闻述评政党类报刊群

与前两个发展期相比，新闻述评政党类报刊的数量相对较少，但从报纸与期刊（或杂志）的层面上看，第三发展期内的政党类报纸居多，且均为大报，如国民党的《中央日报》，共产党的《解放日报》《新华日报》《人民日报》等，此间亦有期刊，但述评数量相对较少。

《京沪旬刊》创刊于 1946 年的上海（1947 年设有新闻述评专栏），属铁路党务刊物，由国民党京沪区铁路特别党部编行，报道时事政治，发表对时局的看法，介绍党部工作概况，还有京沪、沪杭铁路史料拾遗、路政纪要、路局人事变动信息、工作摘要等。刊有"京沪区铁路员工八一三抗战纪念大会特刊"，有追记淞沪会战的文章；1947 年的新闻述评专栏称为"时事述评"，版面位置时有变动，文章篇幅短小，多为一段论，且倾向于评论，代表性作品可见于第 24 期的述评文章《"三反"运动徒成画饼》《经济措施收效宏大》等。

《公论》创刊于 1947 年的香港（1949 年设有新闻述评专栏），季刊，由田凡主编，属中国致公党机关刊物，刊登该党党纲、会议文件及政治主张，报道该党活动情况，揭露国民党独裁统治下的政治腐败、贪污成风、内战扩大、民不聊生的情况，主张国内和平，要求实行民主政治。该刊设有新闻述评专栏，称为"时事述评"，一般位于刊物首栏，且布局与二三十年代的"大事述评"极为相似，具体见图 7-18。

如图 7-18，出自 1949 年第 5 期，该期的"时事述评"栏分为"国际""国内"两部分，前者内有 3 篇述评文章，后者则为"总+分"结构，在一段文字的综述之后，展开了包括军事、政治、外交、财政与经济等方面内容的述评，类似于之前的"国内/外大事述评"栏。

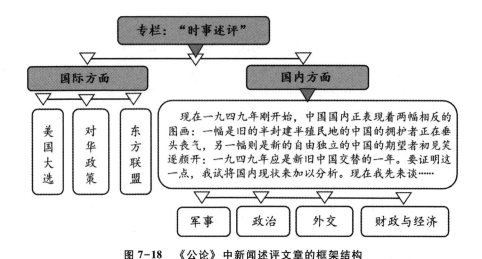

图 7-18 《公论》中新闻述评文章的框架结构

第三节　新闻述评常用专栏群的偏移

受经济动荡等因素的影响，该时期的常用专栏群开始弃"大事述评"而向"经济述评"偏移，与前两个发展期内的"述评""国际述评""大事述评""时事述评"等常用专栏形成了差异，具体见表7-3。

表 7-3　四大常用专栏群的新闻述评刊物

类别	刊物					
	1	2	3	4	5	6
时事述评类	西北经理通讯	陕政	女铎	安徽政治	海鸥周刊	山东青年
	民主评论	流星	黔灵	党员通讯	潍县青年	军中文化
	消息	新海军	银河	团刊	民主周刊	中央边报
	新学风	大威周刊	新政与新人	时代周刊	大道	天地人
	南方杂志	储汇服务	政治路线	青年中国	北平邮工	教育之路
	青年世界	建警	灯塔月刊	京沪旬刊	中华少年	田东训练
	东镇乡报	民主新闻	全民周刊	人生周报	朝声	生活报
	时事评论	省行通讯	团结	创进	运输校刊	新风向
	公论	中央通刊	民主半月刊	中央周刊	纺织周刊	民主
	国立四川大学周刊	大报	天风	舆论周报	南北	战干

续表

类别	刊物					
	1	2	3	4	5	6
时事述评类	半月文选	新中华	正气半月刊	东南评论	尖兵	知识
	社会评论	南洋报	自由论坛	民众月刊	北平中学生	浙江日报月刊
	青年知识	昌言				
国际述评类	读书与生活	新华日报	民主导报	实话报	人民日报	明朗周报
	现代周刊	时代日报	学生新闻	新闻类编	军政大学	国讯
	晋察冀日报	民主	中央日报	和平日报	解放日报	晓声月刊
	蒙藏月报	民主与科学				
经济述评类	中央银行月报	联合晚报	经济通讯	经济导报	华商报	经建通讯
	时代日报	京沪周刊	工商新闻	半月新闻	时报	浙江经济月刊
	经济	经济导报	征信新闻	银行通讯	钱业月报	金融周报
	雍言					
述评类①	四川财政	北平邮工	太平洋	青年周刊	两周评论	前线周刊
	中华全国体育协进会体育通讯	时代公论	梅城半月	经济周报		

该时期的常用专栏群中，"经济述评"代替了"大事述评"，可谓该时期新闻述评发展的一个重要特色。除此之外，诸如"国际述评""军事述评"等形势述评②开始成为第三发展期的重头戏，颇多报纸均设此栏，如《实话报》《人民日报》的"国际述评"，《联合晚报》和《华商报》的"经济述评"等。还有一些报刊专以形势述评专栏而为人称颂，如由中共领导但以苏商名义出版的《时代日报》，其"最吸引读者的，是它的三个述评：国际述评（由陈原、陈翰伯主持）、经济述评（由杨培新、钦本立主持）、军事述评（由姚溱主持）"③。

一　"时事述评"类专栏群

作为数量最多的专栏，"时事述评"在多种报刊上均有呈现，如综合性

---

① 述评类指专栏名称仅有"述评"二字的报刊。
② 该时期直接以"国际述评""经济述评"命名的述评文章不再如"大事述评"和"时事述评"那样是对一个事件的述评，其多是针对当下形势进行的释疑解惑的述评，故统称为形势述评。
③ 闵大洪：《时代暴风雨中的海燕——上海〈时代日报〉》，《新闻记者》1987 年第 5 期。

刊物《流星》、妇女刊物《女铎》、地方行政刊物《黔灵》、军需业务刊物《西北经理通讯》、党务刊物《党员通讯（韶关）》、军事刊物《新海军》等，但该时期这些种类各异的报刊大多呈现一个特征，即持续性较差。其中有两份刊登新闻述评文章数量相对可观的报刊：一份为《舆论周报》，另一份为《东镇乡报》。

《舆论周报》创刊于1947年的宁夏（1947年设有新闻述评专栏），谢庭相为发行人，舆论周报社编辑，1948年2月停刊，属地方新闻刊物。该报以所谓"透视西北问题，揭露西北真相，指出西北建设之路"为宗旨，立足宁夏，放眼西北，是研究当时宁夏地区政治、经济、文化不可或缺的报纸，为国民政府的喉舌。《舆论周报》于1947年设有"一周时事述评"专栏，以《舆论周报》第10期为例，该期总共有8页的篇幅，"一周时事述评"栏位于第4~5页，内含《祝魏德迈致力和平胜利》《包宁铁路是西北的动脉》《荷印当局勿再危害华侨》等4篇述评文章，虽篇幅相对短小，但观点鲜明，善于煽动舆论如《祝魏德迈致力和平胜利》一文就在最后提出了希望，即"我们希望魏德迈特使对华这个目标，循着这个途径，致力于和平的胜利的争取"。

《时事评论》创刊于1948年的上海（1948年设有新闻述评专栏），1948年12月第24期停刊，由潘世杰、卫一萍主编，李道南担任发行人，周刊，属综合性评论刊物。刊物旨在通过揭露现实的腐败与不公，批判各国政策以促进国家的新生。其在《创刊词》中自称是"站在文化的岗位"，"没有党派的背景，只有公正的立场"，通过检讨过去、针砭现实，开辟未来，走向自主、富强、独立、光明的康庄大道；所载文章真实反映了解放战争后期国民党统治区的政治、经济、外交情况，对于研究当时的局势具有一定参考价值。此外，刊物刊登国内外政治、经济、文化、教育等述评，针砭现实，内容有的反映农民生活实况和农村社会动态，有的讨论大学生毕业出路问题、法币膨胀与稳定物价问题、国民党革新问题、中国政府的对日政策等。以第1卷第11期为例，栏目署名"本刊资料室"，内含新闻述评文章11篇，内容包括国际和国内；述评文章篇幅不长，大多采用两段式，第一段用以综述，第二段用以分析和评论，具体见图7-19。

图7-19系该刊第1卷第11期的两篇文章，均属两段论，但左篇偏述评，右篇偏评论。其中，左篇在第一部分用100余字对事件进行了综述，第

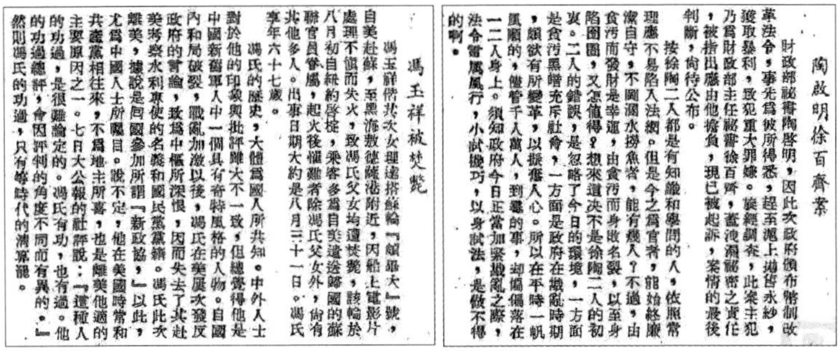

陶啟明徐百齊案

財政部祕書陶啓明，因此次政府頒布幣制改革法令，事先爲彼所得悉，趕至滬上拋售永紗，獲取暴利，致犯重大罪嫌。旋經調査，此案主犯乃爲財政部主任祕書徐百齊，蓋洩漏祕密之責任，被指出應由他擔負，現已被起訴，案情的最後判斷，尚待公布。

按徐陶二人都是有知識和學問的人，依照常理應不易陷入法網。但是今之爲官者，能始終廉潔自守，不圖濁水撈魚者，能有幾人？不過，由貪污而發財是幸運，由貪污而身敗名裂，以至身陷囹圄，又怎値得？想來這決不是徐陶二人的初衷。二人的錯誤，是忽略了今日的環境，一方面是貪污黑暗充斥社會，一方面是政府在戡亂時期，頗欲有所變革，以振奮人心。所以在平時一帆風順的，儘管千人萬人，倒霉的事，却偏偏落在一二人身上。須知政府今日正當加緊戡亂之際，法令雷厲風行，小試機巧，以身試法，是做不得的啊。

馮玉祥被焚斃

馮玉祥偕其次女理達搭蘇輪「[illegible]」號，自美赴蘇，至黑海敖德薩港附近，因船上電影片處理不愼而失火，致馮氏父女均遭焚斃，該輪於八月初自紐約啓椗，乘客多爲自美遣送歸國的蘇聯官員眷屬，起火後罹難者除馮氏父女外，尚有其他多人。出事日期大約是八月二十一日。馮氏享年六十七歲。

馮氏的歷史，大體爲國人所共知。中外人士對於他的印象與批評雖大不一致，但總覺得他是中國新舊軍人中一個具有奇特風格的人物。自國內和局破裂，戰亂加激以後，馮氏在美屢次發反政府的言論，致爲中樞所深恨，因而失去了其赴美考察水利專使的名義和國民黨黨籍。馮氏此次離美，據說是回國參加所謂「新政協，」以此，尤爲中國人士所矚目。說不定，他在美國時常和共產黨相往來，不爲地主所喜，也是離美他適的主要原因之一。七日大公報的社評說：「這種人的功過，是很難論定的。馮氏有功，也有過。他的功過總評，會因評判的角度不同而有異的。」然則馮氏的功過，只有等時代的淸算罷。

图 7-19　《时事评论》中的新闻述评文章

二部分是对冯氏的历史、中外人士对其印象等信息的补充说明，进而分析其被害的原因，并借《大公报》社评来对冯玉祥进行评价，同时也道出自己的观点。全文相对简洁明了，既述又评地运用多种表达方式对事件进行了分析和判断。右篇与左篇在架构上一致，在第一部分亦是以百余字的综述文将“陶启明徐百齐案”进行了报道，但在第二部分展开纯议论性的评论，认为二人的错误“是忽略了今日的环境，一方面是贪污黑暗充斥社会，一方面是政府在战乱时期，颇欲有所变革，以振奋人心，所以在平时一帆风顺的，尽管千人万人，倒霉的事，却偏偏落在一二人身上”。就该刊“时事述评”栏的署名看，均为“本刊资料室”，但在“述”与“评”的比例上仍呈现“评”多“述”少的一面。

二　“国际述评”类专栏群

“国际述评”类专栏自新闻述评开设专栏之初就有，当时称为“国内大事述评”，后相继变迁，并于 20 世纪 30 年代后期至 40 年代该名称趋于稳定。《新华日报》推动了该名称的使用，该报在第三发展期内仍有此栏，如 1945 年 7 月 14 日的《这里不是避风塘》（于怀，自六月二十九日至七月十三日[①]）、1945 年 7 月 28 日的《时代终究是变了!》（于怀，自七月十四日至二十七日）以及 1946 年 7 月 13 日的《只有团结，只有和平》（茹纯）、1946 年 7 月 27 日的《抱着信心前进》（茹纯，自七月十三日至二十六日）

① 类似日期标注均源于原文的副标题。

等。除此之外，还有不少其他报刊都设有此栏，如政论性报纸《民主导报》
（1945年设有"国际述评"栏）、东北军政大学校刊《军政大学》（1946年
设有"国际述评"栏）、综合性刊物《读书与生活》（1946年设有"国际述
评"栏）等，其中，又尤以《人民日报》和《实话报》最为知名。

《人民日报》创刊于1948年的河北省平山县（1946年及之后设有新闻
述评专栏），由《晋察冀日报》和晋冀鲁豫《人民日报》合并而成，是中国
共产党中央委员会机关报、华北中央局机关报。与《晋察冀日报》使用新
闻述评的路径相似，《人民日报》也转载《解放日报》的"国际述评"专
栏，具体见图7-20。

图7-20　《人民日报》的新闻述评专栏

图7-20分左右，分别出自《人民日报》1946年7月3日和1946年9
月28日，左图在"国际述评"之下标识为"解放日报"，右图则标识为
"解放日报国际述评"，印证了其对《解放日报》"国际述评"专栏的转载。
除专栏外，《人民日报》对新闻述评的关注还有两种方式。一是采用述评笔
法，即以夹叙夹议且议在议论的笔法进行写作，代表性的文章如1946年6
月14日的《战后英国对外贸易问题》、1946年7月2日的《杀鸡取蛋的美

国政策》、1947 年 3 月 15 日的《博爱军民的立功运动》和 1948 年 3 月 3 日的《马歇尔计划在印尼的血债》等，具体见图 7-21。

图 7-21 《人民日报》中的新闻述评笔法文章

二是采用类似的述评专栏，如 1947 年 2 月 18 日的"一周国际"和"一周综合战报"、1948 年 3 月 10 日的"国际一周"、1948 年 3 月 12 日的"一周战况"等均属此类，具体见图 7-22。

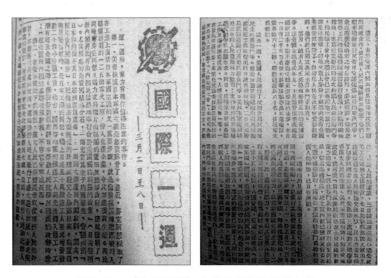

图 7-22 《人民日报》中类似新闻述评的专栏

图 7-22 系《人民日报》1948 年 3 月 10 日的"国际一周"专栏，从形式上看，其整体设计、版面位置、副标题的时间限定等均与"国际述评"

栏保持一致；而从内容上看，亦是采用夹叙夹议的笔法，且倾向性极为明显，如最后一段，有"一周来的消息显示"等报道，也有"从……一事看来，可以知道……"等分析，也有"英国与西欧的广大人民……"等议论。

《实话报》创刊于 1946 年（1947 年设有新闻述评专栏），属辽东半岛苏军指挥部机关报。报社仿照苏联的管理制度，由社长和副社长掌管全面事务；其工作人员分为中苏方两部分，其中，中方工作人员以雇员身份参加工作，往往负责采访、编辑等工作，各部门的负责人则由苏军军官担任。刊物的办刊宗旨和方针在创刊号的《和读者见面的几句话》中表露无遗，即"我们的报纸要对读者说出苏联的真情，把苏维埃国家，把他们的地理、历史、国家结构，他们的人民，他们的生活、风习、文化和艺术介绍给广大读者。本报要经常向读者说明其他各国人民的生活实况，说明欧洲各解放国人民怎样在创造着他们的新生活，要使读者知道中国和外国的一切事件，要经常报道旅大一带的生活"①。作为特殊解放区时期旅大地区最具影响力的三份中文报纸之一，《实话报》的发行量一度达 2 万余份，读者远及上海、香港等城市。除宣传苏联外，《实话报》也会就民主国家的重大事件进行述评，以 1947 年 12 月 7 日和 1947 年 12 月 16 日的"国际述评"专栏为例，其内容感情充沛，笔调有力，倾向性显著，单《法国的内部危机》一篇文章，就多次使用"反动派""德寇"等称号，以及"企图""挑拨"等极富感情色彩的词。除此之外，《实话报》还刊登了系列新闻述评笔法的文章，如 1948 年 2 月 3 日的《杜鲁门主义是什么东西》《普通农民变成社会主义劳动英雄》等。

三 "经济述评"类专栏群

从总量上看，"经济述评"类专栏并不是最多的，但在当时的知名度极高，多是一经出现就立刻成为读者极为关注的述评之一，代表性的刊物如"苏商"报纸《时代日报》、通俗刊物《京沪周刊》（1947 年设有"×月份② 经济述评"栏）、金融报刊《中央银行月报》（1947～1949 年设有"国内外

---

① 刘影：《一份鲜为人知的中文报纸——驻旅大地区苏军指挥部机关报〈实话报〉述论》，《大连城市历史文化研究》2017 年第 01 期。

② 如 1947 年第 1 卷第 36 期的"八月份经济述评"栏和 1947 年第 1 卷第 44 期的"十月份经济述评"栏。

经济动态述评"和"经济动态述评"栏)、经济刊物《经济导报》(1946 年
设有"半月经济述评"栏)、银行业务刊物《雍言》(1946 年设有"一年来
国内经济大事述评"栏) 等。因国民党统治下物价飞涨、民不聊生，各报
刊社大多对该类专栏表现出了极大之热情。这些报刊中对该类专栏应用较
多的有《联合晚报》《华商报》等。

《联合晚报》创刊于 1946 年的上海 (1946 年设有新闻述评专栏)，是在
《联合日报》受国民党政府刁难而无法正常发行的背景下，遵照原定的"先
出晚报，再图日报"的方针所创办。报社结构与人员构成等承袭《联合日
报》，工作人员大多为共产党员。军事述评专家姚溱、国际问题专家金仲华
都是报社成员，前者分管副刊，后者负责社务委员会。该报在 1947 年因如
实报道了"五二零"学生运动而被国民党以"破坏社会秩序，意图颠覆政
府"之名勒令停办。在存续的一年时间里，其设有的"经济述评"栏一直
为人所称颂，具体见图 7-23。

图 7-23　《联合晚报》的新闻述评专栏

图 7-23 的新闻述评栏分左中右三栏，分别出自《联合晚报》的 1946
年 9 月 9 日、1946 年 9 月 16 日和 1946 年 9 月 23 日，称为"经济述评"，一
般内含 2~3 篇新闻述评文章。文章篇幅居中，但能迅速介入主题，如《市
政府的增税案》(1946 年 9 月 9 日) 一文，虽只有两段，但第一段用极简要
的语言对市政府的增税案进行了描述性分析，并着重对其中的营业税一项
进行了解释说明；至第二段作者即展开议论，在提出"他们究竟能不能负
担？"之类问题的同时，也进行"市参员是否能代表贫苦市民说话，这倒是
一块试金石呢"之类的评价。

《华商报》创刊于 1941 年的香港（1941 年、1946～1949 年设有新闻述评专栏），是一份"皖南事变"后根据中共指示在廖承志同志领导下以华侨商人名义所创办的晚报，其创办方针在于"在香港建立我们自己的宣传据点"①。然因太平洋战争爆发，刊物在半年多后于 1941 年 12 月 12 日停刊。日本投降后，《华商报》在中共中央的全面指导下于 1946 年 1 月 4 日复刊，并于 1949 年 10 月 15 日再次停刊《华商报》在 1940 年代的港粤地区是中国共产党的重要宣传阵地，在港粤文艺领域发出的声音也是独特而雄健的。尤其是在《新华日报》被国民党勒令停办以后，《华商报》成为在非解放区共产党领导的十分重要的大型日报。特别在以香港、广州为中心的华南地区，《华商报》对于宣传共产党的路线方针、巩固和发展统一战线，以及引领文艺新思潮等，都起到了不可替代的中流砥柱的作用。②《华商报》极为关注新闻述评文体，早在 1941 年时就曾设有"国际一周"（如 1941 年 7 月 6 日）等类似新闻述评的专栏，也曾刊登诸如《纳粹侵苏的反响在重庆》（1941 年 7 月 2 日）、《抗战四年军事局势》（1941 年 7 月 7 日）、《日本外交的动向》（1941 年 7 月 8 日）等采用新闻述评笔法写就的文章。在复刊后，又在 1946～1948 年相继设有张铁生的"一周国际"专栏、怀湘的"战局一周"专栏，以及"一周金融""一周市场"专栏，在 1949 时更是设有"华南述评"（1949 年 7 月 6 日）。除这些与新闻述评相近但并未标识为新闻述评的文章与专栏外，《华商报》还设有"经济述评"专栏，具体见图 7-24。

图 7-24 分左右，分别出自 1946 年 7 月 16 日和 1946 年 7 月 29 日的《华商报》，其均标识为"经济述评"，署名为"文川"，探讨的均是中国的经济危机和中国经济，篇幅较长，一个专栏内一次只有一篇文章。如《内战扩大中的中国经济》一文，采用"总+分"的架构，通过"田赋征实，民命何堪""工商业破产了""玩火者终必自焚"等三个小标题对当时的中国经济进行了述评。

四 "述评"类专栏群

"述评"类专栏在 1912～1949 年的述评发展期中始终位列四大常用专

---

① 张友渔：《我和〈华商报〉》，《新闻研究资料》1982 年第 2 期。
② 颜同林：《〈华商报〉副刊与 1940 年代港粤文艺运动》，《广东社会科学》2019 年第 2 期。

图 7-24 《华商报》的新闻述评专栏

栏，数量相对较少，且以"××（时间）述评"为多，如"每周述评""一周述评""一月述评"，代表性刊物如综合性刊物《前线周刊》、经济刊物《经济通讯》、体育刊物《中华全国体育协进会体育通讯》、社会科学刊物《青年周刊》、青年刊物《梅城半月》等。除此之外，还有一些直接命名为"述评"的专栏，特以《北平邮工》为代表介绍于下。

《北平邮工》是工会刊物，非卖品，自称为"北平邮区两千余工友的喉舌"，原名《北平邮务工会月刊》，内容主要讨论邮政工作和邮政员工的思想与生活现状，报道该工会的会务情况和该工会员工的文艺、体育、读书等活动，还刊登新闻述评和该会会员的杂感心得等。其所设置的新闻述评专栏大体有二：一称为"述评"，二称为"时事述评"。具体见图 7-25。

图 7-25 分左右，分别出自《北平邮工》的第 2 卷第 7 期和第 3 卷第11、12 合期，称为"时事述评"和"述评"，前栏只有一篇文章名为《梁山》，篇幅短小，且字里行间均显出激愤的政论文之势，如最后一句的"除非现今的宋江是个笨伯，他才能忽略了梁山勋业，是在施氏纸上"，尽现政论风采；后栏也只有一篇文章，称为《本刊二周年的综合检讨》，是对刊物两年来的稿件的分析性议论，篇幅达三页。除此之外，《北平邮工》还会在"转载"栏刊登新闻述评文章，如 1946 年第 2 卷第 1 期的"转载"栏就有

《"中华邮工"半月述评》一文，篇幅不长，文章来源于《中华邮工》第 4
期的"半月述评"。

图 7-25　《北平邮工》不同时期的新闻述评专栏

第三编　文体篇

本编概要

在新闻学研究中，新闻业务研究弱于新闻史和新闻理论研究，而文体研究恰恰是新闻业务研究的一部分，故愈发显得薄弱。而在诸多种类的新闻文体中，新闻述评又是一个极为特殊的存在。言其为杂交文体，是因为其报道和评论双重功能的存在；言其为新闻报道文体，是因为其曾经相似于深度报道中的报道方式之一解释性报道；言其为新闻评论文体，是因为其论说成分占比很大而溢出了新闻报道的范畴。因此，新闻述评文体研究成了诸多文体研究中的"老大难"，鲜有人问津。这也恰恰为本研究的开展提供了诸多空间。

西方对报道和评论有着严格的限制，往往着重强调解释性报道"是新闻，是报道，不是评论"，故"不能作为发议论的借口"①，纵使须有偶尔的议论，也应将其"隐藏于叙事之中，使之与评论划清界限"，因此也有"高明的解释性报道致力于提供背景事实，将意见寓于背景的叙述中，而不直接说话"②之说。西方的严格一方面与其传统文化中对"理"的认可与崇尚有关，另一方面也与其对"发议论会影响新闻客观性"的认知有关。其实，在我国，客观性虽被视为新闻公正的一个重要因素，但新闻学界也认为客观性与发议论不能成为严格区分报道与评论的标准，因为，客观有着双重的含义，其"可以指一种报道方式，即客观报道，也可以指一种报道态度，这种报道态度要求报道事实、分析问题、评论是非，能做到客观、全面、

---

① 〔美〕杰克·海敦：《怎样当好新闻记者》，伍任译，新华出版社，1980，第212页。
② 刘明华：《西方新闻采访与写作》，中国人民大学出版社，1993，第83-84页。

公正，而不是主观臆断的、片面的、偏颇的"①。因此，在我国，新闻与言论虽有着极大的区别，但人们也认可新闻报道基于客观态度的"不排斥必要的议论和抒情"，承认"新闻与评论之间的杂交品种"② ——新闻述评的存在，且倡导新闻述评写作的夹叙夹议。

基于此，虽西方理论界不予承认，新闻述评在我国仍得到了重视与广泛应用，而由于1912～1949年媒体信源获取的局限以及大众信息来源的单一，新闻述评在该时期发展迅速。改革开放后，新闻述评一方面为深度报道的资深写手们所青睐，另一方面也在文体归属问题上形成了学界的争鸣之态。以此为背景，本编意在解决如下两个问题。

第一个问题：新闻述评文体归属地是什么？

第二个问题：1912～1949年的新闻述评文体怎么写？

---

① 林荣强：《述评性新闻》，人民日报出版社，1986，第112页。
② 李良荣：《中国报纸文体发展概要》，福州人民出版社，1985，第65页。

第八章　报刊新闻述评的文体争鸣现象

作为新闻业务研究的分支，学界的新闻文体研究在"秀肌肉"之风的影响下愈加羸弱，而业界对文体的应用与钻研热情也每况愈下，由此使得当下的新闻述评被视为"新闻评论产品"，这极大地影响了其文体功能的全面发挥。

同时，在"重实践轻理论"之风的影响下，文体研究已呈边缘之态。新闻述评是属于新闻报道还是新闻评论的争论之声也逐渐消散，充斥业界的则是不经理论指导的文章速成，以及望文生义的"我认为"。就"文章速成"看，大量的新闻文章标以述评之名出现，但仔细审视，其连新闻述评最基本的特征"夹叙夹议"都做不到；就"望文生义"看，诸多新闻工作者不经论证，将新闻述评直接视为"新闻评论产品"，在主观上缩小了新闻述评的业务应用范畴，并给后学者和新成长起来的受众带来了"新闻述评就是新闻评论"的单调认知。

中西方的新闻文体划分是不同的，西方的新闻文体一直采用三分法分为消息、特稿与评论，除了消息和评论外，其他演化出的所有文体都被纳入特稿范畴，在理论上也一直未有杂糅属性的文体出现。然而中国新闻文体不同，其发展比西方晚一个多世纪，并承继了文学文体划分的特征，故在演化过程中会随着时代要求的变化而衍生出各种文体形态，如新闻评、新闻特写等。这一演化过程所带来的文体杂交属性，一方面使新闻述评具有了理论和实践上存在的可能，另一方面也给新闻述评带来了无尽的争议。为此，本章特进行了如下研究。

1. 新闻述评的称谓问题及解决方式。其目的有二：一是梳理新闻述评百年间的称谓，以备后学者了解；二是从称谓流变中析出新闻述评写法上的一些问题，比如其称为述评性新闻时的状态以及称为述评时的状态等。

2. 新闻述评的文体问题及解决方式。其目的同样有二：一在于展示新闻述评文体争鸣现象，综述其现状，追溯其过往，预见其后期发展；二在于为新闻述评的文体争鸣现象定位，并对其进行深度解读。

第一节　述评发展过程中的称谓问题

新闻述评的称谓有多种，理顺思路对新闻述评的研究和应用均有帮助。

一　称谓争议的历史回顾

从百余年的新闻述评实践中我们可以看到新闻述评称谓的历变。

1916 年，陶菊隐先生在《湖南民报》上撰写"国内大事述评"，因现无原件可查，故无法确定是否当时其已被称作"国内大事述评"。

1918 年，《每周评论》创刊并于头版首栏设"国内/外大事述评"，这是 1912~1949 年可查询到的最早的"大事述评"的称谓。

1923 年，《中国青年》《东方杂志》开设"时事述评"专栏，"时事述评"的称谓映入读者眼帘。

1920~1930 年代，学术文献——《报纸评论之分析》提到了"述评"文体，这是学界较早的一次对该体裁的记录，此后的学术著作大多沿用"述评"这一称谓。

1930 年前后，"国际述评""经济述评""政治述评""军事述评"等称谓伴随着专栏的形式相继出现并走向兴盛。

1949 年之后，《人民日报》开辟了"报纸工作述评""经济工作述评"等栏目，"工作述评"进入读者视野。

1958~1965 年，《人民日报》上出现过几篇记者经过采访写出的以述为主的"记者述评"。

1977 年之后，"记者述评"呈现增多的趋势。

1978 年前后，"形势述评""事态述评""思想述评""事件述评"等称谓开始出现并广泛应用。

1982 年前后，"新闻述评"的称谓开始广泛应用，如复旦大学硕士毕业生李良荣在硕士论文中就曾提及"新闻述评是新闻与评论的杂交品种"。此外，由学界专家所编的《新闻采访与写作》（复旦大学出版社，1984 年版）、《新闻评论学》（中国人民大学出版社，1987 年版）等都用到了"新闻述评"这一称谓。

1984 年前后，"述评新闻"的称谓开始叫响，如复旦大学新闻系采访写作教研室的《新闻采访与写作》（复旦大学出版社）就称："述评新闻又称新闻述评。"

1985 年前后，"述评性新闻"的称谓也开始应用开来，如业界专家所编的《消息通讯写作》（人民日报出版社，1984 年版）、中国社会科学院研究生院新闻系的硕士研究生林荣强的《述评性新闻》等著作都用到了"述评性新闻"这一称谓。

二　述评称谓发生争议的解析

中国新闻文体在演化过程中有一种分化现象，某一体裁会在发展中逐渐细化出多种体裁，如通讯文体，其"早期从传记文学中脱胎出了纪实性通讯、旅游考察通讯、人物传记；到维新运动前后，纪实性通讯又分化为事件通讯与情况通讯，之后又由黄远生开创解释性通讯的先河；'五四'运动后又产生了述评通讯、特写式通讯、故事式通讯、人物通讯；再往后，又产生了工作通讯"。然无论演化出多少题材，其都包含"通讯"二字，属于通讯文体的结构之一。参照之下，新闻述评有相同之处，亦有不同之点。

1. 相同之处。国际述评、经济述评、政治述评、军事述评、工作述评、记者述评、形势述评、事态述评、思想述评、事件述评均属同一体裁内部的文体细分。与通讯文体的内部分化路径一致，新闻述评在该时期率先细分出国际述评、经济述评、政治述评和军事述评，而在中华人民共和国成立后又分化出工作述评、记者述评，以及后来产生的形势述评、事态述评、思想述评、事件述评等。这些称谓之间可能有某种重合，但它们都是作为新闻述评的一部分而存在。因此，可将其归类为新闻述评文体内部的二次分化，但因学界存在"新闻述评也称记者述评"的说法，故尚须特别说明。

"记者述评"是新闻述评的类分而非全貌。1912～1949 年的新闻述评写作大多是"二次生产"，是编辑、评论家等在材料搜集的基础进行的写作，虽有署名记者的述评文章，但细究之下，真正由以记者身份进行第一现场采访并写作的少之又少。中华人民共和国成立后，真正的"记者述评"才开始为读者所熟知，而"新闻述评也称记者述评"的说法也开始频繁出现在新闻报道类教材中。但若细究，"记者述评"只是"一次生产"的新闻述评而已。

2. 不同之处。"大事述评、时事述评、述评、述评新闻、述评性新闻"之类的称谓并非新闻述评的细分，而属于别称或阶段性称谓。与通讯文体内部分化路径不一致的是，"大事述评、时事述评、述评、述评新闻、述评性新闻"都是新闻述评百余年演化过程中的别称或阶段性称谓。其中，"大事述评""时事述评""述评"多用于1912～1949年，而"述评新闻、述评性新闻"多用于改革开放前后的一段时期。在该时期内，新闻述评呈现"偏报道化"的倾向，我国新闻界开始接受"述评性新闻"的概念，并认为它是"介于纯新闻和新闻评论之间的一种报道方式"[①]，但随着时代的变迁，新闻述评又呈现"偏评论化"的倾向，"述评性新闻"的提法渐少，新闻述评则成了述评的通用称谓。

第二节　述评发展过程中的文体归属问题

新闻文体在新闻学学术研究中处于非主流的地位，原因大体有二：一是新闻业务研究在新闻学三大研究领域中薄弱；二是新闻文体在新闻业务研究中薄弱。长期的积弱使其极易淹没于诸种热门研究，然而20世纪80、90年代新闻述评文体争鸣现象打破了这一积弱之势，不但为学术研究带来了活力，也为新闻述评的发展提供了多种可能。但是近20年来，尤其是近10年来，文体争鸣之声逐渐减弱，"新闻评论说"的知名度渐高。如此之势，值得反思。

一　文体归属的争鸣情状

以改革开放后首批高校新闻业务类著述的出现为契机，新闻述评的文体争鸣现象在以中国人民大学和复旦大学为代表的新闻采写类教程和新闻评论类教程中展开，并在以李良荣《中国报纸文体发展概要》为代表的新闻文体类著述、以林荣强《述评性新闻》为代表的新闻述评专著中，以及以《新闻战线》《新闻采编》等为代表的学术期刊上逐渐深入并达至高潮。

新闻述评的文体归属争议主要集中在五种说法上，分别是"新闻报道说""新闻评论说""杂交文体说""解释性新闻体裁说""两分文体说"。

---

① 林荣强：《述评性新闻》，人民日报出版社，1986，第4页。

其中，"解释性新闻体裁说"与"新闻报道说"有较强契合度，可认为是"新闻报道说"的"附庸"。"解释性新闻体裁说"认为，新闻述评尽管有述有评，但仍以"用事实解释事实"为主要方法，故在本质上应属解释性新闻体裁。新闻传播学界的权威辞典《新闻传播百科全书》就认为"新闻述评是新闻写作学术语，解释性新闻体裁之一"。然而按照新闻体裁的二分法，新闻被按照"事实"与"解释"的关系划分为两种：一种是只报道事件本身而不涉及解释或介绍性成分的"纯新闻"；另一种是区别于纯新闻，重在解释新闻背景、事件缘由的"解释性新闻"。故"解释性新闻体裁说"应从属于上述的"新闻报道说"。因此，当下的文体争议主要呈现为以下四点。

（一）新闻报道说

"新闻报道说"认为新闻述评应属于新闻报道体裁，进一步说则应属于新闻报道中的深度报道体裁，也称解释性新闻体裁。该说法的核心观点是，新闻述评尽管有述有评，但其核心在于向社会报道新闻事实，且并不具备评论文体所需的"论点、论据、论证"三要素，故而本质上应属于新闻报道范畴。如戴邦等主编的《新闻学基本知识讲座》就将新闻述评放置在新闻报道而不是新闻评论的范围内介绍，并归纳了其"以叙为主，兼有夹叙夹议、记叙结合的特点"[①]；汤世英等的《新闻通讯写作》（1986年）、《中国大百科全书·新闻出版卷》（1990年），以及刘明华等的《新闻写作教程》（2002年）等也将新闻述评归于报道文体。

然而，该说在近些年力度越来越弱，其原因是：新闻述评在业界的实践逐渐倾向于新闻评论，因此该时期的新闻述评也被学界与业界称为"述评新闻"或"述评性新闻"，但随着电视新闻述评的开展，以及网络时代各种新述评类型的出现，新闻述评的业界的实践逐渐呈现为"偏评论"型和"报道+评论"型。

（二）新闻评论说

"新闻评论说"认为新闻述评应属新闻评论体裁，其核心在于向社会报

---

① 戴邦等：《新闻学基本知识讲座》，人民日报出版社，1984，第357页。

道意见、主张。该说法的核心观点在于：因新闻述评兼有报道与评论之功能，若将新闻述评划归新闻报道则违反了"新闻报道不可以加评论"的报道规范，但若将新闻述评划归新闻评论则无此疑问，因为没有任何的新闻理论规范规定新闻评论不可以加入报道因素，秦珪的《新闻评论写作》（2000）、吴庚振的《新闻评论学通论》（2001）、程世寿等的《当代新闻评论写作》（2004）等均持此说。

然而，在持此说的基础上，一些学者却赞同新闻述评是新闻评论范畴内的一种"特殊的评论文体"①，并认为其"在新闻评论的各种形式中可以说是一个杂交的品种"②，进而证实了新闻述评的特殊性。

（三）杂交文体说

"杂交文体说"③认为新闻述评是新闻与评论的杂交品种，应属杂交文体。"杂交文体"也称"杂交新闻文体"，在新闻体裁九分法④中又被称为"边缘性新闻文体"。该说法的核心在于：新闻报道规范规定了新闻报道中不能加入评论的因素，而新闻评论的报道成分必须简洁明了，同时，因新闻述评是对新闻事件在概括综述基础上的评论，故不属于新闻报道也不属于新闻评论，只能是杂交文体。代表性论著即李良荣的《中国报纸文体发展概要》（1985年），此外如张惠仁的《现代新闻写作学》（2001年）、胡端宁的《新闻写作学》（2002年）等著作的主张也大体如此。

（四）两分文体说

"两分文体说"认为新闻述评可一分为二：一部分归入新闻报道，另一部分归入新闻评论。该说法的核心在于："新闻述评在报纸工作中，存在两

---

① 胡文龙：《新闻述评的特点和优势》，《新闻与写作》1992年第7期。
② 秦珪等：《新闻评论学》，中国人民大学出版社，1987，第269页。
③ 从中国新闻文体发展的全局视角提出了"独立新闻文体"与"杂交新闻文体"的说法，并将消息、通讯、评论等划归"独立新闻文体"，而将包括"新闻特写"（新闻和文学的杂交）、"调查报告"（新闻、历史和政论的杂交）、"新闻述评"等划归"杂交新闻文体"。
④ 又称九体二十四目划分法，指新闻系统全国高级职称评审委员会于1984年发往全国各地的《全国新闻系统测验复习提纲》一书中所阐明的一种新闻体裁分类法。

种趋向，一种基本属于新闻报道的范畴，另一种可以归入新闻评论的范畴。"① 如复旦大学新闻系采访写作教研室所编的《新闻采访与写作》就曾持此说；《述评性新闻》一书也提到过此说，只是对其进行否定，称"至今新闻界有些同志认为目前记者述评有两类，一类应归入评论，一类应归入新闻，这是不了解述评的复杂演变过程的缘故"②。

二　文体争鸣的现状综述

新闻述评的五种声音来源有四：一是文体类著述，二是新闻述评专著，三是新闻述评文章，四是新闻业务类教材。在文体类著述和新闻述评专著方面，其本身数量就少，进入 21 世纪后更为鲜见，尤其是新闻述评专著，仅在 20 世纪 80 年代有过一部。进入 21 世纪后此类著述也多以"自析集""作品集"的形式出现。在新闻述评文章方面，进入 21 世纪后也少有论文出现。尤其是 21 世纪的头 10 年，只有两篇，分别是《新闻述评的体裁归属》（樊水科等，2010）和《新闻述评的文体流变》（刘英翠，2014），前者将新闻述评归于新闻评论，后者将新闻述评归于新闻报道，虽观点有别却并未引发争鸣。

在新闻业务类教材方面，从改革开放到当下，已有诸多版本与诸多视角，且呈现不衰之相，但就新闻采写类教程和新闻评论类教程看，乃以前者为多。在全球最大的中文旧书网——孔夫子旧书网上就有 352 条新采写类图书条目③，新闻评论类虽稍显薄弱却也有 184 条。为对该类书目中的观点进行整理，文章特进行了两个步骤的调查。

（一）2016~2017 年情况汇总

汇总 2016~2017 年新闻采写与新闻评论著述，意在了解最新新闻业务类教材对新闻述评文体有关问题的提及情况，具体见表 8-1。

---

① 复旦大学新闻系采访写作教研室：《新闻采访与写作》，华中理工大学出版社，1999，第257页。
② 林荣强：《述评性新闻》，人民日报出版社，1986，第55页。
③ 孔夫子旧书网上的一个图书条目代表一本书。

表 8-1　新闻采写与新闻评论类著述对新闻述评文体的提及情况（2016～2017 年）

类别	序	书名	作者	著作方式	出版社	版本	文体归属
新闻采写类著述	1	新编当代传媒新闻写作大全	张浩	著	北京工业大学出版社	2016	新闻评论
	2	新闻写作实训教程	张勋宗	著	西南交通大学出版社	2016	无提及
	3	深一度：新闻采访与写作	陈秉科	著	北京工业大学出版社	2016	无提及
	4	新闻采访与写作教程	李珮	编	法律出版社	2016	无提及
	5	新闻采访与写作	喻继军	著	武汉大学出版社	2016	无提及
	6	当代新闻报道教程	林晖	著	复旦大学出版社	2017	无提及
	7	新闻写作实务	皮传荣	著	中国传媒大学出版社	2017	无提及
新闻评论类著述	1	新闻评论学	宋晓秋	著	中国广播电视出版社	2016	新闻评论
	2	新闻评论写作	元冬维	著	中国人民大学出版社	2016	无提及
	3	新闻评论三十八策	张登贵	著	复旦大学出版社	2016	无提及
	4	新闻评论教程	王兴华	著	北京师范大学出版社	2016	杂交文体
	5	新闻评论：原理、方法、案例	刘茂华	著	上海交通大学出版社	2017	无提及
	6	现代新闻评论（第 3 版）	赵振宇	著	武汉大学出版社	2017	无提及

表 8-1 呈现三方面的问题：视之总体，2016～2017 年的 13 部新闻业务著述中，仅有 3 部涉及新闻述评的文体归属问题；视之纵轴，2016～2017 年涉及新闻述评文体归属问题的著述呈现"从有到无"的转变（2016 年 3 部，2017 年 0 部）；视之横轴，2016～2017 年涉及新闻述评文体归属问题的观点集中于"新闻评论说"和"杂交文体说"，前者来源于《新编当代传媒新闻写作大全》（张浩）和《新闻评论学》（宋晓秋），后者来源于《新闻评论教程》（王兴华）。

（二）2010～2015 年情况汇总

汇总 2010～2015 年新闻评论类著述，意在了解 21 世纪 10 年代后学界对新闻述评文体争鸣现象的关注度，具体见表 8-2。

表 8-2　新闻评论类著述对新闻述评文体的提及情况（2010～2015 年）

序	书名	作者	著作方式	出版社	版本	文体归属
1	新闻评论	廖艳君	编著	清华大学出版社	2010	新闻评论
2	新闻评论	吕智胜	著	北京师范大学出版社	2010	无提及
3	新闻评论思维与写作	高东	著	化学工业出版社	2010	无提及
4	新闻评论学	张玉川	著	四川大学出版社	2011	新闻评论
5	新闻评论学	赵振祥	著	九州出版社	2012	无提及
6	当代新闻评论教程（第5版）	丁法章	著	复旦大学出版社	2012	两分法
7	新闻评论学（第4版）	杨新敏	著	苏州大学出版社	2013	无提及
8	新闻评论	李舒	著	中国人民大学出版社	2013	无提及
9	新闻评论通论	赵振宇	著	清华大学出版社	2014	无提及
10	实用新闻评论写作教程	徐兆荣	著	北京大学出版社	2014	新闻评论
11	新闻评论	吕智胜	编	北京师范大学出版社	2014	无提及
12	新编新闻评论教程	戴俊潭	编	山东人民出版社	2015	无提及
13	当代新闻评论写作	王明光	编	重庆大学出版社	2015	边缘体裁

表 8-2 著述的选取均来源于书刊源相对全面的孔夫子旧书网，结论由逐一查证获得。上表反映出三个方面的问题：视之总体，2010～2015 年的新闻评论类著述共计 13 部，而涉及新闻述评文体归属问题的只有 5 部；视之纵轴，2010～2015 年的新闻评论类著述对新闻述评文体归属问题虽关注不多，却也呈现出每年都有著述的局面；视之横轴，2010～2015 年关涉新闻述评文体归属问题的观点集中于"新闻评论说"、"两分文体说"和"杂交文体说"，分别来源于《新闻评论》（廖艳君）、《新闻评论学》（张玉川）、《实用新闻评论写作教程》（徐兆荣）、《当代新闻评论教程》（丁法章）、《当代新闻评论写作》（王明光）。

由此可见，学界对新闻述评文体归属的讨论现状（2010 年至今）特点大体有二：一是热度上从"不冷不热"到"渐趋于无"；二是观点上以"新闻评论说"占主流，"新闻报道说"不占优势。

三　争鸣现状的实质解读

新闻述评文体争鸣可溯至该文体出现伊始，百年间，其经历了多种样态和多重路径的发展，不但拓宽了新闻述评文体的应用空间，也为学术界的新闻述评研究注入了活力。然而进入 21 世纪后，尤其是近 10 年来，新闻述评的文体争鸣现象渐趋于无，且争鸣之声有止步于"新闻评论说"之态。我们认为：新闻述评文体的争鸣之声若止步于"两分文体说"或"杂交文体说"，那么其发展空间会依然宽阔；但若止步于"新闻报道说"或"新闻评论说"，则其在业界的应用范围会极大地缩小。

（一）"新闻报道说"与"新闻评论说"之争的前因解读

顾炎武曾称"诗文之所以代变，有不得不变者"。文体以代变且不得不变，对其不得不变的原因，童庆炳认为有三，分别是"时代的客观原因、作家的主观原因、文体自身运动的原因"①。在三种原因的左右下，文体呈现变动之态，新闻述评亦然。百年间，新闻述评在样态上几经变迁，为学界文体争鸣现象的发生提供了背景，因此，无论是"新闻报道说"还是"新闻评论说"都是有源可溯的。

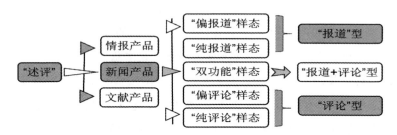

图 8-1 新闻述评业界实操的发展路径

以 1912~1949 年的新闻述评史研究为契机，笔者曾对新闻述评的业界实操路径予以整理，从"述评"一词的三种含义入手，结合新闻述评在该期间报刊上的衍生样态，将其概括为三种类型，分别为"报道"型、"报道+评论"型和"评论"型，为"新闻报道说"和"新闻评论说"均提供了实践方面的历史来源，也为新闻述评文体归属界定为"两分文体说"和"杂交文体说"奠定历史根基。具体见图 8-1。

同时，"报道说"与"评论说"之间的文体之争各有角度，无正误之

---

① 童庆炳：《文体与文体的创造》，云南人民出版社，1994，第 48 页。

分，具体可阐释如下。

1. "新闻评论说"的建构视角在于"新闻报道理念和职业规范"①，其认为真实关乎新闻之生命，客观关乎新闻伦理，新闻述评若归于新闻报道，将违背"评论与事实必须分开的新闻规范"②，然若将新闻述评归于新闻评论，则不违背。同时，休曼《实用新闻学》（1903年）、美国《报业信条》（1923年）、韩国《报人行为准则》等均对报道与意见的分开有过严格规定。

2. "新闻报道说"的视角来源有二：一是各类辞书记载，二是新闻报道的层级。对于前者，笔者将综述后的成果形成图文，具体见图8-2。

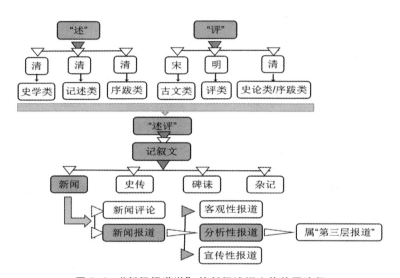

图8-2　"新闻报道说"的新闻述评文体从属路径

依据各类辞书记载，笔者曾将新闻述评在从古到今各类辞书上的记载情况予以汇总，从"中国文体"（包括新闻文体和文学文体在内）的广阔视野中去厘清其文体归属脉络，进而得出新闻述评与记叙文之间的关系可具象为"新闻述评∈分析性报道∈新闻报道∈新闻∈记叙文"，由此引出"新闻报道说"。对于后者，笔者亦认为新闻述评从属于新闻报道中的分析性报道，但在学理路径上异于各类辞书的记载，其源于麦尔文·曼切尔《新闻

① 樊水科、张宏权：《新闻述评的体裁归属》，《新闻知识》2010年第12期。
② 马少华：《新闻评论教程》，高等教育出版社，2007，第246页。

报道与写作》（1981 年）中所提出的新闻报道包括纯客观报道、调查性报道、解释性报道、分析性报道等层次。经由刘明华等的《新闻写作教程》（2002 年）定性，其并最终定义为"新闻报道说"。同时，对于"新闻评论说"所认为的"新闻述评若归于新闻报道就是违背了新闻报道理念和职业规范"，笔者借用林荣强的话，认为，"我国新闻从来没有完全排斥过议论，党报的一些负责同志和新闻理论界的一些同志也一直在提倡写评论性的、有理论色彩的新闻，如胡乔木、邓拓、复旦大学林帆等"①。

由此而言，"新闻报道说"和"新闻评论说"的建构均是站在不同的理论视角上的，在其各自的视角中，均是言之成理的。

（二）止步于"新闻报道说"或"新闻评论说"的后果阐释

有关新闻述评文体归属的争鸣不仅有助于学界新闻述评研究之风的兴盛，且能够在一定程度上为新闻述评在业界的发展拓宽路径，原因即在于"新闻报道说"与"新闻评论说"视阈下新闻述评写作方式与方法不一致（具体见表 8-3），故单纯地止步于其中一种势必造成另一种写作方式与方法的式微。

表 8-3 "新闻报道说"和"新闻评论说"视阈下的新闻述评的写作方式与方法对比

视阈构成	采访方式	写作方式	作者构成	"述"与"评"的比例
新闻报道说	采访结合	一次生产	记者居多	略作/适当点评
新闻评论说	采而不访	二次生产	编辑、专家、评论家、草根居多	以评为主

现有的论文或著述，无论是"新闻报道说"还是"新闻评论说"，均不否认历史上另一种状态的新闻述评的存在，正如"新闻报道说"的持有者林荣强认为记者述评的演化路径为"政论文章——作为评论的述评——作为新闻的记者述评"②。"新闻评论说"的持有者徐兆荣则在肯定新闻述评应列入新闻评论之余也承认"记者述评是深层次报道的一种重要形式"③。"文体两分说"的持有者周胜林则认为述评应分为两类：一类归入新闻报道，

①　林荣强：《述评性新闻》，人民日报出版社，1986，第 53 页。
②　林荣强：《述评性新闻》，人民日报出版社，1986，第 55 页。
③　徐兆荣：《实用新闻评论教程》，北京大学出版社，2014，第 209 页。

称述评新闻；另一类归入新闻评论，称新闻述评。

由此我们可认识到学界所争的"新闻报道说"视阈和"新闻评论说"视阈的新闻述评应是两种写作方式。正如上表所示：在采访方式上，"新闻报道说"一般是采与访结合，而"新闻评论说"则是采而不访，多系材料的收集；在写作方式上，"新闻报道说"一般是在基于一手现场资料进行报道基础上的评论，"新闻评论说"则是收集自他人的报道或其他材料基础上的综述与评论；在作者构成上，"报道说"因进行的是一手资料的收集，故以记者为多，然鉴于"我国新闻界在职责分工上评论人员一般不接触报道"①，"新闻评论说"多以各领域专家、编辑、评论家以及近年来出现的草根阶层居多；在"述"与"评"的比例上，"新闻报道说"一般认为应"述"多于"评"，故"只在叙述新闻事实的基础上，适当评点"②或"略作点评"③，"评论说"则认为"新闻述评的特点是述评结合，以评为主，述是评的基础，评是述的目的和归宿，其重点不是叙述事实而是表达观点"④。

然而就当下学界的认知看，"新闻评论说"渐成主流，直接原因有三：一是新闻采写类著述对新闻述评的规避（要么不涉及新闻述评，要么避谈其文体），二是新闻评论类著述对新闻述评的章节性吸纳，三是学界新闻述评文体争鸣现象的渐趋于无。以此为背景，新闻述评在业界的发展呈现下述趋势。

1. "边述边评"，并呈现两种类型，分别是主题串联型和观点串联型。前者擅长对不同主题的新闻事实以串联词的形式组成一篇新闻述评，故主题汇总型述评体现的只是同一主题不同新闻事实之间的并列；而主题串联型述评体现的或是不同主题新闻事实之间的并列，或是不同主题新闻事实之间的前后承接。后者与主题串联型是既有"同"又有"不同"：其"同"在于都用一定的逻辑关系将各自要串联的对象串联起来；其"不同"则在于主题串联型串联的是不同主题的夹叙夹议性新闻事件，而观点串联型串联的是同一主题新闻事件在发生后的各方评论。

2. "先述后评"或"先评后述"，亦呈现出两种类型，分别是集纳串联

---

① 马少华：《新闻评论教程》，高等教育出版社，2007，第246页。

② 马遂熊、马琪：《准确客观：述评新闻报道的科学指向》，《新闻战线》2004年第6期。

③ 林荣强：《述评性新闻》，人民日报出版社，1986，第4页。

④ 樊水科等：《新闻述评的体裁归属》，《新闻知识》2010年第12期。

型和观点汇总型。前者擅长先集纳再串联，而其集纳又分为两部分：一是对不同主题的新闻事实的集纳；二是对不同主题新闻事实的评论的集纳。因此，集纳串联型可归纳为以多个"新闻事实+多方评论"的片段为研究对象，从中找出共同的串联词，用上述的并列关系或承接关系将多个片段串联起来的一种新闻述评写法。后者擅长对同一主题新闻事实的各方评论观点进行无逻辑的汇总与罗列。因而，从实质上看，观点汇总型就是上述的"新闻事实+多方评论"，而上述的集纳串联型也可以说是多个观点汇总型基于并列关系或承接关系的串联品。

上述类型无论是集纳还是串联，均呈现"二次生产"的迹象，而由此产生的影响是巨大的。作为新闻评论视阈内新闻述评写作的擅长方式，"二次生产"的普遍存在昭示了两点：一是新闻述评评论化在新闻述评写作中的主流地位，二是新闻述评报道化渐趋边缘。

在新闻写作涌入大量草根力量的当下，"泛文体"和"混合文体"的说法已甚嚣尘上。且不论其对与否，单是从其给各新闻文体带来的压力看，新闻述评也应朝着更广泛的空间发展。然而就现实看，在新闻述评文体争鸣渐趋于无的背景下，新闻述评原有的两条路径已窄化为一，而记者这一既可奔赴前线创作一手"报道型"新闻述评，又可游刃有余地创作二手"评论型"新闻述评的群体，如今也从应有的述评写作主力军沦为非主力。

如此，新闻述评写作呈现评论化的趋势，而新闻述评的文体归属也以"新闻评论说"为主流。真正适应时代发展的新闻述评需要有上述评论化的一面，同时我们也应明白，"记者应重视新闻述评的写作"①，需要"让述评性新闻成为国际新闻报道的重头稿"②，"应与时俱进，加快提高、充实自己，以适应时代要求，创作出具有高度、广度和力度的述评新闻"③。

① 张文芳：《记者应重视新闻述评的写作》，《新闻与成才》1998 年第 7 期。
② 李湛军：《让述评性新闻成为国际新闻报道的重头稿》，《新闻战线》1992 年第 5 期。
③ 周胜林：《述评新闻的高度、力度和广度》，《新闻战线》2004 年第 6 期。

第九章 报刊新闻述评的文体类型流变

基于对民国新闻述评写作文本的搜集与掌握，本章将新闻述评分为三类："报道"型（又细分为"偏报道"类和"纯报道"类）、"报道+评论"型（也称"双功能"型）、"评论"型（又细分为"偏评论"类和"纯评论"类）。其中，"报道型"的述评写作多以完整的事实信息记述为基础，并能在写作中"客观地分析事件的起因，产生的影响，展望未来的趋势，揭示该事件的内在联系，极少明确表示自己的好恶"[1]，这与西方解释性报道写作中所要求的"科学地调遣背景材料、不发或少发议论"[2] 极为相似。"报道+评论"型的述评贯穿于1912~1949年，其多存在于倾向性较强的政党报刊中，在写作上"既分析事件的本质，又带有鲜明的倾向，或贬或褒，观点明确"[3]，既有新闻报道写作的记叙与说明，也有新闻评论写作的议论与抒情，故被称为"双功能"型，而其也是1912~1949年新闻述评最常见的一种写作方式。"评论"型的述评写作虽数量不多，也未贯穿整个民国时期，却在20世纪20~30年代极为盛行，且多出现于国民党所办报刊中，在写作上尤以议论为多，而少有甚至无完整事实信息的记述，与新闻评论写作极为贴近，故被称为"评论"型。

第一节 "报道"型新闻述评

"报道"型新闻述评可分为"偏报道"类和"纯报道"类，其中，"偏报道"类以"夹叙夹议且议在说明"为特征，在文体倾向上类似西方的解

---

① 李良荣：《中国报纸文体发展概要》，福州人民出版社，1985，第70页。
② 刘明华：《西方新闻采访与写作》，中国人民大学出版社，1993，第98页。
③ 李良荣：《中国报纸文体发展概要》，福州人民出版社，1985，第70页。

释性报道，即在表达方式上用"说明"代替"议论"，尽量不议论和少议论。"纯报道"类以"叙而不议"为特征，在文体上接近新闻报道，但内容却以"第二现场"为基点，这也是其与新闻报道最大的不同。

"报道"型是新闻述评向新闻报道功能倾斜的一种类型，其包含的"偏报道"类与"纯报道"类的区别在于前者尚未溢出"夹叙夹议"的范畴，后者却早已偏离，而这也意味着后者在地位上"非主流"。然而，随着国共合作的实现，新闻述评的主要阵地由政治报刊转移到了政党报刊，此时，《广州民国日报》等政党报刊纷设新闻述评专栏，且目的在于政党宣传，故少议论或不议论的"偏报道"型新闻述评迅速减少，代之的则是注重议论、彰显观点的新闻述评。其后，随着"第一次国内革命战争""抗日战争"等的相继爆发，"偏报道"型新闻述评更加缺乏市场。

一 "偏报道"类新闻述评的写法呈现

"偏报道"类新闻述评最先出现于1918年《每周评论》的"国内/外大事述评"专栏，其代表性文章如《蒙古独立的消息》（《每周评论》，1919年第15期）等，在夹叙夹议的基础上偏重"叙"，并在表达上将"夹叙夹议"的"议"理解为"说明"，体现的是重解说与重补充，如《日本政治思想的新潮流》（《每周评论》，1919年3期）中关涉黎明会召开的背景说明、关涉黎明会上人人皆带英锐气象的补充说明，以及关涉黎明会召开目的的解释说明等。全文如下①。

日本政治思想的新潮流

日本的平民政治思想家吉野博士，平日以鼓吹平民政治为事。内田良平等所组织的"皇国青年会"极力同他反对。所以于去年特开辩论会，要求吉野博士出席答辩。吉野果然出席，且有多数青年到会作他的后援。辩论时侃侃而谈，卒使"皇青年会"人无可驳诘而止。吉野博士乘此胜利机会遂组织一"黎明会"。这会纯是学者结合的团体，会中重要人物为吉野作造、福田德三、今井嘉幸、左右田喜一郎诸博士，和大山郁夫、室伏高信诸言论家。每月开讲演会一回，传播平民政治的

---

① 原文无标点，为便于理解，该文标点系根据文意添加。

思想，并将演说词印出传观。一月十八日为该会第一次演说会，到会者几千人，其中以帝国大学的学生和青年会中崇信吉野博士者为最多。青年运动，颇形活泼。所以这天的会场上，人人皆带几分英锐的气象。

"黎明会"的目的，第一，在扑灭逆著①世界大势的顽迷思想；第二，在打破资本家的跋扈；第三，在铲除武人政治的地盘。日本最顽固的宪法家，就是上杉慎吉；最崇拜皇室的政治家，就是内田良平。这两个人都拼命的去拥护日本国体，因而大倡军国主义。所谓"皇国青年会"就是顽迷思想的集合团体。吉野博士誓以民本主义征服军国主义自任，所以组织"黎明会"单与"皇国青年会"相对抗。所谓扑灭逆着世界大势的顽迷思想者，就是对这种人说的。

日本社会上资本家和劳动家的利益的渐渐差异。劳动社会，时常作不平之鸣。吉野博士平日喜谈社会主义，在帝国大学政治史讲坛上，专讲社会主义的历史，所以他所组织"黎明会"亦带几分社会主义彩色②。

日本自日俄战争之后，武人的势力，遂侵入政治界中。凡遇国家大事，如宣战媾和和外交内阁等重要问题发生，必在天皇前开"元老会议"。这种"元老会议"全是一般武人。

日本内阁更动，国务总理一席，必由"元老"推荐。所以近几年来武人内阁，出现几次。吉野博士是鼓吹民本政治和政党政治的，所以他常说"武人内阁不倒，政党政治万万不能发生。""黎明社"所谓产③除武人政治的地盘者，就是想使武人的内阁，永远不再见于日本的意思。

就日本现在政治思想的趋向说，较之欧战以前迥不相同。前几年讲平民政治的人，不过阐发个人对于学理上的研究，现在则大张旗鼓，公然集会结社，进而讲求实行。前几年的平民政治思想家，不过如"空谷幽兰，孤芳自赏"，现在则不独自己活动，且想叫社会上个个人都去活动的。而这种实行，这种活动，即以"黎明社"为中心。所以这"黎明社"三个字，在日本政治思想史上，真成了一个绝大的纪念了。

---

① 原文为"著"字，但结合下文的"扑来逆着"中的"着"，本书将其改为"着"。
② 应为"色彩"。
③ 应为"铲"字。

该述评不仅篇幅较长，内容丰富，且表达方式也较为全面（除了议论）。从逻辑上看共分六段，意思层层递进，不断深入。

首段以背景开篇，对吉野博士组织黎明会的前提予以说明，并由此引出事件的发生，即黎明会的召开；其后以说明为表达方式对黎明会的性质、重要成员、传播的思想等给予解释，并以该会第一次演说会为例引出学生和青年会对吉野博士的崇信，并对青年运动进行评价。末句以描写为笔法，写出与会人员"皆带几分英锐的气象"。整段表达方式有记叙、说明、描写等三种，而在写法上既有分析，也有解释，还有评价，极为丰富。

第二段开始即对黎明会的目的予以说明，对日本的顽迷思想进行分析，同时也对"皇家青年会"进行分析并定性，并由此引出吉野博士组织黎明会的原因和意义。在表达方式上，有说明、记叙，在写作手法上则既有原因分析，也有意义分析，并带有强烈的作者感情。

第三段先是对劳资矛盾现状的描写，并指出黎明会的性质，属分析与判断。第四段整体在陈述并分析武人侵入政界的种种行径。第五段先进一步描述近年来武人及元老对日本内阁的染指，后引出吉野博士和黎明社，以分析博士的主张和黎明社的重任。末段开始即为解释，起到补充说明的作用。

总体视之，该篇述评文章综述了当时日本社会出现的新的思想潮流、新组织的活动；指出他们的性质倾向于社会主义；解释了新的思想潮流产生的动因是"日本社会上资本家和劳动家的利益，渐渐差异"，产生对立；最后作者认为这种新的思想潮流有远大前途，明确地表示赞同。[1] 作为一篇堪称"偏报道"类新闻述评的代表作，其用到了记叙、说明、抒情、描写等四种表达方式，且在写作上以叙述为主、说明为辅，并兼以判断和抒情，不但告诉读者发生了什么、如何发生的及发生的原因，而且在此基础上对发生的意义做了分析。

继《每周评论》后，"偏报道"逐渐得到一些述评写手的青睐，如1923年《东方杂志》的"时事述评"专栏就擅长此类写作，但这股"偏报道"风潮持续的时间并不长，如《东方杂志》的述评专栏在20年代后半期就为"内外时评""现代史料""国际""东方与西方"等专栏相继替代。

---

① 李良荣：《中国报纸文体发展概要》，福州人民出版社，1985，第69页。

二 "纯报道"类新闻述评的写法呈现

"纯报道"类新闻述评较早出现于1926年《国闻周报》的"国内/外一周间大事述评"专栏，该专栏前后持续十余年，但在"'不著意见'地记载时事也是一种有效的策略"① 的指导下一直"只做到了'述'，实未尝'评'"②，使得十年间的新闻述评文章几乎成了"新闻报道"与"新闻综述"，如《新疆实行易帜》（1928年5卷26期）注重新闻告知层面的新闻报道，《美国又一候选总统》（1928年第5卷第26期）等注重新闻信息的综述，而《日本对华》（1927年第4卷第26期）则是一篇典型的综述型报道，其既告知日本对华的最近态势，属新闻报道，又注重对有关日本对华新闻信息的综述，属新闻综述，全文如下（标※处为原文字迹不辨）。

日本对华③

日本对华，在此周以来，愈益显露积极干涉之意味。日方人物虽否认谓东方会议，系决定此政策之所自出，而实则对华意见与此后感应皆于此会尽量发挥。对华方针已不决而自定，故借口周荫人部陈以桑师之倒戈。日当局认为胶济沿线及济南日侨已臻危险，立命在青之三十三旅向济南及胶济沿线出动。据电通社东京五日电，田中首相与铃木参谋总长定于六日午前九时参谒日皇候裁可后，即命乡田旅团向胶济铁路沿线出动，并增派驻大连之第八旅团（旅团长中岛少将）赴青岛，又已对中岛旅团下准备出动之令。东京六日电称，关于青岛派遣军前往济南及增派大连第八旅团赴青岛事。本日午前已由日皇裁可，政府立向各该所属队长发出出动命令。日政府既决定向济南运送军队，复决由大连派遣第八旅约四千人至青，是为第二次之派兵，意果何指，需如许兵力，极不明瞭。在青日兵果于七日晨二时半开始向清④运送，共分乘五列车，陆续西行，预计在张店坊子博山高密等处，分驻小部

---

① 郭恩强：《"报告事实"与"发自由意见"——胡政之办〈国闻周报〉的理念与实践》，《国际新闻界》2009年第6期。
② 国闻周报编辑部：《编辑后记》，《国闻周报》1934年第9期。
③ 原文标点均为句号，为便于理解，本书据文意将其替换为现代标点符号。
④ 应为"青"字。

队，大部分则赴济南。计有步兵两大队，机关枪两中队。盖原在青之日兵，至是也大半出动矣。日本驻京代办堀义贵子六日午晡外长王荫泰时已称胶济沿线日侨恐慌，青岛日兵恐将不能不赴济。七日日使馆武官本庄中将，复往访王，亦谈出兵事。北京政府对此持何主张，尚在考量。同时日本政府及陆军当局，均已发出声明书，谓出兵系自卫行动，决不干涉内政。此言为吾人所熟闻，但二千之后何必又继以四千，虽其后宣称暂停派者四千，究非完全打销，声明书虽说得好听，终不能有祛世人之疑也。

东方会议自六月二十七日开幕，直至七月七日方行闭会。此会期中，三十日以前无重要议案，三十日之会议时则汉沪奉各领均为详细之报告。芳泽公使更有长篇之演说，略谓中国前途，固难判断，然欲断中国之问题，非附以条件，不易明言。南方纵占胜利，中国之和平，未必即可实现。无论何人出而主政，中国之和平，亦未必即属可能。此则吾人所深信者。溯自民元以来，变乱频仍，迄无宁日，然其间之出掌政权者，无论何人，从未有能根本的破坏以前政府之组织纲领与其政策，而满足施行中国之宪法者。南方派如果取得政权，势必以国民党为中心，故其他一切党派，皆在排除之列。单独之政党，既将其他一切政党，悉予排斥。纵使改行委员制度，亦未必即能永久施行安固坚实且有秩序之政治，且以中国之政情而论，无论政府如何，军队为不可少。国民党尝谓军队非置诸行政权之下不可，然此项主张，就中国现状言之，实行恐不易易。盖在中国现有土匪总工会马贼及其他种种之秘密结社。非仅赖警察之力，所能维持其国内之治安也。中国军队虽有可非难之处，然若不恃军队之力。则终不能维持。若扩充其势力，军阀不能不存在，武力之争夺，亦因此不息。希望中国之和平统一者莫过于日本之深切，但以中国现状观之，国内之和平统一，殊属困难。日本对于中国国民的希望，固表同情，且应予以精神的援助。惟中国有若未成年之幼童，设有逸出常轨之情事，日本当然非取相当之处置不可，主张以全然不干涉之态度，对华傍①观者，固亦有之。余意若违反彼方之意志强制的加以干涉，诚属非是。然以希望中国和平

---

① 应为"旁"字。

统一之关系，对其个人或各党派，表示好意，固甚当也。而一日与四日之会议，关于满蒙利益及对华债务修订中日新约等问题，详为讨论。据东方社东京二日电云，东方会议一日午后继续讨议其结果。关于满蒙产业之发展策。大体意见，以左记各项为经济上发展重要之事项：（一）与中俄协力实地调查资源；（一）商※权之解决；（一）※※现在满铁集中大连以外铁路之完备，以便朝鲜之清津港联络；（一）确立财界之安定；（一）树立安定财政上必要条件，一定之课税条件。又电云，本日午前之东方会议讨论满蒙问题，结果大体意见已经一致，其要点如次，在满蒙之诸问题，今尚未满足解决，而自或意味言之。已陷于经济的搁浅者，似主由于无一贯之满蒙政策，而于其实现，未执一定不变之行动故耳。加之，满蒙政情不安，且受中国本土政变兵乱之波动影响，因此对于满蒙应树立一定不变之政策。一面使有满蒙得政治上安定之要，而日本之特殊地位须始终拥护。同时自满蒙不可不开放而与国际的机会均等之见地，而商租附属地铁道等诸问题，均有研究考虑之必要。此项意旨，不特坚决拥护满蒙之既得权，且全力注意于经济上之发展。换言之，即对东三省积极进行经济之侵略而已。及四日之对华会议，讨论债权问题，及修订中日条约认修约非待中国统一不可。据东方社东京五日电云，第六日之东方会议四日午前开会，以对华投资问题为主。就以往无担保放资约四亿元之处分问题，讨论时复就中日改订商约及现行条约违反，而有所讨论。此事自中国方面言之，要归着于撤废治外法权。恢复关税自主，而本问题在日本固曾先于欧美诸国，有利解决，但欲实现之，中国自身必须有忠实履行诸条约协约之实证。然现在之中国，对于违反条约之借款，却为确实担保之基础关税制度，且有行将破坏之举，甚至条约上公认之外人居住权利，横被侵害，生命财产之安全，且被胁迫。现状如斯，故改订旧约，恢复税权，不可不有待于中国统一，政情安定。与夫中国国民履行条约之自觉，此亦殊足为对华方针决定一部分之证明也。

日本政府虽对华益取积极政策，顾日本国内著名大报，对出兵问题，既致不满之后，复高唱撤兵之论，词颇中正。东京时事新报六月三日社论，标题为"应以东方会议为机会而撤兵"，其大意曰东方会议因田中首相有病，较"预定期间展①缓一月，于二十七日开幕。会议之目的，依田中所云，谓为征求列席者对于中国时局之报告与意见，同时使彼等充分了解现内阁之对华政策，以期政策运用上统一与澈②底。按政友会当在野时代，曾攻击前内阁币原外交为软弱，自行标榜积极政策，故其承宪政会内阁辞职后而起，即声明实行在野时代之主义与政策，将于对华外交开一新生命。然此后对于急转中之中国时局，现内阁之政策是否无误，则所谓新政策具体表现之青岛出兵，乃不幸已显然失败，且信除急速撤兵外，别无方法。盖政府关于青岛出兵，实对与中国时局判断错误，不能免轻率用兵之讥③。故吾等恳切劝告，愿有以善处其后。（中略）当此之时，现内阁如何确立对华政策，为中外最重视者，乃将最后之武力手段轻于实行，此乃最遗憾之事。陆军与外务省判断错误之失败，今已不能掩饰。中国之煽动家，乘之演排日之恶剧，形势渐有恶化之征。因无益之出兵，而日本国民大蒙有形无形之损害，故东方会议应先决定撤兵。倘政府为无理由之体面论所拘束，踌躇不撤则错误日甚，终将再演西伯利亚出兵之事。故甚望以东方会议开幕之机会，淡泊率直以改其非云云。

文章开篇即对日方否认对华积极政策出自东方会议的态度表明了怀疑，并道出实质，其后又陈述了日军对华布兵的事实，即直接道出了日本对华的现状，并借此以解释之语写出日军"布兵自卫说"的荒诞，后又对日本对华现状形成的原因予以了解释，并举出了日军对华积极政策的几点例证，进而得出"东方会议应先决定撤兵"的结论。通篇以记述和解释为写法，丝毫无点评之语，实为"纯报道"类述评的代表作。

然而从时间上看，"纯报道"类述评写作手法持续的时间不长，如《国闻周报》的"一周间国内外大事述评"栏，其虽一直持续至 1934 年，但以此写法形成的"大事述评"栏一直如《国闻周报》编辑所说的"近些年来只做到了'述'，实未尝'评'"④。也因为此，自 1934 年起，《国闻周报》

---

① 应为"暂"字。
② 应为"彻"字。
③ 应为"机"字。
④ 国闻周报编辑部：《编辑后记》，《国闻周报》1934 年第 9 期。

把"'大事述评'栏改为名副其实的'大事述要'"①，而增设"一周简评"栏担负起"评"的重任。然该专栏作为"周报里最有价值的东西"②，依然为《国闻周报》赢得了"读者赞许"③。

第二节　"评论"型新闻述评

"评论"型新闻述评可分为"偏评论"类和"纯评论"类，其中，"偏评论"类以"夹叙夹议但重在议论"为特征，在文体上类似于近代的政论文写作，但选材多为新闻。"纯评论"以"议而少叙"为特征，论点、论据、论证过程俱全，类似于当下的新闻评论，但挂以新闻述评之名。

然而，较之"报道＋评论"型，"偏评论"类新闻述评亦非"主流"，原因在于其虽也注重"夹叙夹议"，但"叙"和"议"的地位并不平等，"叙"是作为"议"的论据身份存在的，缺乏对新闻事件的完整综述，更缺乏对背景材料等的使用与铺陈。除此之外，当时《新华日报》"国际述评"等"'述'与'评'各占一半"的述评名专栏的相继出现也从客观上缩减了"偏评论"类新闻述评的应用空间。

一　"偏评论"类新闻述评的写法呈现

"偏评论"类新闻述评的判断标准有二：一是形式上标注"述评"二字，如大事述评、时事述评等；二是内容上"夹叙夹议但重在议论"，既有夹叙夹议的笔法，又以议论为重，其首先出现于1919年《湘江评论》的"湘江大事述评"等三个述评专栏，擅长将"夹叙夹议"的"议"理解为"议论"，故体现的多是重论证与重说理，同时在大多数作品中还保持着情感表达的高强度这一特点。

（一）手法上的重论证型

论证是新闻评论常见的一种表达方式，亦被应用于"偏评论"类新闻

① 国闻周报编辑部：《编辑后记》，《国闻周报》1934年第9期。
② 国闻周报编辑部：《编辑后记》，《国闻周报》1934年第9期。
③ 国闻周报编辑部：《国闻周报重要启事刷新内容征求佳稿》，《国闻周报》1933年第26期。

述评。该手法擅长在直接引用报刊新闻报道的基础上进行评论，不仅有论点，还有详细的论据和论证过程，如《湘江评论》1919 年创刊号 "东方大事述评" 栏中的《陈独秀之被捕及营救》一文，除一半篇幅的电文和信函照录外，文章以议论居多，且论点、论据、论证过程俱全，有属 "议论文体" 的评论的影子。全文如下。

陈独秀之被捕及营救

前北京大学文科学长陈独秀，于六月十一日，在北京薪①世界被捕。被捕的原同②，据警厅方面的布告，系因这日晚上，有人在新世界散布市民宣言的传单，被密探拘去。到警厅诘问，方知是陈氏。今录中美通讯社所述什么北京市民宣言的传单于下——

一、取消欧战期内一切中日秘约。二、免除徐树铮曹汝霖章宗祥陆宗舆段芝贵王怀庆职，并即逐驱出京。三、取消步军统领衙门，及警备总司令。四、北京保安队，由商民组织。五、促进南北和议。六、人民有绝对的言论出版集会的自由权。以上六条，乃人民对于政府最低之要求，仍希望以和平方法达此目的。倘政府不俯顺民意，则北京市民，惟有直接行动，图根本之改造。

上文是北京市民宣言传单，我们看了，也没有什么大不了处。政府将陈氏捉了，各报所载，很受虐待。北京学生全体有一个公函呈到警厅，请求释放。下面是公函的原文——

警察总监钧鉴，敬启者，近闻军警逮捕北京大学前文科学长陈独秀，拟加重究，学生等期期以为不可。特举出二要点于下，（一）陈先生夙负学界重望，其言论思想，皆见称于国内外。倘此次以嫌疑遽加之罪，恐激动全国学界再起波澜。当次学潮紧急之时，殊非息事宁人之计。（二）陈先生向以提倡新文学现代思想见忌于一般守旧者。此次忽被逮捕，诚恐国内外人士，疑军警当局，有意罗织，以为摧残近代思想之步。现今各种问题，已③极复杂，岂可再生枝节，以滋纠纷？基

---

① 应为 "新" 字。
② 应为 "因" 字。
③ 应为 "已" 字。

此二种理由，学生等特陈请贵厅，将陈独秀早予保释。

北京学生又有致上海各报各学校各界一电——陈独秀氏为提倡近代思想最力之人，实学界重镇，忽于真日被逮，住宅亦被抄查，群情无任惶骇。除设法援救外，并希国人注意。

上海工业协会也有请求释放陈氏的电。有"以北京学潮，迁怒陈氏一人，大乱之机，将从此始"的话。政府尚末①昏聩到全不知外间大势，可料不久就会放出。若说硬要兴一文字狱，与举世披靡的近代思潮，拼一死战，吾恐政府也没有这么大胆子。章行严与陈君为多年旧交，陈在大学任文科学长时，章亦在大学任图书馆长及研究所逻辑教授。于陈君被捕，即有一电给京里的王克敏，要他转达警厅，立予释放。大要说——

……陈君向以讲学为务，平生不含政治党派的臭味。此次虽因文字失当，亦何至遽兴大狱，视若囚犯，至断绝家常往来，且值学潮甫息之秋，讵可忽兴文网，重激众怒。甚为诸公所不取。……

章氏又致代总理龚心湛一函，说得更加激切——仙舟先生执事，久违矩教，结念为劳。兹有恳者，前北京大学文科学长陈君独秀，闻因牵涉传单之嫌，致被逮捕，迄今未释。其事实如何，远道未能详悉。惟念陈君平日，专以讲学为务，虽其提倡新思潮②，著书立论，或不无过甚之词，然范围实仅及于文字方面，决不含有政治臭味，则固皎然可征。方今国家多事，且值学潮甫息之后，讵可蹈腹诽之诛，师监谤之策，而愈激动人之心理耶？窃为诸公所不取。故就历史论，执政因文字小故而专与文人为难，致兴文字之狱，幸而胜之，是为不武；不胜，人心瓦解，政纲摧崩，虽有善者，莫之能挽。试观古今中外，每当文纲③最甚之秋，正其国运衰歇之候。以明末为殷鉴，可为寒心。今日谣诼蓁兴，清流危惧。乃迭有此罪及文人之举，是真国家不祥之象，天下大乱之基也。杜渐防微，用敢望诸当事。且陈君英姿挺④秀，学贯中西。皖省地绾南北，每产材武之士，如斯学者，诚叹难能。执事平

---

① 应为"未"字。
② 应为"想"字。
③ 应为"网"字。
④ 应为"挺"字。

视同乡诸贤，谅有同感。远而一国，近而一省，育一人才，至为不易。又焉忍遽而残之耶？特专函奉达，请即饬警厅速将陈君释放。钊与陈君总角旧交，同岑大学。于其人品行谊，知之甚深，敢保无他，愿为左证。……

章士钊拜启 六月二十二日

我们对于陈君，认他为思想界的明星。陈君所说的话，头脑稍为清楚的听得，莫不人人各如其意中所欲出。现在的中国，可谓危险极了，不是兵力不强财用不足的危险，也不是内乱相寻四分五裂的危险。危险在全国人民思想界空虚腐败到十二分。中国的四万万人，差不多有三万九千万是迷信家。迷信神鬼，迷信物象，迷信命运，迷信强权。全然不认有个人，不认有自己，不认有真理。这是科学思想不发达的结果。中国名为共和，实则专制，愈弄愈糟①，甲仆乙代，这是群众心里没有民主的影子，不晓得民主究竟是什么的结果。陈君平日所标揭的，就是这两样。他曾说，我们所以得罪于社会，无非是为着"塞因斯"和"克莫克拉西"。陈君为这两件东西得罪了社会，社会居然就把逮捕和禁锢报给他，也可算是罪罚相敌了！凡思想是没有畛域的，去年十二月德国的广义派社会党首领卢森堡被民主派政府杀了，上月中旬，德国仇敌的意大利一个都林地方的人民，举行了一个大示威以纪念他。瑞士的苏里克，也有个同样的示威给他做纪念。仇敌尚且如此，况在非仇敌。异国尚且如此，况在本国。陈君之被逮，决不能损及陈君的毫末，并且是留着大大的一个纪念于新思潮，使他越发光辉远大。政府决没有胆子将陈君处死。就是死了，也不能损及陈君至坚至高精神的毫末。陈君原自说过，出试验室，即入监狱。出监狱，即入试验室。又说，死是不怕的，陈君可以实验其言了。我祝陈君万岁！我祝陈君至坚至高的精神万岁！

该述评文章共分9段，其中第2、4、5、6、7、8段均为引用，第1段为记叙和对下文引用的介绍，而此处也是全文仅有的记叙部分，起到了串联引文并介绍陈独秀被捕事件背景的作用。第3段首尾句均是串词，中间句

---

① 应为"糟"字。

则是对传单内容进行的评价，及各报所载的对陈独秀处境描写，即"很是受虐"。剩余部分，即第 9 段，以议论为主，并两次提出论点，且辅以论据进行论证。第一次的论点是"现在的中国危险极了"，论据有"中国差不多有三万九千万是迷信家"等；而论证过程逻辑严密，即中国的危险在于"全国人民思想界空虚腐败"之极，而造成思想空虚腐败的原因则是科学思想不发达和群众心中没有民主的影子，由此引出"科学"与"民主"的概念，并指出"陈君就是为了这两件东西得罪了社会，社会居然就把他逮捕和禁锢"。以此为基础，文章第二次提出论点，即"思想是没有畛域的"，并辅以论据，即"去年十二月德国的广义派社会党首领卢森堡被杀后却为仇敌意大利、瑞士的民众所纪念"，并在论证后回归文章主旨，即"异国尚且如此，况在本国"，以此例证警告当局不要乱来，若乱来只能是加倍扩大陈独秀思想的影响力。文章最后，作者以饱满的激情发出呐喊，实为抒情之句，即"我祝陈君万岁！我祝陈君至坚至高的精神万岁！"

（二）手法上的重说理型

重说理亦是新闻评论写作常用的一种表现手法，同样也被应用于"偏评论"类新闻述评。重说理型新闻述评区别于新闻评论的最大特点即夹叙夹议，如《法国新内阁的政纲》（泽民，《评论之评论》1924 年第 14 期）中"新内阁的产生，是……，但是……，也未必就……，因为……"① 句式所展示的基于事实的说理方式，再如《健学会之成立及进行》所展示的多种说理方式，全文如下。

健学会之成立及进行
健学会以前的湖南思想界

湖南的思想界，二十年以来，黯淡巳②极。二十年前，谭嗣同等在湖南倡南学会，招集梁启超麦孟华诸名流，在长沙设时务学堂，发刊《湘报》，《时务报》。一时风起云涌，颇有登高一呼之概。原其所以，则彼时因几千年的大帝国，屡受打击于列强，怨痛愧悔，激而奋发。

---

① 泽民：《法国新内阁的政纲》，《评论之评论》1924 年第 14 期。
② 应为"已"字。

知道徒然长城渤海，挡不住别人的铁骑和无畏兵船。中国的老法，实在有些不够用。"变法自强"的呼声，一时透衡云澈云梦的大倡。中国时机的转变，在那时候为一个大枢纽。湖南也跟着转变，在那时候为一个枢纽。

思想变了，那时候的思想是怎样一种的思想？那时候思想界的中心，是在怎样的一点？此问不可不先答如下——

（一）那时候的思想，是自大的思想。什么"讲求西学"，什么"虚心考察"，都不外"学他到手还以奉敬"的办法。人人心目中，都存想十年二十年后，便可学到外国的新法。学到了新法，便可自强。一达到自强目的，便可和洋鬼子背城借一，或竟打他个片甲不回。正如一个小孩，受了隔壁小孩的晦气，夜里偷着取出他的棍棒，打算明早跑出大门，老实的还他一个小礼。什么"西学""新法"相当于小孩的棍棒罢了。

（二）那时候的思想，是空虚的思想。我们试一取看那时候鼓吹变法的出版物，便可晓得。一味的"耗矣哀哉"，激刺他人感情作用。内面多是空空洞洞，很少踏着人生社会的实际说话。那时有一种"办学堂""办自治""请开议会"的风气，寻其根抵①，多半凑热闹而已。凑热闹成了风，人人思想界，便不容易引入实际去研究实事和真理了。

（三）那时候的思想，是一种"中学为体，西学为用"的思想，"中国是一个声名文物之邦，中国的礼教甲于万国。西洋只有格致枪炮利害，学来这一点便得"。设若议论稍不如此，便被人看做"心醉欧风者流"，要受一世人的唾骂了。

（四）那时候的思想，是以孔子为中心的思想。那时候于政治上有排满的运动，有要求代议政治的运动。于学卫②上有废除科举，兴办学校，采取科学的运动。却于孔老爹，仍不敢说出半个"非"字。甚且盛倡其"学问要新道德要旧"的谬说，"道德要旧"就是"道德要从孔子"的变语。

---

① 应为"柢"字。
② 应为"述"字。

上面所举，全中国都有此就①形，湖南在此情形的中间，占一位置，所以思想虽然变化，却非透底的变化，仅可说是，笼统的变化，盲目的变化，过渡的变化。从戊戌以至今日，湖南的思想界，全为这笼统的，盲目的，过渡的变化所支配。

湖南讲求新学二十余年，尚没有崭然②的学风。湖南的旧学界，宋学汉学两支流，二十年前，颇能成为风气，二十年来，风韵尚未尽歇。不过书院为学校占去，学生为科学吸去，他们便也淹没在社会的底面了。推原新学之所以没有风气，全在新学不曾有确立的中心思想。中心思想之所以不曾确立，则有以下的数个原因（一）没有性质纯粹的学会。（二）没有大学。（三）在西洋留学的很少。有亦为着吃饭问题和虚荣心理竟趋于"学非所用"的一途，不能持续研究其专门之学。在东洋留学的，被黄兴吸去做政治运动。（四）政治纷乱，没有研究的宁日。这是湖南新学界中心思想不能确立的原故。即是没有学风原故，辛亥以来，滥竽教育的，大都市侩一流，逞其一知半解的见解，造成非驴非马的局势。中心思想，新学风气，可是更不能谈及了。

近数来年，中国的大势斗转。蔡元培、江亢虎、吴敬恒、刘师复、陈独秀等，首倡革新。革新之说，不止一端。自思想，文学，以至政治、宗教、艺术，皆有一改旧观之概。甚至国家要不要，家庭要不要，婚姻要不要，财产应私有应公有，都成了亟待研究的问题。更加以欧洲的大战，激起了俄国的革命，潮流侵卷，自西向东，国立北京大学的学者首欢迎之，全国各埠各学校的青年大响应之，怒涛澎湃，到了湖南，而健学会遂以成立。

健学会之成立

六月五③日，省教育会会长陈润霖君邀集省城各学校职教员徐特立、朱剑帆、汤松、蔡湘、钟国陶、杨树达、李云杭、向绍轩、彭国钧、方克刚、欧阳鼐、何炳麟、李景侨、赵望等，发起健学会。在楚怡学校开会。今录某报所载陈润霖君报告组织学会的意旨于下——

---

① 应为"情"字。
② 应为"新"字。
③ 应为"十"字。

兄弟前次到京，偶有感触，深抱乐观。缘四年前，北京大学学生，以作官为唯一目的。非独大学唯然，即大学以外之学生，亦莫不皆然。前次居京，所见迥然不同，大学学生思潮大变，皆知注意人生应为之事，其思潮己①多表露于各种杂志日刊中。因之京师各校学生，亦顿改旧观，发生此次救国大运动。其致此之故，则因蔡子民先生自为大学校长以来，注入哲学思想，人生观念，使旧思想完全变换。或误认学生救国运动为政客所勾引，而不知实出学生之自动，及新旧思潮之冲突也。盖自俄国政体改变以后，社会主义渐渐输入于远东。虽派别甚多，而潮流则不可遏抑。即如日本政府，从来对于提倡社会党人，苛待残杀，不遗余力而近日竟许社会党人活动。如吉野博士等，则主张采用国家社会主义以和缓过激主义，顺应世界之趋势，从容将日本政体改变为英国式虚君制。于此可知世界思潮改变之速势力之大矣。我国新思潮亦甚发展，终难久事遏抑，国人当及时研究，导之正轨。同人等组织学会，在采用正确健全之学说，而为激②底之研究……

这日开会，听说尚有朱剑帆君"主张各除成见研究世界新思想服从真理"的演说，向绍轩君"主张采用国家社会主义"的演说。在湖南思想界，不可不谓为空前的创闻。今录出该会所发表的会则于下——

（一）本会由同志组合，以输入世界新思潮，共同研究，择要传播为宗旨。（二）本会定名为健学会。（三）会所暂定长沙储英源楚怡小学校。（四）入会者须确有研究学术之志愿，经本会会友一人之介绍，得为本会会员。（五）关于输入新思潮之方法——（1）凡最近出版之图书杂志，由本会随时搜集，以供会员阅览。会员所藏书报，得借给本会会员览阅。其有愿捐入本会者，本会尤为欢迎。（2）函托海内外同志，随时调查，通信报告。（3）介绍名人谈话。（六）关于研究之方法——（1）研究范围，大体为哲学、教育学、心理学、论③理学、文学、美学、社会学、政治学、经济学诸问题，会友必分认一门研究。（2）重要之问题，由会友共同研究。（3）会员有愿习外国语者，由本

---

① 应为"已"字。
② 应为"彻"字。
③ 应为"伦"字。

会会友传授。（七）关于传播之方法——（1）讲演。分定期，临时，二种。定期讲演，每周日曜日午前八时至十时，由会友轮流担任。讲员，及演题，均于前周日曜日决定。讲友须预备讲稿，交由本会汇刊。临时讲演，凡有重要演题，或由会友，或请名人讲演，另觅地点，择期举行。（2）出版。（八）本会设会计，管理图书，各一人，其他会务由会友共同负责，每次开会，推会友一人临时主席。（九）会友应守之公约如左：（1）确守时间。（2）富于研究的精神。（3）学问上之互助。（4）自由讨论学术。（5）不尚虚文客气，以诚实为主。（十）会员年纳二元以上之会金，有能特别筹助经会①者，本会极为欢迎。（十一）本会遇有重要事项，必须讨论时，得于定期讲演后，临时通告全体，举行合议。

会则中的（五），（六），（七），（九），极为重要。（九）之富于研究的精神，所以破除自是自满的成见，立意很好。尚望于"研究"的精神之后，继之以"批评"的精神。现代学术的发展，大半为个人的独到所创获。最重要的是"我"是"个性"和中国的习惯，非死人不加议论，著述不引入今人的言论，恰成一反比例。我们当以一己的心思，居中活动。如日光之普天照耀，如探海灯之向外扫射，不管他到底是不是，合人意不合人意，只顾求心所安合乎真理才罢。老先生最不喜欢的是狂妄。岂知道古今真确的学理，伟大的事业，都系一些被人加着狂妄名号的狂妄人所发明创造来的。我们住在这繁复的社会，诡诈的世界，没有批评的精神，就容易会做他人的奴隶。某君谓中国人大半是奴隶，这话殊觉不错。（九）之自由讨论学术，很合思想自由，言论自由的原则。人类最可宝贵，最堪自乐的一点，即在于此。学术的研究，最忌演绎式的独断态度。中国什么"师严而后道尊"，"师说"，"道统"，"宗派"，都是害了"独断态度"的大病。都是思想界的强权，不可不竭力打破，像我们反对孔子，有很多别的理由，单就这独霸中国，使我们思想界不能自由，郁郁做二千年偶像的奴隶，也是不能不反对的。

健学会之进行

健学会进行事项，会则所定大要系研究及传播最新学术，现在注

---

① 应为"费"字。

重于研究一面。闻已派人到京沪各处，采买书籍新闻纸和杂志。在省城设一英语学习班，便会员学习英语，为直接研究西方学术的预备。有年在四五十的会员，都喜欢学习，又设一演讲会，由会员轮流发表想见，实行知识的交换。官气十足的先生们，忽然屈尊降贵虚心研究起来，虽然旁人尚有不满意的处所，以为官气还有十分五六，演讲亦多采用命令式和训话式。更有谓他们是青叶上青虫的体合作用。像这样的求全责备，我以为可以不必。在这么女性纤纤暮气沉沉的湖南，有此一举，颇足出幽囚而破烦闷。东方的曙光，空谷的足音，我们正应拍掌欢迎，希望他可做"改造湖南"的张本。看他们四次讲演的问题，如"国人误谬的生死观""怎样做人""教育和白话文""采用杜威教育主义"，都可谓能得其要，倘能尽脱习气采用公开讲演，画①人都可去听，则传播之快，得益之大，当有不可计量的了。

上述全文由三部分组成，分别是"健学会以前的湖南思想界""健学会之成立""健学会之进行"，涉及的说理方式有多种：一是排比式说理，如2、3、4、5段依次出现的"那时候的思想是自大的思想""那时候的思想是空虚的思想""那时候的思想是一种中学为体西学为用的思想""那时候的思想是以孔子为中心的思想"；二是分析性说理，如说服读者相信湖南新学中心思想不曾确立时的"没有性质纯粹的学会""没有大学""在西洋留学的很少""政治纷乱"等四个原因；三是递进式说理，如文章第8段引入健学会在湖南的成立，从中国大势说到名仕革新，并用"甚至……""更加……"等层层递进；四是评价性说理，如第13段用讲道理的方式评价了当日的第9条会则，以及末段对健学会会则不必求全责备的评价性议论等。

二 "纯评论"类新闻述评的写法呈现

"纯评论"类新闻述评的判断有两方面的标准：一是形式，即标注有"述评"二字，如时事述评、大事述评等；二是内容，即"议而少叙"。与新闻评论文体极为相似，该类新闻述评以议论为主，如不是标注有述评二字则很容易被视为一篇评论文章，故在应用的广泛性上不如其他类新闻述

① 应为"尽"字。

评。20 世纪 20 年代初期，"纯评论"类新闻述评开始出现于政党报刊上，如《浙江周刊》《中央周刊》等。其具体可分为如下几种写法。

（一）篇幅上的短小精悍型

因新闻述评的文体属性，其往往篇幅较长，故在遇到标注为述评但篇幅却短小精悍的，一般可考虑将其归于"纯评论"类，具体以《革命政府的外交》与《孙宝琦被弃》两篇述评为例。

革命政府的外交

因为安南革命党范鸿泰烈士在广州用炸弹轰击安南总南法人马氏，于是引出英领事向广东政府的无理诘责，照中国一向那些卖国贼的外交法，至少要向领事团及法国道歉，可是我革命政府下的广东省长，他对于这个无理取闹的责问案的答复，是痛斥英领事失职，并要求以后得派警察到沙面协同维持治安，——见上海民国日报六月三十日第二张国内要闻——国民，你们也听到卖国的军阀政府敢这样扬眉吐气的对外国人要求过吗？北京、天津、汉口、上海，外国人打我国民的案件屡次发现，我们革命政府统治下的广州，你们也听到过这种耻辱的案情吗？我们应该明白了，要脱除外国凌辱的苦痛，要成一个独立国的国民，非帮助革命政府打倒军阀不可，因为只有革命政府能够把中国在世界得到独立的地位。

（《浙江周刊》1924 年 6 期）

孙宝琦被弃

发老昏的旧官僚孙宝琦，去年被曹老三引诱，竟不顾廉耻，靦①然做起北廷的内阁总理来；官僚总教有官做，旁的本可不管，可是军阀何尝肯给他官做，不过在一时间取来一用罢了。大大小小的丑官僚呵，我告诉你们，你们可以醒了，多被军阀奸污一次，不过多得一次苦痛，快乐是不输到你们的。吴景濂，孙宝琦，我想你们此刻一定是发悔不当初之慨：但是国民还在那边大喊一声"好吓，正该如此！"而且哈哈的答着不止哩！

---

① 应为"腼"字，"靦"是"腼"的异体字。

（《浙江周刊》1924 年 6 期）

前者擅长使用论据和论证过程，先是记述并歌颂了广州国民政府不畏强权，继而痛斥英领事失职的行为，又予以反问"国民，你们也听到卖国的军阀政府敢这样扬眉吐气的对外国人要求过吗？"并在两大政府对比的基础上提出观点，即"我们应该明白了，要脱除外国凌辱的苦痛，要成一个独立国的国民，非帮助革命政府打倒军阀不可，因为只有革命政府能够把中国在世界得到独立的地位"，如此基于事实信息报道的评述，既在客观上打击了北洋政府又在主观上宣传了广州国民政府的独立与自强，同时给了民众相信与依赖国民政府的信心。

后者则擅长"我告诉你们……"之类的喊话式议论。前面述及"孙宝琦被弃"的事件背景与实质，后面则均以议论的笔法对孙宝琦之类的官僚进行讽刺、抨击和议论，不仅感情倾向极为明显，且憎恨之意极为浓厚，与其说这是一篇述评，不如说是一篇评论。

（二）标题上的以"评"命名型

一般而言，以"评"命名是新闻评论的常见形式，然同时，也还有这样一类以"评"命名的文章，具体见表 9-1。

表 9-1　标题中以"评"命名的新闻述评

序号	栏目名称	标题	刊物（刊期）
1	时事述评	评沈议员对于小学教员补薪的主张	《松江评论》1924（40）
2	时事述评	评县议会对于国语问题的提议	《松江评论》1924（36）
3	述评	评英国工商业最近之趋势	《上海总商会月报》1925（09）
4	述评	评假本票	《钱业月报》1926（11）
5	述评	评黄增和倒闭思痛录	《钱业月报》1927（06）
6	述评	评金融监理局之任务	《钱业月报》1927（11）
7	述评	再评中交之辅币兑换券	《钱业月报》1927（12）
8	述评	评浙江纬成公司公债	《钱业月报》1929（04）
9	时事述评	评撤换辽吉黑省指委事件	《青天白日》1929（06）
10	述评	评英国银行界倡行转账制度	《钱业月报》1930（11）
11	述评	评债券市场之供不应求	《钱业月报》1930（05）

续表

序号	栏目名称	标题	刊物（刊期）
12	述评	评欧士卖拟贷生银与中国	《钱业月报》1930（12）
13	述评	评本埠银圆出口之检查	《钱业月报》1930（09）
14	述评	评橡皮市场之崩溃	《钱业月报》1930（10）
15	述评	评福州摊派金库券纠纷事	《钱业月报》1931（06）
16	述评	评河北产销税及汕头洋布税	《钱业月报》1931（07）
17	时事述评	评所谓剿匪政治方略	《先导》1932（01）
18	述评	一年来日本经济概评	《钱业月报》1932（01）
19	述评	评日本金禁令	《钱业月报》1932（01）
20	时事述评	评史汀生的演词	《南华评论》1932（02）
21	述评	评金银交易所	《钱业月报》1933（10）
22	述评	评新税则	《钱业月报》1933（06）
23	时事述评	评蒋蔡反休战的通电	《政治评论》1933（54）
24	时事述评	评内蒙自治运动	《新青海》1933（12）
25	时事述评	评非时事	《大陆杂志》1933（04）
26	本周政治述评	评所谓"政治解决"	《北方公论》1933（59）
27	本周政治述评	评张继等一行之结果	《北方公论》1934（61）
28	时事述评	评中政会弹劾案补订办法	《政治评论》1934（111）
29	本周政治述评	评总理制运动	《北方公论》1934（67）
30	时事述评	评财部草拟之县预算原则	《政治评论》1935（170）
31	每周述评	评港汇牌价	《经济通讯》1946（20）
32	每周述评	评广州取消港汇挂牌	《经济通讯》1946（28）
33	每周述评	评调整美汇汇率	《经济通讯》1946（31）
34	社会动态述评	评打秋风	《社会评论1946（32）》
35	国际大事述评	评泛美会议	《蒙藏月报》1947（8~10）
36	每周述评	评修正外汇管理办法	《经济通讯》1947（32）
37	每周述评	评所谓"经济改革方案"	《经济通讯》1947（30）
38	每周述评	评魏德迈援华计划	《经济通讯》1947（44）
39	时事述评	评开放对日贸易	《灯塔月刊》1947（03）
40	广东时局述评	评"省参会"三次大会	《正报》1947（18）
41	每周述评	评"救济特捐"	《经济通讯》1948（08）
42	每周述评	评中共的工商业政策	《经济通讯》1948（13~14）
43	每周述评	评进出口结汇证明书办法	《经济通讯》1948（21）

序号	栏目名称	标题	刊物（刊期）
44	每周述评	评南京的币制改革	《经济通讯》1948（31~32）
45	每周述评	评临时财产税	《经济通讯》1948（24）
46	每周述评	评短期国库券	《经济通讯》1948（15）
47	每周述评	再评金圆券	《经济通讯》1948（33）
48	每周述评	评蒋经国的"乱裁"工商业暴行	《经济通讯》1948（35）

如表9-4所示，以"评"命名的新闻述评在1912~1949年并不常见，而在600多份设有新闻述评专栏的报刊中也仅找到上述数篇，且集中于《钱业月报》和《经建通讯》等经济类报刊，而在其他类报刊中相对少见，普及面有限，故不详述。

（三）标题上的论点外露型

标题上的论点外露型新闻述评的写法不同于"偏评论"类的最显著一点即非夹叙夹议，而是以议论为"枪"，通篇彰显倾向，并慷慨陈词。具体以《武汉撤退后于我战略绝对有利》一文为例，全文如下。

武汉撤退后于我战略绝对有利

自我为战略关系退出武汉以后，我最高军事当局及前方各将领对于第四期抗战进行，均表示乐观。事实上敌人此次占领武汉，所得的不过为焦土一片。而其所牺牲的则为四十万兵力与无数军需，此在我早已达到，对敌消耗战的目的；反之在敌则付莫大代价，结果毫未实现原来对我"色当"战的企图。

我自退出武汉后，各方战况虽在表面上似乎沉寂，实则我军各部署早已配备完竣，布防严密，待日举行大规模的反攻，就本周各方战况言之，确已有此种趋势。所以我们可断言今后抗战，我居于绝对有利地位。

领袖在此次对国民参政致词中谓"经此最近半年之努力，对于沦陷区域，不特军事部署业已完成，而且政治重心，亦经次第树立。对于平汉粤汉两路以西之布置与准备，则更充实而严整，"即以沿江南北及武汉外围最近情形论，我军亦继续不断予敌以威胁与打击。武汉外围各处皆有我军包围，敌腹背受制，军行动相受我军事牵制，大冶，及武宁、德安、南昌等附近，最近我军仍在活跃进展中。如大冶西南二十公里雷打山一带，十月二十八日我敌战斗激烈，我采三面包围战略，敌受甚大之威胁，大冶以要贺胜桥虽为敌江南主力所在，有一师团两联队之众，但我军仍能不时予以反攻，并在咸宁，丁泗桥方面，予敌重创，阻止由富水西犯之敌，如十月一十八日，敌以五千步兵，数十架飞机，攻丁泗桥，我官兵均奋不顾身，与之周旋，卒击溃敌两联队，达到我消耗战目的，始退去该地德安敌倾一〇一师团全力，向前进犯，我敌激战，肉搏达十余次，敌死千口人以上，始占据该城之一部，以后我军仍继续反攻，我某团长冒砲①火与毒气，为士兵先驱，竟至殉职。此种战斗精神，大为敌所畏服。至于沿江以东如贵池，青阳等处，我亦继续不断予敌以种种威胁，在敌大感其军队运输之困难。

武汉外围以北，我军布置尤为严密。自汉武退出后，我始终保持控制平汉南段之能力，敌至今不敢猛犯武胜关，同时我已收后固始，断绝敌之来路，敌占汉阳后，虽企图沿汉宜公路西犯，同时在安陆一带图击我击线，但经我截数次痛击，敌已受重创，不敢再犯。

武汉外围，我既居于优势，此外北方及南方战场，我亦处处准备有极充分的力量，足以予敌以致命之创。晋南我军陆续向敌反攻，晋南敌疲弊异常，最近伤亡达一万五千人以上晋北敌犯五台，死伤七千人以上。伪蒙军现有全部反正趋势，河曲十月三十一电称：倭伪西北自治军一部一千六百人业已反正。

在南方，敌企图一面在沿江各据点扰乱，一面以度广州为中心，分两路进犯，一路循粤汉路北上，直趋粤北，一路由南海，三水经肇庆西袭桂境。最近敌在从化花县等进攻，谋袭英德甚急，我生力军早已进至清远一带，作大规模反攻之准备。敌在佛岗附近已受我重大打击，大有归路杜绝之势。同时肇庆方面，我亦戒备甚严。现我士气极盛，就一般观察，不难于最短期间，由粤汉路以西向东进展，作山地战，予敌极大威胁，达到杜②截聚歼目的。

---

① 应为"炮"字。
② 应为"堵"字。

总之我自广州武汉撤退后，无论就战略上言，抑或就战况上言，我军仍旧维持原来之有利的主动地位。今后战局，我当处于绝对优势。正如朱家骅氏对外记者谈话中所①："谓此后战争进入山地，敌人机械化部队。难以发挥其力量；而中国军队，则攻守转易，复因运动战区域之扩大，敌军仅据交通上之点线兵力，消耗较前愈甚"。此种情势，即外人亦观察甚明，港报谓："武汉撤退后，中国军队得借崇山峻岭之屏蔽，重整阵容继续抗战，在此有利之地势上，日人之机械化部队将所施无技。……中国今日……全国上下一心信仰领袖，支持抗战，则世界无论何国，都不能征服中国云"。

（《中央周刊》1938 年 1 卷 14 期）

该文以鲜明的立场开篇，全篇纵贯了"我军""我党""我"等第一人称的称谓，摒弃了新闻写作中的客观性原则，只以宣传和美化为己任，为论证"国军从武汉撤退后于战略上绝对有利"的中心论点。文章从撤退后的当局态度入手，论及撤退的实质，并以领袖的态度作为进一步的论据，辅助证明论点的可信性。以此为基础，文章又列举武汉外围、武汉外围以北、南方等地国民党军队的军事部署，并再次以实例论证论点，最后得出结论，认为无论是从战略还是从战况来看，国民党军队都处于有利地位。就通篇而言，观点明确，倾向性鲜明；观点不但表现在文章的字里行间，也表现在文章的标题上，即"武汉撤退后于我战略绝对有利"。

（四）标题上的平直叙述型

除了上述标题即是论题的述评写法之外，还有一种以标题为由头论及另外一种论点的写法，如 1938 年第 1 期《战时知识》"半月时事述评"栏中的《六一金融会议开幕》一文。

六一金融会议开幕

现代的战争是全民战争，是人力和物力的总决赛。如孔院长在六月一日举行的金融会议上所说的，前次世界大战中德国的失败，并不

---

① 应加一个"言"字。

是由于军事上不能支持，而是由于受到了经济的封锁，使国内发生了经济恐慌食粮恐慌。在中国，以人力来说：只要很好的加以调整，很好的加以动员，是绝对不会感到缺乏的。但以物力来说：中国虽被称为地大物博的国家，但因工业落后，农业也没有很好地开发，所以，工业品不用说，连农产品也要大量地由外国输入。自沿海各省工业较为发达，农业较为富饶的区域或陷于敌手，或沦为战区之后，中国在经济上的确受到了相当的打击。所以目前在经济方面的急务，是要在后方建立起新的工业区域，使后方大都沦于疲惫状态的农村经济恢复元气，使广大的荒地开垦起来，使农业技术有迅速的改进，这样才能使抗战胜利，才能在砲①火中建立现代化的新中国。

我们的当局看到了建设国防经济，增强抗战中所需的物力，是目前的急务，所以在六月一日那天，召集了各地金融机关的代表，举行一个重要的金融会议。这个会议现在虽然还没有看出结果，对于改善地方金融，改善农村经济，建立新的工业网，都必然有了很多很完备的拟议，我们希望这些宝贵的拟议早日见诸实行，早日得到效果。

云南是工业农业都较为落后的地方，而现在又成了后方的重要的根据地，除了人力之外，我们要尽量的把物力供给前方，不断地增强物力的创造。现在中央、金城、农民等银行都先后在昆明设立了分行，说不定还有其他银行要源源而来的。我们认为这些银行是帮助云南当局改善和开发各种经济部门的生力军，我们不要错过了机会，应当加以很好的利用，使金融网扩大到所有的农村，并建设起国防工业。这不仅可以增强抗战的力量，而且可以使云南经济在短期内，就有飞跃的发展。

《战时知识》由时任云南文化界抗敌协会理事会主席的共产党人冯素陶主编，在当时云南的抗战文化运动和青年运动中起到了极大的启发与推动作用。整份刊物观点犀利，抨击主旨明确，影响逐渐扩大，进而国民党对它的压迫也逐渐增强。《六一金融会议开幕》一文从实质上来看就是一篇由"六一金融会议"引出论点"金融在当下中国的重要性"的评论文章。其于首段首句即提出分论点，即现代的战争是全民战争，是人力和物力的总决

---

① 应为"炮"字。

赛，并直接举例说明；紧接其后的是对中国人力和物力情况的讨论，如人力不缺、物力匮乏、经济上深受打击，进而提出农村经济复原才能使抗战胜利，才能建设新中国，为第二段提出本文的核心论点提供了铺垫。整段均以议论和分析为基调，讨论并分析了中国目前亟须发展经济的现状。第二段一开始即提出本文的核心论点，即建设国防经济以保障抗战所需物力是目前的急务，并提出本文标题中所述"六一金融会议"，对这个会议的意义与贡献进行了分析和评价。第三段的视野从全国回到了云南，因该地区是该刊的所在地，故作者以云南为例对其工农业情况给予了分析，并呼吁不要错过了将金融网扩大到所有农村的机会，进而阐明意义。整篇文章虽以"六一金融会议"为标题，却并未对其召开的原因、经过、结果等进行完整记述，反而以其为切入点，论述了更深一层的意义，即金融发展对我国当前整体发展的重要性。文章各个部分均紧扣这一主题，进行了举例、论证、分析等，与新闻评论对某一事件发表看法与评价的写法极为类似。

第三节　"报道＋评论"型新闻述评

"报道＋评论"型是百年新闻述评的"主流"样态，亦是当下新闻述评写法的根源，其率先以"寄居"的形式出现于《新青年》的纪事栏目——"国内/外大事记"栏，不仅在架构上边叙边议、叙议结合，且在功能上涵盖新闻报道与新闻评论。如《国会开幕》（《新青年》1916年第1期）一文，不仅围绕国会开幕进行了新闻的综述，又围绕此事给予了"呜呼，民气之消沉亦云矣"等的议论。然因新闻述评在当时并未能引起新闻界的广泛关注，"报道＋评论"型也不为人所熟知。直至1918年的《每周评论》，新闻述评虽以专栏的形式打响了名号，但在写法上却就此分化，相继出现了"报道"型与"评论"型。

因"报道"型和"评论"型的存在，至抗日战争爆发前夕，新闻述评文体在写法上均呈现混沌的一面，直至以《新华日报》"国际述评"、《华商报》"经济述评"、《时代日报》"军事述评"等为代表的一批名专栏的相继出现，新闻述评文体方重归清明，呈现"报道＋评论"型一枝独秀的局面。

一 "篇幅短小"类新闻述评的写法呈现

篇幅短小是"报道+评论"型新闻述评中的一种类型，但这只是相对而言的，较于其他"报道+评论"型新闻述评，其篇幅是短小的，但较于"纯评论"中的篇幅短小精悍型新闻述评，其篇幅又算是长的，且在表达方式上叙议相间。如《中央周报》1928年6月18日的《党军收复天津》一文：

党军收复天津

奉张退后，窜集于天津附近，思作负嵎计之直鲁军，经我军孙良诚，方振武等部队取包围之形势后，故军不能支持，加之兵心涣散，群作投诚之准备，更无法维持。十一日，张宗昌，褚玉璞等逆见大势已去，群集于吴光新会商，结果，下总退却令，并一方面防制徐源泉之反正。故自十二日起，分路向芦台一带退走，张褚两逆亦狼狈离津。当退走时，直鲁军共约二万人，与徐源泉部稍有冲突，而我军之先头部队随亦到达。逆军走后，所有各机关均经移交南桂馨，傅作义接收，俱已入驻督署。傅并就天津警备司令之职，维持该地安宁，并张贴安民布告，全津遍挂青天白日旗，现秩序已恢复。徐源泉自投诚后，曾发通电声明脱离直奉关系，而德国府节制。兹据上海电讯，谓徐部业经阎总司令收编，改为第三集团军第十一军，惟尚未证实。闻孙传芳部亦全部投诚，归第三集团军指挥，以郑俊彦统率之。再许琨等部亦曾改编易帜。是则天津一带之战事已告结束，完全由我军收复矣。现第三集团军已赶派大军赴津，方振武部亦到天津，并拟追击逆军，想不难一鼓而荡平之。京津一带之军事时期已过，此后乃训政工作之进行问题，即如救济灾黎，安谧地方，整饬政务，从事建设等等，一扫军阀时代之积弊，而作与民更始之图。战地政务委员会已赴京津，目下政务即由该会处理。不久北京政治分会及直隶省政府成立后，当次第计划训政时期之施政方针，而实行之，以解除人民所受军阀之痛苦也。此次我军之所以所向披靡者，敌人虽顽强抵抗卒被击破者即因有党的主义以战胜之也。故知凡在三民主义下而团结，而进攻之军队，必战无不克；反之，弃三民主义而自为谋之军队，虽强，终必归于消灭，此乃一定不移之规律焉。

此述评全文 600 字左右，却将"党军收复天津"一事的来龙去脉交代得极为清楚，且有述有评。其在开篇即切入主题，从"奉张退后"写起，用 200 余字的篇幅记述了事件的发生、发展和结局。此后又借用从上海电讯、听闻得来的几条信源用近 200 字对"党军"收复天津后的军事情况予以分析，并做出判断，认为"京津一带之军事时期已过"，一系列的民生工作正打算相继开展，从一定程度上拔高了国民政府的美誉度。同时出于宣传的目的，在文章最后作者又进行了百余字的议论和抒情，感情色彩极为浓厚，如政府将要开展的施政方针是为了"解除人民所受军阀之痛苦也"，而"国军"之所以胜利是因为"有党的主义"等，并于最后将"国军收复天津"一事拔高到了"三民主义必胜，弃三民主义者必亡"的高度。

二 "多重信源"类新闻述评的写法呈现

"报道＋评论"型新闻述评篇幅相对较长，故在写作时要参照多方材料。作为准备事宜的一个步骤，资料搜集属于幕后工作，一般不为读者所了解，但也有一些文章将信源书面化，如 1926 年 5 月 24 日广州《民国日报》"前周时事述评"栏中的《国民政府治下之状况》一文：

国民政府治下之状况

本党第二届中央执行委员会第二次全体执行委员会议，自十五日开幕后，由谭延恺蒋中正等九同志提出整理党纲案，当即全场一致通过（见十七十八日本报）。两年以来，外间不明白本党，以致怀疑揣测者，至此乃无所用其惶惑。一般反动分子之造谣中伤于本党，欲为离间挑拨之作用，而分散革命之力量者，亦因之无可施其伎俩，将见革命之力量，愈加团结，革命之前程，有长足之进步也。现时，计本党党员，在全国之内，约有三十一万七千一百七十八人（二十一日本报），皆为头脑清醒，最富于革命性之优秀分子。此外，因受本党主义所感化，而渴望加入者，尚源源不绝。逆计将来，本党主义，不难成为全民众集合之烧点，此实党务前途之最好现象。自总理去世后，本党中央执行委员会主席，皆为临时推举，现谭延恺蒋中正等同志，为适应革命进程之需要起见，并谋本党之中坚运用敏捷而坚定之故，特提议选举中央执行委员会主席，经十九日会议结果，已选出张静江同志为主席（十九二十日本报）。此后，党务之进行，得有专一负责之人，前途之发展，当比已往为更进步矣。在此时期，尤足令吾人欣悦者，厥为工农商学之大联合，观其宣言所载（十九日本报），可知此次之大团结，乃为谋解除帝国主义及军阀压迫之痛苦，而完成国民革命之大业的工作。经此次联合之后，革命之力量，已证明其日趋集中，革命之基础，当较向日为更加巩固也。至反帝运动，自省港大罢工后，世界之劳动阶级，均深表同情，英之工党领袖迈朗氏，顷为援助反帝运动起见，特来华考察一切（十七日本报），以期两国工人之携手。香港方面，自本月三日英伦大罢工之后，香港英工人，已奉有该国总工会之命，将有所动作（二十日本报）；故港政府恐慌异常，其对抗罢工之力量，已至日暮途穷之境。帝国主义失败之期，当不在远。而中俄海员，于"五一"劳动节中，在汕头又有联欢之会（十九日本报），合此以观，可知世界之劳动阶级，已联合为反帝运动，此诚帝国主义败亡之朕①兆也。关于军事方面，自国民政府决定出师北伐以后，即已为充分之预备。因北伐必取道湖南，故特任唐生智氏为北伐前敌总指挥，刘文岛（唐氏代表）为政治部主任。唐氏受任之后，即大举向敌军反攻，本月四日，于湘乡方面，与逆军谢文炳部接触，大败逆军。永丰之役，复获大胜（二十日本报）。预计湘省全境，可以指日收复。据最近消息：唐氏又克复易俗河，正向湘潭进攻（二十二日本报）。查易俗河离湘潭只四五里，湘潭离长沙只九十里，直捣长沙，已成必然之势。自此而再进，则我革命军会师武汉，底定中原，实指顾间事耳。吾人当一致努力，以完成此伟大之工作也。

此文的信源有多个，且均来自自家报纸，即1926年5月17日的信源2条、18日1条、19日3条、20日3条、21日和22日各1条，分别对国民政府治下的状况进行了详细的叙述，范围从党内的党务整理、党员数量、党主席推举，到党治下的中英、中俄等反帝运动的联合，再到国民政府的军事情况，无不在展示着国民党的公正、严谨、得道多助与战绩赫然。作者还对每条信源逐一分析和评论，或给予判断，或说服读者，可谓边述边

---

①　应为"征"字。

评，在感情色彩上倾向也极为明显，不但反复使用"我党"等极具倾向性的词，而且不时发出极具倾向性的感叹和抒情，如"革命之力量，愈加团结，革命之前程，有长足之进步也""革命之力量，已证明其日趋集中，革命之基础，当较向日为更加巩固也""吾人当一致努力，以完成此伟大之工作也"等。

三 "大事汇总"类新闻述评的写法呈现

大事汇总型新闻述评往往出现于动态述评专栏，内容极为广泛，能述及与主题相关的方方面面，在表达方式上却议论成分极少，大多以分析为主，如1942年左右《晋察冀日报》曾设立的"半月军事动态"和"半月国际动态"等。以1942年7月9日的"半月国际动态"为例证分析，全文如下（标※处为原文字迹不辨①）。

半月国际动态

一、埃及战斗

多布鲁克与马特芦何②相继失守后，轴心军更于上月三十日越过埃尔达已继续东犯，英军被迫撤至尼罗河流域一带布防，目前战斗正在亚历山大以西百公里地区进行中。

英军非洲军团继续作英勇的抵抗，中东英军和一部份③美国陆空军的增援，已迟缓了德义军的进展，但是由于德义已占有欧非交通的捷径，他们的补充给养较易，而英美的增援部队则必须绕道南非，途径遥远，因此今天亚历山大的局面还是岌岌可危。

在地中海两岸，德义法西斯及其伙伴已控制了约八千公里的海岸线，而英国所占有的仅叙利亚至埃及的一千五百公里海岸，地中海中部的马尔他岛和地中海东西入口苏彝④士运河与直布罗陀要塞。英国海军所能完全控制的海面，也仅是以亚历山大为根据地的东部地中海，

---

① 该文原件有的处字迹不辩的情况，然极具代表性，故予以选录。
② 应为埃及二十九省之一的"马特鲁"。
③ 应为"分"字。
④ 应为"伊"字。

而亚历山大又是苏彝①士的前哨阵地。目前亚历山大的战斗不但关系整个地中海的控制权，而且也牵涉近东的安危。从这方面看来，埃及战局的严重性是不可忽视的。

二、苏德战场

可是不管尼罗河岸的砲②如何农③密，反法西斯战争的主要战场仍在苏联，北非战争只是敌寇挽救东线颓势的配合戏，希特勒急图在英美建立第二战场以前，侵入近东以策应东线德军的南路进攻。然而纳粹此举却分散了它自己的兵力，减弱了它在东战场上和欧洲西部的力量。

在苏德战场的正面，战争的重心仍然在南路。上月底纳粹在卡尔科夫两翼再次※动，一路进击古偏斯克，一路在库尔斯克西线，至今仍在激战中。显然的，德寇在这次进攻中，企图截断中南两路红军的联系，压迫卡城正面红军向后转移，以缓和困守卡城德军的恶劣形势，并企图采取迂回行动，将它的血爪伸向高加索。半月来的战事，证明了德寇虽不惜重大牺牲，然它的计划仍不能如愿以偿。德寇在古偏斯克方面既已被阻，※※④库尔斯克前线又每日死伤两千，红军有效的反攻，将德寇从许多据点逐出。

重大的损失迫使德统帅部将后备兵投入战斗，德寇全线的进攻已是不可能了。目前它正在集中力量向南路猛攻，未来的几个月中，将是苏德决战异常紧张的几个月，而在这时间内，红军将主动敌予德寇以有决定意义的打击，这是可以预言的。

塞巴斯托波尔第三次保卫战已经进行了一个月。德寇集中绝对优势的兵力攻此孤城，守军的无比英勇引起了全世界的赞叹。一月以内德寇死伤已达十万人，目前红军正在有计划地撤离该港。德方对于在塞港一隅之地狂吹"胜利"，适足以反映它的整个战略计划惨遭失败而已。

三、第三次邱罗会谈

在欧非战况紧张的前夕，丘吉尔第三次在白宫出现，与罗斯福总

① 应为"伊"字。
② 应为"炮"字。
③ 应为"浓"字。
④ 原文字迹不辨。

统晤谈约有一星期之久。会谈的中心内容有如二十七日邱罗联合声明书上所说："关于未来的动向已由我们自己与军事顾问代表间详细商讨。这就是分散德军进攻苏联的力量"。简言之就是决定建立欧洲第二战场的具体步骤。北非危机自然亦在讨论之列，邱罗显已采取双管齐下的对策；即一方面增援北非以阻遏德军的前进，另方面在欧洲给德国的要害※予以有效的打击。此外邱罗曾与我国宋外长会谈，足见他们对远东时局亦正予以密切的注视。

邱罗会谈后英美海军已有了更进一步的合作，保证大西洋航运的安全。关于建立第二条战线问题，白宫已有明※※※，英美当局已委任了艾森豪威尔为登陆军的指挥，美国陆空军亦继续源源开赴英伦。因此第二战场的军事准备已达到了最后的阶段。这个战场的※※已日益逼近了。

四、展望

目前还是夏日炎炎的时候，但是转眼到十月份时，※花又将※荡在欧俄的土地上，因此最近三四个月，将是东战场上剧烈战斗，红军继续发挥威力并与第二条战线的※立互相配合的时候。轴心方面宣传希特勒对于未来的多季作战已有"充分的准备"，事实上希特勒统治能否再延续一个冬季是已经大成问题了。(新华社延安六日电)

该栏目并无标题，文章中间却按不同的主题分为多个部分，每部分都可独立成篇，如该期的"埃及战斗""苏德战场""第三次邱罗会谈""展望"。从前三个部分看，其唯一联系即发生时间均在最近的半个月之内；而从第四个部分看，作者又从总体上对国际局势做了展望，使得四个部分如同一篇文章紧密结合。在"埃及战斗"部分，其先以记叙的笔法交代了埃及战斗的背景和现状，接着进行了记叙、分析并推测。从完整性看该部分实可作为一篇独立的述评文章，其有着完整的记述过程，有分析，有推测，虽篇幅短小，但仍不失为一篇有预见性的述评文章。在"苏德战场"部分，作者带有了极强的情感倾向，称德军为德寇，并辅以记叙、分析、描写、抒情、议论等，堪称完美地对德军的必败进行了淋漓尽致的展现。在"第三次邱罗会谈"部分，作者跟进了会谈后的英美海军合作问题、第二条战线的建立问题，并据此做出判断，即第二战场的军事准备已到了最后的阶段。与前两部分一样，该部分也可直接作为一篇新闻报道范畴的述评文章来用，全篇有记叙、有分析、有判断，虽篇幅短小，却不影响成篇。在"展望"部分，则有描写，如形容天气的"夏日炎炎"；有预见，如"……最近三四个月，将是东战场上剧烈战斗，红军继续发挥威力……的时候"；有实质揭露，如"事实上希特勒统治能否再延续一个冬季已经大成问题了"。这样的预见与揭露均建立在之前三个部分对事实信息的完整记述基础上。有充足的材料为保证，自然可以做出相对可靠的预见，也能很好地判断希特勒法西斯的最终下场。总体而言，这也是一篇信息量极为丰富的述评文章，其以完整记述为主、分析与说明为辅，并兼以议论、描写与抒情，不失为一篇在表达方式上极为完美的文章。

四　"总+分"格局新闻述评的写法呈现

20 世纪 40 年代之后，国际述评、经济述评和军事述评之类的专栏渐多，而"总+分"格局就是这些专栏中常见的写作类别，其中又尤以 1946 年在香港复刊后的《华商报》所刊登的系列经济述评最为著名。通过此专栏，读者不仅可以了解到当时国民党统治下的经济形势、社会民生，也可以在分析与议论中明确造成这一形势的原因。《华商报》"经济述评"栏既起到了与国民党打经济上的舆论战的目的，也为读者了解当时的经济状况提供了丰富的史料，更提升了读者对新闻述评文体与专栏的关注度。且以 1946 年 7 月 29 日《华商报》"经济述评"栏的《内战扩大中的中国经济》一文为例进行分析，全文如下（标※处为原文字迹不辨①）。

内战扩大中的中国经济

不宣而战的内战，在谈判的烟幕下，由局部而扩至全面，在苏北、苏皖、山东、山西、鄂豫边区到处是内战的烽烟，全面内战加重了经济崩溃的过程。

田赋征实，民命何堪！

国民党的反动派，为了内战，不惜食言而肥（豁免征实一年※国府之堂堂明令），不顾老百姓的死活，不管舆论界如何反对，一意孤

---

① 该文原件有的处字迹不辨的情况，然极具代表性，故予以选录。

行，继续征实。以灾荒最惨重的湖南来说，须缴征实征后之粮共六百二十万石；在江西死了粮官程※※之后，要征五百九十万石。灾荒频仍的河南，征借额达三百八十万石；以广东之饿殍载道，被征额为四百五十万石；浙江六百四十万石，旱灾遍全省的四川，连征带借，总额一千万石；其他各省的征收额，大抵是每亩征粮五斗四升。

这真是"苛政猛于原子弹"。在急如星火的※※令下，不知要迫害了多多少少的老百姓，请看下面血泪的呼声与悲惨的故事吧：

（一）川省在水旱天灾交相煎迫之下，中央不恤民情，亦不顾省府，参议会，县参议会及一股舆论界之反对，最近一再颁令强迫必须※※征实，现已引起民间怨声载道，※难※※将演成何种后果。这是七月二十二日半官方大公报成都专电报告。

（二）受灾呼声的代表张※烈等十人，为民请减征田赋及征粮数额，十六日午前至粮部访徐部长，徐氏以疲倦为词，拒不见面，继则谓饿得很，要吃东西，各代表认为不满意，说河南数百万民众都在饥饿中，务请徐部长接见，十人齐立于部长室门前等候，不见不走，徐氏遂开门相纳，但未让坐，各代表遂立于室内陈述豫民痛苦，徐氏不待其词毕，便说，河南情形，我很清楚，当代转陈蒋主席，宋院长。……各代表怏怏而退，知政府毫无诚意采纳民意，无不愤激万状。

（三）据江阴通讯：省会采购军粮，限期购齐之电，日必二三起，先之以派督粮员下乡坐镇督催；继之以田粮科长亲自下乡督催；最后县长亲赴各乡镇召开催粮会议。然以民无余粮，县长，田粮科长，弄到焦头烂额，终想不出一个妥善的办法。……不得已为打破这个难关起见，只得抽派武装警队下乡催粮。（六月十二日沪大公报）

（四）四川壁江县兴隆乡第六保有农民名张文田者，耕种为业，本月中旬，被征运送军粮，适因久晴得雨，要抢着耕田，请求缓送，粮政当局注意政绩，不准其请，乃遵令运至长寿，又被接收人员多方留难，致往返费时达十日之久，渠返里后，耕田蓄水，竟遭人偷放，田土皱裂，已无法插秧，竟持刀自杀，母邱氏，年近古稀，见子惨死，既苦埋葬无力，后忧生活无靠，亦系梁自尽，惨不忍言云。（见上海时事新报）以上不过是在报上随手拈来的一鳞半爪，这里面已不知含有多少血泪，内战扩大之后，像这一类的悲惨事件是罄竹难书的。

工商业破产了！

据路透社上海六月二十六日电：由于政治上不团结，通货膨胀，增涨的生活费用以及工潮澎湃，整个中国，尤其是上海，继续走向总崩溃的道途。这是一点也不错的，这几个月来，由于价廉物美的外货如潮涌至，官僚买办资本之独占一切，我国的工商业早已濒于破产的边缘，如今内战在扩大中，官僚资本为彻底垄断全国经济命脉，求取美国反动派的军事援助，不惜牺牲国家主权，民族利益，而新公司法之迁就洋商，内河航权的开放，关税管理权的拱手让人，以至洋货的侵入无阻，甚至官僚资本控制下的国营纺建公司，也加入了推销外国原棉的大本营，……凡此都是鲜明的例证。

以上述的进出口贸易来说，五月份的贸易入超，据江海关的统计，进口八百十一亿七千八百十七万七千余元，出口一百十一亿另五百十六万六千余元。入超七百另一亿七十三百另一万一千余元。总计今年一月至五月，进口二千三百十六亿余元，出口二百八十六亿余元，入超二千另三十亿余元！

入超原不足惧，如果超入的食品中是为中国所需要的机器，生产工具或必需的工业原料的话，无奈我国进口的绝大部分是些非必需的消费品甚至奢侈品，机器和生产工具可谓绝无仅有。这一方面是中国工厂都关门中，运入机器有什么用处，另方面中央的外汇政策客观上是限制生产工具进口的，因为中央银行对已经准结售之外汇，规定向外购入的进口货品，须于三日内装运至沪，逾期即告失效。但定购国外机器及其他生产工具等，※※华※期，至少要三个月以上，甚至延搁半年或一载者，这样机器生产工具是无法获得中央银行之外汇供给的。

沪市工商界经济计划委员会，为了设计挽救当前工商业的危机，于最近两周来，曾先后召集金融、进出口、航运、保险，以及各种工商业同业公会代表，举行分别座谈会，研讨挽救对策，并邀集经济专家分别参加各项小组会议，发表意见，拟具"当前经济危机及其对策"草案，即送请市商会理监事联席会议，讨论通过，转呈中常会，最高国防会议暨财政、经济两部。草案内容，虽未经公布，但据召集人骆清华称，方案内容都是政府责无旁贷，而力所能行的。骆氏曾在某个座谈会上说："我人要争取时间，抢占危机，不期望为世界强国，繁荣工商业，但求如何生存，不使工商业崩溃。"

但内战不停止，"如何生存"，怕也是谈何容易呢？

玩火者终必自焚！

举世所知，美国一面"救火"，一面"灌油"的结果，中国已沦为"一座火烧的房子"，中国虽已成为"生人勿近"的危险地带，但驻在中国的数万美军，至今未见撤退，"军事援华停止"一事，据白宫秘书说尚无所闻，玩火者的踌躇不决，终有一天，将烧了自己！

美国如若能及时制止内战的蔓延，则援助国民党的军火营十五万万美元，势必付诸东流，美国的对华投资，广大无比的商品市场，亦将随之全部毁灭。美国众议员德拉西说得对："美国曾运送中央军九个军进东北，去进攻中共军，美国并供给中国军队以大量武器和供应品，此举已使美国的纳税人员曾担逾三万万元"。纽约时报三十一日的社论说："……内战再打下去所发生的政治后果，及随之而发生的来自北方的干涉的威胁，只是行将来临的一个灾祸。经济的和社会的后果，可能是更为致命的……未来的※将扩大悲惨和匮乏的区域。……为了人道，为了世界和平的利益，我们当然有责任继续设法避免这一前途。"

内战的扩大，美国的经济利益将受到严重的损害。据上海各报揭载，由于时局的恶化，进出口商大部分已停止商业活动，向美订购新货的锐减，许多外商已准备离开上海，到目的地，碰运气去。以香港的商场而论，由于中国内地经济泯乱，人民购买力空前低落，一批批的美国货都苦无出路，因此港商向美国订货的也大为减少。

内战的结果，是中国经济的总崩溃，全国人民都丧失了购买力，在这种情形之下，美国的过剩资本和过剩的商品将失去一个理想的市场，使美国的经济恐慌加速来临！

今天，中美两国人民应竭尽一切力量，制止中国内战。美国的反动派已"成为鼓励中国内战的一个因素"，正如美国争取和平委员会主席卡尔逊氏说："美军一天留在中国，美国一天以金钱和军用品供给南京政府，则把持着该政府的反动分子，一天不会争取决定的行动组织真正的联合政府。但只有这样的一个联合政府，才能保证和顾及民主改革。"

玩火者如继续玩火，终有一天火烧了自己，无可幸免！（七月二十八日）（文川）

该述评文章的原文虽多有不清晰之处，但却极具代表性，其包括三个部分，即"田赋征实，民命何堪！""工商业破产了！""玩火者终必自焚！"其中，文章第一部分，开头即抛出观点，认为国民党反动派为了内战不顾百姓死活，征收苛捐杂税，继而列举了济南、河南、浙江、四川等地的例子以彰显国民党的暴敛。接着做了评论，认为这无异于"苛政猛于原子弹"，并为以下例证的展开埋下伏笔。在四则来自上海《大公报》《时事新报》等的关于国民党苛政之残暴的例子后，作者又进一步给予说明，认为这些例证不过是从报上随手拈来的一鳞半爪，而更多的悲惨事件是罄竹难书的。从表达方式上看，除了报纸原文照录的记叙之辞外，其议论为多并辅以说明。文章第二部分，首段以路透社关于中国经济已走向崩溃边缘的电文开头，进而由作者发出议论与判断之辞，并认为我国工商业已处在破产边缘，同时辅以例证。第二、三段多为解释，如现状解释、实质解释、原因解释等；第四段多为记述，实现了事实信息的完整记录。总体而言，该部分有记叙，有议论，有分析，且以记叙和分析为多。

文章第三部分，首段即抨击了美国的"玩火"行为，并抛出观点，即玩火者必自焚；第二、三、四段分别对美国不制止内战的后果、内战扩大的后果、内战的两败俱伤结果进行了剖析并议论；第五段首句亦为观点，号召中美两国人民竭尽力量制止中国内战，并辅以论据晓以利害；第六段以抒情与议论结尾，不但进一步扣紧了论题，且对美国这个"玩火"者提出了警告。总体而言，该部分有记叙，有议论，有解释，有预测也有判断，既以记叙向读者提供了国民党治下的真实民生信息，又对此产生的背景、原因等进行解释，还对这一形势的发展前景进行了预测与判断，不失为一种极为适合舆论引导与宣传的写法类型。

第四编 理论篇

本编概要

新闻述评是一种尴尬的存在，这种尴尬不仅体现在学界，也体现在业界。在学界，新闻述评的概念混沌、边界不清晰、分类不准确，导致基础理论建设不完善，发展的理论建设更欠缺。在业界，新闻人对新闻述评"是什么""能干些什么"不甚清晰，更不清楚新闻述评的威力有多大，以及其能够在当下的新媒体环境中"做些什么"。

这一切的"不清晰"与"不知道"均源自"学界的尴尬"。那么，化解"学界尴尬"似乎已成为新闻述评在新媒体当下发挥应有价值的必由之路。

然而，如何化解呢？

1. 对新闻述评的概念体系进行建构。建构的背景在于新闻文体是一种"因时而变"的存在，会随着时代的变化而呈现多样性。建构的目的有二：一是将新闻述评的概念体系化；二是建构出新闻述评的稳定性内涵和变动性外延，以供后来者能准确地把握和理解新闻述评随时代而产生的"变"与"不变"。

2. 对新闻述评的学界争议进行解析。解析的缘由在于新闻述评兼顾新闻报道与新闻评论的双重属性已使得其在学界存在多种争议，而解析的迫切性则在于两个方面：一方面是新闻述评所遇到的学术争议需要得到系统性的认知与梳理；另一方面是剖析实质才能找到症结，而找到争议的症结方能有效地解决争议。

3. 对新闻述评的种类划分进行释义。释义的背景在于新闻述评的诸种类别尚未被系统梳理，种类划分的意义则在于记录百年间新闻述评的发展，比如发现了一种从"硬新闻题材"到"软新闻题材"倾斜的趋势等。

　　化解新闻述评的"学界尴尬"是解决"学界不通→业界不懂"，继而解决"业界不重视→学界不作为"这一死循环的首要之义。

第十章　新闻述评的概念体系建构

南北朝时期南朝梁代著名文论家刘勰在《文心雕龙·时序》中言："时运交移，质文代变"，"文变染乎世情，兴废系乎时序"；明代文学家袁宏道曾言："世道既变，文亦因之"；清末人士姚华也曾言："文章应时而生，体各有当"。上述均在言明一个道理——文体的变异受时代情势的制约，文体的荣枯受时代变迁的影响，新闻述评亦不例外。在百余年的文体发展中，新闻述评的业界状态几经变化，并反映在诸时代学界对概念的建构上。总体而言，新闻述评的概念应是一个体系，其包含了时代所撼动不了的内涵，也包括随各时代而变动的外延。

第一节　新闻述评的概念流变

与大多数文体无异，新闻述评的发展亦是"实践先行""理论滞后"。从 1626 年明朝官报《天变邸抄》开始出现夹叙夹议文字起算，至 1918 年在政治小报《每周评论》中被冠以"述评"之名，新闻述评在业界酝酿了近 300 年之久。继《每周评论》"国内/外一周大事述评"栏引发轰动后，新闻述评终得到了学界的关注。

一　早期的新闻述评概念

1912~1949 年论及新闻述评的专著不多，笔者在新闻学论著中暂无觅得，倒是在与新闻评论相关的论文与论著中发现了些许记录。20 世纪 20 年代，新闻述评为徐一士的论文《报纸评论》所记载，其称："纯议论体之外，尚'述评'一种，杂志多用之。"[1] 此文献中，徐一士提到了"述评"

---

[1]　黄天鹏：《新闻学刊全集》，光新书局，1930，第 196 页。

一词，并记录了新闻述评在当时"多为杂志所用"的应用状态，同时也将新闻述评多为杂志所用的原因进行了归纳，具体概括如下：

> 盖杂志多专以议论之文为主，其于新闻，自不能如报纸"日刊"之纤悉录载，则就每一时期中所发生之重要新闻，为综括简明之编述，而研究因果，参以评论，以清眉目而示主张，法至善也。

虽寥寥数句，却勾勒出了新闻述评最初的定义概貌：新闻述评是报纸评论文体中除纯议论体之外的一种多为杂志所用的新分类。

20世纪30年代，新闻述评又一次在新闻评论类教材中被提及，如郭步陶1936年所著的由复旦大学新闻学会出版的《评论作法》，其称"述评的体裁，和寻常评论微有不同，寻常评论，只就一事或一问题，发表公正之言论，述评是把一段时间经过的要事，连缀起来，成一有系统的评判"[1]。此文献中，郭步陶对新闻述评的文体进行了判断，认为其区别于寻常评论，且特点是"多事合评"，即对一段时间内的多件要事进行统一的系统评判。同时，《评论作法》还对新闻述评的版期、写法、性质、适用媒介等进行了论述，其称"述评不一定天天有，每经过一星期，将国内外重大事件，综合叙述，缀以简要评语"[2]，有先述后评的，也有且述且评的。"其性质近于统计，用于周报，较为适当"[3]。结合该书中摘录的新闻述评案例，新闻述评的概念可归纳为：新闻述评是具有"多事合评"特征、可先述后评亦可且述且评、性质近于统计、每周一次故适用于周报、区别于寻常评论的新评论文体。

1938年时，同是郭步陶所著，与《评论作法》有雷同之处的《编辑与评论》被商务印书馆出版发行，提出了"'评'和'论'是两类完全不同的写法"的观点，并认为一定要将它们区分开来。该著亦对新闻述评进行了相关论述，将其归为"评"，并称"这类评，有一半叙述的性质，实是夹叙夹议的文章。日报中用这类评的时候，多半是把数日的事，聚在一起，

---

① 郭步陶：《评论作法》，复旦大学新闻学会，1936，第118页。
② 郭步陶：《评论作法》，复旦大学新闻学会，1936，第111页。
③ 郭步陶：《评论作法》，复旦大学新闻学会，1936，第118页。

一面叙，一面评，略含有统计的意思，教看报的人容易头绪清楚"①。此文献不再提及新闻述评写法的"先述后评"，而是将1936年归纳的"且述且评"表述为更微观细腻、能体现表达方式的"夹叙夹议"，在中国新闻学学术著作中此文献较早提到了新闻述评的写作文风。此外，此文献将新闻述评的适用媒介从前述的"周报"扩展到"日报"，并提出了新闻述评的写作意义，即"教看报的人容易头绪清楚"。同时，该著作也指出："在周报或旬报或月报中尤多。其标题常为某一段时间的大事述评。"② 由此可将此概念总结为：新闻述评是以夹叙夹议为写作文风，多以"某段时间的大事述评"的标题应用于周报、旬报与月报，以"教看报的人头绪清楚"为目的，可归为"评"类的评论文体。

二 发展中的新闻述评概念

随着改革开放后新闻学研究的复苏，新闻述评也在各类文体学著述、新闻写作著述、新闻评论著述中频繁出现，然较之1912~1949年，此时的概念具有典型的特色，呈现"百花齐放，百家争鸣"的之势。

1984年，复旦大学新闻系采访写作教研室率先推出了一系列新闻传播教材，其中的《新闻采访与写作》（复旦大学出版社）论及了新闻述评，其称："述评新闻又称新闻述评或记者述评，是新闻记者感到单纯地报道客观事实（即纯新闻）不能满足读者需要或不能达到自己目的时，对某种形势、事态、问题发表自己意见与看法，进行分析和解释的一种特殊的报道形式。"③ 此文献从新闻报道方式变迁的角度论及了新闻述评是客观报道不能够满足受众需要的产物，这与解释性报道在西方出现的解释路径几乎相同，故而在彼时学界涌现出一股将新闻述评与西方解释性报道混为一谈的研究之风。因该解释路径的出现，1984年版的《新闻采访与写作》将新闻述评称为一种特殊的报道形式，将其归为新闻报道文体；同时也提出了一个之前学术论著鲜有提及的名词，即"述评新闻"，间接道明了当时新闻业界已出现了倾向于新闻报道的新闻述评作品。

---

① 郭步陶：《编辑与评论》，商务印书馆，1938，第117页。
② 郭步陶：《编辑与评论》，商务印书馆，1938，第117页。
③ 复旦大学新闻系采访写作教研室：《新闻采访与写作》，复旦大学出版社，1984，第125页。

1985 年，在 1982 年硕士毕业论文的基础上，复旦大学新闻学院硕士毕业生李良荣出版了一部题名为《中国报纸文体发展概要》的论著，勾勒出 1815～1949 年中国报纸文体发展的大致轮廓，还对新闻述评的概念、文体属性、部分路径进行了梳理。对于概念，其称"新闻述评有"述"和"评"两个方面，它把一个新闻事件的起因，在一段时间内的发展加以综述，在综述过程中加以分析、评论，预示其发展趋势，对社会产生的影响和后果"①。此文献中，李良荣从中国新闻文体发展的视角将新闻述评归结为"新闻和评论的杂交品种"，并指出述评的长处、适用读者、功能，认为"述评的长处是，一方面，它综合各方面材料，使读者完整地了解该事件的全貌，正好补消息之不足，特别适合不经常读报的读者。而更重要的另一方面是，由于它对新闻的评论、分析，使读者深入地了解该事件产生的背景、后果、影响"。较之 1984 年版《新闻采访与写作》，李良荣版的概念全面概况了文体功能。

1986 年，中国社会科学院研究生院新闻系的研究生（后在同年度入职人民日报社）林荣强写了一部关于新闻述评的专著，题名为《述评性新闻》。他调查了《人民日报》1978～1985 年的近 2000 篇新闻述评，称"述评性新闻是深度报道的一种主要形式"，将新闻述评文体归类为"新闻报道"，并认为述评性新闻"是一类新闻体裁的总称，是介于纯新闻和新闻评论之间的一种报道方式"。不同于新闻评论的"通过对大量事实的概括，运用概念、判断、推理，进行周密的论证；述评性新闻只是在叙述新闻事实的基础上，略作点评"②。较之以往，此文献抛却新闻述评的称谓，代之以"述评性新闻"，从称谓的角度界定了新闻述评的文体属性与写作倾向。不同于 1984 年版《新闻采访与写作》的间接印证，《述评性新闻》所援引的多篇《人民日报》述评文章直接印证了该时期新闻述评向新闻报道方向发展的趋势。

1987 年，中国人民大学亦推出了系列新闻传播学教材，其中的《新闻评论学》对新闻述评进行了章节性的概述，并对概念归纳如下："述评，又称记者述评或新闻述评。同一般的新闻综述或带有议论成分的新闻报道不

---

① 李良荣：《中国报纸文体发展概要》，福建人民出版社，1985，第 68 页。
② 林荣强：《述评性新闻》，人民日报出版社，1986，第 4 页。

同，述评属于新闻评论的范畴，它主要是通过夹叙夹议的方式，分析和评价事实，直接表明作者的立场和主张，从而影响舆论，指导工作，启发和教育读者。"① 此文献中，秦珪和胡文龙抛却述评性新闻的称谓，直接称之为述评，并明确了其文体范畴——"新闻评论"。不同于1984年版《新闻采访与写作》对新闻述评下定义时的解释路径，《新闻评论学》对新闻述评下定义时使用的是典型的"功能——目的型"路径，其侧重于新闻述评的功能和目的，指出夹叙夹议、分析、评价事实都是方式，而功能和目的在于直接表明作者立场与主张，并影响舆论，指导工作，启发和教育读者。结合新闻述评在1912~1949年的发展史，该定义的归纳无疑延续并强化了其文体使命。

1988年，中国文体界出版了一部权威辞典——《中国文体学辞典》，其对我国的各种文体进行了归纳整理，其中亦收纳了新闻述评的定义，其称"……以夹叙夹议、边述边评的方式反映国内外重大事件与问题的一种新闻体裁。新闻述评往往抓住事物发展过程的阶段性和转折点，及时分析形势，总结情况，研究动向，揭示趋向"②。此文献采纳的新闻述评定义在一定程度上代表了文体学界对新闻述评的认知，只从文体角度出发，将其限定为一级分类"新闻体裁"。较之以往新闻述评概念，该文献定义呈现的特点在于"抓主要矛盾"和"淡化争议"。缘于本研究的文体史范畴与属性，本书较为推荐此定义。

1998年，中国新闻传播学界也出版了一部权威辞典——《新闻传播百科全书》，其在新闻业务卷论及了新闻述评，并称"新闻写作学术语，解释性新闻体裁之一。指用夹叙夹议的方法，对某一新闻进行评说。它的针对性较集中与直接，有时，仍需概要提及或展开该新闻，然后，对其进行评点或较深入的分析。其中有判断与推理或质疑等，但仍然"以'用事实解释事实'为主要方法。评说要切中要害而富有辩证性"③。此文献采纳的新闻述评定义最大的优点在于"全面"，最大的不足则在于"矛盾"。其"全面"在于此概念既对新闻述评的新闻报道属性进行了概括，也指出了其新

---

① 秦珪、胡文龙：《新闻评论学》，中国人民大学出版社，1987，第269页。
② 朱子南等：《中国文体学辞典》，湖南教育出版社，1988，第136页。
③ 邱沛篁等：《新闻传播百科全书·新闻业务卷》，四川人民出版社，1998，第187页。

闻评论属性；其"不足"则在于其一方面侧重于新闻述评的新闻报道属性，认为其是"解释性新闻体裁"，并认为其虽有判断、推理、质疑，却以"事实解释事实"为主要方法，另一方面却在最后提及其"评说要切中要害而富有辩证性"，这与解释性新闻的文体属性是相悖的。

细究之下，上述关于新闻述评概念演化历程的回顾是有代表性的，但不是全面的。进入 21 世纪后，在学界陆续出版的各种新闻评论、新闻写作教程、文体学辞典中，新闻述评依然是常驻角色，但从其概念的切入视角看，大多不出上述之右，故不再赘述。

第二节　新闻述评的概念体系

对于任一种文体而言，概念都是对其进行理论建设的最初和基础步骤。因应用性较强，一般情况下，文体往往在业界先行出现，而后为学界所关注，继而得到总结概念、建构体系。新闻述评亦如此。2018 年，正值新闻述评文体正式出现一百年之际，笔者曾委托几位学生调查网络新闻述评的应用情况，得到的普遍反应却是"若无述评之类的专栏名称做辅助，很难判定一篇文章是否属于新闻述评"。同时，也有一些更细致的问题出现，如"新闻述评必须夹叙夹议吗？有些先述后评的还属于新闻述评吗？""有些深度报道中也有叙述和评论，算是新闻述评吗？""新闻评论也是有述有评的，怎么判定一篇文章是新闻述评还是新闻评论？"得到此类的反应多了，笔者逐渐意识到关于"新闻述评是什么"的问题已经成为一个亟待解决的问题。

一　新闻述评的内涵建构

文体是一种极富变动性的存在，随时代的变迁而不断变化，如唐诗，盛唐推崇的是豪放飘逸，晚唐推崇的则是沉郁顿挫，但无论是豪放飘逸还是沉郁顿挫，都只是唐诗的外在表现形式，而非内涵。内涵是一些极富稳定性的存在，是一种历经多代都不会改变的内核性的东西，故可用以判断一篇文章是否属于某一文体。比如唐诗，其内涵就是一种可以推演出某篇文章属于唐诗的存在，而外在表现形式则不然，所谓的豪放飘逸和沉郁顿挫均不能推演出其是不是唐诗。新闻述评亦然，它也有一些稳定性的东西，这些东西在时代变迁、述评外在形式变动的情况下均保持不变，故成为判断一篇文章是否属于新闻述评的最关键的指标。

新闻述评是一种兼具新闻报道与新闻评论双重功能的文体，因此，双功能即成为判断一篇文章是否属于该文体的关键指标。判断一篇新闻作品是否具备双功能有如下两个步骤。

（一）写作笔法是否"夹叙夹议"

揆诸历史可知，无论是 1912～1949 年还是新时期，无论是持新闻报道说还是持新闻评论说，"夹叙夹议"都是历代新闻述评概念流变中的恒定部分。然在业界，从萌芽期《独立周报》"纪事"栏"夹叙夹议"的"为向来丛报所未有"①，到新媒体当下自媒体述评的红火，"夹叙夹议"始终是新闻述评不变的笔法。

什么是"夹叙夹议"呢？在形式上，许多人对夹叙夹议的理解都停留在"边述边评"上，一旦出现"先述后评"和"先评后述"，就认为其不属于"夹叙夹议"。其实，"夹叙夹议"的表达形式有三种。一是先议后叙（概括式）。此时的议论一般出现在文章的篇首，主要作用是提示和点题。二是先叙后议（总结式）。此时的议论往往出现在文章或一段文字的结尾，其作用是总结全文、深化主题、画龙点睛、启迪思维等。三是边叙边议（包容式）。即边叙述事实，边进行议论，以发表对所叙事实的看点。

在内容上，"夹叙夹议"须"叙与议的水乳融合"；不可以"述是述"，"评是评"，二者之间没有衔接，水油两张皮。《〈新青年〉新闻报道和新闻评论探析——兼论〈新青年〉在新闻述评体裁史上的地位》一文曾对《新青年》时期和《独立周报》时期的叙议结合文字进行了分析，其判断标准就是"述"与"评"之间是否有分析作为过渡，故而得出了前者对于新闻述评而言文体已经成熟，而后者文体略显稚嫩，原因就在于其水油两张皮。因此，对夹叙夹议进行判断时一定要注意其写法上虽灵活多变，但"述"与"评"是有过渡与衔接的。

（二）"叙"是否铺开，"议"是否议论

在确定一篇新闻作品是"夹叙夹议"后，尚须对"叙"与"议"进行

---

① 独立周报编辑部：《本刊特别启事》，《独立周报》1912 年第 13 期。

"度"的判断，即"叙"是否铺开和"议"是否议论。"叙的铺开"是将叙述的内容系统性地呈现，某"叙"虽不一定如新闻报道般面面俱到、注重细节，却要求一定程度的全面与完整。因此，"叙的铺开"是判断一篇新闻作品是新闻述评还是新闻评论的重要依据。新闻述评和新闻评论中均有"叙"有"议"，因此学界和业界往往将新闻述评直接划归新闻评论，但也认为新闻述评是一种特殊的"有着完整事实材料"的新闻评论，二者的区别就在于"叙是否铺开"。在新闻评论中，"叙"的存在往往是为观点服务，是写作的由头，故写作者一般不予以展开，多用一两句话简要概述以作引入议论之用。而在新闻述评中，"叙"的内容相对丰满。

所谓议论，即对某问题进行评议讨论，而"议在议论"是要在叙述基础上发表意见、评论对错。"夹叙夹议且议在议论"也被视为述评笔法，区别于"夹叙夹议且议在说明"的报道笔法，因此，"议在议论"是判断一篇新闻作品是新闻述评还是新闻报道的重要依据。新闻述评和新闻报道（尤指深度报道）中均有"夹叙夹议"，因此学界和业界往往将新闻述评归为深度报道的一种，然而在百年新闻述评史中，新闻述评只是呈现"偏报道"的一面，即虽以挖掘事实背后的事实为使命，但无论再"偏报道"，其在"议"的表达上依旧是"议在议论"。同时，深度报道尤其是解释性报道中的"夹叙夹议"的"议"表达方式多为"说明"，其擅长规避议论，将意见隐匿于无形；而新闻述评中"夹叙夹议"的"议"表达方式多为"议论"，其崇尚议论，将意见直诉于外甚至直接以抒情为表达手法。

由此，可依据内涵对新闻述评的概念进行如下归纳：新闻述评是一种以"夹叙夹议且议在议论"为笔法、能对新闻事实予以铺开、可以体现报道与评论双重功能的新闻文体。

二　新闻述评的外延建构

《日知录》第 21 卷中有言"诗文之所以代变，有不得不变者"。童庆炳在《文体与文体的创造》中也曾言"纵观中国古代文学发展史，文体以代变"，他还列举了三点不得不变的外部因素、内部因素和自身因素。具体到新闻述评，其在百年间的确发生了外延方面的极大变动，尤其是进入网络时代后，更是朝着"偏评论"的方向发展，从而限制了其他可能性。

若是以往时代，此变化仅为一时之态，无须在意，然在当下，技术的日新月异为新闻采写带来了诸多变革，业界从业者擅长与青睐"秀肌肉"①而非"修内容"，加之草根记者流行，文体已变成一种"束缚"，人们开始呼唤"打破文体"或"融合文体"。在此背景下，新闻述评继续"偏评论化"势必将其带入越来越窄的发展路径，因此，让从业者了解"任何文体都是一个系统，都有不变之内涵与可变之外延，且外延可无限丰富与延伸"极为重要。

若说内涵的确定解决了"新闻述评是什么"的问题，"文体外延可丰富与延伸"解决了"某一文章为什么会是新闻述评"的问题，那么外延建构则解决的是"新闻述评要怎么用"的问题。具体见图 10-1。

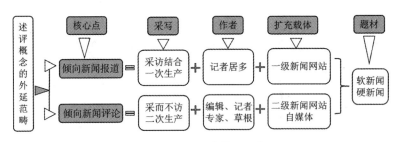

图 10-1　述评概念的外延范畴

参照上图可知，新闻述评外延的核心点是"在文体上可倾向于新闻报道亦可倾向于新闻评论"。如此建构的原因有三：一是避免新闻述评走入"过于评论化"的窄道；二是扩展新闻述评在业界的应用；三是偏报道与偏评论均在述评史中有先例可循。由此，可从采写、作者、扩充载体以及题材等四个方面来对新闻述评的外延进行建构。

在采写建构方面，新闻述评既可采访结合，进行一次生产，写成"偏报道"型文章，亦可采而不访，进行二次生产，写成"偏评论"型文章。其中，"采"指采集素材，是对写作素材的搜集；"访"指调查访问，是对事发第一现场或相关现场、在场目击者或相关者的直接调查与询问，故"采访结合与一次生产"产生的是在直接"访"来的资料基础上的写作，"采而不访与二次生产"产生的则是建立在二手资料基础上的写作。

因此在作者构成方面，新闻述评既可以走"偏报道"型文章"以记者

---

① 张涛甫：《新媒体呈现的政治新景观》，《社会科学报》2017 年总第 1550 期。

为主"的路子，亦可走"偏评论"型文章"编辑、记者、专家、草根"择其一完成的路子。其中，"编辑""各领域专家"是最擅长进行"偏评论"型新闻述评写作的作者群，这从 1912～1949 年述评多由编辑写就，以及持续不断涌现的经济述评专家、国际述评专家、军事述评专家即可见一斑；"记者"拥有记者证和采访权，"近水楼台先得月"，可以进行"偏报道"型也可以进行"偏评论"型述评的写作，但这一群体也恰是在当下被忽略的，或者说这一群体尚未意识到自己在新闻述评生产中所具有的能量；"草根"是网络时代的产物，是当下最不容忽视的一组作者力量，其爆发的力量不仅作用于网络媒体、手机媒体，也会作用于报纸、广播、电视等传统媒体。

目前，新闻述评已应用于诸多类型媒体，并可在载体上向"一级新闻网站"、"二级新闻网站"以及"自媒体"扩充。"二级新闻网站"和"自媒体"因新闻采访权受限可更多进行"偏评论"型新闻述评的原创生产，以及"偏报道"型新闻述评的转载，而"一级新闻网站"因为拥有新闻采访权，在新闻述评创作上不受限制，故可进行"偏报道"型亦可进行"偏评论"型述评的创作。

无论是倾向哪种文体的述评写作，在题材的构成方面均可越过"硬新闻"的樊篱而向"软新闻"过渡。然而纵观 1912～1949 年的报刊述评史，能写成述评的无外乎时政、军事、经济等题材，且均须大事、要事，而进入新时期，借由中国经济改革的东风，经济类题材一跃成为述评写作之宠，但民生类、娱乐类题材依然不多。随着"草根"的加入与媒体中心的转移，新闻述评完全可以向着"软新闻"题材扩充，从而对当下娱乐热点、社会热点等进行述评，以弥补以往题材涉猎的不足。

综上所述，新闻述评的概念体系可总结为内涵与外延两方面，其中，内涵是稳定而代代相传的，外延则是在不断发展与扩充的，故前述的述评外延于当下而言虽已相对完善，但随着时代变迁、技术进步，以及受众认知的变化，其会无限扩充。因此，在新闻述评发展百年之际对其概念予以回顾并进行体系建构的最重要意义，就是敦促业界人士在认识新闻述评文体扩容性的基础上善用之、推广之，进而实现人人共知。

第十一章　新闻述评的分类方法

在中国最初的文体格局中，消息、通讯和评论是三"种"基本体裁，在逐渐的演化过程中，这三"种"基本体裁开始呈现内部的分化，消息相继分化出了动态消息、综合消息、典型消息、述评性消息，通讯分化出了人物通讯、事件通讯、概貌通讯、工作通讯，评论分化出了社论、编辑部文章、评论、本报评论员文章、短评，此时其已从一"种"新闻体裁变为一"类"新闻体裁。同样，新闻述评在百余年的演化过程中，也经历了由"种"到"类"的演化，在这一过程中，其内容、题材与媒介构成都得到极大的丰富。

第一节　内容分类及其存在的问题

按内容分类是新闻体裁分类中较为常见的一种方法，其优点在于能将某一文体进行类型上的细分，如新闻述评，就相继被按照内容分为"形势述评、事态述评、工作述评、思想述评"（《新闻采访与写作》，1984 年版），"工作述评、形势述评、事件述评"（《新闻评论学》，1987 年版），"思想述评、形势述评、事件述评、军事述评"（《新闻传播百科全书》，1998 年版），而这三部著述的分类又呈现两大问题：一是对新闻述评从内容上可分为形势述评、工作述评、思想述评的认可；二是对将关于事件的述评称为事件述评还是事态述评的认知不一致。

一　对形势、工作、思想等述评的公认

在对形势述评的概念归纳上，包括《新闻传播百科全书》《宣传舆论学大辞典》《新闻学大辞典》等资料性文献保持了相对的一致。且以《新闻传播百科全书》为例。

形势述评，新闻评论学术语。述评的一种形式。指对国内外某一
领域、某一地区或某个阶段的发展形势所做的新闻分析。它着眼于形
势的变化和转折，着眼于群众普遍关心或需要引起群众注意的某一方
面形势的分析，及时概括全貌，预示发展前景，帮助读者开阔视野，
增长见识，把握动向，明辨大局。写作上要求充分运用背景材料和新
闻材料，注重知识性，注重分析的科学性。

（《新闻传播百科全书》，四川人民出版社 1998 年版，第 234 页）

由此来看，在 20 世纪 40 年代左右影响颇为广泛的经济述评、国际述评
和军事述评均应属此类，其往往抓住新的变动，抓住一些倾向性问题，或
抓住某种转折，及时地概括全貌、总结实践、指明趋向，有助于读者开阔
眼界，掌握大局。

工作述评的概念归纳如下：

新闻评论学术语。述评的一种形式。指对实际工作中带有普遍性
的重要问题和亟待解决的问题所做的新闻分析。此类述评对实际工作
有很强的指导作用，因而报纸上运用较多。在发展进程中，各条战线会
不断出现新情况、新问题和新经验，有些问题涉及面广，又比较复杂，
工作述评的目的，就是从全局出发，对这些新闻事实进行分析评价，
表明态度，帮助读者提高认识，对实际工作提供有益的借鉴和启示。
写作上要求选择既典型又有普遍意义的新闻事实，注重点面结合，防
止以偏概全，评述中注意就实论虚，避免就事论事。

（《新闻传播百科全书》，四川人民出版社 1998 年版，第 235 页）

此类述评擅长从典型的事实出发，论述某项工作的经验和存在问题，
或提出新的意见和建议，通过综合述评为读者指明方向，能有效地推动工
作沿着正确的轨道展开。

思想述评的概念归纳如下：

新闻评论学术语。述评的一种形式。指对现实生活中新出现的具
有普遍意义的思想倾向所作的评析。它通过对典型新闻事例具体的介

绍和分析，进行说理和疏导，及时帮助读者澄清糊涂观念，提高思想
觉悟。思想述评与议论为主的思想评论不同，写作时要求以充分的事
实为依据，以叙为主，寓理于事，叙事出理，事理浑然一体。

（《新闻传播百科全书》，四川人民出版社 1998 年版，第 234 页）

此类述评擅长抓住处于萌芽状态的、有倾向性的和有普遍意义的思想
进行评析，从实际材料中提出问题和分析问题，帮助人们开阔视野，明辨
是非，提高觉悟。同时，需要注意的是思想述评和以议论为主的思想评论
不同，其在写作时要求以充分的事实为依据，以叙为主，寓理于事，叙事
出理，事理浑然一体，不能简单生硬，避免片面性和绝对化。

二 对事态述评与事件述评的称谓辨析

1984 年版的《新闻采访与写作》中提到了事态述评：是"当国内外发
生某些重要事件，需要在第一线采访调查的记者直接表态时，记者就在新
闻报道中加入较多的议论，并以自己的见解来安排组织材料，使读者对某
些事态的性质、意义、趋向有比较深入的认识"①。该文献提及的事态述评
概念的重点在于"第一线"和"表态"，其立足点是新闻报道类著作中常持
的"新闻报道说"。1987 版的《新闻评论学》也对事件述评进行了概括：
"事件述评主要是评述国内外发生的重要的事件或带有普遍意义的新闻事
实。国际上某些突发事件，国内某个地区或某一方面工作中发生的问题，
都可以成为事件述评的对象。这类述评主要是通过对事件的评述，使读者
了解它的性质和意义，或者由一个具体的事件，联系到它发生的原因和背
景，探索其现实意义"②。此外，1998 版的《新闻传播百科全书》在权衡新
闻报道与新闻评论两功能的基础上对事件述评进行了论述，认为"事件述
评指对国内外新近发生的重要事件或影响广泛的新闻事实所作的分析。由
记者或特约评论员撰写。它常以国际国内重要突发事件为对象，运用背景
材料分析其发生的原因、意义和趋向。目的是让读者了解事件真相，及其
性质、意义和对现实的影响。国际事件述评虽然有时署名个人，但往往有

---

① 复旦大学新闻系采访写作教研室：《新闻采访与写作》，复旦大学出版社，1984，第 125 页。
② 秦珪等：《新闻评论学》，中国人民大学出版社，1987，第 276~277 页。

一定权威性，国际舆论常把它看作代表我国政府观点和态度的文章"①。该文献提及的事件述评概念既有"报道"也有"表态"，并提出其作者可以是记者也可以是特约评论员，还强调了其中的"表态"。由此而言，无论是事件述评还是事态述评都牵涉"表态"的问题，且都是对某一事件进行的表态性述评，是同一种细分文体，说法不一是因为各文献的立足点不同。

同时，事件述评在1912～1949年也称为大事述评或时事述评，是以评述新近发生的重要事件或带有普遍意义的新闻事实为主要内容的述评，也是新闻述评家族中出现最早的一种文体类型。早在1918年的《每周评论》中，事件述评就被冠以"国内/外大事述评"的称谓，而在1923年前后的《中国青年》和《东方杂志》中，其另一种称谓"时事述评"也以专栏名称的形式出现。自此至20世纪30年代，大事述评和时事述评一直在述评家族中占有绝对性的优势，30年代之后尤其是在40年代，随着国际述评、经济述评、军事述评等形势述评的相继崛起，事件述评的绝对优势地位才被打破。

因此，就当下而言，新闻述评从内容上分为四种文体类型，分别是事件述评、形势述评、思想述评、工作述评，其中事件述评也曾被一些文献称为事态述评，是新闻述评最早出现的文体类型。但较之事态述评，事件述评的说法相对常用一些。

第二节 题材分类及其发展的走向

题材泛指作品所描写的生活范围，例如历史题材、现代题材、工业题材、农业题材、军事题材等②，题材分类法则是以题材为划分标准来进行二级类分的一种方法。对于新闻述评而言，虽包含着政治、经济、军事等各种题材，但其在各个时期侧重不同。

一 曾集中于硬新闻题材

在1912～1949年，政治、经济、军事是主要的新闻述评题材，教育和

---

① 邱沛篁等：《新闻传播百科全书·新闻业务卷》，四川人民出版社，1998，第234页。
② 西北师范学院中文系文艺理论教研室：《简明文学知识辞典》，甘肃人民出版社，1985，第29页。

文化只是偶尔出现。其中，政治述评是对国家政治生活中新近发生的事实的述评，主要是对政党、社会集团、社会势力在处理国内和国际关系方面的方针、政策和活动的述评。政治述评是该时期应用最为广泛的一种题材，源自"大事述评"栏①，后开始以独立专栏的形式存在，代表性报刊如20世纪20年代的《孤军周报》②《中国国民党浙江省党部周刊》③《策进》④《中央周报》《广东党务》⑤《政治半月刊》⑥《河北周刊》⑦，30年代的《新湖北》《南星杂志》《北方公论》《内外什志》《世界政治》等。

经济述评的演进历程与"政治述评"相似，但因贴近生活、关注民生而在20世纪20年代就为各大经济类报刊竞相设立，如《钱业月报》⑧，其先后设立"内外经济述评""述评：经济述评""经济述评二三事""金融经济述评"等专栏，并存续达20余年。进入20世纪30年代，"经济述评"为经济类报刊物之外的报刊所关注并设立，如《行健旬刊》⑨《广大知识》⑩等。40年代中后期，"经济述评"迎来了发展的高峰，这一时期，"经济述评"在新闻类⑪、时事类⑫、通

---

① 如《河北前锋》的"一周大事述评：政治"、《上海党声》的"星期述评：国内政治"、《前导》（广州）的"两周来大事述评：政治"、《行健旬刊》的"东北简讯述评：政治"，以及《前锋》（北平）的"时事述评：国际政治"、《中央周刊》的"时事述评：政治"等。

② 1927年，由北京政法大学孤军周报社发行的《孤军周报》开设了"X月来国内/外政治述评"专栏，具体如"一月来国内/外政治述评""二月来国内/外政治述评"等。

③ 党务刊物。刊载国内外大事述评、党务动态、国际问题研究，也发表反共文章等。

④ 1940年12月在金华创刊，停刊于1941年，共4期。其他题名有《策进月刊》。月刊，属于政治刊物。以宣扬三民主义、阐发抗战建国理论为主旨。

⑤ 党务刊物。主要公布国民党的法规、宣言、决议、会议录、工作报告和计划，发表政治论文。

⑥ 政治刊物。刊载时事政治评论，宣传国民党政治纲领，报道国内外动态及该部工作情况。

⑦ 党务刊物。宣传国民党党义，介绍党务概况，颁布党务政治决议案和党纲政策，发表反共言论。刊登国内政况、国际要闻，载有党务会议记录。

⑧ 是上海钱业之言论机关，也是上海金融系统仅有的两份全国性专业刊物之一，经历了20余年的发展，《钱业月报》为后人进行经济述评研究提供了大量的文本支撑，堪称一部民国中后期经济发展的百科全书。

⑨ 《行健旬刊》是由东北行健学会文艺部所主编的一本时政刊物，主要报道东北时局和军民抗日斗争情况，设有"东北简讯述评"等栏目。

⑩ 《广大知识》是由广州大学教育推广部所主编的一本综合性刊物，以加强民族固有之道德力量为目的，内容涉及政治、经济、法律、外交、教育等多方面的。

⑪ 新闻类报刊有《联合晚报》《时代日报》《华商报》等。

⑫ 时事类报刊如"以事为经，以时为纬"，较全面报道半月内国内外时事新闻、分析事态发生及演化趋势的《半月新闻》（杭州）等。

俗类①、经济类②报刊上全面开花，并涌现出一批经济述评名专栏，如《华商报》"经济述评"、《时代日报》经济述评等。

军事述评是"指运用夹叙夹议的手法，对军事形势或军事行动所作的新闻报道及分析。战争时期或和平时期发生地区性冲突时，通过对某次重大战役、某一战区形势或整个战局的介绍和评论，分析战局的变化与发展，综述战争双方力量的消长，预示战争可能出现的前景，让读者了解战争的实情；和平时期，通过介绍、评析国际国内重大军事动向，如裁军、扩军、军备谈判、军事演习、军事高科技的新成果等情况，让读者了解各军事力量对比及变化发展情况和所含意义"③。"军事述评"，源自"大事述评"栏，是报刊新闻述评专栏的一个分支，如《河北半月刊》④《中央周报》⑤《国闻周报》⑥ 的"大事述评"专栏中均有"大事述评：军事"⑦ 这一子栏目。至解放战争时期，"军事述评"已作为独立专栏存在，并取得一时的辉煌，《清华旬刊》《群言》⑧ 等均设此栏，而尤以《时代日报》⑨ 最为知名，故每逢有此专栏，刊物须加印几千份，甚至远在香港的进步报刊也纷纷打

---

① 通俗类报刊如以时事、路闻、论文、专论、科学等为专栏，报道国内外新闻与经济信息的《京沪周刊》等。

② 经济类报刊仍是该时期设立经济述评栏最多的报刊类别，如1946年《金融周报》的"国内外经济述评"、《经济导报》（北京）的"半月经济述评"，1947年《钱业月报》的"经济述评二三事"、《经建通讯》的"经济述评"，1948年《经济》的"经济述评"、《经济通讯》的"一周经济述评"、《征信新闻》的"上周/一周经济述评"，以及1949年《钱业月报》的"金融经济述评"等。

③ 邱沛篁等：《新闻传播百科全书·新闻业务卷》，四川人民出版社1998年版，第234页。

④ 党务刊物。

⑤ 政治刊物。刊有何应钦等关于宣传工作的讲演文稿，每周大事综述中登载国内外政治、军事、经济要闻及评述，并有党务工作的报告、国民党代表大会的宣言，还有辛亥革命烈士纪念文章。该刊文章中也不乏反共言论。

⑥ 1924年8月在上海创刊，1927年第4卷迁往天津，1936年第13卷又迁回上海，1937年12月27日停刊。国闻周报社发行，国闻周报社编辑。周刊，时事政治刊物。

⑦ 如《河北半月刊》和《中央周报》（1930年）的"一周大事述评"栏均设"一周大事述评：军事"，《国闻周报》（1927年）的"一周间国内外大事述评"栏曾设"军事情况""军事新形势""南北军事"等子栏目。

⑧ 由群言杂志社创办，标榜"透露内幕新闻，报道正确消息"。

⑨ 是中国第三次国内革命战争时期以苏联商人名义出版的中文报纸。1945年8月16日在上海创刊。初名《新生活报》，同年9月1日改名《时代日报》。它以苏商名义向上海民众宣传中国共产党在抗日战争胜利后的立场、主张，1948年6月3日停刊。

听作者①，指名索稿。

教育述评和文化述评在 1912～1949 年已有踪迹，当时有两个特点：一是数量较少，未能如经济述评、军事述评等一样有独立的称谓；二是教育、文化的内容只有在与时政发生关联时，才能被纳入新闻述评的选题视野。

二　软新闻题材相继出现

艾丰 2004 年在给《经济述评——一种思维模式》一书作序时曾说：新闻述评是改革开放以来迅速崛起的一种新闻体裁，越来越多的记者使用这种体裁，而这种体裁本身也获得了长足的发展。新时期内，新闻述评在原有题材的基础上呈现出两个特点。

一是原有的政治述评和经济述评在新时期内依旧占据着重要位置，并取得了较大的发展。

进入新时期后，政治述评继续以政治思想、政治现象以及重大政治事件作为评述的对象，并着重于对政治脉搏的把握，如重视领导人讲话、传达重大的政治理论与方针政策等。同时，还出现了系列性政治述评，如"中国梦"提出两周年之际，《人民日报》（海外版）就曾以系列述评的方式连续刊发了《朴实概念赢得全民认同》《以实践之名致敬梦想》《一个中国热词的世界感召力》等三篇文章。这些文章擅长围绕同一主题进行评述，对宣扬国家政治立场、政治主张，以及帮助民众更好地理解国家大政方针起到了重要的作用。经济述评在进入新时期后取得了长足的发展，最亮眼的成绩莫过于涌现出大量的经济述评作品以及经济述评名家。《人民日报》记者王清宪曾对经济述评做如下归纳"经济述评反映的是现实经济生活中的问题，传播的对象是关注经济的受众，其作用是要启发人们对经济现象的认识"；"经济述评既要从理论上揭示经济活动的规律性，又要分析政策与实践的相关性"；"经济述评就是要站在实践、理论、政策三者的交叉点上看经济，它的分析过程，必须考虑实践的时空性、政策的操作性、理论的规范性"。通过归纳，王清宪还得出一种关于经济述评的新观点，即"经济述评是一种思维模式"②。经济述评名家艾丰也比较赞同这一观点，并

---

① 指姚溱。
② 王清宪：《经济述评——一种思维模式》，中国财政经济出版社，2004，第 8 页。

进一步提出"写好新闻述评必然要求记者的思维模式有一个变化和提升，述评写作不仅是完成报道任务的体裁，而且成了记者锻炼自己思维能力的一种重要途径"①。

二是随着电视新闻述评的出现，除原有题材外，民生题材和娱乐题材相继出现，随后网络上各类热点新闻事件都被纳入新闻述评家族的写作素材。

电视新闻述评的出现可溯至 20 世纪 60 年代，而真正蓬勃发展是在 80~90 年代。这一时期，中央电视台的《观察与思考》《焦点访谈》相继开播，省级卫视也纷纷设立新闻述评栏目，不但扩大了新闻述评的影响力，也扩大了纳入述评的题材范畴，将民生题材推向了受众视野，如黑龙江电视台的《入世五年，大豆遇险》、河北电视台的《"俏夕阳"之争》均属此类。在述评作者从专业化向大众化演化的背景下，不但网络述评作者加入了述评创作的大军，网络述评的选材范围也从民生、娱乐题材向网络各类热点新闻事件扩展。

由此而知，新闻述评的题材范畴是随着时代的发展而不断扩充的，相较于 1912~1949 年的政治、经济、军事题材，新时期的新闻述评虽也注重"硬新闻题材"，其发展方向却是"软新闻题材"。

第三节　媒介分类及其流变的形态

作为一类存在百余年的新闻文体，新闻述评在每次的媒介形态衍生中都会紧跟时代步伐，通过不断扩大其外延的方式，相继演化出了除报刊新闻述评之外的广播新闻述评、电视新闻述评、网络新闻述评和自媒体新闻述评，而随着媒介形态的不断衍生，新闻述评的媒介类分也会进一步丰富。

一　从期刊到报纸的流变

报刊新闻述评是报纸新闻述评和期刊（杂志）新闻述评的合称，其正式出现于 1918 年 12 月创刊的《每周评论》，得益于《每周评论》四开政治小报这一形式上的创新，位于其头版首栏的"国内/外大事述评"也得到了

---

① 王清宪：《经济述评——一种思维模式》，中国财政经济出版社，2004，《序》第 2 页。

新闻业界与读者的广泛关注与重视，自此之后，新闻述评文体在 1912～1949
年的发展也正式拉开帷幕。

（一） 期刊新闻述评的曾经辉煌

无论从总量还是从作用上看，1912～1949 年的期刊新闻述评都占据着至
关重要的位置，该时期媒介生态复杂，各类人士办刊、各大机构办刊，为
抗日办刊、为妇女运动办刊等，均使期刊处于一种繁荣的发展状态。同时，
因为刊期限制，期刊无法在时效性上与日报相抗衡，只能另辟蹊径，在新
闻述评的深度与广度上作文章。由此，纵观 1912～1949 年，新闻述评的萌
芽、发生乃至文体分化等都与期刊关系密切，如《独立周报》《新青年》
《每周评论》《湘江评论》《东方杂志》等，均属期刊。

（二） 报纸新闻述评的后继发力

从现有文献记载看，报纸新闻述评出现较早，如陶菊隐的晚年回忆录
《记者生活三十年》中曾记载，其在 1916 年就曾在《湖南民报》的头版写
过 "国内大事述评"，早于 1918 年的周报《每周评论》。从报纸类型看，新
闻述评多出现于中小型报纸，原因在于中小型报纸在资金、信源等方面有
诸多局限，不能够像大报一样经常派遣记者进行一线采访，于是采用了新
闻述评这一省资金并见深度的文体弥补缺憾。鉴于新闻述评兼具新闻报道
和新闻评论的双重文体属性，一些政党大报，如国民党老牌党报《民国日
报》等也对这一文体极为关注。从 20 世纪 30、40 年代开始，更多的政党大
报开始关注并采用新闻述评这一文体，如《中央日报》《解放日报》《新华
日报》等，虽然大多以专栏的形式一周一次，但足以让新闻述评赢得声誉，
同时一批专家型的新闻述评作者也涌现出来，如擅长国际述评写作、为
《新华日报》写新闻述评的乔冠华，擅长军事述评写作、为《时代日报》写
新闻述评的姚溱，擅长经济述评写作、为《华商报》写新闻述评的陈文
川等。

广播新闻述评是 1912～1949 年除报刊新闻述评之外另一媒介形态的述
评，其特征有二：一是稍纵即逝、不易保存；二是多是报纸述评的复制品。
由于 "不易保存"，尤其是在保存条件极为有限的时期，广播新闻述评在学
术研究上并不占优势；说它是报纸述评的复制品，因为当时的广播新闻述

评始终处于一种"说别人话"的状态，典型表现就是将其选材范围锁定于已引发轰动或对时局而言极为重要的报刊新闻述评。进入新时期后，广播新闻述评开始由媒体派记者采写，开始获得独立性，如中央人民广播电台在 1980 年 2 月 8 日的《一分钱掰成两半花的好食堂》和 1980 年 2 月 11 日的《当家理财，锱铢必较》即是此类。

二 从报刊到新媒体的流变

随着电视、网络与自媒体的相继崛起，新闻述评也开始在其中扮演着重要的文体角色。作为新闻述评在中华人民共和国成立后的首次跨媒介探索，电视新闻述评初现于 20 世纪 60 年代。改革开放后，随着电视事业的蓬勃发展，中央台率先推出了一批《观察与思考》之类的新闻述评栏目，取得一定影响后，地方卫视也密切跟进，开始套用央视"把评论性放在突出位置，对社会问题做出有棱有角的评述"[①] 的模式进行新闻述评栏目的探索，仅在 20 世纪 80 年代就相继推出了《记者观察》（福建电视台）、《新闻透视》（上海电视台）、《社会之窗》（安徽电视台）、《社会聚焦》（广东电视台）、《BTV 夜话》（北京电视台）等述评栏目。进入 90 年代后，以中央电视台《焦点访谈》为开端，电视新闻述评达到了新时期的首次辉煌阶段，同时，借中宣部和广电部联合发文要求各省级电视台开设新闻评论部（1995 年）的东风，电视新闻述评开始呈现"偏评论"的倾向，并在各省级电视台蜂涌而现，如北京台的《今日话题》、上海台的《新闻观察》、重庆台的《今日视点》、河北台的《新闻广角》等，都在此背景下应运而生。由此，新闻述评文体再次受到了业界的普遍关注，进而影响到了网络新闻述评的发展。

首先是网络新闻述评。其崛起于门户网站专栏的开辟，由于采访权受限，这些门户网站无法进行一手新闻报道，只能另辟蹊径地选择了在内容综述基础上的深加工。显然，新闻述评是个不错的选择。以此为背景，新闻述评成为网络媒体战胜其他媒体的重要力量。2015 年之后，随着国家放开 14 家一级新闻网站的采访权，网络新闻述评呈现两种趋势：（1）人民

---

① 王永利：《社会热点透视——〈观察与思考〉节目创作文集》，北京广播学院出版社，1992，第 132 页。

网、新华网、中国网、国际在线、中国日报网、中国网络电视台、中国青年网、中国经济网、中国台湾网、中国西藏网、光明网、中国广播网、中国新闻网和中青在线等 14 家一级新闻网站新闻述评呈现"偏报道"的趋势，此类新闻述评擅长在对一手采访资料综述的基础上进行深加工，视角独特，体现出采访权的优势；（2）在采访权未开放的情况下商业网站保持新闻述评的"偏评论"特征，并邀请了一大批一线记者、评论员和社会精英来进行专栏化的新闻述评创作，以弥补无采访权的遗憾。同时，在网络新闻述评专栏化趋势的推动下，网络自媒体新闻述评也逐渐进入大众视野。

其次是网络自媒体新闻述评。其崛起要归功于 Web3.0 时代的到来，较之于 Web2.0 时代的交互性特征，Web3.0 带来的是自媒体的繁荣，也使"公民记者""市民记者"这些足以引发新闻学理论震荡的称谓广为应用。在此"人人都是麦克风"的时代，广大受众纷纷开辟自己的媒体空间，并于其中及时跟进新闻事件、评论新闻事件，一些有思想的网民甚至组织团队开通微信公众号来发表类似新闻述评的文章。较之精英型的网络新闻述评，网络自媒体述评是"草根"的，因而在新闻述评的文体把握上也不如专业人士精到，但正是这种凭心而作的述评文章得到了广大网民的认可。随着网络自媒体述评的发展，不少传统媒体新闻述评的精英化写手也开始关注并采用这一形式，这一方面弥补了网络自媒体述评专业化的不足，另一方面也带领着网络自媒体述评从"草根创作"真正走向了"草根+精英"型的"大众创作"。

第五编　业务篇

本编概要

　　在解答了"新闻述评是什么"的问题后，回答"新闻述评怎么用"即成为首要之急。不同于1912～1949年以报刊新闻述评为主，进入新时期后，电视述评、网络述评、自媒体述评等相继出现；也不同于1912～1949年新闻述评常以专栏为载体，新时期多种媒体形态的述评溢出了专栏的范畴，呈现出包括新闻报道、新闻评论等在内的多种样态。由此，如何把握新闻述评的采访以及写作已成为困扰新闻工作者的问题。以此为背景，本编进行了如下两方面的工作。

　　1. 捕捉报刊述评在1912～1949年专栏属性的变更现象，细析现象背后报刊述评发生"叙多议少""叙少议多"等写法变更的原因与内涵。纵观1912～1949年，专栏化始终是报刊新闻述评的一个重要标签，从最初的纪事栏，到独立后的述评栏，再到评论栏，新闻述评在经历着专栏属性变更的同时，也伴随着文体属性的变更，这直接影响到了新闻述评的采访、写作等诸方面。

　　2. 捕捉报刊述评在专栏属性变革背景下所发生的述评生产流程变更现象，细析报刊述评在"采""访""写作"上的核心点与注意事项。1912～1949年，新闻述评也曾朝着述评性新闻的方向发展，如述而不评、述而少评等，给予了自身一次生产的可能性，也使得"采"的问题与"访"的问题有所凸显。基于此，本篇也以如何建构"采"与如何建构"访"等问题为切入，对包括写作在内的整个新闻述评生产流程予以建构，以期启发当下。

第十二章 专栏化演进与专栏属性变更

作为新闻述评最早的一种媒介形态，报刊述评以报纸和期刊为载体，萌芽于期刊纪事类"新闻"专栏，发生于1918年《每周评论》的"国内/外大事述评"栏，辉煌于20世纪40年代的"国际述评""经济述评""军事述评"等"评论"专栏。从"新闻"专栏到"评论"专栏，这是专栏属性的变更现象，在该现象的主导下，报刊述评发生了从"文末附注"到"夹叙夹议"再到以"议"为点睛之笔的变化。这种变化的背后，是报刊述评在文体上从倾向于新闻报道向倾向于新闻评论的演变历程，也是其在写法上从"叙多议少"到"叙议相间"的演变历程。

通过对该时期报刊述评的专栏演进与专栏属性变更现象的剖析，本章意在为20世纪末学术界发起的关于新闻述评文体归属的大讨论的重要议题——"新闻述评到底是新闻报道还是新闻评论"提供解答，也意在为当下新闻述评跳出新闻评论式写法寻求另一种可能性。

第一节 报刊新闻述评的专栏演进脉络

报刊述评以专栏为载体在诸多期刊与报纸上留下了印记，这些专栏在初时以纪事类"新闻栏"的形式呈现于期刊，并在"纪事栏与评论栏"的博弈中逐渐走向报纸，进而成为报纸评论栏的重要组成部分。

一 发生于期刊的新闻纪事栏

纪事，也称纪事本末体，原属于备史官采择，或补史籍遗漏的史书体裁，近代报刊出现后，其作为记录有历史意义新闻事件的一种通讯应用于期刊，并标以"纪事""记载""大事记"等专栏名称。因自身的强烈新闻性，其为清末民初之际主攻"揭载评论"的期刊所竞相设立，用以弥补新闻性孱弱的缺憾。期刊纪事栏在发展过程中经历了编辑方式的几经改变，直接推动了报刊述评专栏的出现。

一是"文末附注"——报刊述评在《东方杂志》"记载"栏中的萌芽。不同于以往纪事栏的信息集纳，1908 年第 5 卷第 7 期的《东方杂志》"记载"栏进行了编辑工作方式的一次大改良，改良后的"记载"栏不但刊录基本事实信息，且对一些重要信息辅以附注，并通过评论、分析等方式揭示意义、补充信息等，而这种"文末附注"的方式也被称为"超越具体事实的认识结构，是为评论才能完成"①。然而自 1910 年 5 月主编孟森离职后，"记载"栏又恢复到以往的状态。

二是"加叙加议"——报刊述评在《独立周报》"纪事"栏中的成型。1912 年创刊号，《独立周报》在头版首栏设"纪事"专栏，并在《本刊特别启事》中宣称"夹叙夹议，独见匠心，从未直录公牍，剪抄报章，为向来丛报所未有"，创新了新闻纪事类专栏的体例。不同于"文末附注"，此时的"夹叙夹议"更加注重情感的宣泄，也会直接使用"呜呼"等语气助词，但"述"与"评"之间没有分析作为过渡，在写作方法上略显稚嫩，故称为"加叙加议"似更为合适。

三是"夹叙夹议"——报刊述评在《新青年》"国内/外大事记"栏中的成熟。1915 年创刊号，《新青年》在头版首栏设"国内/外大事记"专栏，既"体现出编辑主体的认识和概括，又照顾到事件的源流、背景"②，该专栏的述评文章也已走出了"前叙后议"的模式，做到了"边叙边议"，不仅对事件进行了综述性的报道，还加入了分析的成分，使"叙"与"议"之间过渡得更为平顺，在报刊述评的文体发展中起到了"承上启下的作用，并最终使该体裁成熟"③。

四是"国内/外大事述评"——报刊述评专栏在《每周评论》上的出现。《每周评论》在 1918 年的创刊号上继承了《新青年》的经验，在版首设置"国内/外大事述评"栏，正式拉开了报刊述评专栏化发展的帷幕，并从第 2 期开始，"明显增加了'评'的力度，使得'述'的新闻性与'评'

---

① 马少华：《论孟森对期刊记事栏目的体例创新》，《国际新闻界》2011 年第 9 期。
② 马少华：《中国早期时政期刊新闻信息的形式发展》，《国际新闻界》2004 年第 4 期。
③ 宋素红：《〈新青年〉新闻报道和新闻评论探析——兼论〈新青年〉在新闻述评体裁史上的地位》，《新闻与传播研究》2005 年第 4 期。

的论断性有机结合与相得益彰，凸显了舆论家的真本色"①。

二 发生之后的专栏演进脉络

以统计到的设置述评专栏的报刊数量和设置年份为坐标，笔者将 1912～1949 年报刊述评的专栏史走势呈现于下（见图 12-1），并以此为据进行了 4 个时期的划分。

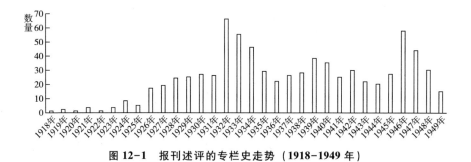

图 12-1 报刊述评的专栏史走势（1918-1949 年）

（1）发生期（1918～1925 年）。该时期的报刊述评专栏经历了"设立" "流行""扩散"等三个阶段。其中，"设立"始于 1918 年 12 月《每周评论》"国内/外大事述评"栏；"流行"起于一批以"评论"命名的时政类报刊对《每周评论》版式的仿效，如《湘江评论》的"湘江/西方/东方大事述评"、《评论之评论》的"一周大事述评"等；"扩散"则起于除时政报刊的党团类、专业类、综合类、学生类、青年类乃至基督教类报刊对述评专栏的相继设置。

（2）第一发展期（1926～1936 年）。以中国 20 世纪 20～30 年代的"期刊热"为背景，该时期的述评专栏实现了井喷式的发展，既推动了以时政类报刊、综合类报刊、专业类报刊和政党类报刊为代表的主流报刊群的形成，又在附刊、画报、华侨报、机关报上有所突破，尤其是在附刊和画报上。其中，附刊是大型日报的每周增刊，其对述评专栏的关注为报刊述评从"期刊专栏"向"报纸专栏"的扩张打下了基础；画报虽不以文字为主要内容，却仍基于

---

① 吴永贵等：《〈每周评论〉的媒介空间与评论维度》，《中国编辑》2018 年第 2 期。

自身的考虑和读者的建议①而增设新闻述评专栏并聘请名家来主持。

（3）第二发展期（1937~1944年）。受抗战影响，该时期的报刊述评专栏多以服务抗战为主旨展开，凸显了一定的工具性能，不仅以时局走势为纬推动了以重庆、上海等为代表的新的城市报刊群的形成，还在国际述评与军事述评两题材上形成了诸多名专栏。最具代表性的当属《新华日报》的"国际述评"栏和《解放日报》的"半月军事动态"栏，前者曾风靡国统区各界，并引起了各国通讯社的重视，后者则常被《晋察冀日报》《人民日报》等报刊所转载。

（4）第三发展期（1945~1949年）。以抗战胜利后的国际国内形势为背景，该时期的述评专栏呈现"刊物流动性大""形势述评凸显"等两个方面的特征。其中，"刊物流动性大"是由于国民政府穷途末路之际对报刊的极力控制，该时期国民党的刊物往往寿命较短；"形势述评凸显"则流变于民众对国际、军事、经济形势的关注，尤其是经济述评，因能"及时地反映和分析物价、金融等方面的形势，一经出现立刻成为读者最关注的述评之一"②。

第二节　专栏的属性流变与流变现象还原

1912~1949年的报刊述评在发展中始终以专栏为载体，其间，亦有诸多关于述评专栏与纪事类新闻栏、评论栏发生关联的例证，及当时的编辑、主编等对所在刊物设置述评专栏的说明，故以此为线索，并以600多份报刊的逐一查证为路径，笔者整理到了1912~1949年报刊述评专栏的属性，并对其流变现象进行了图景的还原。

一　述评专栏属性变更的脉络

从1918《每周评论》的"国内/外大事述评"栏到1949《群言月刊》的"军事述评"栏，报刊述评专栏经历了从"纪事"到"评论"的专栏变更。

（一）"纪事栏"阶段

从严格意义上讲，发生期的述评专栏可按栏目属性分为两个阶段：一

---

① 梁得所：《编辑余谈》，《良友》1929年第36期。
② 闵大洪：《时代暴风雨中的海燕——上海〈时代日报〉》，《新闻记者》1987年第5期。

是 1918~1923 年以《每周评论》"国内/外大事述评"为代表的"纪事栏"阶段；二是 1924~1925 年以《科学周报》"述评"栏和《评论之评论》"一周大事述评"栏为代表的"博弈"阶段。

其中，第一阶段的述评专栏大多为新闻性质，恰如《每周评论》的"国内/外大事述评"，其虽在"评"的力度上有所加强，但仍被视为"讲'事'的一种手段，一种在叙事中体现的见识"[①]，故被罗家伦赞赏为有系统的纪事栏。此后的《民心周报》《青年友》《商报》《新民国》等述评专栏均属此类。第二阶段的述评专栏的属性已开始有变动的迹象，处于变动两极的莫过于上海《民国日报》的两份附刊《科学周报》和《评论之评论》：前者的"述评"已属"评论"栏，其例证出现于 1924 年的第 13 期，表现形式为其在目录中将《科学界的伟人》一文所属的专栏写为"论述"，而在正文中却将其写为"述评"；后者的"一周大事述评"尚属"纪事"栏，其例证出现于 1924 年第 8 期，表现形式依然为目录的栏目标题与正文的栏目标题不一致，其中，目录中的述评栏标记为"一周大事述评"，正文中却标记为"一周大事纪"。一种刊物的两份附刊上出现的对述评专栏的不同称谓，意味着当时新闻人对述评专栏的理解不甚清晰，或者说文体意识尚未觉醒。

（二）"两栏博弈"阶段

该时期内的述评专栏在属性上一分为二，有将其列为纪事栏的，也有将其列为评论栏的，具体见表 12-1 和 12-2。

表 12-1　述评专栏隶属于纪事栏

序	刊物名称	刊期	述评栏目名称	发生关系的栏目
1	《前导半月刊》	1930 年第 8 期	两周来大事述评	专载栏
2	《前导半月刊》	1931 年第 14 期	两周来大事述评	附载栏
3	《交通职工月报》	1933 年第 2 期	最近国外大事述评	时事栏
4	《川盐特刊》	1933 年第 177 期	国内外大事述评	时事栏

[①] 马少华：《中国早期时政期刊新闻信息的形式发展》，《国际新闻界》2004 年第 4 期。

表 12-2　述评专栏隶属于评论栏

序	刊物名称	刊期	述评栏目名称	发生关系的栏目
1	《青年进步》	1926 年第 90 期	中外大事述评	时评栏
2	《革命周刊》	1929 年第 52 期	时事述评	时事短评栏
3	《环球旬刊》	1929 年第 1 期	国际时事述评	国际时评栏
4	《新闻前锋》	1930 年第 4 期	国际述评	时评栏
5	《南华评论》	1931 年第 18 期	时事述评	时事短评
6	《明日（广州）》	1932 年第 1 期	每周时事述评	每周时事杂评
7	《交通职工月报》	1933 年 2 期	最近国外大事述评	时评栏
8	《政治月刊》	1934 年第 6 期	时事述评	时评栏
9	《关声》	1934 年第 7 期	两大事件的述评	杂评栏

表 12-1 和 12-2 分别列出了述评专栏在第一发展期内出现的属性两分的情况，代表性栏目如 1926 第 90 期的《青年进步》将"中外大事述评"列入"时评"栏，而 1930 年第 8 期的《前导半月刊》的"两周来大事述评"则被列入"专载"栏。同时，该表格亦凸显出两个问题：一是时人对述评栏的认知不清；二是时人对述评栏的认知渐倾向于评论栏。

对于第一个问题，代表性例证则属 1933 年第 2 期的《交通职工月报》，该期的"最近国外大事述评"与"最近国内/外大事纪要"同时被归于"时事"栏，既证明了此时述评栏与纯纪事性质的"纪要"栏的严格区分，也证明了其仍未脱离纪事类新闻栏（时事栏）的范畴。同时，该期内的述评文章《美国大规模之建舰计划》的文末却以括号注明"录申报时评"，即该报从《申报》"时评"栏转载了该文并作述评之用，证明了时人对述评栏的认知不清。对于第二个问题，恰如有研究所称的"无论是民国还是新中国成立后，我国的专栏写作始终以新闻评论为基本形态"[①]，述评专栏自 20 世纪 20 年代中期起亦开始向评论栏转化，如《革命周刊》《环球旬刊》《新闻前锋》《南华评论》《明日》《政治月刊》《关声》等刊物的述评栏设置即为证明。

---

① 金鑫：《一种新的作者本位——跨媒体背景下的报刊专栏写作》，《当代作家评论》2016 年第 6 期。

（三）"评论栏"阶段

随着抗战时期的到来，报刊物大多"不遗余力地鼓吹民众全民抗战"①，述评专栏也被赋予了浓厚的工具特性，并呈现"大事述评"栏急剧减少、"时事述评"栏逐渐增多、"形势述评"栏异军突起的局面。其中，"大事述评"因与纪事类新闻栏的天然联系而在该时期内很少设立，颇具战斗性、倾向于评论的"时事述评"反而凸显。代表性栏目如1937年第1卷第6期的《时事半月刊》"时事述评"栏，文章多达8篇，而1938年复刊的《中央周刊》舍弃了原有的"大事述评"而设"时事述评"，且半年内发表的述评数量就有百余篇，很好地服务了抗战。同时，以分析形势著称的"国际述评""军事述评""经济述评"（多出现于第三发展期）纷涌而现，既摆事实又讲道理，被后来的研究者称为"社评、评论文章"②的一种。

二 属性变更现象的图景还原

自《每周评论》"国内/外大事述评"之后，报刊新闻述评专栏的属性变更现象已开始出现，至1934年结束。对于该现象，时任编辑、主编的回忆里均有体现。

图景一：发生。报刊述评专栏属性评论化的发生并非一蹴而就，其经历了"写法变更"和"属性变更"两个过程。"写法变更"指1919年毛泽东主笔的《湘江评论》在"湘江大事述评"、"西方大事述评"和"东方大事述评"专栏中极重视"评"，其也因此被《每周评论》誉为"长处是在议论的一方面"；"属性变更"则指1921年基督教青年刊物《青年友》首期《本刊今后对于青年的贡献》一文对"见闻述评"专栏的评价，其称"本刊辟有见闻述评一门，将国外和国内所见所闻的择其关于时局重要的事件，一一述评出来以贡献青年诸君之前"，此间的"一一述评出来"而不是"一一评述出来"道出了主编史济材对述评专栏的属性认知，可将其作为述评专栏属性评论化的较早案例。

图景二：发展。继述评专栏属性的评论化案例出现后，报刊上的述评

---

① 丁守和：《抗战时期期刊介绍》，社会科学文献出版社，2009，第955页。
② 林荣强：《述评性新闻》，人民日报出版社，1986，第54页。

专栏似乎又回到了纪事类"新闻栏"的状态，并彰显了其作为深度新闻的"系统"与"辑录"功能。其中，"系统"一说源自 1923 年《东方杂志》主编钱智修在《本志的第二十年》中对"时事述评"栏的描述。其称"在半个月间国内外新发生的大事，我们都想为有统系的叙述，而且就我们所见到的，繁以简单扼要的批评……我们的见解，不过是一种参考的资料，讨论的楔子罢了"，既强调了"有统系的叙述"，又强调了"评"的"简单扼要"；"辑录"一说源自《青年进步》1924 年第 71 期主编皕海在《卷首语》对"时事述评"栏的描述，其称"从本期起，增加时事述评一栏，辑录海内外大事，尤注意于国际关系，社会情形，俾读者于一览之余，与每日阅多数报章无异"，着重强调了述评专栏的"辑录"功能。由此言之，此时的报刊述评专栏仍处于新闻栏的阶段。

图景三：转折。至 20 世纪 20 年代末期，报刊述评专栏的新闻属性有所减弱，代之的则是"侧重宣传""侧重分析""侧重批判"等，其中，"侧重宣传"出自 1928 年第 1 期《中央周报》的《发刊辞》对"一周大事述评"栏设置的描述，其称"对大事述评选录须站在本党立场评述重要事实，并依据目前事实介绍本党理论，务达据事实以证明理论，依理论以解释事实之目的"，为述评专栏附加了宣传的功能，而此功能的实现靠的是"摆事实和讲道理"；"侧重分析"出自 1927 年第 2 期《中央军事政治学校筹备委员会临时特刊》中《今后的本刊》一文对"时事述评"栏的介绍，其称"时事述评，在这一项里面，我们不是要抄袭普通的报纸，作机械的工作，我们先要确定重要时事中的事实，加以精密的分析，然后加以推测，或断定，我们决定应取的态度。在分析时事里面，我们须要注意到她的历史的背景，变更的可能，和她的发展在革命上的位置，及国际间的关系，我们应当站在国民革命的观点上，为着大多数的利益观点上来批评，来应付"，强调了有态度的"分析"和"批评"；"侧重批评"则出自 1927 年《真光杂志》在每期"时事述评"栏开头所述，其称该栏由栏目编辑所作，"是将一月内之时事，择要加以公正之批评，以视别种专事剪报之刊物，不可同日语"，既道明述评栏与纪事栏的区别，又强调必须贯彻"批评"路径。

该阶段内的报刊述评专栏虽仍有诸如《良友》（1929 年）"时事述评"栏所称的要"每期刊登一篇提纲撮领而不是账簿式的文字，把一月的大事一气叙述"，但总体而言已呈现出属性上的转折。

图景四：完成。20 世纪 30 年代后，报刊述评专栏的评论属性渐呈压倒性优势，不仅有诸如《国际周报》之类的报刊在启事中直言"述评，以客观的态度，批评最近国际之事件"①；也有诸如《国闻周报》之类的报刊直接改"国内/外一周间大事述评"为"国内/外一周间大事述要"栏，并称1926~1934 年的"国内/外一周间大事述评"栏"只做到了'述'，实未尝'评'"②，有负述评之名；亦有诸如李维德等读者直接给编辑部写信称"'时事述评'，该栏却缺少'评'"③。此系列操作均反映了时人对报刊述评专栏属性的理解与把握，也标志着该时期报刊述评专栏属性变革的完成。

第三节　变革现象发生的内涵解读

在《清华周刊》和《时事周报》所刊登的《编辑部宣言》《时事述评究竟怎样编辑？请大家来讨论讨论》等文章中，曾有对述评专栏的详细叙述。

是什么——"尽所谓时事'述评'者，不是丢开了事象本身而另加一段评论于文尾或文首的话，它只是在字里行间用褒贬诛伐的方法而已"④。

为什么——"'评'字终为易惹误会"⑤。

如何误会——a. 编辑："时事述评竟可'述'而不'评'"⑥；

b. 读者："时事述评，该栏却缺少'评'"⑦；

c. 编辑部："这一栏或者是个赘瘤，既不能像学术栏的益人知识，

---

① 国际周报社：《国际周报明年大刷新》，《国际周报》1931 年第 7 期。

② 国闻周报社：《编辑后记》，《国闻周报》1934 年第 9 期。

③ 编辑部：《时事述评究竟怎样编辑？请大家来讨论讨论》，《时事周报（成都）》1933 年第 19 期。

④ 编辑部：《时事述评究竟怎样编辑？请大家来讨论讨论》，《时事周报（成都）》1933 年第 19 期。

⑤ 编辑部：《时事述评究竟怎样编辑？请大家来讨论讨论》，《时事周报（成都）》1933 年第 19 期。

⑥ 编辑部：《编辑部宣言》，《清华周刊》1929 年第 1 期。

⑦ 编辑部：《时事述评究竟怎样编辑？请大家来讨论讨论》，《时事周报（成都）》1933 年第 19 期。

又不能若文艺栏的使人兴感，复不能若新闻栏的告人以新消息，杂俎栏的醒脾快意，总而言之，无其他任何栏的美德，徒然将一周前的旧事拉杂地重述一遍，本栏之不能予人以注意者在此"①。

误会的结果——时人对述评的"评"即述评专栏的属性产生了"要评""须评""不评则无点睛之处"甚至"不评一无是处"的判定，并引领此后述评专栏属性"评论化"的走向。

上述彰显了报刊述评专栏属性变革的逻辑关系，其由纪事类新闻栏而来，因本质是纪事栏的一种高级编辑（综述+评论）形态，故将"评"定位为字里行间褒贬诛伐的一种"方法"，然因"评"字惹人误会，在数次报刊述评专栏该如何编辑的讨论后，读者、编辑乃至编辑部都渐渐倾向于认可"评即评论"一说，这直接引领了报刊述评专栏属性的评论化走向。此间的缘由，不仅仅在于编辑主体的认知偏差，更多的则是述评文体背后的文体自觉与文体需要。

一　报刊述评专栏与述评文体的内涵一致

在专栏研究方面颇有建树的林克勤曾称报刊专栏是"在报刊固定版面的特定位置，由个人或集体定期撰写的，围绕一个中心或特定专题展开的，具有统一的标题和文风的一种新闻写作文体"②，从这个意义上看，报刊述评专栏的属性变革即指报刊述评这一文体属性的变革。纵观 1912~1949 年，报刊述评的文体属性经历了三次变化，分别是"偏报道"、"偏评论"和"报道+评论"。其中，"偏报道"指报刊述评在写作上以述为主，以评为辅，在呈现形态上近似于西方解释性报道；"偏评论"指报刊述评在写作上以评为主，以述为辅，在呈现形态上接近于现代新闻评论；"报道+评论"指报刊述评在写作上虽保持着述与评各占一半，但"每篇都有作者独持的主见"，"述"被定位为"提纲挈领的叙述"③，故在呈现形态上仍未能溢出评论文章的范畴。

① 编辑部：《编辑部宣言》，《清华周刊》1929 年第 1 期。
② 林克勤：《解析报纸专栏——对建立报纸专栏研究的初步想定》，《新闻界》2004 年第 4 期。
③ 胡友鹏：《介绍时事述评及其作者》，《省行通讯》1948 年第 1 期。

从"偏报道"到"偏评论"再到"报道+评论"，报刊述评的文体属性也从新闻报道转向新闻评论，最终定义到报道和评论的杂糅上来，此间所呈现的则是报刊述评的三种可能性：一是向新闻报道拓展，作为新闻报道中深度报道的一种类型，由记者来采写与编辑；二是向新闻评论拓展，作为新闻评论中特殊的一种类型，由编辑或评论员来直接评判与议论；三是实现文体的杂糅，其虽以评论专栏为形式，却以"夹叙夹议且议在议论"的笔法在写作。伴随报刊述评专栏的属性变革，报刊述评呈现的三种文体属性不仅反映了其在 1912~1949 年的写法可能性，也为 20 世纪 80 年代中后期发生的报刊述评属性的"一分为二"发展提供了范例。

二 影响文体属性变革的政局与时局因素

报刊述评出现后曾多次被定位为"宣传办报者观点和主张的'工具'""对群众进行形势教育的'最方便最有效的方式'""有助于社会民众'训练其头脑'"的方式等，这些工具论调为该文体奠定了随"政局"和"时局"所变的发展基调。

就"政局"来看，1912~1949 年，先有军阀混战后有内战，导致不同性质的报刊在言论表达上出现两个极端。一是言论颇受牵制。代表性报刊类别即民营报刊和社会团体报刊，如文理综合性刊物《清华周刊》，虽设"时事述评"栏，却述多于评，不能起到"述评"的作用。恰如其编辑水天同所言，其想"稍稍弄笔墨，亦须'小心火烛'，欲为畅达严整之论，又不可能矣"，故"虽感痛苦而实无法"，只能"对于时事述多于评"[①]；二是言论颇具力度。代表性报刊类别即政党类，其在议论的程度上有所提升，范围上有所扩大，但在信息的完整传递方面做得远远不够，有的述评文章甚至直接以极近新闻评论的笔法出现，如 1924 年第 26 期《浙江周刊》"大事述评"栏中的《孙宝琦被弃》一文，通篇未对孙宝琦被弃加以综述，只用一句话交代后便即进入议论和抒情。

就"时局"来看，1912~1949 年的抗日战争和两次世界大战均使中国卷入了国际事务，这一方面促使报刊述评国际题材和军事题材的大繁荣，另一方面也促使该时期中国新闻文体功能性特征的大发展。在此背景下，

---

① 水天同：《时事述评栏》，《清华周刊》1927 年第 1 期。

各类开设新闻述评专栏的报刊纷纷以笔当枪，并在写作述评时极为擅长"先从当前任务的角度来选取一个主题或着眼点，然后收集可以论证主题的材料并开展评述"，且在分析事件本质时"带有鲜明的倾向，或褒或贬，观点明确"①，客观上导致了报刊述评专栏属性的评论化。

① 樊凡等：《中西新闻比较论》，武汉出版社 1994 年版，第 236 页。

第十三章　采与访的建构与写作的技巧

　　新闻述评的采、访与写作是一种基于"用"的实操性经验，也是一种不同于新闻报道和新闻评论的文体体验，要了解其采、访与写作的特殊性，须从如下三个"知道"入手。

　　一是"知道"新闻述评生产的特殊性——内容的特殊性和流程的特殊性。其中，内容的特殊性是相较于新闻报道和新闻评论而言的。不同于新闻报道的擅长报道"事实是什么"和新闻评论擅长报道"观点是什么"，新闻述评的内容是对二者进行了融合，不仅报道"事实是什么"，也报道"观点是什么"。流程的特殊性是相较于要到达现场的"一手采访"而言的。不同于人们所熟知的"记者采访→记者写作"的新闻生产流程，1912~1949年新闻述评的生产流程多由编辑或特定领域专家开启，即先搜集某一事件的各方报道情况和其他相关资料，再据此"二次创作"，避开了"一手采访"这一环节。

　　二是"知道"新闻述评写作的目的性——综述事件和输出观点。其中，综述事件是对事件发生与发展来龙去脉的全局性把控，要求的是归纳整理能力，因此，所选题材不能是简单的事实，立意也须保持全局性。输出观点是复杂事实综述基础上的思想性把控，要求的是思想引领能力，因此，提出的见解不能人云亦云，须做到视角独到和观点独到，同时还要恪守新闻报道的操作基准——态度的客观。

　　三是"知道"新闻述评文体的交叉属性与基本写作类型。其中，交叉属性是指报道功能和评论功能在一篇义章中的兼具性，因此，新闻述评的常用笔法虽然是夹叙夹议，但却是"议在议论"的中国式夹叙夹议，基本写作类型则是指基于"夹叙夹议且议在议论"这一常用笔法的常见分类，这些分类囊括了1912~1949年新闻述评写作的方式方法，也为新时期新闻述评所传承与借鉴，更为当下新闻评论的写作提供了思路与方向。

第一节 新闻述评的采访

采访有"采集素材"和"调查访问"两道程序，是新闻报道在选题策划之后的重要环节，也是新闻述评生产的第一个环节，然不同于新闻报道中的"采"与"访"的结合，新闻述评的采访可分为两种：一种是"采访结合"，一种是"采而不访"。"采访结合"是新中国新闻述评发展到一定阶段的产物，其以中国新闻专业化分工为基础，以改革开放后西方解释性报道、调查性报道传入中国为背景，又以"记者述评"这种新的新闻述评类型的出现为契机，产生后得到了一批有思想见地的一线记者的青睐，也使得以往由编辑和特定领域专家构成的作者队伍进一步壮大。"采而不访"则是 1912~1949 年新闻述评常见的采访方式，其出现的原因有二。一是文体最初使命。受制于经济和规模，中小型报纸和杂志往往没有能力雇用专门"访员"，因此在新闻信息报道的"速度"上无法与财力雄厚、体制编制完善的大型报纸形成竞争，不得已退而求其次，选择了新闻信息报道的"广度"与"深度"，并由此形成了新闻述评文体，也奠定了新闻述评"采而不访"的最初使命。二是文体功能使用。新闻述评有新闻报道和新闻评论两种功能，在 1912~1949 年特殊的时代背景下，其新闻报道功能始终弱于新闻评论功能，且新闻报道功能主要发挥作用的不是"时新性"意义上的"报道"而是"全面性"意义上的"综述"。

一 新闻述评如何"采"

"采"指采集素材。相对于新闻述评的"访"，其可被归纳为对新闻述评写作素材的搜集，并可分为两个步骤。

一是采集时必须具有宏观视角。新闻报道具有不同的层次，第一层次的新闻多追求"动态"事实，第二、三层次的新闻多追求"深度"事实。"动态"事实仅反映当下，"深度"事实则不仅反映当下，还要对事实发生的背景、原因、影响、走势等进行详细的事实补充。然对比于"动态"事实和"深度"事实，新闻述评追求的却是"广度"事实，这就要求新闻事实采集时要有宏观视角，不仅要关注"点"，还要关注与"点"相关的"面"。如此做的原因有二。（1）新闻述评写作牵涉面较广。新闻述评的选材有一定的标准，只有那些被挑选出的大事、要事，以及人们关注的焦点方可成文，因此，新闻述评最初也被称为"大事述评"。这些大事述评的选材往往牵涉面较广，涉及事情多，触及问题也多，故需要尽可能多地掌握"面"上的材料和"点"上的材料、现实材料和背景材料、纵的材料和横的材料、正面材料和反面材料。如《群言》1928年第6卷第2~3期的时事述评《日暮途穷之张学良》，仅400字左右的篇幅就容纳了背景材料——记录张作霖惨遭爆炸毙命后的东北时局、现实材料——日帝国主义从中挑拨离间并立溥仪为帝，以及同期材料——引用上海电载内容和报载内容来证明张学良的图存是真、求降是假。通过多种材料的"采"，该篇新闻述评得出了"东三省已成为国际问题，解决东省，亦非简易之事，但是也不因为难以解决，遂轻易容纳军阀之要求，以贻害于将来也"的结论。（2）新闻述评释疑解惑功能的需要。新闻述评的功能之一就在于将受众从一个事件的迷雾中领出来，让其洞若观火地了解"发生了什么""是如何发生的""会有什么样的影响"，甚至"以后的趋势是什么"。因此，必须避免在"采"的过程中只见树木不见森林，即使要用到"点"的材料，也要将多个"点"联系起来通盘考虑，或是选用一个最具代表性的"点"。如《益世报》1947年1月7日第7版的《一九四七年的国际课题》，出自高建农在该报主编的第18期的"国际述评"专栏。该栏存在的意义即在于向读者释疑解惑国际形势，而该文在开篇即抓住了读者最关心且"理应在人人脑海中所盘旋"的"本年度的世界将是合一抑或将仍是分裂"的问题，通过对"（甲）和列强多数有关的课题""（乙）和列强个别有关的课题"两个极具代表性且互相关联的"点"的描述和剖析，得到了"缔造世界永久和平的工作，看来仍有许多的艰难障碍，而非尽可乐观哩"的结论。

面对新闻述评写作的"牵涉面较广"和"释疑解惑"功能，述评的写作者只能在采集素材的环节做到宏观视角的"点面结合"和"点点相连"。

二是采集后必须进行事实研究。采集基础上的事实研究是新闻述评不同于其他新闻文体的重要特征，也是新闻述评完成"采"这一环节的第二个步骤。相较于动态新闻，新闻述评采集到的是全局性的复杂事实，要想实现客观和有说服力的观点输出，述评的写作者往往需要对复杂事实进行分析研究，久而久之，这一过程逐渐成为述评"采访"环节的重中之重，而述评的"采访"也被冠以"研究型采访"之名。

"研究型采访"是相对于"纯新闻采访"而言的。在"纯新闻采访"中，记者在接触到新闻事实之后很快就可以结束采访并写出报道，但对于新闻述评而言，接触新闻事实只是第一步，而最重要的一步是事实研究，即对采集到的信息进行的研究。材料研究往往"不合算"，即使研究了很多篇材料，也只能发现或总结出一个观点，因而新闻述评的写作速度相对较慢，却极易培养出学者型、专家型的编辑和记者。

写新闻述评、进行研究型采访、注重在材料采集基础上的研究是培养学者型、专家型人才的有效路径。以《人民日报》记者艾丰为例，他采写过一篇1000字左右的关于全国城市发展战略思想的新闻述评，写作只用半天时间，前期准备却有半年。其间，他曾参加了多次有关部门召开的讨论会，并"消化"了相关论文80余篇，所以他在采访结束时已成为城市问题的半个专家，并被吸收为中国城市科学研究会会员，且在后续又写出了一系列关于城市建设与发展问题的新闻述评。的确，进行研究型采访是需要投入大量精力的，更需要记者对所报道问题有一个全面的了解。由此，记者面临的一个重要问题即如何对自己所报道的问题进行迅速、深入、全面的了解。对此，《人民日报》原主任编辑林荣强曾给出一个建议：进行新闻述评写作的记者应建立一个采访"基地"，使其成为自己研究社会的窗口，若遇到百思不得其解的问题，就可以利用"基地"的"人、地两熟"来帮助思考甚至模拟实践问题，进而分析出事实背后的成因。

二 新闻述评如何"访"

"访"指调查访问。相对于新闻述评的"采"，"访"可被归纳为对第一现场、相关现场的目击者和其他相关者的调查与询问。从这个意义上看，新闻述评的"访"有"采访结合"和"采而不访"两种背景。其中，"采访结合"背景下的"访"意味着记者要积极参与，记者不仅要去第一现场访问到动态事实，也要访问到背后事实，还要访问到观点事实；"采而不访"背景下的"访"则意味着编辑或特定领域专家的参与，他们不需要去现场调查访问，仅需要进行事实资料的采集和分析研究。本节谈论的"访"具体指向前者——"采访结合"背景下的"访"。

一是访问到全面的细节事实。全面事实和细节事实是"采访结合"型新闻述评在"访"这一环节所要捕捉到的。全面事实对应于多数记者在谈及新闻述评写作时多数记者常说的"全局性"。为了实现"全局性",记者既需要在采集素材时尽可能扩大范围,采集相对全面的情况,为"全局性"观点的形成做铺垫,又需要在调查访问时访到尽可能多的相关细节事实,为"全局性"局面的形成积少成多。掌握细节事实是新闻记者进行采访的基本功之一,在新闻实践中要注意两点。(1)要深入到新闻发生的现场去访问。无论国别、职业化程度、素养高低,也无论新闻采访制度、规章的完善程度,记者要养成的基本功就是:注重新闻发生现场的新闻细节,一到现场就能迅速观察周围事物,速记现场人物、事物、场景的独特之处。诸多学者也呼吁新闻记者应从踏入媒体的第一天起就能自觉地养成观察周围事物的习惯。"采访结合"型新闻述评也如此,记者只有"访"到尽可能多的第一现场的事实细节,才能在后期进行资料分析和研究时有的放矢。(2)平时要注重事实细节的积累。国际述评专家乔冠华曾说:"在国际形势的发展中,任何一个新出现的问题都有它自己的历史以及同前后左右其他问题的关系,(要)尽可能弄清楚这个问题的来龙去脉和它同其他问题错综复杂的关系。"[①] 这就需要新闻述评的写作者在平时就注意观察国际形势的各种问题以及问题的各种细节。

二是访问到事实背后的事实。新闻事实可以分为表面事实和背后事实两类,表面事实涉及新闻要素的 Who(何人)、When(何时)、Where(何地)和 What(何事),背后事实则涉及新闻要素的 Why(为什么)和 How(怎么样)。对于新闻述评而言,表面事实固然重要,背后事实则更能说明问题,且能给人带来灵魂的震撼与思想的引领,所以一定要进行挖掘性的访问,即访问到事实背后的事实,而这也是新闻述评文体吸引读者的关键之处。同时,进行挖掘性访问还要具备一定的吃苦精神。正所谓"不入虎穴焉得虎子",新闻记者的"访"就要有入虎穴、得虎子的魄力和勇气,也要有不怕麻烦的研究、不怕艰苦的搜索和不怕艰险的奔波精神,如此才能访问到事实背后的隐藏事实,才能让文章综述出来的事件更客观、更接近真相,评述出来的观点更有针对性。

三是访问到观点性的内容。新闻述评的写作者在"访"的过程中不但要访问到事实,还要访问到观点。对于新闻述评而言,见解新颖和观点有

---

① 乔冠华:《〈新华日报〉文选——乔冠华国际述评集》,重庆出版社,1983,《前言》第 2 页。

说服力是其较于深度报道的优胜之处，也是其赢得读者关注的灵魂。新闻述评的写作者不是只采写某特定领域，而是会涉及诸多领域。虽然不少记者很注重平时的知识积累，但也是会碰到完全陌生的领域，这就需要记者在短暂的时间内补齐相关知识，并多与相关专家接触，让专家参与新闻述评的访问，为记者提供观点性的内容。与专家接触还需要进行一系列的准备工作，如记者需要有充分的相关知识的准备，否则不能够在专业问题上与专家对话，更不具备提出问题的能力；再如记者需要具备善于观察和对材料进行提炼的能力，在与专家对话的过程中，要能迅速地捕捉专家不经意间提到的对新闻述评写作极为有用的闪光点等。

第二节　新闻述评的写作

新闻写作是新闻生产的第二个环节，新闻述评亦如此，同时，新闻述评写作又具有选题、立意、基调等方面的特殊性，而这些特殊性的形成又与新闻述评的文体特殊性有着较大的关联。

作为新闻报道与新闻评论的杂糅文体，新闻述评在写作时必须遵循新闻报道的客观性和新闻评论的见解性，因而形成了"夹叙夹议"的写作笔法。这种笔法不同于西方解释性报道中的"夹叙夹议"，其"叙"意在对新闻事件或相关事件进行系统性的综述，其"议"意在对新闻事件的意义、内涵、前景、影响进行分析，并加入个人见解及评论。较之"西式夹叙夹议"在表达方式上的"议指说明"与"规避议论"，新闻述评的"夹叙夹议"在表达方式上倾向的是"议指议论"与"崇尚议论"，故被称为"中国式夹叙夹议"。

一　新闻述评写作的选题与立意

选题和立意是新闻述评写作前需要确定好的两项工作，其中，选题直接关系到新闻述评作品受欢迎的程度，立意则是新闻述评写作能够高瞻远瞩的保障，也是体现作者思想性与作品影响力的保障。

（一）选题的注意事项

李良荣在《中国报纸文体发展概要》中提到，新闻述评是"把一个新闻事件的起因，在一段时间内的发展加以综述，在综述过程中加以分析、评论，预示其发展趋势，对社会产生的影响和后果"①。在谈论新闻述评与叙中加议式消息的区别时又说："新闻述评是综合一个新闻事件在一段时间内的情况，它的'评'着重在分析其性质，解释为什么会发生这样的情况"②。由此我们可总结出选题的几点注意事项。

1. 要选择读者尚未了解全貌的新闻事件，以便述评作者能对其进行综述。当一个新闻发生时，大型报纸会第一时间派记者前去采访，并根据"时新性"的要求尽快见报，但记者在报道时往往会对"5W"有不同的侧重，加之读者也不是每天读报，更不是每份大报都会订购，这就导致新闻事实的全貌难以呈现，此时，述评作者便有了创作的契机，其可以针对读者尚未了解事件全貌的现状，对各大报纸关于该事件的报道进行"起因+经过+结果"的起底式综述，并在综述的同时进行观点的输出。

2. 要选择重大的、有争议的事件以及复杂的问题，以便述评作者能对其进行释疑解惑式的分析。重大事件、争议事件和复杂问题是人们关注的焦点，也更有述评的必要，如《红旗周报》1931 年第 13 期"最近时事述评"栏中的 5 篇述评文章，题目分别为《苏联社会主义建设的飞快发展与进攻苏联的紧迫》《资本主义经济政治危机继长增高与革命的高涨》《万宝山事件真相及意义》《反军阀战争与拥护苏区红军的斗争》《工人斗争的形势与我们的任务》，其中的苏联问题、资本主义问题、万宝山事件、反军阀战争、工人斗争都是当时极其重要、复杂或有争议的事件。

3. 要选择人们普遍关注或有普遍意义的事件，以便述评作者能就这一事件剖析出普遍适用的道理。对于一篇文章来说，作者写得再平淡无奇，只要触及了群众所关心的问题，且作者又对这个问题给予了解答，这篇文章就会产生很大的作用。原因就在于这篇文章恰好击中了当时绷得特别紧的一根弦，所以，一些从表面上看并不重大也不复杂更不具有争议性的问题，只要它们关系到民众的切身利益，也应该是述评记者应该抓住的好选题。

4. 要选择一些发展中的事件，以便述评作者能对该事件的发展趋势做

---

① 李良荣：《中国报纸文体发展概要》，福州人民出版社，1985，第 68 页。
② 李良荣：《中国报纸文体发展概要》，福州人民出版社，1985，第 69 页。

出预测、展望和评述。对事件的发展前景进行预测是新闻述评的一大特长，这是其与西方的预测性报道相同的地方。在西方，记者做久了预测性报道，往往会成为政治观察家或时事评论家；而在中国，能够做新闻述评预测的一般是一些专家型作者，如国际述评专家乔冠华就曾多次在述评作品中进行战况与国际局势的预测。

5. 要选择一些读者只了解表面事实的重要事件，以便述评作者能对该事件的意义、社会影响以及后果进行深入的剖析。1912~1949 年的很多政治事件，从表面上看只是普通的政治邦交或政治会议，但经过述评作者的笔，这些事件的深层次意义与社会影响就被勾勒并揭示出来。正如《新闻类编》1947 年总第 1613 期"国际述评"栏的《欧洲认识了美国》，其成文的价值就在于对杜鲁门主义和马歇尔计划的意义、社会影响进行了揭露与分析，并提出了杜鲁门主义与马歇尔计划"只是帮助欧洲人抛弃了对于美国斡旋的一切幻想"的观点。

（二）立意的全局观念

立意是作品所确立的文意，包括全文的思想内容，作者的构思设想、写作意图与动机等，多发生于写作之前，内涵比主题要宽泛。古今中外的文学大家，一般也是先立意后行文，正如鲁迅，形成文字之前，会利用早晚饭前饭后休息的时间在躺椅上构思，甚至起好腹稿，哪怕是写几百字的短评也不例外。新闻述评的立意也产生于写作之前，既要与新闻评论一样，立意"贵在准、贵在新、贵在深、贵在活"，也要与一般文章写作一样，立意"正确、鲜明、集中、单纯、积极向上"，同时，还要结合其"报道+评论"的双功能特征，保持立意的全局观。具体做法如下。

1. 发现问题时要将问题置于当下的社会形势、行业形势、国际形势、军事形势等大环境下，用宏观战略眼光通观全局，"向前看"。正如《进化》1933 年总第 538 期"最近大事述评"栏的《借美债成立后之反响》是将问题置于当下的经济形势下，《华北休战后所得如此》是将问题置于当下的国内军事形势下，而《联合晚报》1946 年 4 月 22 日第 2 版"经济述评"栏的《萨凡奇再度来华》《美棉拥到与纺织工业》《粮贷与米价》则分别将问题置于全国工业的大背景、世界纺织业的大背景和国内粮食行业发展的大背景下。按照述评文体的特性，一般能为述评作者所青睐的选题都不是小事件，只有将其分别纳入大环境，做好从"面"上分析问题的准备，才能够打开视野并形成独到的见解。

2. 分析问题时要用联系和发展的眼光，不能只强调一方面。国际述评专家乔冠华曾说，"在第二次世界大战中，战场上发生的所有重大变化都是互相关联的；因此，就有必要经常从战争的全局来考察战争中发生的任何一个新的问题"①。乔冠华还曾对1943年底协约国与同盟国的军事力量有过衡量②，得出了民主国家在反法西斯战役中已取得军事优势的结论，并预测了民主国家将从防御转为反攻的前景。结论和预测虽只有寥寥数语，但推论过程却不简单，其先总结了1942~1943年的战争形势，参考了英美在该年度的生产优势，又调动历史观对1943年的欧战进行分阶，这才得出了上述判断。对此，乔冠华说，"对问题的分析和判断，力求做到有比较充分的根据，避免没有多少根据或根据不足的论断"③，而要做出有根据的论断，就需要跳出框框，运用到联系和发展的眼光。

3. 解决问题时要集中力量解决主要问题，并在问题解决后见微知著，透过现象看本质。集中力量解决的主要问题就是该问题所呈现出的主要矛盾，在《两大攻势之间》④一文中，乔冠华针对"从胜利的民主望民主的胜利"的主题，提炼了主要问题——"这力量对比的基本改变是怎样产生的"。有了主要问题，就有了围绕其展开的"红军是能够打胜仗的""英美盟军是能够打胜仗的""希特勒投降之说的甚嚣尘上阻碍了同盟作战的开展""苏军辉煌的胜利大反攻已经被公认为整个战局的决定力量了"这四个现象，进而透过现象看到了"法西斯一定死亡民主一定胜利"的问题本质。

4. 下论断时要排除干扰，切忌瞻前顾后。论断是建立在前期大量资料收集甚至调查访问、多侧面分析研究基础上的，是论据论证过程俱全后的客观评价，也是一篇述评文章最吸引读者之处。当一篇述评到了下论断的环节，那一定是各方面均已完备，此时，需要做的只是呈现出结果，因此，要树立信心，排除干扰。正如"法西斯一定死亡民主一定胜利"的推断，是经过了对年度军事形势的分析、当前障碍大小的权衡、当前优势力量的

---

① 乔冠华：《〈新华日报〉文选——乔冠华国际述评集》，重庆出版社，1983，《前言》第2页。
② 乔冠华：《〈新华日报〉文选——乔冠华国际述评集》，重庆出版社，1983，第186~189页。
③ 乔冠华：《〈新华日报〉文选——乔冠华国际述评集》，重庆出版社，1983，《前言》第2页。
④ 乔冠华：《〈新华日报〉文选——乔冠华国际述评集》，重庆出版社，1983，第186页。

评估，以及诸多等材料的辅助才得出的。当过程已评估、推测、分析到位，"一九四三年是胜利的民主，而即将来到的一九四四将是民主的胜利"这一论断的发出自然顺理成章。

二　新闻述评写作的精髓与基调

新闻述评写作的精髓在于独到的见解，基调在于态度的客观。独到的见解是新闻述评的文体属性使然，也是新闻述评写作的责任与使命所在，更是一篇新闻述评吸引读者的精要部分和精华之处。对于一篇新闻述评来说，作者写作的根本原因是有新见解要发表，若不能发表新见解，读者就看不到其思想，新闻述评写作也就失去了意义。同时，若作者发表出的见解不独到，就又会陷入人云亦云的境地，读者也会因此对述评文体失去兴趣。态度的客观是新闻述评写作应具备的支配性观念，属于基本论调，原因就在于"夹叙夹议且议在议论"的述评笔法的存在。因为有议论，议论会产生观点也会输出思想，进而实现舆论的引导，所以客观的态度便成了议论能够公平公正发出的保护色。

（一）述评写作须发表独到的见解

纯新闻擅长告知读者"发生了什么"，深度新闻擅长告知读者"为什么发生"，新闻评论擅长告知读者"有什么影响"，新闻述评则在兼顾三者的基础上增加了"应该怎么办"。不同于"发生了什么""为什么发生""有什么影响"的释疑解惑属性，新闻述评特有的"应该怎么办"有着明显的示趋性和指导性，因此要求作者有独到的见解。有了独到的见解，新闻述评才能以新颖的视角去描述"发生了什么"，也才能有针对性地去剖析"为什么发生"和"有什么影响"，如此，阐释出来的"应该怎么办"才能为读者所接受。具体而言，独到见解的形成可从如下几个方面入手。

1. 作者自身要有厚度。同一件事情不同的人去做会有不同的结果，同样的素材、同样的文体，不同的人去写，效果也会不尽相同，因此，独到的见解形成的首要环节就是选人，这个人要具备生活阅历丰富、社会知识渊博、新闻理论过硬和采写技能娴熟等几个特征。其中，生活阅历丰富是源于人们常说的经一事长一智，只有亲身经历过，才能知道个中酸甜，说起话来才能够形成自己独特且深刻的看法；社会知识渊博是源于丰富的能够开阔人眼界的社会知识，有了开阔的眼界才能在写述评时迅速联系到方方面面，才能引证丰富、举例手到擒来；新闻理论过硬是源于专业新闻人所必需的基础知识积累，是一种专业修养，具备这种专业修养才能在写作时调用知识储备，也才能与公民记者的写作相区分；采写技能娴熟是源于新闻述评写作的高标准，只有具备一定采写技能的人才能够驾驭新闻述评这种有述有评又能进行思想引领的文体。

2. 作者的思维要有创造性。创造性思维是少数人具备的能够产生新创造、新假说、新理论的能力性思维，也是新闻述评写作者提出新见解的必备思维。对于新闻述评写作而言，创造性思维往往体现为扩散思维、集中思维、逆向思维和关联思维。其中，扩散思维是一个由一到多的创造性过程，也是作者写作视野打开的基础性思维；集中思维是一种将事物从发生到结果进行梳理的线性过程，也是作者写作形成思路的关键性思维；逆向思维是一种把线性思维逆转过来，由结果推及发生的对立性行为，是作者写作思路进入困境时的抢救性思维；关联思维是一种包括历史互联、原因互联、影响互联等在内的发现性行为，也是体现作者挖掘问题深度时的惯用思维。

3. 作者的视角要有独特性。视角独特是形成新见解的关键性环节，在一般文体写作中，第一人称、第二人称和第三人称视角被统称为写作的三种独特视角，但从新闻述评写作要提出新见解的角度看，第一人称只讲"我"的参与、看到和听到，虽全面具体，却缺乏客观，不利于新见解的提出；第二人称只讲"你"的参与、看到和听到，作者不易做到且容易陷于说教，削弱了新见解发挥作用的影响力；第三人称类似于客观视角，虽能够全方位表现主题并能够摆脱时间空间的限制，但笔锋不带情感不利于议论的表达，也不利于新见解的提出。由此，若想做到全面综述、客观评论和提出新见解，则需要综合利用并根据主题扬长避短。

4. 作者的写作要抛却套路。文体本就是一种写作框架，其为写作框定了章法，使写作有章可循、有据可依，但框架不同于套路，框架是一种有益的指导性方式和方法，套路却是为规避某种情势或为达到某种目的形成的一种写作风气，这种写作风气极大地影响到了文体功能的发挥，代表性例子如新闻述评的"述而不论"和"述而少评"。"述而不论"是一种有综述却又无评论的述评写作套路，文章虽挂着新闻述评的牌子，却生生被写成了新闻综述，此举虽保障了发刊机构的安全，却使得述评文体失去了意义；"述而少评"是一种有综述却在评论上不温不火的述评写作套路，文章亦挂有新闻述评的牌子，属于想表达观点却又怕承担风险的类型，在写作前总会先想想有没有权威人士说过，有没有领导批示过，这样的新闻述评写起来省劲，却是毫无新意，也不会有很多的读者。若想使述评文章发挥出既述又评的文体特色，作者的写作必须要抛却写作套路，而只有抛弃写作套路，述评记者才能具备提出新见解的可能性。

（二）述评写作须秉持客观的态度

客观是与主观相对应的，超越意识且不依赖主观意识的一种存在。西方传播学视域中的客观一般指新闻客观，是一种新闻报道的理念，其在业界的具体实践则是客观报道。客观报道也称客观性报道，是一种与解释性报道、调查性报道并称的报道方式，也是西方新闻业发展过程中"信息模式"对"政论模式"取代的结果，其写作要求是只能准确地报道新闻事实而不能对新闻事实加以解释和评论。中国新闻传播视阈中的客观有两重定义：一指报道方式的客观，其源自西方并建立在西方新闻文化东渐的基础之上，其在中国的存在是一种中国新闻人对西方以客观性报道、调查性报道和解释性报道为代表的报道方式予以尊重的结果；二指报道态度的客观，其源自中国并建立在中国新闻文化的传承与发展的基础之上，其认为客观是一种记者参与新闻的态度，无论是新闻报道文体还是新闻评论文体都应具备这种态度。

同时，态度的客观也是中国新闻人对西方新闻文化反思的结果，其一方面尊重西方客观性报道这种报道方式的存在，另一方面也持有自己的意见，认为客观性报道并不能做到完全客观，客观性报道所秉持的客观理念只能是新闻人对新闻客观性所持有的一种职业追求。因此，客观可阐释为态度的客观。在态度客观的理念支配下，新闻作品须是客观的、真实的、公正的、全面的，却也是可以有立场的，新闻述评的写作亦如此。在新闻述评写作中，作者的态度客观不仅要反映在报道事实和分析事实上，也还要反映在评论是非上，否则就会造成如下三种情况。

1. 报道事实时的以偏概全。就新闻真实性看，新闻事实是分层的，有具体事实真实和宏观事实真实，具体事实真实指的是动态真实或局部真实，而宏观事实真实则指的是整体真实或全面真实。作者在进行新闻述评的事实报道时，若没有客观的态度，极容易出现以真实的具体事实取代真实的宏观事实，进而导致以偏概全。因此需要注意，新闻述评是一个要求以全局观来报道事实的文体，其用于报道事实的"述"不在于细节的面面俱到，也不在于事实的血肉丰满，但却强调"全面"，即框架结构得有，就如同塑造一个人，可以瘦一点也可以胖一点，但最基本的骨架得有。

2. 分析事实时的主题先行。在新闻述评文体中，分析是一种衔接事实报道和是非评论的有效方式，主题先行则是一种根据现实需要先确定主题，再根据主题进行人物和情节填充的文学创作方法。主题先行情况下的新闻述评事实分析往往表现为作者从总体事实中有倾向地挑选一些事实进行分析，以便印证自己的某种主观想法。因此，在挑选的过程中，总有一部分事实没有被深入分析，而另一部分事实则被有目的地过度分析，其分析结果虽往往都能迎合事先确定的某种主题，但从分析过程来看却失去了客观，也使得新闻述评文体失去了述评的意义。

3. 评论是非时的主观武断。当客观的态度缺失，评论自然失去了中立，往往会出现作者居高临下地滥用议论，甚至主观武断地替读者下结论的情况。对此，新闻述评的作者一定要认清自身，要将自身定位为解疑释惑的"分析者"而非讲大道理的"教化者"。然而在实际操作中，受中国士大夫政论思想的影响，1912~1949年的新闻述评中，不少作者都有教化情节，这导致其在述评写作时明明有大量的背景材料可以用，也有大量的因果关系可以客观的叙述和分析，却本能地大量使用议论，从而导致评论是非时主观武断。从新闻述评文体发展的角度看，述评作者还是应该保持态度客观，遵循议论适度的原则，毕竟新闻述评虽可以由作者直接出面发表意见，并以议论见长，但也要考虑到受众的接受度。

第三节　新闻述评的笔法与写法

新闻述评的采访与写作可以分为三个层面：第一个层面是应该的，即新闻述评文章都应该做到的，或者说好的新闻述评文章所必备的，如前文所述的采、访、选题、立意等诸方面均属于此层面；第二个层面是恒定的，也是必须做到的，或者说是判断一篇文章是新闻述评的标准，即中国式夹叙夹议的新闻述评笔法独特；第三个层面是变动的，也是与时俱进的，如写作的方式方法、语言表达等，在不同的时代会有不同的表现，但能为此后述评的写作提供一定的借鉴。本节涉及的则是后两个层面——写作笔法和具体写法。

经由 1912~1949 年的发展，新闻述评逐渐形成独特的写作笔法与四种相对固定的写作模式，其中，独特的笔法是新闻述评区别于其他新闻文体的重要特征，是标志性的、恒定的，相对固定的写作模式则是带有一定时代印记的存在，是与时俱进的、变动的，却也是能为此后的述评写作提供借鉴的。

一　中国式夹叙夹议的写作笔法

作为一种肩负新闻报道与新闻评论双重职责的特殊文体，新闻述评从 1918 年《每周评论》"国内/外大事述评"栏中出现至今已百年有余。百余年间，无论形式上如何变化，新闻述评夹叙夹议的写作笔法始终不变，然不同于西方式夹叙夹议的"议"指"说明"，新闻述评夹叙夹议的"议"指向的是五种表达方式中的"议论"，由此也可称为中国式夹叙夹议。

其实，擅长西式夹叙夹议的解释性报道与擅长中国式夹叙夹议的新闻述评在出现时间上几乎一致，在报道事实的深度上也多有相似，但在发展过程中却形成了不同的写法——前者不发表意见或隐匿意见，故而规避议论；后者发表意见甚至彰显意见，故而推崇议论。此间的缘由可追溯至中西新闻文化的不同演化规律和支配规律的不同文体需求。

1. 中西新闻文体的演化规律。中西方新闻文体有着不同的演化规律，中国擅长"改革"而西方擅长"改良"。其中，"改革"的含义在于"舍弃"，即当一种文体无法满足读者需要时果断放弃，并交叉裂变或细分裂变出一种新的文体；"改良"的含义则在于"微调"，即当一种文体无法满足读者需要时只进行细节上的改进与完善，但并不是要衍生出一种新的文体。

西方新闻文体史虽比中国长了一倍多，但在两百多年的时间里，西方新闻文体一直恪守"消息、特稿、评论"三足鼎立的基本文体格局，直至当下都未有大的变动，其演化也呈现出在某一类体裁内部的微调式发展。如消息文体，就进行过结构与导语两方面的微调。在消息结构方面，当感觉享誉业界的"倒金字塔模式"已然给读者带来了审美疲劳时，媒体在第一时间进行了原因总结，并微调出了正金字塔结构、提要式结构等多种新结构。在消息导语方面，当第一代"晾衣绳"式导语渐为读者所冷落时，媒体立即总结出了其内容杂乱、重点不突出等缺点，并在总结的基础上将其改良为第二代"个别因素"式导语——一种倡导突出个别要素而弱化其他新闻要素的做法。其后，当第二代导语陷入囹圄时，媒体又立即反思第二代导语的缺点并开始在丰富性上做文章，故而出现了以引人入胜为主导但不要求六要素俱全的第三代导语，具体见图13-1。

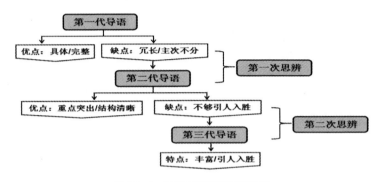

图 13-1　西方导语的思辨路径

与西方新闻文体的演化路径不同，中国在"消息、通讯、评论"这一基本新闻文体格局确定后，在百余年的发展中又细分且杂交出了不少文体类型，具体方式可分为二。一是细分化裂变，如将消息文体按照不同的标准细分出动态消息、经验消息、综合消息、述评消息、特写消息等，而将通讯文体细分为旅游考察通讯、纪实性通讯、政论性通讯等。二是交叉化裂变，如新闻和评论交叉裂变出了新闻述评，新闻和文学交叉裂变出了新闻特写，新闻与历史、政论等交叉裂变出了调查报告等。在两种裂变方式的左右下，中国新闻文体呈现出了繁华纷呈的局面，不仅有与西方一样专注于客观的新闻报道、专注于观点的新闻评论，还有西方理论界所没有的新闻述评。

2. 规律背后的文体"需要"。中西新闻文体除演化路径不同外，也还有精髓的不同。较之西方在演化时的注重"受众需要"，中国在演化时注重的则是"媒体需要"和"时代需要"。如此说并非西方没有"媒体需要"和"时代需要"，也并非中国没有"受众需要"，相反，这些都是存在的。如西方解释性报道的产生，一方面是因为"受众需要"，另一方面也要归因于报纸、广播、电视三者竞争的媒体需要；如解释性报道对"新闻背后的新闻"这一理念的追求，就不仅仅是因为"受众需要"，还要归因于"社会责任论"取代"自由主义报刊理论"时的"时代需要"。同时，中国的新闻文体也有"受众需要"，如"杂糅文体"出现的一个重要原因就是原有的消息、通讯无法满足受众需求，人们不仅想知道"是什么"，还要知道"为什么"甚至"怎么办"。

虽然中西方都有"受众需要""媒体需要""时代需要"，但其各自的需要"顺位"是不同的。以解释性报道和新闻述评为例，前者的发生是以"受众需要"为第一顺位，其发生首先是因为客观报道不能够满足受众需求，属客观报道基础上的改良品，故其虽标榜要挖掘新闻背后的新闻，但从本质上看依然是"新闻"，是"报道"，依然要遵循客观性。后者的发生却是以"媒体需要"为第一顺位，其之所以被重视和广泛应用是因为"时代需要"。正如新闻述评正式出现的"五四"时期，"'述评'体裁的使用主要不是为了报业的竞争，而是为了宣传自己的观点和主张"及"帮助人们正确认识这一事件"①。由此，较之西方解释性报道，中国的新闻述评除报道和评论双功能的文体职责外，还被赋予了诸如救亡图存、民族富强等的历史使命，而这也是中西方"夹叙夹议"不尽相同的一个重要历史原因。

二 专栏集纳背景下的常见写法

专栏集纳是一种以专栏为单位，将一定时间内不同主题的单篇述评作品集纳为整体的方法，也是 1912～1949 年报刊新闻述评的常见形态，如时事述评栏、大事述评栏、经济述评栏、国际述评栏、军事述评栏等。常见的集纳方式有两种。一是小规模集纳，直接以事件为单位进行。如《东方杂志》1924 年第 21 卷第 7 期的"时事述评"栏，内有主题各不相同的新闻述评文章 8 篇，分别是朔一的《大学条例又引起了学潮》、无明的《望梅止渴的关税预备会议》、化鲁的《法内阁改组与鲁尔政策》与《最近承认苏俄的诸国》、大山的《湖南的省宪问题及边祸》与《海军风潮结束与胶澳局面》、幼雄的《比萨拉比亚问题的再燃》与《爱尔兰自由邦的小风波》。二是较大规模的集纳，先将内容分为国内、国外，或政治、经济等小类，每

---

① 方汉奇：《中国新闻事业通史》（卷二），中国人民大学出版社，1996，第 118 页。

类再下设若干篇文章。如《广州民国日报》1926 年 6 月 2 日的"前周时事述评"栏，先将内容分为国内情状和国外情状，每种情状再收纳几篇文章，而 1927 年 7 月 7 日的"一周时事述评"栏则先将内容分为党务、本省政治、外交、军事、外交等小类，又在每种小类下各收纳三到五篇新闻述评作品。

同时，按照专栏设置的频次，述评专栏又依次被称为一月述评、半月述评、一周述评或是三日述评，如此划分的原因有二。一是刊物刊期。1912~1949 年设有新闻述评专栏的报刊有的是半月刊，有的是月刊，发表述评文章时往往受到刊期所限，只有每次出刊时方能设置一期述评专栏，故多以时间命名，如《人民周刊》的述评专栏便叫作"一周述评"。二是时事发生的频度。新闻每时每刻都在发生，但不是每则新闻的题材都适合做述评，根据重大题材发生的频度，报刊往往会适时做出调整，以《新华日报》为例，虽属日报，但述评专栏却不是天天有，或者固定一个时间有，而是按照国内外时事的发生频度，有时在一日内同时设有两个述评专栏，如1940 年 7 月 16 日的"国内两周述评"和"国际两周述评"，有时一日内只设一个述评专栏，如 1940 年 7 月 30 日的"国内两周述评"和 1940 年 8 月27 日的"国际两周述评"，若碰到重要时事频发时也会一周设一次述评专栏，如 1940 年 8 月 7 日的"国际一周述评"和 1940 年 8 月 12 日的"国内一周述评"。

同时，在专栏集纳的背景下，被集纳于专栏中的单篇新闻述评渐形成了主题汇总型、主题纵深型、观点论证型、事件描述型等四种常见写法。

1. 主题汇总型。主题汇总型新闻述评注重的是"面"的"广"，擅长触及多篇同质的新闻事实，也擅长将一段时间内有着相同主题的单个新闻事实整合在一起，形成一篇文章，这种汇总多表现为个人创作，视为个人风格的呈现。同时，主题汇总型新闻述评往往呈现出两种布局。一是"总+分"布局，其擅长以一段总结性文字开头，下设多个新闻述评片段，如《华商报》1946 年 7 月 29 日的"经济述评"栏，栏内只有一篇题名为《内战扩大中的中国经济》的文章，在开头部分，其总结道："不宣而战的内战，在谈判的烟幕下，由局部而扩至全面，在苏北、苏皖、山东、鄂豫边区到处是内战的烽烟，全面内战加剧了经济崩溃的过程"，其后则分为"田赋征实民命何堪""工商业破产了""玩火者终必自焚"三个新闻事实。二是"总+分"总布局，是在"总+分"布局的基础上再加一段总结性述评文字，如《中央日报》1935 年 7 月 8 日"每周国际述评"栏一篇题名为《意阿争端与英法意关系》的新闻述评，其以"意阿争端，现已达最后阶段，各方消息均不利于和平之维持，而欧洲之主要大国，若英法意者，皆牵入涡漩之内，且各方传报，矛盾迭出，其可列举而资参考者，有下举数则"开头，下设 5 篇边述边评的新闻片段，并在最后以"综上消息……"开头，用了两段长文作为总结性述评。

2. 主题纵深型。主题纵深型新闻述评注重的是"点"的"精"，擅长就一个新闻事实展开横截面或纵切面地探究，也擅长将同一主题的同一新闻事实在一定时间段内的发生、发展状态按一定的逻辑关系进行梳理，并加以评论。就当时现实看，主题纵深型多应用于 20 世纪 30~40 年代的形势述评中，并存在着两方面的特征：一是篇幅较长，故专栏内往往只有一篇述评文章；二是叙述全面，往往能按一定逻辑关系将某一主题解析透彻。如《群言》1949 年第 32 期"一周军事述评"栏的《渡江迫近眉睫》，作者陈利加将全文分为四个部分，其中，"疑云片片"是对当时背景的描述与分析，可归为"为什么"；"战痕斑斑"是对当时战争形势的描述与分析，可归为"是什么"；"怎样防御"和"怎么进攻"是对未来战争方向的分析并建议，可归为"怎么办"。再如《群言》1949 年第 33 期"一周军事述评"栏的《怎样渡江？怎样防江？》同样将文章分为"战略""战术""防守""实力"四个部分，并在全面叙述与分析的基础上，得出了"迂回歼灭直迫腹地，陆海协调力争偏安"的结论。

3. 观点论证型。观点论证型新闻述评注重的是"观点的说服"，擅长将了然于胸的观点铺陈全篇，也擅长利用同一主题的相关新闻事实进行观点的论证，不同于一般新闻评论只对新闻事实略提，该类型惯于通过事实叙述来论证出较为有力的观点，如《奋斗》1931 年第 5 期"时事述评"栏的《日本政府的滑头外交》、《新民国》1923 年第 1 卷第 2 期"时事述评"栏的《兔死狗烹的北京国会》、《每周评论》1933 年第 62 期"一周来国内外大事述评"栏的《日荷谈判妥协各怀鬼肚》等均属此类。这些新闻述评文章经常会在标题上体现出作者观点，如"日本的滑头""北京国会的兔死狗烹""日荷的各怀鬼肚"，还会在文章中对各自的观点进行详细论证，较之主题纵深型新闻述评，该类型不重于体现新闻事实的全面与深入，却注重于利用当下新闻事实的发生状态进行观点判断，并将观点铺陈于全篇，如

《日本政府的滑头外交》开篇即提出"日本人民的待人接物，素以狡诈闻名"，中间则称"吾人觉得世界上再没有比日本滑头政府更为失态"，结尾则延续观点称"故吾人应以极诚正态度，用三民主义来改正日本人的滑头主义"，进而将"滑头外交"的观点渗透全篇。

4. 事件描述型。事件描述型新闻述评注重的是"观点的表达"，擅长在叙述事件的基础上表达作者的见解，也擅长对同一主题的同一新闻事实的当下发生状态进行边叙边议式的评述。同时，较之主题整合型，事件描述型惯于将描述对象对准同一新闻事实；较之主题纵深型，其惯于将篇幅控制得相对短小；较之观点论证型，其惯于控制评与述的感情色彩，既注重对新闻事实当下状态的描述，也注重在描述基础上进行感情色彩略为内敛的评论，如《每周评论》1919 年第 8 期 "国外大事述评"栏的《德国殖民地处置问题》和《国际联盟之进行》，"国内大事述评"栏的《和平会议协商会议规则》和《国防军的各种消息》等均属此类。以《和平会议协商会议规则》为例，在 500 字左右的篇幅中，作者用了 400 字左右去描述和平会议的协商会议规则，而只用了寥寥 70 余字去表达作者观点——"据记者的意思，和平会议，是要公开的，是要自由讨论的，单叫总代表发言，实在是毫无理由。至于秘密会议，记者是更要反对的，为什么不取公开，难道是黑夜分赃吗？"然细析下来会发现，所有的描述都在为最后的观点输出铺垫和服务，此观点虽未像观点论证型新闻述评一样贯穿全篇，却是在新闻事实描述基础上得出的结论，更具有说服力。

第六编 余论篇

本编概要

　　本书第一编描述了新闻述评的"是什么"、"从哪儿来"以及"怎么样"，第二至五编依次描述了新闻述评的历史发展、文体演化、理论建构和业务应用，本编则意从"为什么"着手，解答下述新闻述评的相关问题。

　　中西新闻文体的发展曾有如此现象："第一次世界大战后"①，西方新闻报道的报道方式有所改革，出现了"夹叙夹议且议在说明"的解释性报道，而中国期刊记事文体的记事方式也有所改革，出现了"夹叙夹议且议在议论"的新闻述评。前者"要求记者分析、解释新闻事实时仍要遵守客观、公正、真实的原则，其任务是介绍背景，预测可能发生的事，但不能指出应该怎样做，怎样做最好"②；后者虽也强调客观，却将"客观"理解为一种写作时的态度而非报道方式，进而解释为"述之客观"③和"评之客观"④，间接默许并提倡了"议论"的合理性。由此凸显出一个问题：同是"夹叙夹议"何以西方"议在说明"而中国"议在议论"？问题发生后，中国的新闻述评又出现了一种现象，即20世纪20、30年代时曾有过"夹叙夹议且议在说明"的文体变易，却最终又回归"议在议论"，由此又凸显出一个问题：中国的"夹叙夹议且议在议论"为什么没有被"议在说明"替代？结合两个问题看，中国的新闻述评不仅从一开始就选择了"夹叙夹议且议

---

① 郭敏功：《西方的解释性报道》，《新闻战线》1982年第12期。
② 周致：《客观报道·解释性报道·调查性报道——谈西方资产阶级新闻报道手法与原则》，《现代传播》1983年第2期。
③ 叙述要忠于新闻事实，不能以偏概全，并严禁以破坏事物内在因果关系的事实片段堆积。
④ 评议要恰如其分，决不妄下断语，以防给读者留下说教和灌输之印象。

在议论"，且在发展过程中又二次选择了"夹叙夹议且议在议论"，其间的原因如何？是什么导致了新闻述评的"论"，又是什么赋予了新闻述评"宣传"和"战斗"的功能性？

基于上述问题，本编进行了下述两个章节的论述。

1. 对 1912~1949 年影响新闻述评发展的三种报刊理念予以言谈。其中，"谈政治"理念是新闻述评得以发生的助力，职业新闻理念是新闻述评写作分支之一———"述而不论"得以存继的助力，政党报刊理念则是新闻述评朝着"夹叙夹议且议在议论"的"功能性"文体发展的助力。

2. 对 1912~1949 年影响新闻述评发展的三种不同层次因素予以言谈。其中，文体因素是直接动因，其影响了新闻述评的文体创造与文体变易，时代因素是客观动因，其以时代精神和时代需要的赋予，创造并发展了新闻述评的独特风貌，文化因素则是深层动因，其以中国传统文化的承继和中西新闻文化的涵化为方式赋予了新闻述评中国特色文体的方向性。

第十四章　影响新闻述评发展的报刊理念

以西方近代报刊思想的东渐、中国本土报刊思想的自由发展和中西方新闻文化的涵化为背景，在1912～1949年的新闻界中，多种办刊理念同时生发，形成了思潮涌动、精彩纷呈的景象。其中，影响新闻述评发展的有三种：一是舆论独立基础上的"谈政治"理念，该理念以"批评时政"和"监督政府"为主要成分，并以共产国际、俄共新闻思想的影响为提出背景，其与新闻述评的发生形成了休戚与共的关系；二是建立在新闻事实观基础上的职业报刊理念，该理念勃兴于"五卅运动"后，是西方客观主义新闻理念在中国的延伸，其影响了新闻述评的文体类分，使新闻述评有了"夹叙夹议且议在说明"的可能性，也使其有了与解释性报道殊途同归的可能性；三是"革命之成功，革命军队之力半，报纸宣传之力半"[①]的党报理念，该理念源自孙中山"把个人的自由、平等都贡献到革命党内来"的口号[②]，并以"国家自由"为基础，结合中国实际，赋予了新闻述评以宣传的功能和战斗的功能。

第一节　"谈政治"理念下新闻述评文体的出现

新闻述评的发生与《独立周报》《新青年》《每周评论》都有着密切的关联。其中，《独立周报》"纪事"栏的出现是新闻述评萌芽的标志，其擅长用"纪事"栏加议论的方式批判时政；《新青年》"国内/外大事记"栏的出现是新闻述评体例完善的标志，其擅长用"大事记"栏掺杂述评的方式批判时政；《每周评论》"国内/外大事述评"栏的出现是新闻述评正式命

---

① 孙中山：《孙中山全集》（卷二），中华书局，1984，第337页。
② 出自孙中山《革命成功个人不能有自由，团体要有自由》的演讲。

名的标志，其擅长用"大事述评"栏直接述评的方式批判时政。此间，述评的方式多有不同，述评文体的发展阶段也各不相同，但批判时政的旨趣未曾变化，甚至为了凸显时政，不少报刊直接将其专栏称为"时事述评"。同时，回顾三份杂志的创办历程也会发现，若没有"谈政治"办刊理念的萌生和"必谈政治"办刊理念的坚持，新闻述评也不会顺势而生。

一 "谈政治"与新闻述评文体的萌芽

"谈政治"是西方客观报道理念传入中国后，中国报人结合中国实际生发的一种报刊观念，其既不同于中国政论时代的政论，也不同于西方客观报道时代的客观报道，而是一种笔法上保持政论特色，态度上则秉持公正客观的办刊思潮。在这股思潮的影响下，"夹叙夹议且议在议论"的新闻述评出现了，其既不是对政论时代的反刍，也不是对西方理念的背驰，而是一种新的文体。这种文体的出现，从实践上看是源于《独立周报》首创的"纪事栏亦复夹叙夹议"，沿袭于《新青年》"国内/外大事记"栏的"夹叙夹议且有分析作过渡"，但从理念上看却是源于《独立周报》在"纪事"栏中对"谈"的加入，并沿袭于《新青年》"国内/外大事记"栏"有关国命存亡之大政，安忍默不一言"①，即"不能避谈政治"的办刊主旨的秉承。同时，"谈"的加入与"不避谈政治"的发生又与两刊的创办人章士钊与陈独秀关系匪浅。

以全国报刊由温和转向激烈，由改良转向革命为契机，章士钊与陈独秀结谊于1903年的《国民日日报》。彼时，《独立周报》和《新青年》虽未创刊，二人"谈政治"的思想苗头却已有显现，尤其是章士钊。章士钊是一个深受西方自由主义思想影响的留英归国知识分子，有着仿效英国《旁观者周报》的办报决心，因此，极力主张报刊要以旁观者的立场客观公正的去议论时政，力求言论独立且言辞辛辣。这一办报思路不仅延续至1912年《独立周报》的创办，为新闻述评的萌芽提供了温床，也影响了在《国民日日报》帮章士钊总理编辑事宜的陈独秀，并为陈独秀"谈政治"办刊理念的形成埋下了种子。其实，陈独秀也是一位留学归国的饱学之士，在

---

① 陈独秀：《陈独秀著作选》（卷一），上海人民出版社，1993，第331页。

结识章士钊之前已相继受到过日本"独立不羁的编辑方针"[1]、将报业独立于政党和政府等外部势力的独立意识，及法国自由主义思想的影响，于办刊理念上也有了初步的想法。结识章士钊之后，陈独秀一方面学到了编辑与办刊的知识，另一方面也颇受章士钊以报刊为武器唤醒民众的办刊思路的影响。然好景不长，在创刊4个月后，《国民日日报》就在国民党内讧中停刊。

停刊后，二人虽各有际遇却始终坚持办刊并持守已有观念，如陈独秀，尝试独自创办并主编了《安徽俗话报》，虽表面普及常识，暗中却在宣传革命；如章士钊，创办了《独立周报》，为新闻述评的萌芽提供了场所，而随着《独立周报》的被迫停刊，其又远走日本，在东京创办了《甲寅》，继续其"条陈时弊，朴实说理"[2]的办刊理念。同时又邀请陈独秀东渡日本去东京雅典娜法语学校学习法语并协助其编辑《甲寅》。在编辑工作中，陈独秀不但深受《甲寅》办刊宗旨的影响，也结识了一批包括李大钊、易白沙、高一涵等在内的进步知识分子，并为1915年《新青年》的筹办奠定了作者基础。

《新青年》创刊后曾在"通讯"栏声明，"本志主旨，固不在批评时政，青年修养，亦不在讨论政治，然有关国命存亡之大政，安忍默不一言?"[3]同时开辟"国内/外大事记"专栏，该专栏内除了颇具特色的报道和评论外，还有新闻述评。这些新闻述评虽仍寄居于"大事记"栏内，但在形式上已开始夹叙夹议，且在叙与议之间用一定的分析作为过渡，被研究者评价为"在新闻述评体裁史上起到了承上启下的作用，并最终使该体裁成熟"[4]。

二　"必谈政治"与新闻述评专栏的出现

就此，新闻述评在《新青年》"国内/外大事记"栏中持续了3卷，也与陈独秀"谈政治"的办刊坚持形成了休戚与共的关联。《新青年》迁至北京后，吸纳了胡适、李大钊、鲁迅等先进知识分子，但办刊理念却不尽相

---

[1] 〔日〕内川芳美等：《日本新闻事业史》，张国良译，新华出版社，1986，第15页。

[2] 戈公振：《中国报学史》，上海古籍出版社，2003，第223页。

[3] 陈独秀：《陈独秀著作选》（卷一），上海人民出版社，1993，第331页。

[4] 宋素红：《〈新青年〉新闻报道和新闻评论探析——兼论〈新青年〉在新闻述评体裁史上的地位》，《新闻与传播研究》2005年第4期。

同，如胡适，其曾极力主张"不谈政治"①和"反对激进"，并认为"议论定须平心静气"②，由此引发了一场与陈独秀共同参与的"是否要在刊物上谈论政治"的大讨论。此后，因以胡适为代表的编辑部成员过于强调"不谈政治"，从第4卷第1期开始，《新青年》的"国内/外大事记"栏被彻底取消。至此，刊物增加了哲学与社会科学的内容，却没有了针砭时弊的文章，也没有了酣畅淋漓的新闻述评。

不同于前3卷的反响热烈，没有针砭时弊文章的《新青年》第4卷销路"大不佳"，各书店也常有脱期，对此，陈独秀特于第5卷第1期的《新青年》上发文《今日中国之政治问题》，为《新青年》明确了谈政治的立场，这也预示着陈独秀"谈政治"办刊理念的成熟——"必谈政治"。

《新青年》后期虽确定了"谈政治"的立场，但其"作为大型理论性月刊，刊期长，又不能准时出版，显然已不适应读者对时事述评的渴求，而部分编撰者所坚持的不谈政治的宗旨，也使《新青年》的宣传受到局限"③。在此情况下，1918年11月27日，陈独秀、李大钊、高一涵、张申府等在北大文科学长室商议创刊一份刊期相对较短且"重在批评时事"的小型报纸版式的《每周评论》，并将办刊宗旨定为"主张公理，反对强权"，由"陈独秀负书记及编辑职责，余人俱任撰述"④。由此，陈独秀的"谈政治"办刊理念又有了可以针砭时弊的阵地。

作为一份时事评论性周报，《每周评论》"在五四期间起到了煽革命之风点革命之火的鼓动作用"⑤，不但创新了当时期刊的发行版式——四开四版的小型报纸，也通过"国内/外大事述评"栏的设立，完成了"不许各国拿强权来侵害他国的平等自由，也不许各国政府拿强权来侵害百姓的平等自由"⑥的办刊使命，更使得新闻述评就此脱离出新闻记事栏而形成独立专栏。

自此，新闻述评与陈独秀"谈政治"的办刊理念的联系更为紧密，其

① 欧阳宏生等：《胡适书信集》（上），北京大学出版社，1996，第259页。
② 李敖：《胡适语粹》，文汇出版社，2003，第146页。
③ 方汉奇：《中国新闻事业通史》（卷二），中国人民大学出版社，1996，第28页。
④ 高承元：《广东文史资料》（24辑），广东人民出版社，1979，第18页。
⑤ 任建树：《陈独秀传》（上），上海人民出版社，1989，第149页。
⑥ 陈独秀：《陈独秀著作选》（卷一），上海人民出版社，1993，第427页。

至达到了"理念存，述评则能存"的程度。正如《每周评论》前 25 期，在"主张公理，反对强权"的办刊宗旨的指导下，"国内/外大事述评"栏一直存在，且一直位居头版首栏，然自第 26 期起，因陈独秀被捕入狱，主张"不谈政治"的胡适接任了编辑大权，"国内/外大事述评"栏随即被取消，《每周评论》也变成了宣扬实用主义的讲坛。

其实，关于刊物谈不谈政治的问题，陈独秀早有说明——"不批评时政，是在当时特定条件下提出的，而且不是绝对的"[①]，"政治问题，往往关于国家民族根本的存亡，怎应该装聋推哑呢?"[②]并认为"谈政治"是一种20 世纪新青年"博学而致用"[③]的体现。当《每周评论》创刊，无论是新闻述评专栏的首创、时事评论性刊物的定位、四开四版小型政治报版式的商定，还是"主张公理，反对强权"这八字办刊宗旨的确立，均极大地诠释并契合了陈独秀"谈政治"的办刊理念，以及其对"报刊要担负政治职能"的办刊认知。

第二节　职业报刊理念下新闻述评写法的分化

职业报刊理念与新闻述评的碰撞发生于 20 世纪 20 年代中期《国闻周报》的"国内外一周间大事述评"栏。不同于以往新闻述评的"夹叙夹议且议在议论"，甚至是"夹叙夹议但重在议论"，该栏的述评文章或"叙而不议"或"夹叙夹议且议在说明"，在存续期间只做到了述评中的"述"，而未实现述评中"评"的功能。其中，"叙而不议"既摒弃了"有观点有评价"的"评"，也摒弃了"有说理有议论"的"论"，仅呈现了新闻述评中的报道功能，呈现出动态新闻报道或深度新闻综述的样态；"夹叙夹议且议在说明"虽保留了"有观点有评价"的"评"，却摒弃了"有说理有议论"的"论"，并用五种表达方式中的"说明"替代"议论"，在规避议论的同时极尽报道的客观，因此，其与西方的解释性报道非常类似。这两种写法，尤其是后一种，确实给予了中国新闻述评与西方解释性报道殊途同归的可

---

①　方汉奇：《中国新闻事业通史》（卷二），中国人民大学出版社，1996，第 5 页。
②　陈独秀：《陈独秀著作选》（卷一），上海人民出版社，1993，第 384 页。
③　陈独秀：《陈独秀著作选》（卷一），上海人民出版社，1993，第 331 页。

能性，但其在 1912~1949 年间的数量寡淡，也道明了职业报刊理念在当时社会的曲高和寡。

一 新闻言论观的妥协："述而不论"

《国闻周报》创刊于 1924 年，停刊于 1937 年，存续有近 14 年的时间，其"国内外一周间大事述评"栏开设至 1927 年第 4 卷第 1 期，持续于 1934 年第 11 卷第 8 期，共计约 8 年之久。该栏开设时曾介绍称，"本报向有国内外一周间大事纪与社评两栏，为阅者易于了解国内外大事起见，将两栏合编为一，夹叙夹议，以引起阅者兴趣"①。由此可以看出，"国内外一周间大事述评"栏来自"周报里最有价值"②、可作"史料保存"③ 之用的"国内外一周大事记"栏和刊登同人评论的"社评"栏的合编，且标榜夹叙夹议，就是有述还有评，但 1934 年第 11 卷第 9 期《编辑后记》一文的编者却称，"周报的'大事述评'，近年来只做到了'述'，实未尝'评'④ "⑤，故自该期起要将"大事述评"名符其实地改为"大事述要"。由此也引出矛盾——"虽标榜夹叙夹议却述而不论"。

审视《国闻周报》的发刊辞我们发现，该报的创办人与主持者胡政之早已将自己职业报刊理念的"公论观"寓于其中，如"吾人确信时至今日社会繁复，非新闻记者之智力所能一一了解，而确认其是非，则新闻家之职务，要以搜求事实付之公论为主"；再如"吾人从事通信事业者因执业之便利上，得以根据事实，秉独立之观察，发自由之意见"，以及"盖仍本乎改造新闻事业之精神，欲于创造真正舆论上，多效一分棉⑥力"⑦。三次均阐释了一个理念——真正的舆论是公论，所谓公论，是在真实、确凿、客观记录事实基础上所发表的意见，而只有掌握了确凿的事实才可以发自由的意见，且可以避免记者因为参政或促成舆论等目的而进

---

① 国闻周报编辑部：《国内外一周间大事述评》，《国闻周报》1927 年第 1 期。
② 国闻周报编辑部：《编辑后记》，《国闻周报》1934 年第 9 期。
③ 国闻周报编辑部：《时代信使 文化先锋 国闻周报为减轻各地读者负担举行普遍的特价订阅》，《国闻周报》1937 年第 1 期。
④ 此处的"评"指的是评论功能。
⑤ 国闻周报编辑部：《编辑后记》，《国闻周报》1934 年第 9 期。
⑥ 应为"绵"。
⑦ 国闻周报编辑部：《发刊辞》，《国闻周报》1924 年第 1 期。

行的个人批评与主张。

胡政之的"公论观"是其深受西方新闻理念影响的结果，也是其对欧美和日本新闻业推崇有加的体现，然"《国闻周报》出版的 14 年间正值近代中国的多事之秋，其间有军阀混战、北伐战争、国共两党对抗、抗战爆发等重大历史事件，也有统一与自治，民主与独裁等众多思潮的争锋"①，职业报刊理念在近代复杂的国内环境中，显然实施起来相对困难。面对理想与现实的矛盾，胡政之又在《发刊辞》与《周年纪念敬告阅者》一文中相继补充道："顾至最近，世变益剧，以社会内容之糅杂，人群心理之深邃，决非新闻家之直觉与思考所能尽窥底里。于是轻率穿凿之判断，乃易失是非之公，而新闻纸上之毁誉逐渐渐不为社会所重视。自新闻纸不能表现真是非，而舆论之有无与其势力之是否足重，乃成为一社会问题。"② "国闻周报者实为同人百忙中编撰之刊物，以同人操业之忙，实无法深思精究之暇晷，则凡所主张，当然不免于粗疏简略之弊，然因同人服务社会历有年所，各方真相，知之较明，观察所及，易陷于深刻，故论事评人，宁愿以平易凡庸贻笑方家，不敢以高调玄谈，取媚愚众，此又地位不同，环境特异所致，当为读者所乃谅察也。"③ 其中，前者呈现了世变益剧背景下的"新闻家能力不足""新闻纸不能表现真是非""舆论渐不为社会所重视"等三点现状，后者呈现了"同人精力有限难免在主张上有粗疏简略""同人知之较明难免在评论上陷于深刻"这两点现状。迫于现状，加之"地位不同""环境特异"的言论现实环境，《国闻周报》只能"宁可选择平庸"也不敢"高调玄谈，取媚愚众"。基于此，《国闻周报》或者说胡政之的言论观又添加了一味"迫于现实"的"生存观"或称"务实观"，毕竟《国闻周报》的创办既为了"实现改造中国新闻业、创造真正舆论"，也是为了"给国闻周报社提供悠久的经济基础"，因此，当活着变成办刊的第一要义时，生存压力则变成了压弯"公论观"或者说"公论观"发生妥协的一根稻草。

由此，在"政体变更，党权无上，主义既定于一尊，思潮遂趋于静

---

① 郭恩强等：《"报告事实"与"发自由意见"——胡政之办〈国闻周报〉的理念与实践》，《国际新闻界》2009 年第 6 期。
② 国闻周报编辑部：《发刊辞》，《国闻周报》1924 年第 1 期。
③ 国闻周报编辑部：《周年纪念敬告阅者》，《国闻周报》1925 年第 29 期。

寂"①的 20 世纪 20、30 年代的中国，当"公论观"与"务实观"发生碰撞，"'不著意见'地记载时事也是一种有效的策略"②。

二 新闻事实观的救场："议在说明"

创刊 6 周年时，《国闻周报》曾发文提到，"中国周报，不始于本报，而发行期日之准，出版岁月之长，与夫纪载之慎，取材之公，则本报自信不落人后"，然"本报创刊之旨趣，则为情势所限，并未贯澈③万一"，后又提到"其办报方针为欲成为国民公共交换意见，研究问题之机关，并供给以批判中外时事之正确资料，区区之志，实未获达"④。由此析之，《国闻周报》六周年时已然做到了"纪载之慎"和"取材之公"，但"成为公民公共交换意见和研究问题机关"的办报方针却未能实现，以至于该报"近年之努力，多集中于纪事及译述"⑤。其实，"就现实考量而言，'不著意见'也可以减少评论时事所带来的政治风险，特别是国民党统一全国之后，《国闻周报》发表言论更加谨慎，而'不著意见'地记载事实也是一种有效策略"⑥。然至创刊将满 8 年时，《国闻周报》却在一则告示中称，"本报自民国十三年创刊，以臻八载，以系统的纪述，供史料之保存；环境虽屡有变迁，本报立言纪事始终未变其原有之忠实态度。每遇中外重大事件发生，辄以第三者之立场，周密观察时事内容，加以评述，庶使读者得以深刻的明了。此为本报行销广遍之一大原因"⑦。其后，又于创刊第 11 年的一则《编辑后记》中称，"周报的'大事述评'，近年来只做到了'述'，实未尝'评'，现在既有'一周简评'，负了'评'的责任，所以从本期起把'大事述评'名符其实地改为'大事述要'"⑧。此间，创刊第 6 年、第 8 年和第 11 年时的描述呈现了两对矛盾：第一对是创刊第 6 年时的"发表言论更

---

① 国闻周报编辑部：《本报之旨趣》，《国闻周报》1930 年第 1 期。
② 郭恩强等：《"报告事实"与"发自由意见"——胡政之办〈国闻周报〉的理念与实践》，《国际新闻界》2009 年第 6 期。
③ 应为"彻"
④ 国闻周报编辑部：《本报之旨趣》，《国闻周报》1930 年第 1 期。
⑤ 国闻周报编辑部：《本报之旨趣》，《国闻周报》1930 年第 1 期。
⑥ 郭恩强等：《"报告事实"与"发自由意见"——胡政之办〈国闻周报〉的理念与实践》，《国际新闻界》2009 年第 6 期。
⑦ 国闻周报编辑部：《举行特价一月》，《国闻周报》1931 年第 50 期。
⑧ 国闻周报编辑部：《编辑后记》，《国闻周报》1934 年第 9 期。

加谨慎，甚至不著意见"，和创刊第 8 年时的"每遇国内外大事就加以评述"之间的矛盾。前者是说要谨慎甚至不发言，后者则是说要每每加以评述。第二对是创刊第 8 年时的"以客观的态度进行大事评述是周报受欢迎的一大原因"，和创刊第 11 年时的"多年来的大事述评是只述不评"之间的矛盾，其中，前者说的是"评述"而非"述评"，其"评"在前而"述"在后，后者又对"述评"的"评"进行了补充，认为该栏未负起"评"的责任。

第一个矛盾若要理顺，只有一个解决方案，即"评述并不是发言"；而第二个矛盾若要理顺，也只有一个解决方案，即"评述并不是述评"。由此可以理解为，《国闻周报》所称的受欢迎的"评述"是一种与"发言"和"述评"不同性质的存在，而"国内外一周间大事述评"栏做到的是"评述"中的"评"却非"述评"中的"评"。如前所述，"述评"中"评"的含义是"议论"，那么"评述"中的"评"指向什么呢？

通过对"国内外一周间大事述评"栏 8 年内文章的逐年抽样发现，深受读者欢迎的"评述"中的"评"是指向"说明"这一表达方式的，也就是"夹叙夹议且议在说明"而非"述评"常见的"夹叙夹议且议在议论"或"夹叙夹议但重在议论"。由此，该专栏述评文章与西方解释性报道相似的问题由此凸显，而该专栏"辄以第三者之立场，周密观察时事内容，加以评述"的"第三者"立场也将专栏内述评文章背后所支撑的理念指向了西方"报道事实不著意见"的"事实观"。

《国闻周报》的创办人和主持者胡政之是极为推崇近代西方的新闻理念的，正如创刊 6 周年时的《本报之旨趣》一文，无论是开篇对英美等国周刊颇占言论界重要地位的推介，还是结尾所发的关于"窃愿开放本报于国民，以为舆论之先去，而追踪于英美各大周报之地位焉"的宏愿，均表明了其推崇之意，而同作为留学归国从事新闻业的知识分子，胡政之与章士钊、陈独秀却不同，后二者虽然接触了西方近代的报刊理念，也深受西方无论是客观性报道还是解释性报道均须"不著意见"的影响，却依旧坚持在中国办刊"要谈政治"和"议在议论"。相较于后二者，胡政之是 1899～1918 年归国从事报刊活动的留学生中没有政治派别的少数学生之一，且于归国后将"天下公器""真确公正之新闻""稳健切实之舆论"等源自西方的报刊理念贯彻于其报刊活动中。然而，《国闻周报》时期"国内外一周间大事述评"栏长达 8 年的"述而不论"与 8 年后被"国内外一周间大事述要"栏的取代，何尝不是"自由主义新闻观在社会现实中处于曲高和寡尴尬境遇"① 的体现呢？同时，"国内外一周间大事述评"栏长达 8 年的"夹叙夹议却议在说明"又何尝不是胡政之面对言论现实而对自己职业报刊理念的一种坚持呢？

第三节　政党报刊理念下新闻述评功能的赋予

中国"近代报纸一产生即步入政党报纸阶段，到 20 世纪一部分报纸才进入大众化报纸阶段""只是由于中国社会半封建半殖民地色彩日浓，中国民族资产阶级创办的大众化报纸始终没能像美、英、法等国的大众化报纸那样蓬勃发展起来。因此，直至 1949 年新中国成立，中国报纸的主体始终是政党报纸"②。在梁启超明确提出政党报纸概念之前，无论是王韬的办报"立言"论，还是郑观应的"通民隐、达民情"论，均为报刊赋予了一定的工具性能。这些报刊侧重于言论与政论，为谋取宣传之利而生，从性质上看已经近似于西方的政党报纸。在梁启超明确提出政党报纸概念之后，无论是梁启超的"耳目喉舌"论还是于右任的"言论机关"论，抑或是章太炎的"正言匡世"论，均使得清末民初的"各政党将办报作为组建政党的舆论准备，组党以后报刊充当舆论宣传工具"③。以此为背景，各政党报刊上出现的新闻文体尤其是有"议论"参与的文体，便顺理成章地承担起了一定的工具性功能，新闻述评亦是如此。

一　国民党"宣传"思想与新闻述评的宣传功能

宣传工作是一个政党活动的基本方式之一，而办报又是政党宣传工作中最主要的部分。④ 报纸是一种强有力的舆论工具，是"输入思想"、"激励民气"、和敌人"笔战舌战"的武器。⑤ 从"知难行易"的认识论出发，孙

---

① 向芬：《国民党新闻传播制度研究》，博士学位论文，中国社会科学院，2009。
② 童兵：《比较新闻传播学》，中国人民大学出版社，2002，第 70-72 页。
③ 向芬：《国民党新闻传播制度研究》，博士学位论文，中国社会科学院，2009。
④ 蔡铭泽：《中国国民党党报历史研究（1927-1949）》，团结出版社，1998，第 21 页。
⑤ 方汉奇：《中国近代报刊史》，山西人民出版社，1981，第 633 页。

中山率先于《民报》发刊词中提出了办报即以"非常革命之学说，其理想输灌于人心，而化为常识，则其去实行也近"①的理念，并将《民报》称为"革命的喉舌"和"宣传主义的木铎"②。国民党改组后，孙中山更是强调"革命成功极快的方法，宣传要用九成，武力只可用一成"③，因此倡导国民党要创办党报，并要通过党报造成健全一致之舆论，而造成健全一致之舆论的方式则为"同化"和"剥夺"，即"党报能同化的一律同化，不能同化的，则须剥夺其言论自由的权利"④。其中，"同化"的路径指向宣传，"剥夺"的路径则指向武力，两者须并用，方能达到舆论一律。以此为理论基础与方法指导，《民报》所发文稿中，理论宣传方面的文稿就占"90%"以上，而真正属于新闻报道的"纪事"才占"1.88%"⑤，到《民立报》、上海《民国日报》等正规党报时期，此现象虽有所改观，但大块的说理性文章仍是重头戏，而新闻述评文体也就在此情况下登上国民党党报的版面，并以"夹叙夹议且议在议论"甚至"夹叙夹议但重在议论"的方式充当着国民党舆论宣传的工具。

在近代中国国民党所创办的党报中，有中央级和地方级两类，且不论《浙江周刊》等地方党报对新闻述评文体的高频使用，单是中央级党报中的传统党报和党内刊物两类，就可将述评文体被赋予的宣传功能厘清讲明。

上海《民国日报》和广州《民国日报》是南京国民政府成立之前就创刊的老牌党报，虽没有被南京国民党中央正式确定为中央直属党报，但历史久远，影响较大，为与《中央日报》等形成区别，特称为"传统党报"⑥。其中，上海《民国日报》将"一周间大事述评"栏相继于1927和1928年设于附刊⑦《星期评论》和《觉悟》上，并称"我们决定，自本周起，增开'一周间大事述评'一栏，每逢星期一发表。区区之意，是欲藉以帮助读报诸君于时事得一系统的纪录和正确的概念。未识读者以为何如？

---

① 孙文：《〈民报〉发刊词》，《民报》1905年第1期。
② 胡汉民：《民报之六大主义》，《民报》1916年第3期。
③ 孙中山：《孙中山选集》，人民出版社，1981，第556页。
④ 向芬：《国民党新闻传播制度研究》，博士学位论文，中国社会科学院，2009。
⑤ 陈孟坚：《民报与辛亥革命》，正中书局，1986，第515~517页。
⑥ 蔡铭泽：《中国国民党党报历史研究（1927-1949）》，团结出版社，1998，第63页。
⑦ 当时写作"附刊"，也即副刊。

事在初试，幸各见教！"① 在实践中，无论是《觉悟》还是《星期评论》，其"帮助"的方式虽是其标榜的"带述带评"②，但其"述"和"评"均带有了较强的宣传成分，正如《星期评论》1927 年第 17 期"一周间大事述评"栏里《革命军队战无不克》一文的前两句——"国民革命军为人民之军队，有主义，有能力，有训练。此次从北方撤回，纯系战略关系，并非战败"。第一句是在直接宣传国民革命军，第二句虽是解释说明国民革命军从北方撤回的原因，却也是间接地服务于第一句的宣传。广州《国民日报》相继设有"前周时事述评"和"一周时事述评"栏，篇幅相对宏大，若一版放不下还会再挤占其他版面续上，1926 年 5 月 24 日和 6 月 2 日的"前周时事述评"栏即如此。而在内容方面，不仅直接多频次使用诸如"本党"等具有鲜明感情色彩的词，且会有诸如"一般反动分子之造谣中伤于本党，欲为离间挑拨之作用，而分散革命之力量者，亦因之无可施其伎俩，将见于革命之力量，愈加团结，革命之前程，有长足之进步也"之类的警告式宣传，以及"自此而再进，则我革命军会师武汉，底定中原，实指顾间事耳，吾人当一致努力，已完成此伟大之工作也"③ 之类的口号式宣传。

《中央周报》是一份标榜为"党内刊物对外秘密"的中国国民党机关报，创刊于 1928 年，停刊于 1937 年，刊行于国民党内部，读者对象也是国民党内部官员，社会读者对其内容知之甚少，故党化色彩极其浓厚。该刊从创刊始即设有"一周大事述评"，并在《发刊辞》中称，"对大事述评选录须站在本党立场评述重要事实，并依据目前事实介绍本党理论，务达据事实以证明理论，依理论以解释事实之目的。使党员能得分析事实以研究党义，利用事实，以宣传党义之功效"。由此可见其对新闻述评的要求：一是要站在国民党立场评述；二是利用事实，宣传党义。同时，因"一周大事述评"栏的新闻述评文章夹叙夹议，既有"事实"又有"观点"，既可利用"有利事实"宣传党义，又可利用"释疑解惑"的观点实现宣传党义的目的，故《中央周报》诸期的内容配比往往呈现"一周大事述评"占比 80% 以上的情况。作为一种交叉型文体，新闻述评的宣传不像新闻评论那么

---

① 百川：《一周间大事述评》，《觉悟》1928 年 12 月 24 日。
② 记者：《一周间大事述评》，《觉悟》1929 年 1 月 6 日。
③ 天籁：《国民政府治下之状况》，《民国日报》1926 年 5 月 24 日。

直接，虽然常选择"有利事实"，但也能自圆其说，是一种在"有利事实"分析基础上的舆论引导，故新闻述评的宣传更易使人接受，也更易达到宣传的目的。因此，在《中央周报》更名为《中央周刊》，面向全国发行的1938～1948年，新闻述评专栏依旧是常设之栏，如1938年的"时事述评"栏、1947年的"一周时事述评"栏等。然不同于《中央周报》时期"一周大事述评"栏专注于宣传国民党党义，《中央周刊》时期的"时事述评"栏和"一周时事述评"栏除了宣传国民党党义，也宣传抗战。

二　共产党"革命"思想与新闻述评的战斗功能

在"近代要求变革革命的进步新闻思想，西方新闻学知识，共产国际、俄共布的马克思主义新闻思想"①，尤其是列宁关于党报"不仅是一个集体宣传者与鼓动者，而且是一个集体的组织者"②的观点影响下，中国共产党的新闻思想得以成型，"共产党是要左手拿传单右手拿枪弹才可以打倒敌人"③的观念形成，从此，共产党"新闻工作的思想与论述，则主要是围绕'革命'二字而展开"④。在"革命"思想的指导下，在太平洋战争爆发前，"中共领导和联系的在港进步报刊，应时推出一系列战时国际述评"⑤，不仅就时局的焦点和症结提出了不少精辟的见解，也"坚定了战胜侵略者的信念"⑥，尤其是对中日战争和日本问题的述评，都是"站在中国的立场去观察这个侵略中国的帝国主义国家"，其"研究的目的是为了战胜敌人"⑦。同时，在共产党所办的诸如《八路军军政杂志》《新华日报》《解放日报》等报刊上，也涌现出了系列战时国际述评，甚至系关战局战况的军事述评，这些述评文章不同于以往以重大事件评述为要义的"事件述评"，是一种着眼于形势的变化和转折，既概括全貌，又预示发展前景的"形势述评"。这种形势述评的出现，直接赋予了新闻述评文体以战斗的功能，而形势述评战斗功能的形成又与中国共产党领导下的一批国际问题专家和军事评论家

---

① 王润泽：《中国新闻媒介史（1949年前）》，北京大学出版社，2011，第371页。
② 记者：《党员对党报的责任》，《红旗》1930年5月10日。
③ 窦其文：《毛泽东新闻思想研究》，中国新闻出版社，1986，第61页。
④ 程曼丽：《中国共产党新闻思想探析》，《新闻与传播研究》2001年第3期。
⑤ 王垒：《战时香港进步报刊的国际述评》，《广东社会科学》2005年第4期。
⑥ 王垒：《战时香港进步报刊的国际述评》，《广东社会科学》2005年第4期。
⑦ 李纯青：《笔耕五十年》，生活·读书·新知三联书店，1994，第59页。

的参与写作有较大的关联。

在军事述评领域，军事家毛泽东、军事评论家姚溱和羊枣的加入均为该文体战斗功能的呈现增色不少，尤其是毛泽东，其往往"针对将要发生的来自敌方的军事举措迅急撰写预告式的揭露性述评，从而以迅雷不及掩耳之势，打乱敌方的军事图谋，使其处在狼狈的境地"①。正如1948年10月31日新华社电讯稿《评蒋傅军梦想偷袭石家庄》，是其为打掉敌人嚣张气焰挥笔写就的军事述评名篇，"述评以藐视敌人的口吻，评述了蒋介石的无能和赌徒心理，戳穿了蒋傅军在北平等地捉襟见肘的战略弱点"，"所夹议论均系机智泼辣，妙计神算，锋利无比，整篇述评酷似杂文，如同利剑，直刺蒋傅心窝"，述评一经新华社发布，"敌人像《空城计》里的司马懿一样，未敢轻举妄动，很快退兵了，匆忙逃回了保定、北平等地"②。其实，毛泽东作为编委之一的《八路军军政杂志》的"一月军事动态述评"和"一月来国内军事动态述评"栏在写作时亦将战斗作为其述评的附加功能。正如1941年第12期的"一月军事动态述评"栏，先是直接给予战争意见——"在太平洋战局对峙和力量变化的期间，反侵略战线之一员的中国政府和军队必须充分的利用这一时机，积极准备反攻"，为战争出谋划策，同时也充当了舆论战的枪手，强调了"在敌人忙于太平洋战争之际，我们八路军、新四军决不予敌人以安宁"的决心。

在国际述评领域，自胡愈之开拓了中国学者研讨国际问题之风后，人才辈出，国际述评风靡，包括乔冠华、恽逸群、张铁生、金仲华、张明养、冯宾符等国际问题专家纷纷加入写作队伍，为该文体赋予了强有力的战斗功能，尤其是《新华日报》时期的乔冠华。1942年，乔冠华在周恩来的指示下加入《新华日报》编委会并开设"国际述评"专栏，负责了所有国际述评的写作。这些文章"写的既有深度，又活泼生动，向大后方人民传播了党对重大国际问题的看法，鼓舞了争取反法西斯战争胜利的信心"③，不

---

① 胡文龙，胡慧红：《毛泽东军事述评的独特风采》，《新闻与写作》1993年第9期。
② 胡文龙，胡慧红：《毛泽东军事述评的独特风采》，《新闻与写作》1993年第9期。
③ 郁进：《国际问题研究的硕果——试论乔冠华〈国际述评集〉及其他》，《读书》1985年第5期。

仅引起了"各国通讯社的重视"①，也被认为"是认识时局的导师"②，而"远在延安的毛泽东在读完乔冠华的一篇国际述评文章后，给予了高度赞誉，说乔的文章'可顶战场上的两个坦克师'"③。正如反映1945年11月3日至16日国际形势的《原子弹》一文所在的刊期，因言辞过于犀利，报纸虽在璧山全部被没收，但依旧秘密流传出来，被评价为像"在死水一潭中投下了原子弹，给反动当局带来了多大的震惊和恐惧啊!"④

　　除了国际述评和军事述评，在抗战胜利后的1945～1949年，面对国民党政治与经济的双重腐败，充满战斗力的经济述评也开始在共产党所办报刊和共产党所领导的进步报刊上风靡开来，并与国际述评和军事述评一起成为服务于解放战争的一股不容小觑的力量!

---

①　石西民：《报人生活杂忆》，重庆出版社，1991，第62页。
②　郁进：《国际问题研究的硕果——试论乔冠华〈国际述评集〉及其他》，《读书》1985年第5期。
③　中共重庆市委党史研究室：《以笔为枪的新闻斗士——乔冠华》，《重庆与世界》2021年第10期。
④　郁进：《国际问题研究的硕果——试论乔冠华〈国际述评集〉及其他》，《读书》1985年第5期。

第十五章 新闻述评发展的多重动因

就目前而言，新闻述评在理论上并不是一种普适性质的新闻文体，其作为新闻报道与新闻评论交叉品种的文体属性也未得到西方理论界的认可，但西方的新闻理论并不代表着世界，同时，从西方原版新闻作品以及译成中文并被标注为述评的新闻作品来看，"夹叙夹议且议在议论"是行得通的。在1912～1949年的新闻界，"夹叙夹议且议在议论"始终是新闻述评的主流样态，无论是规避议论的"夹叙夹议且议在说明"和"叙而不议"，还是侧重议论的"夹叙夹议但重在议论"和"议而少叙"，均未撼动其地位。究其原因，或可溯于其发生与发展的文体环境、时代环境与文化环境，毕竟"任何一种文体都有自身的生态系统，只有了解其孕育生长所需要的土壤、空气、营养，才能真正明了它们何以会长成这般模样，也才能理解它们衰落、凋亡或变异的原因"①。

第一节 直接动因：文体创造与文体变易

文体是指"一定的话语秩序所形成的文本体式"②，是基于需要被创造出来的，也是基于一定环境才能持续发展的。其中，文体创造是美的创造，文体创造的目标是获得审美效应，美是"文体创造的出发点和归宿点"③。对于新闻述评而言，其"美"就在于"既述又评"，而"述"与"评"的和谐共存正是其被创造的出发点和归宿点。同时，任何一种文体在发展的过程中都是变动的，在主客观等因素的影响下，文体内支配性规范发生移

---

① 郗文倩：《中国古代文体史研究的对象、观念和方法》，《福建师范大学学报（哲学社会科学版）》2016年第6期。
② 童庆炳：《文体与文体的创造》，云南人民出版社，1994，第1页。
③ 童庆炳：《文体与文体的创造》，云南人民出版社，1994，第268页。

位也是常见的现象，这被称为文体变易，但文体变易又受到来自主客观等多种因素的制约而呈现出成气候或不成气候等样态。对于新闻述评而言，在1912~1949年的发展中，其曾出现了多种文体变易的现象，但这些变易现象却终因文例失范、作者失范等原因而未能长久。

一 新闻述评的文体创造

语言是文学的工具，文体又是语言的工具。胡适曾言："文学的生命全靠能用一个时代的活的工具来表现一个时代的情感与思想。工具僵化了，必须另换新的活的。"① 当文言文被替换，白话文的语言体系建立，胡适又言："我以为现在国内新起的一班'文人'，受病最深的所在，只在没有高明的文学方法。"② 此处"高明的文学文法"指的便是文体，胡适此话也在表明了文体的重要。其实，新闻亦如此。新闻的生命靠一个时代的新闻语言来表现，而新闻语言又靠高明的新闻文法也就是新闻文体来建构。有了新闻文体，新闻语言就不再是被动地传达主观情谊的工具，而是以自身特殊的方式在参与审美的创造，正如消息文体被创造后，新闻语言可以用简洁明快和公正客观的方式去报告事实，通讯文体被创造后，新闻语言可以用亲切、平实、具体的方式去描写事实，新闻述评被创造后，新闻语言则既可以用综述的方式反映事物内在联系以及事物发展的来龙去脉，也可以用评论的方式记录时代的情感、传递时代的思想，并达到宣传和战斗的目的。由此可认为，新闻语言是一种工具，用以表现新闻的生命，甚至生机与活力，新闻文体则是一种思维方式，用以组织和搭建新闻语言，以达到传递时代情感与思想的作用。

在中国近代报刊出现之时，西方报纸早有了独立的新闻文体，但当西方报纸移植到中国时，其文体却没有被立即引入，正如"导语及倒金字塔结构，则是在一个世纪之后才从西方借鉴而来"③。中国的新闻文体一经诞生就落在了古典文学的襁褓之中，传教士报刊为了迎合读者，创造了"欲知后事如何，且听下回分解"的章回体小说写法，中国旧式文人为了探索，

---

① 胡适：《中国新文学大系·建设理论集》，上海文艺出版社，1980，第9-10页。
② 胡适：《建设的文学革命论》，《新青年》1918年第4期。
③ 樊凡等：《中西新闻比较论》，武汉出版社，1994，第202页。

创造了用古典文学中的史传体来写新闻的方法。这些稚嫩的文法虽能组织和搭建语言，却不能体现新闻之"新"和新闻之"闻"，被蔡元培评价为"虽谓新闻之内容，无异于史可也"①。然随着 20 世纪初"报与刊"分家的提出，新闻文体的新闻性开始凸显，报纸文体和期刊文体也分别朝着"提供信息"和"揭载评论"的方向在发展。其中，报纸因担负"提供信息"之名，迅速将"客观性"和"真实性"提上日程，不仅引进电讯稿，促成了消息文体的出现，还"引进了西方进化论和形式逻辑作为思想武器和论证方法"②，推动了中国现代新闻评论的成型，同时也创造了纪实通讯、旅游考察通讯、解释性通讯，使得中国报纸文体迅速从古典文学的襁褓中剥离，形成了以消息、通讯、评论为主体的基本结构。与此同时，期刊因担负"揭载评论"之名，开始呈现出以言论为主的发展态势，不仅言论内容的新闻性逐渐增强，且隶属于新闻范畴的"纪事"（或称"记事"）栏的评论性也在加强，而新闻述评文体的创造也由此而始。

从文体学的角度看，文体的创造既不是凭空进行，也不是旧结构的机械延续，而是"对之前文体（结构）的创造性转化"③。在《东方杂志》革新体例的背景下，其新闻记事栏以"一句话记叙+半句话议论"的"文末附注"的方式实现了期刊记事文体的首次创造性转化，然这次转化并不成功，短暂的持续后，期刊记事文体不仅恢复到以往一句话记事的状态，并开始朝着详尽记事的方向发展。至 1912 年《独立周报》新闻记事栏"纪事"出现，期刊记事文体方出现第二次创造性转化。在这次转化中，期刊记事文体开始"夹叙夹议"，不仅有事实信息的完整报道，也有对事实信息的议论评价，然因"叙"和"议"之间没有"分析"这种方式作为过渡，略显拼接与生硬，故也称为"加叙加议"。同样，这次转化依旧没有引发太多关注，直至 1915 年《新青年》新闻记事栏"国内/外大事记"的出现，期刊记事文体的第三次创造性转化方得以实现，而新闻述评文体的体例成熟也由此而始。在这次转化中，期刊记事文体已经可以用夹叙夹议的方式"概括地介绍事件的经过，分析事件发生的原因、性质、影响及发展趋向，不

---

① 徐宝璜：《新闻学》，中国人民大学出版社，1994，第 5 页。
② 李良荣：《中国报纸文体发展概要》，福建人民出版社，1985，第 46 页。
③ 陶东风：《文体演变及其文化意味》，云南人民出版社，1994，第 33 页。

仅告诉读者发生了什么事件，同时帮助读者认识这一事件的意义"①，其虽依旧"没有得到新闻界的广泛注意"②，但在《湖南民报》和《公言报》等报纸上已出现有相似写法。

至此，新闻述评文体终完成了自期刊记事文体而始的创造性转化，并开始以"新闻和评论的杂交"③的文体形态活跃于"五四"时期，既向读者告知国内国际发生的重大事件，也对事件加以解释，帮助读者正确认识这一事件，成为新闻工作者"更深刻、更全面、更具体、更灵活地反映现实"④的工具，以及报刊"宣传自己的观点和主张"⑤的工具。

二　新闻述评的文体变易

文体是被创造的，也是运动和变化的，同一种文体，在不同的生态环境下也会有不同的变化，故有"体无常规，言无常宗"⑥之说，也有"一部文学史就是一部文体分化、类型转换的历史"⑦之说，以及文体变易之说。文体变易是一种文体发展的规则，往往呈现为各种语言结构与规范之间的历时替代与转化，而"一种特定的文体往往是一个由众多规范所组成的系统，而标志其根本特征的往往又是其中某一个占支配地位的核心规范，也就是说，在规定一种文体的特殊性时，诸规范并不是平分秋色地起相同的作用，支配性规范的移位常常导致文体的根本性转化"⑧。对于1912~1949年的新闻述评而言，其肩负有提供信息、呈现观点、进行宣传、战斗等多种功能，而各种功能又塑造出了多种规范，如提供信息功能塑造了一种讲述"事件"来龙去脉或"形势"前世今生的报道性规范，呈现观点功能塑造了一种答疑示趋与情感宣泄的评论性规范，宣传功能塑造了一种形成舆论与争取民众的引导性规范，战斗功能则塑造了一种以笔当枪与打响舆论战的工具性规范……在这些规范中，引导性规范和工具性规范是新闻述评

①　方汉奇：《中国新闻事业通史》（卷二），中国人民大学出版社，1996，第118页。
②　方汉奇：《中国新闻事业通史》（卷二），中国人民大学出版社，1996，第118页。
③　李良荣：《中国报纸文体发展概要》，福建人民出版社，1985，第65页。
④　李良荣：《中国报纸文体发展概要》，福建人民出版社，1985，第65页。
⑤　方汉奇：《中国新闻事业通史》（卷二），中国人民大学出版社，1996，第118页。
⑥　刘九洲等：《中国古代写作理论》，中华书局，1980，第200页。
⑦　王锺陵：《新文艺理论体系论（五）》，《苏州大学学报（哲学社会科学版）》2014年第6期。
⑧　陶东风：《文体演变及其文化意味》，云南人民出版社，1994，第17页。

被创造出来后才被赋予的,而报道性规范和评论性规范则是其被创造的出发点。作为一种新闻报道与新闻评论交叉而生的杂交文体,新闻述评展示的不仅是新闻报道的"事实呈现"和"事实解释",也是新闻评论"有观点的评价"和"有说理的议论"。因此,其占支配性地位的规范不再是单纯的报道性规范和评论性规范,而是融报道与评论之长的"报道+评论"性规范。然而,在发展的过程中,新闻述评这个被人们所创造出来的特定文体结构又在诸种原因的作用下连续发生了文体内部支配性规范移位的现象:一是由"报道+评论"向"报道+评价"移位的"夹叙夹议且议在说明",其对于评论性规范仅选择了有观点的评价而摒弃了有说理的议论;二是由"报道+评论"向"事实+评论"移位的"夹叙夹议但重在议论",其对于报道性规范仅选择了事实信息的呈现而摒弃了对事实信息的解释;三是由"报道+评论"向"报道"移位的"叙而不议",其仅选择了报道性规范而摒弃了评论性规范,要么是动态的新闻报道要么是总体的新闻综述;四是由"报道+评论"向"评论"移位的"议而少叙",其仅选择了评论性规范而摒弃了报道性规范,从架构上看无疑是一篇篇仅让事实信息以新闻由头方式出现的新闻评论。

一般而言,文体内部支配性规范的移位会导致文体的根本性变化,即改变原有发展轨迹而朝着移位的方向再进行持续性的发展,但就新闻述评的四种移位现象看,其均未撼动新闻述评"报道+评论"性规范占支配地位的主流状态,反而是自身很快退场,其原因是四种移位现象在移位过程中产生的文例失范和作者失范。

文例失范"主要体现在文体之名与文体之实的不相符"[①],从文体之名的角度看,新闻述评"有'述'和'评'两个方面"[②],又是新闻报道与新闻评论的杂交品种,自然要融报道与评论之长;而从文体之实的角度看,上述四种移位现象,向"报道+评价"移位的"夹叙夹议且议在说明"不能尽新闻评论中"论"的责任,向"事实+评论"移位的"夹叙夹议但重在议论"不能尽新闻报道中"解释"的责任,而向"报道"移位的"叙而不议"和向"评论"移位的"议而少叙"明显不符,前者不能尽新闻评论的"评"与

---

① 谢琰:《论章太炎的文体学》,《文学评论》2022 年第 4 期。
② 李良荣:《中国报纸文体发展概要》,福建人民出版社,1985,第 68 页。

"论"之责，后者则不能尽新闻报道的"事实"与"解释"之责，均失却了新闻述评文体被创造的最初的意义，因而并不长久。

作者失范主要体现在"时代风气催生了不合格的作者"①，这些"不合格"的作者有的是因为本身"对新闻述评文体概念、属性、应用等的识认不清，却因新闻述评的骤然知名，跟风而设此专栏，但在文体的把握上不甚标准"②；有的则是因为要规避政治风险，如《清华周刊》1927年第1期的《编辑部宣言》中所说的"稍稍弄笔墨，亦须'小心火烛'，然则欲为畅达严整之论，又不可能矣，记者在此种情况之下，虽感痛苦而实无法，故对于时事述必多于评"。然而不管是哪种，只要是人引发的，总归是有解决之路径，如自身原因，当发表出的述评文章不能引发读者关注时，编辑部或是作者自己便会自动调整，如时局原因，当时局过去之后，那些述多于评甚至述而不评的权宜之计总被正常的有述有评所替代。因此，在新闻述评的文体变易过程中，虽然发生了四种移位现象，但均未能成气候，反而以"报道+评论"占支配地位的"夹叙夹议且议在议论"因符合文体之名，且能行文体之附加功能，成为1912~1949年新闻述评的主流样态。

第二节　客观动因：时代精神与时代需要

刘勰《文心雕龙·时序》中有"文变染乎世情，兴废系乎时序"的文体创变原理，童庆炳《文体与文体的创造》中有"文章体制，与时因革"的文体创变归因，其中，时代时文体创造和文体变易的外部因素，也称客观因素。对于新闻述评而言，其创造与"夹叙夹议且议在议论"的主流化可同时归因于时代，并可细析为时代精神和时代需要。其中，时代精神是一种时代所赋予的精神结构，文体的创造与变易均受其影响，为其所托，在1912~1949年的新闻界，这一精神结构的主要表现是为内忧外患和救亡图存这一时代主题服务；时代需要则是一种由时代所阐发的多种需要，文体的创造与变易均受其支配，由其而生，在新闻述评发生的年代，这一需要主要来自读者、报刊以及作者。

---

① 谢琰：《论章太炎的文体学》，《文学评论》2022年第4期。
② 刘英翠：《话语与生态：民国报刊新闻述评的文体流变分析》，《国际新闻界》2020年第7期。

一　时代赋予的精神结构

新闻文体与文学文体一样，"从来都不是一个简单的技巧问题，文体显示出一个时代的精神面貌"①，在内忧外患的中国社会历史状况和独特的民族文化背景下，中国近现代新闻文体也被塑造出了独特的个性，尤其是以新闻述评为代表的杂交文体。这些文体，因"吸收了中国古典文学的优秀传统和外来文体的长处，便于新闻工作者更深刻、更全面、更具体、更灵活地反映现实"②，成为进步报刊进行反帝和反封斗争的武器工具，同时也不可避免地成为一些落后甚至反动报刊巩固自身利益、攻讦其他政治势力的武器工具。然从文体创造与发展的次序来看，反帝反封的武器是文体创造时被赋予的，而攻讦构陷的武器则是文体在发展过程中被反动报刊看到功效后的一种投机和利用。因此，从创造论的角度看，杂交文体的创造是围绕着中国近代的两大历史任务，尤其是"求得民族独立和人民解放"的时代展开。作为一种时代所赋予的精神结构，时代精神不同于形式结构也不同于内容结构，虽看不见也触不到，却是一种潜隐于人们意识中的占支配性地位的审美，并在不同领域起到决定人们判断、影响事物形态，以及主宰事件流变方向的作用。具体到新闻文体领域，当社会的变动越剧烈，政治斗争越尖锐，时代向文体提出的新任务就越多，而这些任务无一例外围绕着"服务时代"展开。

在此背景下，可以说，新闻述评一经创造就落入了"服务"的襁褓，其发展不出意外也会被赋予"服务的精神"，正如"进步报纸及共产党所办报纸的新闻述评的基本写法是，首先从当前任务的角度来选取一个主题或着眼点，然后收集可以论证主题的材料并开展述评，在评述新闻事件中既分析事件本质，又带有鲜明的倾向，或贬或褒，观点明确；或在客观综合过程中分析事件的起因和影响，展望未来的趋势、揭示事件的内在联系"③。这种写法从表面看是在服务于特定时期的特定政治目的，从实质上看却是在服务于"求得民族独立和人民解放"的时代精神，而除了写作方法这个

① 白海珍等：《文化精神与小说观念》，河北人民出版社，1989，第138页。
② 李良荣：《中国报纸文体发展概要》，福建人民出版社，1985，第65页。
③ 樊凡等：《中西新闻比较论》，武汉出版社，1994，第236页。

路径外，新闻述评的"服务精神"还在现实中被相继解构为两种功能——宣传功能和战斗功能。

新闻述评的宣传功能是一种阐明某种观点和主张，以使人们相信并跟着行动的方式和方法。基于服务于时代主题的目的，其被细分为报刊宣传等功能、政党宣传和抗战宣传。其中，报刊宣传始于"五四"时期，因《每周评论》《湘江评论》《星期评论》《武汉星期评论》《钱江评论》等系列小报对述评文体有意识有目的的使用，述评已不再是《湖南民报》时期为了报业竞争而存在的文体工具，而成为一种报刊"宣传自己的观点和主张"① 的文体工具。政党宣传始于国共两党对报纸宣传功能在认知上的成熟。抗日宣传则始于日本侵华战争的打响，参与的主体不仅有国共两党报刊，还有商业报刊、基督教报刊、妇女报刊等诸多报刊类型，其将国仇家恨加诸新闻述评的字里行间，用强烈的情感谴责侵略者，同时也将抗战必将胜利的信心传达给读者。如此强烈的情感岂是一个"夹叙夹议且议在说明"或一个"叙而不议"所能承载的？如此，两种写法的黯淡退场成为宿命。

战斗功能是新闻评论文体常备的一种功能，在战争年代，由于抒情和论证的直接性，新闻评论成了评论工作者根据形势变化对敌人进行揭露和打击的有效工具。然而随着中国新闻述评史上别出心裁的形势述评类别的出现，新闻述评也被赋予了战斗的功能，如《新华日报》的国际述评，"采用了'以外喻内'的手法，成为突破国民党控制舆论的一种斗争方式"②；再如毛泽东的军事述评，擅长"以迅雷不及掩耳之势，打乱敌方的军事图谋，使其处在狼狈的境地"③。不同于新闻评论只拿事实信息作为评论由头，新闻述评中涉及形势的述评文章不仅有对当前形势的汇总分析，也有打击国内外敌对势力的观点呈现，故一度成为新闻文体战斗功能寄居的宿体。如此立意下，只担负新闻报道和新闻评论一半之责的"叙而不议""议而少叙"，以及担负新闻报道和新闻评论四分之三责任的"夹叙夹议且议在说明""夹叙夹议但重在议论"自然不受重视，其逐渐退场也在情理之中。

---

① 方汉奇：《中国新闻事业通史》（卷二），中国人民大学出版社，1996，第118页。
② 刘海贵等：《中国现当代新闻业务史导论》，复旦大学出版社，2002，第365页。
③ 胡文龙：《毛泽东军事述评的独特风采》，《新闻与写作》1993年第9期。

二 时代激发的多种需要

新闻述评被创造的时代是一个以思想启蒙和救亡图存为主旨的时代，其中，思想启蒙赋予了新闻文体解惑的功能，使其承担了告知读者"是什么"和"为什么"的责任，救亡图存则赋予了新闻文体战斗的功能，并使其承担了告知读者"怎么办"的责任。以此为推动，当时的新闻界衍生出了新闻文体的三种基本类型："是什么"的动态告知型；"为什么"的深度解释型；"怎么办"的示趋说理型。然而随着黄远生、邵飘萍等人的早逝，深度解释型的新闻文体在当时中国并没有发展起来，反而是兼有深度解释和示趋说理的杂交文体新闻述评应运而生并蓬勃发展，此间的缘由与时代所激发的多种需要有密切关联。

首先是报刊的生存和发展的需要。就生存需要来看，中小型报刊限于经济实力无力聘请大量记者从事采访活动，导致在消息的"博"与"速"上无法与大报进行竞争，为求生存，不得已退而求其次，选择了新闻的全面，加强了对新闻的分析。正如《湖南民报》时期的陶菊隐，每天的任务就是"收集北京及各地报纸的精华，融合写成一篇'国内大事述评'"①，夹叙夹议，登在头版头条，很受欢迎。就发展需要来看，一则政治周报基于办报需求亟须寻找合适文体来实现宣传自己观点和主张的目的，而新闻述评又恰是一种可以用自己的观点来综合整理有利事实的工具，故持续发展于政治周报；二则中国报纸由于国民党对新闻的严控失去了在消息上"博"与"速"的竞争优势，不得已或设专栏，或设增刊、专刊和副刊，为并不是天天有的新闻述评提供了除期刊以外的发展平台。

其次是社会日益动荡下的读者需要。新闻述评读者需要的被激发一方面源于一部分不经常读报的读者，出于经济方面的考量，部分有阅读能力和阅读意愿的读者不会天天购买报纸，但为了获取信息，其渴望能通过单次购买一份报刊就可以了解世界发生的大事，而新闻述评的综述性和报道性恰满足了这部分读者的需求。另一方面源于一部分觉悟与能力无法同步的读者，"五四"以后，人们的觉悟水平突飞猛进，不再只关心自己身边的事物和自己的吃穿住行，其还想要知道国内国际发生了怎样的大事，以及

---

① 陶菊隐：《记者生活三十年》，中华书局，1984，第 11 页。

这些大事的发生会给整个社会以及个人生活带来什么样的影响，但其分析问题的能力却无法短时间培养起来，此时便不仅需要新闻的综述性和报道性来告诉他们发生了什么，还需要评论的观点性和释疑解惑性来告诉其性质、意义和影响，故"报道+评论"型的新闻述评应运而生。

再次是启蒙主题下的作者需要。在新闻述评的作者队伍壮大之前，从事新闻述评写作的往往都是报纸或期刊的主笔或总编辑，这些知识分子一部分是旧式文人，心中充满着无法从政、不能以施展抱负的落寞，但长期的封建礼教环境又使其具备了蠢蠢欲动的"出仕"之心，中国报刊的发展无疑给予他们一条替代之路，而新闻文体也成为传递他们思想和主张的工具；另一部分则是"满怀忧国忧民之心，迫切要求认识中国、认识世界，寻找解放中国的道路"[1] 的先进知识分子，他们深受"五四"运动启蒙，意图通过办报来实现教化民众、开辟民智的目的。在此背景下，可以"以夹叙夹议的方式，将报纸通讯社所提供的新闻，用自己的语言进行科学说明"的新闻述评文体成为诸多作者"对群众进行形势教育的最方便最有效的方式"[2]，也成为"矫正国人主观的无责任的论风，而训练其归纳头脑的一个方法"[3]。其实，无论是"帮助读者于时事得一系统的记录和正确的概念"[4]，还是"帮助广大青年认识当时的形势，指导青年进行斗争"[5]，都传递了作为主笔或总编辑的述评作者对中国民众的启蒙情谊，而这一情谊自然不是"夹叙夹议且议在说明"以及"议而不叙"类的述评写法能够传递的。

第三节　深层动因：文化承继与文化涵化

文体并无优劣，只是特定时代的人根据时代的特定需要在传承精神文化的基础上创造出来的一种组织语言的工具，在不同的文化语境下，基于同样的时代需要，也会有不同的文体被创造出来，正如中国的新闻述评和

---

① 李良荣：《中国报纸文体发展概要》，福建人民出版社，1985，第63页。

② 方汉奇：《中国新闻事业通史》（卷二），中国人民大学出版社，1996，第106页。

③ 坚瓠：《本志的第二十年》，《东方杂志》1923年第1期。

④ 百川：《一周间大事述评》，《觉悟》1928年第24期。

⑤ 刘海贵等：《中国现当代新闻业务史导论》，复旦大学出版社，2002，第341页。

西方的解释性报道，均因"解惑"而生，却分别呈现为"夹叙夹议且议在议论"和"夹叙夹议且议在说明"。因此，可以说，文化就是一根套在文体身上的精神之链，"不管你是赞美这根精神之链，还是诅咒这根精神之链，你都得承认这样一个事实：文化规定了你的存在，这种规定，就是我们所要说的文化制约力"①。在中国的文化语境下，文体杂交是一种常见的文体现象，甚至被列为"文体变易的一个常见途径"②，如"五四"前后两两杂交的新闻特写（新闻和文学）、新闻述评（新闻和评论）、杂文（评论和文学），以及三种文体杂交的调查报告（新闻、历史、政论）和报告文学（新闻、文学、评论），只要"便于新闻工作者更深刻、更全面、更具体、更灵活地反映现实"③，均可以被创造。然在西方的文化语境下，文体杂交尤其是新闻报道与新闻评论文体的杂交，是有违其"报道与评论须泾渭分明"的文体理论的，若更进一步说，则是违背其长期所秉持的二元对立的精神文化的。

由此，若讨论中国新闻述评文体何以创造，则要将视角回归到中国千百年来所传承下来的精神文化上，同时，鉴于其被赋予的现代性文体特征，则还要将视角锁定到中西新闻文化在中国并存的 19~20 世纪。

一　中国特定精神文化的承继

中国新闻述评和西方解释性报道体现了由"夹叙夹议"所引发的中西差异。在这场中西差异中，"议在说明"的发生代表着西方新闻报道文体的内部改革，承载的是对新闻背后的新闻的挖掘；而"议在议论"的发生代表着中国新闻报道和新闻评论两种文体的交叉变革，承载的则是对救亡图存等政治使命的践行。此间所折射出的或者说所支配着的，是两种来自东西双方的不同文化传统。从思维传统看，西方循自《圣经》和古希腊、罗马社会，理性主义、个体主义与激进冒险特征突出，形成了二元对立的文化思维；东方则以儒为主，辅以道佛，加上由少数民族文化共同组成的体系，有着天人合一、追求和谐、群体主义等的特征，形成了多元共存的

---

① 樊凡等：《中西新闻比较论》，武汉出版社，1994，第 76 页。
② 陶东风：《文体演变及其文化意味》，云南人民出版社，1994，第 15 页。
③ 李良荣：《中国报纸文体发展概要》，福建人民出版社，1985，第 65 页。

"和"文化。从价值传统看，西方是宗教文化，以"性本恶"为价值源头，主张揭露，偏爱以新闻报道为手段进行信息的沟通；东方是儒家文化，以"性本善"为价值依托，主张调节，讲求以新闻报道为手段来完成不同时期的社会使命，故形成了经世致用的思想。

其中，"和"文化发生于春秋时期，是一种主张不同事物之间和谐共存的文化，也是一种主张"多样性"与主张"变通"的文化。就其所主张的"多样性"来看，"和"文化不同西方所秉持的主客对立的二元论，较之于西方的"要么唯物论要么唯心论，要么决定论要么意志论"，中国的"和"文化主张的是可以有两极，如阴与阳、黑与白、上与下，但两极之间允许有诸多可能性存在，如黑与白是两极，但在黑与白之间允许甚至鼓励其他渐变色的存在。同时，对于两极和其他渐变色，并不要求处于同样的位置，反而推崇有主有次的"主从"观，正如新闻报道和新闻评论文体，在二者之间可以有第三种、第四种甚至更多的文体渐变色，而这些渐变色虽在应用上不若报道与评论频繁，在地位上较之报道与评论而言也极显小众，但其存在的合理性却毋庸置疑。就其所主张的"变通"来看，"和"文化不同于西方的"本质本体论"，较之西方的执于一端，中国的"和"文化主张"事件本体论"，就是要考虑事物之间的总体性关系，而"把这个观点应用于实践，就是主张'变通'，既要坚持原则，又要坚持'权变'，灵活把握事物的发展态势，保持事物发展的和谐状态"①，故有"变则通，通则久"之言。正如西方新闻文体传入中国后的"五四"时期，新闻报道与新闻评论文体的原则性问题早已厘清，却还是出现了溢出报道与评论范畴，或者说溢出中西固有新闻文体范畴的新闻述评，此即原则与权变的灵活把握。

此外，经世致用思想发生于周代，是一种"讲求儒家经学以服务于现实社会和政治的一种儒学传统思想"②，也是一种代表着国人处世之道的传统哲学思维，然无论是作为传统思想的经世致用还是作为哲学思维的经世致用，均将立足点归于实用，并将实用诠释为"工具性"。就作为儒学传统的经世致用来看，其自西汉"独尊儒术"起即具备了积极入世的价值取向，

---

① 〔美〕田辰山：《中国辩证法：从〈易经〉到马克思主义》，萧延中译，中国人民大学出版社，2008，《序言》第 3 页。

② 田永秀等：《经世致用思想由传统向近代的转变》，《四川师范大学学报（社会科学版）》1994 年第 3 期。

经由明末清初顾炎武、黄宗羲等人的提倡，以及鸦片战争后洋务派、维新派和资产阶级革命派的学理重构，已然成为儒学经邦治国和儒士"治国平天下"政治抱负的思想体现，且越是国势衰落、政治腐败、社会危机严重的时代，经世致用的思想就越被提倡。在封建社会里，其被视为巩固封建王权的武器，鸦片战争后，则成为"近代中国挽救民族危亡，谋求富强之路的重要理论武器"①，以及"近代志士仁人应对时局、匡济天下、学习西方、振兴中华的重要理论武器"②。就作为哲学思维的经世致用来看，其赋予了中国传统哲学以极强的反对空谈的实用性，也使得中国传统哲学一方面很遗憾地不能发展出跟西方一样逻辑严密的神学理论体系和神学信仰体系，另一方面却顺理成章地抛却"纯粹"理性而朝着"实践"理性的方向发展，呈现出"无论作为形而上的'道'，还是作为为人处世的'理'，抑或作为形而下的'器'，都是为人的现实生活服务"③的一面。尤其是在王朝统治衰弱、外族入侵或阶级矛盾尖锐之时，"器具论"或者说"工具论"则更加弥漫于时代。由此，作为新闻语言组织形式之一的新闻述评被钱智修认定为开启民智的工具，而被方汉奇等总结为对民众进行形势教育的工具，也被时代认定为救亡图存的政治工具。

二　中西新闻文化之间的涵化

作为文化人类学中文化变迁理论的重要组成部分，文化涵化在学界有三种论调：一是过程说，认为涵化是两种文化之间相互影响与互动的过程；二是结果说，认为涵化是文化与文化之间的影响所造成的结果；三是现象说，认为涵化是一种文化接触而导致一方或双方原有文化模式发生变化的现象。无论是哪种论调，均承认并揭示了一个事实，即文化涵化具备一定的进步意义，而交流和变易是文化进步的根本动力。同时，文化涵化还有一个特点，即"任何形式的思想文化当其受到外来文化的影响时，都是以本民族文化的特征为主体，吸收外来文化的养分，注入新的生命力，适应

① 赵炎才：《中国近代经世致用思想基本特征刍议》，《安徽史学》2003 年第 2 期。
② 赵炎才：《中国近代经世致用思想基本特征刍议》，《安徽史学》2003 年第 2 期。
③ 〔美〕田辰山：《中国辩证法：从〈易经〉到马克思主义》，萧延中译，中国人民大学出版社，2008，《序言》第 3 页。

新的时代要求"①，正如自 1815 年而始的中西新闻文化的涵化。这场持续百余年的新闻文化涵化，是一场以"西方新闻文化的强势侵入"为导端，以"能够实现全民渗透的近代报刊"为媒介，并以"西方已然体系化的报刊业务"为形式，以"基督教为代表的西方文化的侵略和殖民"为意图，而以"复合的'社会调节+信息沟通'型新闻文化"为结果的复杂的过程，其推动了中国新闻文化的进步，并极大地助力了中国古代报刊文化的近代化，但在当时中国特定的政治、经济、军事条件的左右下，虽然有诸如全民传播的办刊模式、体系化的报刊业务以及先进的语言组织工具等外化的文化形式被中国文化所吸收，但西方新闻文化要通过报刊来实现文化殖民的目的却未能达到，反而使得中国近代报刊走上了一条集古代报刊文化中的"社会调节"与西方新闻文化中的"信息沟通"于一体的道路。

作为新闻传播活动的两个基本功能，"调节指新闻传播以控制、维持社会秩序为目的；沟通指新闻传播以信息交流，达到人际关系和谐为目的，这两者是一种同一关系，调节是为了有秩序的沟通，沟通是为了高层次的调节"②。两者共同存在于中西方的新闻传播活动中，但就中国古代报刊来看，"社会调节"是一种显性功能，也是中国古代占正统地位的新闻信息交流活动所呈现出的重要特征，其存在的目的在于维护社会的整体平衡，因而，中国古代报纸存在的意义并不在于信息沟通，也不在于商品流通，其读者由官僚构成，其内容则系由官方而定，其诠释出来的新闻文化也是一种十足的精英文化或者说只在社会中上层进行传播的文化；就西方近代报刊来看，"信息沟通"则是一种显性功能，也是一种西方报纸所肩负的使命和西方新闻文化用以实现"社会调节"的功能，其发生以"天人分裂"为基本文化背景，并以"天赋人权"思想和资本主义商品经济的发展为依托，因而，西方近代报纸存在的意义在于赢利，其读者由社会大众构成，内容视社会大众而定，其诠释出来的新闻文化则顺理成章成为一种大众文化或者说在社会各个阶层都可以进行传播的文化。

以此为背景，当西方新闻文化强势侵入，两种来自不同文化的显性功

---

① 陈铁军：《"中体西用"思想与中国近代化进程》，《安庆师范学院学报（社会科学版）》1999 年第 4 期。
② 樊凡等：《中西新闻比较论》，武汉出版社，1994，第 94 页。

能在同一时空产生碰撞，因着西方近代报刊成熟的办报思想、内容版式、机构设置和专业分工，西方报业的优势相对明显，不仅吸引了中国士大夫的眼球，也引起了农工商贾们的极大兴趣，一时间成为人人所喜阅的"新报"。这一方面使得中国的古代报纸更乏人问津，另一方面也激发了原本就在"在华外报"中习得了一定办报技能的先进中国人的办报意愿。因此，在19世纪下半叶，中国人自己创办的近代新闻纸由政论报刊起步，不但吸收了西方以"信息沟通"为功能的办报方式、成熟又体系化的办报业务，还在办报实践中自觉或不自觉地将其"中国化"，并具体体现为办报人"深受以调节为主要特征的中国传统新闻文化的影响，分外注重发表政见，对时事发表自己的认识，以图影响政府及国人"①。与此同时，中国的新闻文体也沿袭了这一"中国化"的路径，既以"信息沟通"为形式，而又继续维护着注重"社会调节"的实质，尤其是那批以新闻述评为代表的"吸收了中国古典文学的优秀传统和外来文体的长处，便于新闻工作者更深刻、更全面、更具体、更灵活地反映现实"②的杂交文体。

至此，中西新闻文化终完成了以涵化为方式的第一次交汇，在这次交汇中，西方外来文化未能实现文化殖民的目的，反而在博采众长的中国文化的包裹下，把代表着"信息沟通"的先进办刊形式、成熟的办刊业务等留在了以"社会调节"为主导因素的近代中国。

---

① 樊凡等:《中西新闻比较论》，武汉出版社，1994，第119页。
② 李良荣:《中国报纸文体发展概要》，福建人民出版社，1985，第65页。

附　录

表 1　设置新闻述评专栏的报刊①

时间	刊物					
	1	2	3	4	5	6
1918	每周评论					
1919	每周评论	湘江评论				
1920	民心周报					
1921	民心周报	青年友	商报			
1922	东方杂志					
1923	东方杂志	中国青年	新民国			
1924	东方杂志	新民国	评论之评论	上海总商会月报	浙江周刊	青年进步
	科学周报	松江评论				
1925	上海总商会月报	爱国青年	新学生	黄埔潮	中国学生	
1926	上海总商会月报	青年进步	战士	中国学生	钱业月报	人民周刊
	前进周刊	军事政治月刊	新社会	军人周报②	广州民国日报	北京评论
	北京评论	军人周报③	突击周刊	群言	国闻周报	
1927	上海总商会月报	钱业月报	前进周刊	广州民国日报		群言
	国闻周报	建国旬刊	孤军周报	前敌青年	中国国民党浙江省党部周刊	中央军事政治学校筹备委员会临时特刊
	星期评论	青白	广州市市政公报	革命军	新国家	士兵周报
	真光杂志					

---

①　考虑到同名报刊的情况，特将有歧义的报刊出版地序以注释。

②　出版于南京。

③　出版于四川。

续表

时间	刊物					
	1	2	3	4	5	6
1928	钱业月报	群言	国闻周报	建国旬刊	星期评论	真光杂志
	中央周报	新广西旬报	民声旬刊	中央日报	新评论	商业月报
	党基	江苏党声	浙江党务	革命军人周刊	浙江大学教育周刊	民声旬报
	血花	策进	民国日报·觉悟	黔首	荷莱坞周刊	良友
1929	钱业月报	国闻周报	清华周刊	星期评论	中央日报	浙江党务
	良友	建设月刊	革命周刊	前锋	时代①	中央侨务月刊
	青岛党务旬刊	广东党务	政治训练	政治半月刊	革命的江苏	河南教育
	青天白日	河北周刊②	环球旬刊	党军月刊	安徽教育行政周刊	铁声
	清华周刊副刊					
1930	钱业月报	国闻周报	清华周刊	星期评论	清华周刊副刊	先锋周刊
	认识	石生杂志	新东方	新闻前锋	会务月刊	江苏党务周刊
	湖北周报	时事周报③	湖北省政府公报	贵州党务旬刊	苏政	新湖北
	三民半月刊	前导④	宣传周刊	河北半月刊⑤	宣传月刊	复旦五日刊
	北洋画报	训练月刊	世界文化			

① 出版于上海。
② 出版于当时称为北平的北京。
③ 出版于上海。
④ 出版于广州。
⑤ 出版于当时称为北平的北京。

时间	刊物					
	1	2	3	4	5	6
1931	钱业月报	国闻周报	清华周刊	清华周刊副刊	贵州党务旬刊	
	中国与世界	南星杂志	大声	上海党声	国民评论	宣传半月刊
	云南半月刊	医林一谔	红旗周报	南华评论	河北先锋	苏俄评论
	奋斗	精诚	北师	陆军第一师特别党部周刊	陇海旬刊	胶济铁路管理局党义研究会会刊
	精诚半月刊	新东方				
1932	钱业月报	国闻周报	清华周刊	南星杂志	国民评论	南华评论
	西北言论	河南自治训练所半月刊	时代公论①	救国周报	国际②	国际周报③
	五师旬刊	新创造	先导	民岩	抗日旬刊	中国与世界
	革命军人导报	华侨半月刊	华侨旬刊	进化	新生	国家与社会
	桂潮	华侨周报	正谊周报	中华周报④	平明杂志	大陆杂志
	五中周刊	大侠魂	壬申半月刊	女青年月刊	互助周刊	旁观
	先导半月刊	新亚细亚	政治评论	南针⑤	怒潮周报	南洋研究
	春秋（上海）	民治评论	民众导报	社会现象	西南国民周刊	北方公论
	抗争：外交评论	监政周刊	新青海	电友	新广州月刊	社员生活
	新石门	明日⑥	政治会刊	独立一师旬刊	教育周报⑦	晨报国庆画报
	国际	女青年报	军民导报	尚志周刊	救国周刊	民生

① 出版于南京。
② 出版于上海。
③ 出版于上海。
④ 出版于上海。
⑤ 出版于上海。
⑥ 出版于广州。
⑦ 出版于桂林。

续表

时间	刊物					
	1	2	3	4	5	6
1933	钱业月报	国闻周报	华侨半月刊	进化	平明杂志	大陆杂志
	北方公论	监政周刊	电友	社会与民族	行健旬刊	民众生活
	石门之路	教导周刊	枕戈半月刊	扫荡	侨务月报	革命军人
	时事周报（成都）	三八旬刊	中国革命	中央时事周报	川盐特刊	交通职工月报
	上海大华通讯稿	力行①	大中国周报	中华月报	南洋情报	前路
	铁路月刊津浦线	民锋	中国与苏俄	青年界	每周评论	求实月刊
	自决②	前路	大众评论	百年	斗报	晋风半月刊
	时事周报③	皖人公论	交通职业月报	汗血周刊	世界文化讲座	青年评论
	朔望半月刊	商整会周刊	新青年	山东民众教育月刊	大陆评论	厦门周报
	申报月刊					
1934	钱业月报	国闻周报	华侨半月刊	平明杂志	大陆杂志	北方公论
	监政周刊	电友	教导周刊	侨务月报	中国革命	中央时事周报
	青年界	求实月刊	厦门周报	天山月刊	香港华商总会月刊	海军杂志
	交通研究院院刊	动力半月刊	反省月刊	进修半月刊	新苏政	创进月刊
	新人周刊	觉是青年	大道半月刊	中南情报	鹤声	西北评论
	政治月刊④	前锋⑤	革命空军	民鸣周刊	前驱	明灯⑥
	关声	农村经济	警灯	追击	大众之路	精诚月刊
	青海评论	苏华商业月报	四川经济月刊	中央时事周报		

---

① 出版于南昌。
② 出版于上海。
③ 出版于成都。
④ 出版于南京。
⑤ 出版于当时称为北平的北京。
⑥ 出版于上海。

时间	刊物					
	1	2	3	4	5	6
1935	钱业月报	国闻周报	中央日报	华侨半月刊	南洋研究	监政周刊
	交通研究院院刊	反省月刊	进修半月刊	创进月刊	新人周刊	中南情报
	民鸣周刊	精诚月刊	文明之路	西北生活	国衡	崇实
	南声	蒙藏月报	星期导报	汗血周刊	民众先锋	明耻
	青年月刊①	自觉	河北省立邢台师范学校月刊	壮干②	河南保安月刊	
1936	华侨半月刊	国闻周报	民生	创进月刊	南方青年	航海杂志
	青年文化	统一评论	蒙藏旬刊	天文台	内外什志	中国国际联盟同志会月刊
	中心评论	大众知识③	广播周报	青萍月刊	空校月刊	民族战线
	兴中	民生	震宗报月刊	三日要闻		
1937	晨光周刊	战时童子军	大陆周刊	抗战	时事半月刊	抗战
	时事半月刊	曦光	世界政治	保甲训练	青年（福州）	诚化
	创导	战线	人生周报④	五育	路向	公言⑤
	文化引擎	金融周报	星岛周报⑥	星岛周报⑦	新粤	保安周刊
	战时妇女	文艺阵地				
1938	中央周刊	时事半月刊	新粤	益世周报	国魂	新动向
	战时乡村	唯力	教育短波	黄花岗	中山周刊	中外金融周报
	战教周刊	文艺阵地	自学⑧	边声月刊	战时知识	战时青年
	战时日本	动员⑨	四川动员	新新新闻每旬增刊	丽江旅省学会会刊	河南省第十区行政周刊
	学生生活	西北妇女	文化国际	民声报		

① 出版于南京。
② 出版于四川。
③ 出版于当时称为北平的北京。
④ 出版于南京。
⑤ 出版于当时称为北平的北京。
⑥ 出版于新加坡。
⑦ 出版于香港。
⑧ 出版于上海。
⑨ 出版于绥靖。

续表

时间	刊物					
	1	2	3	4	5	6
1939	战时日本		四川动员	新新闻半刊	决胜	新四川月刊
	福建导报	服务①	新青年	胜利	新生路月刊	挺进②
	中国公论（北京）	建军半月刊	战干③	战教周刊	三民周刊	楚锋
	王曲	浙东	时代批评	指导通讯旬刊	星焰	江西妇女
	抗战周刊④	地方政治	抗建	广大知识	译丛周刊	侦察机
	党讯	大众生活⑤	民心	广西学生军旬刊	方面军	茶阳月刊
	八路军军政杂志	国讯旬刊				
1940	新东方	战时日本	决胜	中国公论⑥	战干⑦	江西妇女
	地方政治	地方政治周刊	防空军人	动员月报	西北角	西北工合
	协导	陕政	国民公论⑧	福建青年	保安通讯半月刊	中央导报⑨
	日用经济月刊	浙江青年⑩	海军整建月刊	江西地方教育	华侨动员	新亚
	新音乐月刊	县政研究	古碑冲	广东妇女⑪	向前	工商正论
	抗建月刊	中国妇女	欧亚文化：中国留法比瑞同学会会刊	胜利	战地	

① 出版于陕西。
② 出版于兰溪。
③ 出版于西安。
④ 出版于梅县。
⑤ 出版于韶关。
⑥ 出版于北京。
⑦ 出版于西安。
⑧ 出版于汉口。
⑨ 出版于南京。
⑩ 出版于金华。
⑪ 出版于曲江。

时间	刊物					
	1	2	3	4	5	6
1941	枕戈	战时日本	中国公论①	协导	陕政	中山月刊
	战地党政月刊	英语月刊	华侨先锋	时代精神	时与潮	妇女新运通讯
	安徽合作	民潮·闽侨半月刊	中外导报	气象学报	干训月刊	边疆
	民族文化	当代评论	海军建设	独立周报	青复月刊	自卫月刊
	抗战半月刊					
1942	新新新闻每旬增刊	陕政	时与潮	海军建设	抗战半月刊	卫理
	反攻	好男儿	新华日报	妇女杂志②	武冈	建军月刊
	现代农民	边政月刊	大东亚周刊	大风③	新闻月刊④	湘潭县政府公报
	革命与战争	政治知识	行健	行政与训练	政工周报	先导
	政治建设	战时工人	燕京新闻	新生⑤	欧亚画报	监运导报
1943	王曲	陕政	时与潮	新华日报	政治知识	政治建设
	国际新闻周报	解放日报	晋察冀日报	国民杂志⑥	华中周报	遵义党报
	立言画刊	机声	建设研究	军事杂志⑦	国立四川大学校刊	福建训练月刊
	新云梦月刊	时事简讯	时事剪影	地学集刊		

① 出版于北京。
② 出版于北京。
③ 出版于济南。
④ 出版于南京。
⑤ 出版于西安。
⑥ 出版于北京。
⑦ 出版于南京。

续表

时间	刊物					
	1	2	3	4	5	6
1944	陕政	解放日报	时与潮	新华日报	晋察冀日报	建设研究
	现代英语杂志	现代英语	新知识月刊	祖国呼声	天声半月刊	浙江潮①
	新东方杂志	大公报	文化导报	会讯②	经济论衡	自贡市政府公报
	广西日报③	时事参考资料				
1945	战干④	陕政	时与潮	新华日报	解放日报	晋察冀日报
	半月文选	流星	女铎	安徽政治	华侨晚报	海鸥周刊
	山东青年	民主与科学	民主评论⑤	黔灵	两周评论⑥	浙江日报月刊
	前线周刊	音乐艺术	西北经理通讯	国论	党员通讯⑦	潍县青年
	民主导报	军中文化	现代周刊⑧			
1946	中央周刊	金融周报	陕政	新华日报	解放日报	现代周刊⑨
	实话报	民主星期刊	消息⑩	大华日报	纺织周刊	华商报
	新海军	国立四川大学周刊	中央通刊	联合晚报	中华全国体育协进会体育通讯	军政大学
	国讯	时代公论⑪	新台湾	新中华	银河	经济通讯
	团刊⑫	民主⑬	民主周刊	中央边报	新学风⑭	人民日报

① 出版于金华。
② 出版于昆明。
③ 出版于昭平。
④ 出版于西安。
⑤ 出版于重庆。
⑥ 出版于重庆。
⑦ 出版于韶关。
⑧ 出版于台北。
⑨ 出版于台北。
⑩ 半周刊。
⑪ 出版于广州。
⑫ 出版于河北。
⑬ 出版于上海。
⑭ 出版于合肥。

时间	刊物					
	1	2	3	4	5	6
1946	正气半月刊	大威周刊	天地人①	南方杂志②	明朗周报	社会评论③
	四川财政	青年世界④	储汇服务	民主	建警	北平中学生
	新政与新人	时代周刊	大道⑤	政治路线	青年中国	雍言
	自治月刊	民众月刊	经济导报⑥	北平邮工	新文化	读书与生活
	四川财政	青年知识⑦	教育之路	和平日报		
1947	钱业月报	蒙藏月报	中央日报	新华日报	经济通讯	社会评论⑧
	四川财政	青年中国	中央银行月报	经建通讯	东南评论	现代铁路
	青年周刊	大报	实话报	田东训练	时代日报	学生新闻
	中华少年	民主半月刊	天风	中国抗战画史	知识⑨	京沪旬刊
	京沪周刊	再生	尖兵	舆论周报	群众⑩	新闻类编
	灯塔月刊	东镇乡报	民主新闻	清华周刊	全民周刊	人生周报
	朝声	文讯	晓声月刊	工商新闻⑪	北平邮工	正报
	半月新闻⑫	梅城半月				
1948	社会评论⑬	中央银行月报	新闻类编	正报	生活报	时事评论
	省行通讯	群言	团结	经济周报	创进	清华旬刊
	时报	天声	太平洋⑭	人物杂志	海事⑮	浙江经济月刊
	政衡	经济	经济导报	运输校刊	征信新闻⑯	银行通讯
	公平报	自由论坛	川大文摘	音乐评论	南洋报	新风向

① 出版于西安。
② 出版于河内。
③ 出版于长沙。
④ 出版于成都。
⑤ 出版于昆明。
⑥ 出版于北京。
⑦ 出版于重庆。
⑧ 出版于长沙。
⑨ 出版于哈尔滨。
⑩ 出版于香港。
⑪ 出版于上海。
⑫ 出版于杭州。
⑬ 出版于长沙。
⑭ 出版于当时称为北平的北京。
⑮ 出版于台北。
⑯ 出版于上海。

续表

时间	刊物					
	1	2	3	4	5	6
	钱业月报	华商报	社会评论①	中央银行月报	新闻类编	经济周报
1949	人物杂志	经济	公平报	报告②	南北（长沙）	公论
	营山旅蓉学友会会刊	昌言	群言月刊			

---

① 出版于长沙。

② 出版于上海。

后　记

从丁酉仲夏到壬寅金秋，《民国时期报刊新闻述评研究》（2016年度国家社科基金青年项目的结项稿，结项于2019年12月）书稿最后的修改工作终接近尾声，此刻的心情，有喜悦也有忐忑。有喜悦，是因为新闻述评这颗学术小种子终于结出了一个大篇幅的果实，也因为这是笔者的第一本著作，从一定意义上讲，也是笔者学术生涯的一个重要的节点，因此，喜悦，由心而生。有忐忑，是因为对结果的未知，虽揣测过学界同人看到本书时的反应，也畅想过自己未来再读此书时的心情，但终未能形成影像，因此，忐忑，不由自主。

然整理好情绪后，仍觉有道谢之意和未尽之辞想要表达，故以"感恩"和"感想"为本书画上句号。

对于"感恩"，首先想表达的是对生于这个时代的感激之情。这样的时代，公平、公正、公义，尤其是学术领域，只要你付出了，就一定有所收获，这个时代也一定会给予科研人以物质和精神的双重尊重。其次，笔者想以无比诚挚之心感谢华中科技大学新闻与信息传播学院欧阳明老师、中国人民大学新闻学院邓绍根老师、中国社会科学院近代史研究所左玉河老师和社会科学文献出版社张建中老师。我的博士生导师欧阳老师在2012年国庆节七天假期未曾出户，埋头思索于我的研究方向，并不厌其烦地指导我走上新闻业务史研究的道路，更在我项目获批时给予我大量建设性意见与今后研究方向的指导；邓绍根老师和左玉河老师分别作为业界专家和近代史专家为本书的出版提供关键性的助力；张建中老师则不辞劳苦，用细心与耐心为本书付出多重心血。感谢他们！同时也要感谢全国哲学社会科学工作办公室，感谢河南大学新闻与传播学院诸位领导与老师们的帮助与支持！

对于"感想"，最想表达的是本书完稿后对新闻述评研究的未尽之意。

民国报刊新闻述评仅是新闻史与新闻业务的交叉领域——新闻业务史的沧海一隅，不属于经世致用的大学问，但因体裁的特殊性而极具中国特色：一则可反映中国新闻文体的发展路径，二则可作为中国特色新闻文体体系的研究起点。因此，在这段新闻述评民国史研究告一段落甚至尚未完成之时，便有一些新的想法萌生于脑海，然限于本书的篇幅与研究时段，书中未能一一涵盖。

一是"中国式夹叙夹议"的问题。西方新闻界对"新闻"与"评论"的界限划分一直泾渭分明，"议论"在"新闻"中是被严格限制的，但从近些年我国翻译过来直接标明为"新闻述评"的文章看，西方"夹叙夹议且议在议论"的写法还确实存在，尤其是在新媒体的当下，一种被称为"人性化写作"的写法逐渐流行。所谓"人性化写作"，其核心和精髓即在于文章是由人来写的，带有人的情感无可厚非。由此，"叙中有议"在所难免，这间接地承认了"叙"和"议"在同一篇新闻文章中存在的合理性。对于西方新闻业界而言，相较于新闻述评，或者说相较于新闻述评写作的精髓——"中国式夹叙夹议"，"人性化写作"这个名词似乎更容易接受一些，然而，"人性化写作"与"中国式夹叙夹议"又何尝不是本质相同而说法不一的两种存在？

二是"新闻述评的文体流变"问题。新闻述评是一种新闻文体，进行新闻述评研究不涉及文体或者不以文体为重，未免舍末逐本，然新闻述评又是一个历经百余年流变的文体，其研究不免要涉及文体史的问题，因此，在时间跨度上既要有民国时期也要有新中国时期，而在媒介形式上不仅要有报刊，还要有广播、电视和网络等。由此，对于新闻述评的文体流变而言，本书不能盖其全。

三是"中国特色新闻文体体系的建设"问题。中西新闻文体的发展同源但不同时，虽有交会却路径各不相同，因而也产生一些不同的新闻文体产品，诸如西方的特写、中国的通讯，都极具特色。然不同于西方两百多年来"消息、评论、特稿"文体基本格局始终未动，中国新闻文体在百余年的发展中始终在"采百家之长"的基础上衍生，如新闻和文学衍生出的新闻特写文体，新闻、历史和政论衍生出的调查报告文体，新闻、文学和评论衍生出的报告文学文体等，这些均极具中国特色，却未成体系。在本书成稿过程中，笔者多有思索，并逐渐形成了由新闻述评民国史"面面观"研究到新闻述评百年文体史研究，再到中国特色新闻文体体系研究的想法！

再次致谢对本书的写作与出版提供过帮助和支持的每个人，感谢大家！

刘英翠

2022 年 9 月 1 日于郑州

图书在版编目(CIP)数据

民国时期报刊新闻述评研究 / 刘英翠著. -- 北京：
社会科学文献出版社，2022.12
ISBN 978-7-5228-0516-0

Ⅰ.①民… Ⅱ.①刘… Ⅲ.①评论性新闻-研究-中
国-民国 Ⅳ.①G219.296

中国版本图书馆 CIP 数据核字(2022)第 143110 号

民国时期报刊新闻述评研究

著　　者 / 刘英翠

出 版 人 / 王利民
责任编辑 / 张建中
责任印制 / 王京美

出　　版 / 社会科学文献出版社·政法传媒分社（010）59367156
　　　　　　地址：北京市北三环中路甲 29 号院华龙大厦　邮编：100029
　　　　　　网址：www.ssap.com.cn
发　　行 / 社会科学文献出版社（010）59367028
印　　装 / 三河市龙林印务有限公司

规　　格 / 开　本：787mm×1092mm　1/16
　　　　　　印　张：27.75　字　数：452 千字
版　　次 / 2022 年 12 月第 1 版　2022 年 12 月第 1 次印刷
书　　号 / ISBN 978-7-5228-0516-0
定　　价 / 159.00 元

读者服务电话：4008918866